Bai Chongxi Zhuan

白崇禧传

李智勇　张亚　王学标　著

中国文史出版社

目　　录

引　言

　　历史是一面镜子，但有时却是一面哈哈镜，让人常生"成王败寇"之叹。白崇禧虽败亡台湾，已盖棺定论，时至今日，却也难掩其历史地位。综观时人对白之评论，对其军事才能往往众口一词。曾为其对手的日本人称之为"神将"或"战神"，毛泽东则称白崇禧"是中国境内第一个狡猾阴险的军阀"；在国民党内部更有"今诸葛""小诸葛""当代张良""现代第一俊敏军人""白狐狸"等诸多谀评。

第一章　生逢乱世少历寒贫

白崇禧生于逆境：国家曾经强大，然历经磨难逐渐积弱；家道曾经显赫，然劫波难度开始中落。少年白崇禧心怀理想，艰难成长，最终走上了戎马求学路。

出身不凡，家道中落历寒贫

1893 年，旧历癸巳蛇年，清光绪十九年，当时的清政府已经虚弱不堪，但是靠洋务运动和北洋水师带来的中兴"假象"依然在迷惑着统治者们。这一年，并不像随后的甲午年，在中国人的记忆里没有刻骨铭心与不能忘怀。但是，这一年中国却诞生了改变国家命运的伟大人物毛泽东。在这一年诞生的，还有桂系名将、回民领袖、国军"战神"白崇禧。

1893 年 3 月 18 日，白崇禧出生在有着"山水甲天下"之称的桂林临桂县会仙乡山尾村。如今的山尾村依然保留着白家故居，故居包括一座主楼及配楼，占地八百四十一平方米，建筑面积约一千五百平方米。主楼有花坛、鱼池、客厅、楼阁和前后对角炮楼，四周青砖高墙。院内亭台楼阁为全木结构，古朴典雅，错落有致。其实，这还不是当年白家的全部，据相关资料记载，故居原占地两千零四十一平方米，为组合式大庄园，依山傍水，山下有井池、荷塘，园中有清真寺和学堂。

故居以无言的方式告诉世人：白氏家族笃信回教，崇尚读书，并经历过辉煌。据白氏族谱记载：

白氏家族始祖伯笃鲁丁公，汉姓鲁，字至道，江南应天府（南京）上元县人（原籍答失蛮人，即西域人）。元至治元年（1321）中进士，至元元年（1335）由礼部侍郎迁秘书太监（官署名），至元二年出任浙东海右道肃政廉访副使（是纠察百官善恶、政治得失，派驻各地的监察机构），至元三年（1337），任岭南广西道肃政廉访副使。后又累迁赣州路达鲁花赤（元朝时地方第一位掌权官员）、建德路达鲁花赤、潭州道总管等职。公为官清廉，为人宽厚，深得各地百姓爱戴及上级重用，曾数次升迁。公在职期间，除主管监察政务外，又是一位热心学政、促进教育、关心民瘼、支持地方建设的人物。如柳贯所著《新修石门洞书院记》中记载了他在至元二年修复浙东永嘉石门洞书院时，曾告诚诸生说："书院据穹林雪瀑之胜，既新美矣。尔曹游歌于是，有义理之融液，无纷华之缪辖。执业而兴，充义而得。得之在我，求之在人。是唯圣师成物之仁，而亦宪臣励学之意。"又鼓励诸生"有学有政，需用于时"。

三世祖永龄公（又名伯龄），明洪武年间进士及第。洪武十三年（1380），公与兄永清、弟永秀随军任职再次回到广西，至苍梧，随征八排有功，继而奉命镇守两江州（道），遂隶籍桂林及临桂各乡镇，兄弟之间唯有永秀公一支后代繁昌。相传明太祖时，禁止人民使用胡姓，后裔取始祖首音，更伯为白，白姓之流传自此开始。

明清两朝，白氏家族人丁兴旺，人才辈出，在封建王朝选拔良才的科举考试中，进士及第者十四人（明朝九人，清朝五人）。明朝正德十一年（1516），一科三进士。武职人员如白玉，明朝成化年间任都督佥事总兵官，五世祖白全，任都指挥同知等。他们在任职期间，为国家民族尽忠尽职，为百姓做出了贡献。

据相关资料记载：

自伯笃鲁丁公相传，至十五世榕华公。少时家贫，有志向学，乃由南乡进桂林城，到本家白某所开之商店佣工，在铺上半工半读，店主嘉其有志上进，鼓励他去考试，举于清朝乾隆甲午科，赐进士出身，任四川开县知县，又升任茂州直隶州知府。当地人烟稀少，农田虫害甚多，群众生活贫苦。他在任职期间，重视开发农业，农产乃渐有收获，州民感戴不已。他曾题"认主独一"匾额赠送开县清真寺，当地人极为珍视。后年迈归，居临桂会仙山尾村，直至去世。

白氏家族传到第十八代，就到了白崇禧的父亲白志书那里。白志书年少时曾志于书，随白石先生学习，因受到先生惩罚，愤而弃学从商，开设"永泰林"店铺，经营糖、油、豆、纸等什货，生意尚好。但是好景不长，白崇禧十岁时，父亲白志书患脑溢血逝世。白家的账房先生李瑞芝毫无职业操守，将所有白家的债权据为己有，致使白家逼债之人围门。白家被迫变卖房田偿还债务，由此家道中落，转历贫寒。

执着求学，辗转走上戎马路

白家是书香世家，读书给白家带来了无尽的荣耀与显赫。白父虽弃文从商，但是他并未放松对子女在读书上的要求。白崇禧五岁时，白父就送他到村里的私塾就读，开始了他的就学生涯。

白崇禧的启蒙老师是毛庆锡。开蒙第一课老师教的是背《三字经》。放学回家后，白志书询问崇禧学了些什么，白崇禧竟能将白天的课文一字不差地全背下来，可见其天赋之高。《三字经》学完后，接着学《五言诗》《千家诗》《对子书》《幼学琼林》等，前后用了三四年时间。等读到"四书""五经"时，毛先生有些讲不下去了。他便请来李玉田、白莲洲两位先生，接着教白崇禧这几位学生，自己重招一班蒙童。

李、白两位先生执教白崇禧时，白家的生活状况已经窘迫，其弟崇祜已到上学年龄，但家里却供不起。于是年少懂事的白崇禧就当起了"二先生"，白天在私塾读书，晚上在家里教书，把白天所学的课文全部教给崇祜。为此，白崇禧要比其他同学花更多的时间和精力背书。当时的学习几乎是背诵式的，学生一大早就上课，首先要背先生头天教过的课文。每月的初一、十五，还必须背诵半个月来学过的功课。背诵过程中，一个字都不能错。错一个字就要被先生用竹片责打手心一板。许多学童都挨过板子，但是白崇禧却没有。他聪明好学，又很用功，从未因为背书而受到先生的责罚。有一次，白莲洲先生要学童背诵前一天所教的《尚书》中的《洪范》篇，这篇课文特别难以背诵，一连几个同学都没背全，老师的板子打个没完。而白崇禧的表现让老师眼前一亮，他一口气背下来，一字不差。老师甚为高兴，后来又得知其昨晚因教弟弟功课，到三更时才开始背书，直到鸡鸣五更才上床睡觉，不免又多了几分感动。于是决定让崇祜减免一半学费入学，以让崇禧专心念书。两兄弟因此得以同窗共读，朝夕相伴。

但是，这时在书房里出现了一个学痞，叫毛长林，十七岁，性情暴戾，品德很坏，逢初一、十五，都勒令同学给他"进贡"财物。白崇禧憎恨他，从未"进贡"过，这让毛长林很是不爽，经常借机责骂或殴打他的弟弟白崇祜。白崇禧看在眼里，恨在心上，无奈自己弱小的身躯无法与之抗衡。

但白崇禧还是决心教训他一顿。一天放学，毛长林下台阶，白崇禧紧跟其后，趁其不备，使劲一推，毛滚下台阶，白崇禧还冲下台阶踢了他两脚，迅速跑开。弄得毛长林面部、膝盖都受了伤，血流了一地。这是白崇禧第一次向"权威"挑战。

此后，白崇禧遭到校规惩处，但毛的行径同样遭到制止。此虽是白崇禧读书以来第一次受处罚，然而毛之"纳贡""苛捐"亦因而取消，同学称快。

白崇禧十岁以后读毕"四书""五经"，进入李任仁、吕元甫在会仙墟创立的会仙小学，开始接受新式教育，走读两年半完成了小学学业。

由于家境越来越困难，小学毕业后的白崇禧不得不回家务农，给人帮工、耕田。但是心气很高的白崇禧并不安于这种生活，一心想摆脱这种处境，出人头地。一天在田里干活时，他不堪忍受别人的冷言冷语，一把折断了赶牛鞭，回家跪请母亲，让他到省城桂林去闯世界。母亲无奈，只好把家里两亩上好的糯米田卖掉给他做盘缠。

就这样，年仅十四岁的白崇禧独自走出了那熟悉的乡村，来到了桂林这个对他来说很大很大的外面世界。到了桂林，似乎一切都是新鲜的。当他听说新办的陆军小学堂正在招生时，便毫不犹豫地去报了名。本来，学校规定考生须年满十五周岁。但在当时，并没有严格的出生证明，白崇禧按虚年，也有十五岁了，于是他就瞒报了一岁。考试后放榜，在一千七百多名考生中，白崇禧以第六名的成绩榜上有名。

不幸的是，入学不足百天，白崇禧突发恶性疟疾，只得回家休养。时任陆小总督办的蔡锷爱其才，见这样一位成绩优异的学生有病，同意白休假，没有命令他退学。但白崇禧在家一躺就是一年，病情时好时坏，难以到校上课。因此，白崇禧只好退学，黯然回到家中。

当时乡间老百姓普遍迷信，白崇禧考取了官学堂却又退学回乡下一事，在他们看来，是因为白崇禧平时不信神佛，对土地爷无礼，因而被土地爷钩住了双脚，走不出山尾村。白崇禧听到后，恼怒异常，当晚即悄悄地来到土地庙，把土地菩萨抱起，扔到附近的水塘里去了。此事震动了乡里，大家纷纷追查是谁如此胆大妄为。因白崇禧疟疾未好，经常待在家里养病，很少出门，因而没有人怀疑到他的头上，此事最后不了了之。说来奇怪，白崇禧害了一年半时间的恶性疟疾，不久就不知不觉地好了。

病好了以后，白崇禧的心再次膨胀起来，又偕同六弟到桂林找出路。这次，正好赶上桂林初级师范招收新生，兄弟俩都报了名，参加了考试。九百余人应试，录取八十人，竞争的激烈程度可见一斑。但命运之神似乎特别青睐两兄弟，兄弟俩双双考取，白崇禧的成绩名列第二。

在学校里，白崇禧的表现更为出色，每次考试他都名列榜首。成绩如此出色，于是有一个叫何树信的桂林人开始忌妒了。他常以"乡下人"取笑白崇禧和弟弟白崇祜。

一天，何树信趁白崇禧不在，到寝室大骂白崇祜，白崇祜被骂后在房间里大哭。

知道弟弟被欺侮，白崇禧跑去质问何树信："何事?"

何大骂："呸，乡下人!"

白崇禧怒火中烧，冲上前去，将何树信打倒在地，并在何心口狠狠地踏了几脚。

当时在学校打人是要被开除的，同学们平常就非常欣赏白崇禧，认为他为人诚恳、勤奋、正义，纷纷向学校求情，校方调查后只给白记了一大过。

在师范学习的时候，白崇禧开始接受了一些革命思想。

当时的广西贫穷落后，老百姓生活困难，到处土匪横行，法国人在全省耀武扬威，把中国人视作二等人。年轻的白崇禧不满于广西的现状，急切想寻找解决的办法。

革命，一个全新的词汇引发了他的浓厚兴趣。他从理论中知道中国之所以变成这样，就是因为政府太腐败落后。要让中国富强，每个老百姓有好日子过，就必须推翻清朝，建立民主国家。

这些革命思想影响了白崇禧的一生，也改变了他人生的轨迹。

就这样，白崇禧兄弟二人在师范学习了两年多时间。只要再学习一年就可以完成学业，回老家做个受人尊敬的老师了。

就在这时，辛亥革命的突然爆发改变了国家的轨道，也改变了白崇禧的人生规划。充满革命信念的白崇禧，毅然抛弃稳定安逸的教师职业，加入了革命军，成为广西北伐学生敢死队的一员。

这是白崇禧准军人生涯的开始，当时他年仅十八岁。之所以说是准军人，是因为学生敢死队在民众眼里不是民，在军人眼里不是军。

白家人得知白崇禧加入军队以后，大感震惊：一则民国社会，到处都是不道德的军阀混战，军人的地位很低，被老百姓瞧不起，比土匪好不了多少，甚至被说成是穿制服的土匪；二则白家世代走的是读书路线，白志书偏离原有路线导致家道中落，现在白崇禧似乎偏得更厉害。

白家亲戚们坐不住了，赶忙去劝白崇禧，在学校中却找不到他，只好派人去桂林北门城口蹲守，想将他强行押回家去。没想到，白崇禧革命态度坚决，他将武器装备交给同队同学保存，自己穿便衣偷偷出门，白家亲戚苦等许久也没见到白崇禧。

白崇禧加入革命军以后，随协统赵恒惕一路杀到湖北汉口，经历了多场实战。

当时革命军待遇很差，连军饷都没有，每人发给老式七九步枪一支、子弹一百五十发、毛毡一张、黑呢外套一件、水壶饭盒杂物，其他一切自理。白崇禧他们学生军出征时因携带银钱衣装有限，战时又无法经常换洗衣服，到湖北时已经全部蓬头垢面，全身生虱，跟乞丐一样。

但白崇禧并不在乎这些，他似乎有军人的天赋，战场上不知畏惧。历次战斗均表现英勇，且颇为机智，深受长官的好评。

1912 年 4 月，白崇禧因表现出色，被上级推荐进入南京陆军入伍生队接受入伍训练。这使他离真正的军队更近一步。

到了秋天，南京入伍生队奉令改为陆军第二预备学校，设在武昌南湖。以前湖北、南京、清河各陆军中学未毕业的学生，改编为陆军第一预备学校，设在清河（北平北四十里）。陆军预备学校与以前的陆军中学没什么两样，课程有国文、历史、地理、物理、化学、辩学、图画、几何、三角、代数、外语（分英、德、日、法、俄五种，学生可任选一种），其程度约等于今日高中及大学的一年级；军事课程以步兵典范令（步兵操典）为主，学制三年。因入伍生队的学生程度参差不齐，有陆军小学未毕业，或仅高等小学程度者，于是增加三个月的补习课程时间，并举行甄别考试，才正式上课。学校一切设备都较为完善，教员也多为学识渊博之士，教学都很热心；学校采用军事化管理，相当严格。

民国三年（1914）冬，白崇禧、黄绍竑等一班同学从陆军第二预备学校毕业，奉令由汉口乘火车到北平入伍。在北平，黄绍竑、白崇禧被分发到驻北苑的卢永祥陆军第十师入伍实习。当时陆军部对入伍生的教育并没有整个的计划，只是让各师官长随便规定，入伍生们只是随队出操上讲堂。而当时各师长官，尤其下级军官，大多数是行伍出身，大字都不识几个，很难教育或认真管理这些来实习的入伍生。那些下级军官对入伍生的态度多为三种：第一种是客气。因为他们入伍是暂时的，犯不着认真。第二种是妒忌。以为这些人将来毕业后，就要争夺他们的饭碗。第三种是轻视。他们自以为有了许多平时、战时的阅历经验就够了，学堂里的科学在军队里是没有什么用处的。在这种情形之下，入伍实习难以取得真正的效果。

1915 年 6 月，入伍实习期满，他们升入保定军官学校的第三期。

保定军校是一个在中国近代史和军事史上很响亮的名字。该校作为中国近代史上第一所正规化高等军事学府，曾培养出包括两千余名将军在内的一万一千余名军事人才，被誉为中国"将军的摇篮"。

保定军校的主要任务是训练他们成为军队的青年初级军官，其学科以战术、筑城、地形、兵器四大教程为主。在校期间，军校风云几经变化，但是并未影响白崇禧的学业。他博学善思，除学好各门功课外，还致力于战略战术思想的研究，尤其关注中国边疆问题，并搜集中国西北边疆的地理和历史发展的资料。他的着眼点并不只是打仗，更主要的是"建设"，因为白是一个回族后裔，他希望对开发西北有所贡献。

第二章　小试牛刀露锋芒

军校毕业、心怀边疆志的白崇禧，因难料之变故，未能走出广西。然小憾难阻大志，白崇禧扎根模范营，在剿匪禁烟中显露出美德与才能。

踌躇满志，模范营中任连副

1916 年 12 月，白崇禧从保定军校毕业，他与徐培根、陆权等二十余名同学，自愿请求分发至新疆当见习官。大家想训练一支边疆新军，为巩固边防增强国防之用。在奔赴新疆之前，他写信给母亲，说此意在效法张骞、班超，立功异域，壮志满怀，绝不后退。

风萧萧兮易水寒，壮士北上兮心暖。他们从保定出发到达北京，向训练总监部按章领取旅费——国币交通银票五百元。赴新疆的习惯路线是走西伯利亚弧线，由京奉路经东北，转乘西伯利亚火车，经土西铁路至阿里木铎，然后换公路至迪化（今乌鲁木齐）报到。

非常不巧，就在这个节骨眼上，苏俄红军于列宁领导下，推翻尼古拉政权，白党谢米诺夫退据西伯利亚，白崇禧一行无法经过西伯利亚，因而不得不改由陕甘出玉门关入星星峡。谁知这时又赶上陈树藩盘踞陕西与北京政府为敌，不准白崇禧一行通行。训练总监无路可至新疆，改分发他们回广西原籍见习。

民国五年（1916），白崇禧与五六个同学被派回广西第一师第三团任见习官。当时，陆荣廷之旧属谭浩明为广西督军。广西有新军新一师，由陆荣廷之子陆裕光任师长，旧军有韦荣昌、林振廷、韩彩凤、沈鸿英等部队。这些旧军多为广西巡防队编成，或为绿林匪帮招安而来者。

见习期间，广西响应孙中山的护法运动，与湖南组织湘桂联军，以督军谭浩明为联军总司令，出师援助湖南。白崇禧随部队行至汨罗江以北，被吴佩孚打败。此后谭甚感桂军缺乏训练，谋求改良，由督军署成立模范营，任命马晓军（日本士官第十四期毕业生）为营长，白调至模范营任代理少尉副连长。见习半年，升少尉，不久升中尉，年后晋升第一连上尉连长，夏威为第二连连长，黄绍竑为第三连连长，张淦为第四连连长，黄旭初为副营长。从这一串闪光的名字中，我们可以看出，模范营虽然建制很小，但对后世桂军的影响却很大，产生了一批广西军政界的风云人物。

铁腕连长，剿匪禁烟露锋芒

似乎好钢就应该用在刀刃上。1919 年，模范营奉命开赴广西匪患最严重的左江地区扶南剿匪。

清末至民国年间，广西一直以穷而著称。毛泽东曾这样评价道：湖南不算富，但广西比湖南要差得多。每到荒年，湖南尚且有口饭吃，广西已经大面积逃难了。很多广西女子逃到湖南来，嫁给湖南人，所以湖南有很多广西的媳妇。

这一地区本来就民风剽悍，当剽悍遇到穷苦，就容易滋生大量匪患。有人形容广西是："无处无山，无山无洞，无洞无匪。"

匪患猖獗，但旧桂系军阀陆荣廷与广西督军谭浩明皆出身绿林，又是郎舅至亲，其剿匪政策一贯是招抚，而非剿灭。这样做的结果是土匪越招安越多。白崇禧深入分析了这里面的原因：

政府力量强大时，匪徒即应招抚，相安一时；当匪帮力量强大时，又聚集为匪。此招安政策不能收彻底之效，结果反倒鼓励了侥幸之徒购枪为匪，结队抢劫，待其势力蔓延，政府即招之出山，编为巡防队。

做匪打劫可以升官，这种鼓励莠民为匪的政策使民众受害太深。每当政府派兵前往剿办时，匪徒至多缴土制的步枪即可得一自新证为护符，待官兵一退，匪徒又携密存之好枪横行于地方。

马晓军率领营进驻左江地区后，随即开会讨论剿抚的办法。虽然白崇禧在会上极力主张"剿"重于"招"。但鉴于当局倾向招抚，因而决定先抚后剿。会后进行了分工，白崇禧连担负收容降匪的任务，驻扶南县渠黎圩，其他各连则负责进剿不肯招安的土匪。招安的布告贴出去以后，同过去一样，有两百多个土匪下山受招，其中有谭鉴章等八十多个惯匪，屡受招安，又屡次为匪。

对于这伙人，白崇禧是看在眼里，怒在心头。他准备拿这八十多个惯匪开刀，以杀一儆百。在请示未得批准的情况下，他决定独断专行，先斩后奏。他以一连之兵力，深入匪穴，招安强悍惯匪八十名，施计将他们一一捆绑起来枪毙。

第二天，白崇禧向营长马晓军报告时，马晓军吓得脸都白了，深感白崇禧闯了大祸。但白崇禧很坦然，表示愿承担全部责任。马晓军上报后，上峰见已既成事实，也未予追究。这对于模范营来说是一个无声的激励，他们开始对土匪采取严厉手段追剿，太平府各道县匪患为之肃清。模范营剿匪有功，得以扩编为模范团，马晓军升任团长。白崇禧后来回忆说："从此招抚政策改为进剿政策。这是广西清乡剿匪史上一件大事，由我这样一个小小连长创始。"

匪、烟、赌是广西三大害。匪既肃清，1920 年马晓军团奉命赴百色禁烟。匪患只要上级允许，并不难以清除，但是禁烟就不那么容易了，因为里面涉及经济利益的勾连。

百色是位于广西西北部左江上游的一个重镇，是云、贵两省运往华南的出口货物的会聚点，同时也是云、贵两省鸦片烟土的集中地和转运点。民国时期，鸦片烟土名义上是禁止的，但各地军阀都阳奉阴违，名义上禁烟，实际上靠烟发财。

马晓军团到百色后，立即被当地的商会和烟帮头子包围，他们整天请马晓军和下面的营、连长吃花酒、上风月场所，很快就把黄旭初、黄绍竑、夏威等人拉下了水。于是，模范团不再"模范"。黄、夏在百色至贵州的道路上，对贵州过来的烟土大开绿灯，有时还派兵保护其通过，从中收取可观的保护费，发了一笔横财。烟贩们在运出大批烟土后，也会留一小部分让黄、夏等"缉获"，以便对上面有所交代。

白崇禧这时还是连长，驻防于通云南之剥隘河流域。上自罗村口，下至禄丰墟为防地。白崇禧的连部在禄丰，派一排驻在罗村口与云南之剥隘墟相对。该处居剥隘上游，为云南运往广西之鸦片囤积地。白崇禧连是原模范营第一连，火力配备很强，有马匹、轻机枪等。

贵州烟土运入途径，由黄绍竑负责查缉，黄部驻于田西附近之黄兰逻里一带。贵州烟多由驮马千百成群运至百色，换取食盐、棉纱等物。与贵州烟相比较，云南烟不仅数量大，而且质量好，不少商人向白崇禧活动，希望行个方便，但都被白崇禧回绝。烟商见白崇禧不为利所动，转而活动百色道尹黄成槁。黄是武鸣人，因与陆老帅同乡，故颇有声势；黄向马团长游说，马团长向白崇禧转达黄之意思。白崇禧以本团曾在百色会议中奉谭督军之命禁烟而婉言拒绝，仍不许云南烟入广西。

烟贩子见白崇禧软硬都不吃，便决定来个以硬碰硬。他们同黄成槁相勾结，企图在黄的庇护下护送烟土通过白的防区。黄成槁让他的警备队长黄得志带着百色道尹公署的封条前往云南境内的剥隘墟，将烟贩们准备偷运的烟土封上，假称是百色道尹公署查封的私货，准备运回百色。谁料此事被白崇禧事先安插在剥隘墟的眼线探知，白于是做了一番周密安排。

白崇禧知道运烟土的船队必经禄丰，就命令士兵在禄丰以上五里内设立五道卡，严令无论什么船只都要命令检查，若其不听，第二道卡可向天鸣枪警告，若还敢向前进，第三、四、五道卡可开枪射击。白还命令在第三、四道卡架设机关枪，若对方敢于还击，则用机关枪把船打沉。这样，走私船虽闯过了第一、第二道关卡，但慑于机枪的威力，在第三道卡不得不靠岸接受检查。

押船的黄得志看到这个阵势有些发蒙，连忙拿出道尹公署封条，说那是道尹署警备队长带兵，在滇桂边境缉私查获，并非私烟。白崇禧说："这批烟土明明是于剥隘所购置，何故谓为查获所得？且云南允许种烟，何能谓之查获？退而言之，百色道尹之警备队长有何权至云南省

13

境内查缉烟土?"听完这话，黄知道白崇禧已经完全掌握了内幕，便向白崇禧下跪求饶。白崇禧没收其烟土，放还其人员枪支，分电谭督军、马团长、黄道尹办理之经过。之所以给黄道尹发电，为的是减少牵连，因此事若根本揭穿，与马团长亦有关系。后来，没收烟土由白崇禧派专人送至百色，丝毫未动。

白崇禧成功抵御了诱惑，但是毕竟属下人员众多，素质参差不齐，利益面前蠢蠢欲动者并不少。尤其是很多下属看到，别的连队都能靠假禁烟捞得实惠，自己真禁烟只能喝西北风。因此，不满情绪日益滋生。烟贩们看到了这一点，决定利用这种不满瓦解白部，打击白的威信，最终把白崇禧撵出去。

一天，白崇禧去团部开会，在烟贩的煽动下，白连的一个排实施兵变。兵变排胁迫连中之新兵，携枪械以及白崇禧最心爱宝马离队而去。白崇禧的勤务兵韦忠廷逃至百色急告详情，白听到消息后大惊。他调集了分散在附近的另外两个排去追击兵变部队，鉴于白部兵力薄弱，马晓军还令黄绍竑和机关枪队队长陈雄率部增援白崇禧，追击叛兵。追击部队经过三天的搜索追击，追赶至广西同云南交界的八角山。白崇禧询问当地居民，都说没见过这批人。白崇禧判断，叛兵不会越界到云南去，可能就藏在附近山里。他让士兵休息，自己用望远镜仔细观察山里的动静，终于，他惊喜地发现自己的坐骑大黄马在半山腰出现。于是，他急命士兵以战斗队形向大黄马所在地搜索前进，并吩咐士兵，若他们发现了叛兵，不要先开枪，而先高喊"白连长来了"，让叛兵投降，若不听，则开枪射击。士兵们照此办理，大部分叛兵都携械归来。

兵变后，有人对白崇禧说："黄季宽（绍竑）禁烟很宽，你禁烟太严，这是兵变之主要原因。"劝白崇禧不妨从宽。白崇禧不以为然，说如果因噎废食，则国家、社会岂有安定之日？仍然严禁滇烟进入广西。

第三章 新桂三杰定广西

时势造英雄,新旧桂系的交替成就了新桂三杰。作为三杰之一的白崇禧在征战中获得了"小诸葛"的美誉。

平定梧州,新桂三杰初聚首

一、粤桂两战旧桂崩

在民国历史上,桂系有新旧之说。陆荣廷的桂系是旧桂系,军阀色彩浓重,李宗仁、白崇禧的桂系是新桂系,有很多新的特点。

陆荣廷本是清政府的广西提督。在辛亥革命洪流的裹挟下,宣布广西独立,投向革命,但实质上逐渐走向军阀统治,控制了广西。1913年,国民党反袁势力发起"二次革命",武装反对北洋军阀首领袁世凯的统治。陆荣廷观望形势变化,禁止了广西境内所有的反袁活动,镇压了柳州刘古香的反袁活动。同时还将进入广西活动的武昌起义人物蒋翊武杀死。

1915年底,袁世凯酝酿称帝,内定封陆荣廷为一等侯。陆荣廷虽不真心革命,但也真心不愿回到帝制时代。因此,对袁世凯的做法表现出愤慨。1916年3月15日,陆荣廷代表广西通电全国讨袁,给袁世凯以重大打击。5月,西南各省组织护国军务院,出兵进攻北洋军阀控制的湖南,旧桂系参加了护国战争。

1916年6月6日,袁世凯病死,黎元洪继位。护国战争结束,护国军务院解散。黎元洪以中央政府名义任命陆荣廷为广东督军,但原广东督军龙济光不愿辞职。陆荣廷派莫荣新、马济、谭浩明率桂军进攻广东，击败龙济光，广东成为旧桂系的势力范围。

旧桂系主导广东后，对广东采取了竭泽而渔的政策。这段时间，广东的民军和地方实力派掌握的军队，不是被解散，就是被迫依附于桂系。如陈炯明，自动把所部民军交出，被改编为二十个营，分驻于东江各地。随后，这二十营军队编入朱庆澜的省长亲军中。陈炯明交出军队后，即上北京谒见黎元洪和段祺瑞，获得"定威将军"的封号，后回广东充当督军府高等顾问。但不久，陈炯明又感到郁郁不得志，便于1917年夏天到上海，投向孙中山门下，向孙"认错"，表示"竟诚拥护"。孙中山不咎既往，再度与他合作。

孙中山之所以决定与陈再度合作，是因为他看到护国运动虽然维护了共和的国体，但是民主的政体并没有真正实现，于是决定开展维护临时约法、恢复国会的护法运动。

孙中山于1917年7月与廖仲恺、陈炯明等率支持自己的海军南下护法。随后，部分国会议员也相继来粤。他们于8月25日至9月1日召开非常国会，会议通过《中华民国军政府组织大纲》，选举孙中山为中华民国军政府大元帅，唐继尧、陆荣廷为元帅。同时招募兵员，组建粤军，驻扎于粤东潮汕地区。

这是孙中山第一次在广东建立政权，与北洋军阀政府相对抗，但当时统治两广的桂系军阀以及滇系军阀，并不是真心拥护护法运动。他们对孙中山的活动，采取不合作态度，甚至遇事加以掣肘，致使护法军政府一成立，就隐伏着分裂的危机。

广东省长朱庆澜，因拥护孙中山，受到桂系的排挤，不得不去职。11月间，陆荣廷指派莫荣新接替陈炳焜任广东督军。莫荣新对孙中山及其军政府十分无礼，并指令部下捕杀孙中山大元帅府六十多人。孙中山强烈要求严惩肇事者和向军政府谢罪，莫荣新置之不理。

孙中山有心，有名，但是很无力。他痛恨排挤自己的滇桂军阀，但是又不得不求助于军阀。1917年10月，北洋军从福建进攻潮汕，广东告急。孙中山派胡汉民游说桂系军阀，请拨出省长亲军中的二十营粤籍军队，由陈炯明率领"援闽"（征讨福建的北洋军阀）。桂系军阀开始不准，后因潮梅镇守使莫擎宇投靠段祺瑞，宣布独立，形势危急，才勉强同意。但是没过几天，陆荣廷的态度大变，变得出人意料的积极。他分别在1917年11月10日和27日于梧州和广州召开军事会议，商定了攻闽方略。其实在这里面，陆是有如意算盘的，一开始极力避战是为保存实力，现在既然战争不可避免，干脆就来个将计就计，把粤军派到前线与北洋军厮杀，借此消灭粤军，同时排挤国民党势力出广东。但是，殊不知陈炯明早看到了这一点。

1917年12月2日，孙中山以大元帅名义任命陈炯明为援闽粤军总司令，并派许崇智（广东番禺人）、邓铿等主要军事干部相助。1918年1月25日，陈炯明在广州东郊举行援闽誓师，出发东征。但陈炯明到达粤东后，即停滞不前，只是进行部队的整顿和补充。从2月至4月间，孙中山多次去电函催其从速攻闽，但陈炯明仍不做行动。

一面是陈炯明行动迟缓、出而不征，一面是陆荣廷加快节奏、后院放火。在广州，滇桂军阀联合起来排挤孙中山，改组军政府的元帅制为合议制，并向北京政府妥协，迫使孙中山不得不于5月4日辞去大元帅职，并于5月21日离开广州赴上海。

排挤逼走孙中山以后，旧桂系意欲进一步控制广东。1918年5月，桂军诱骗驻粤滇军首领张开儒接洽公务，趁机将其逮捕，此举剪除了滇军在广东之势力。

桂系阳奉阴违的行为，让孙中山认识到桂系与北洋军阀是一丘之貉，推进护法不仅不能依靠桂系，而且必须取消桂系。1919年8月，孙中山辞去军政府总裁（七总裁之一）的空头衔。之后，孙中山又多次主张取消由桂系军阀及官僚政客所把持的军政府。1920年，孙中山力主粤军回粤，以肃清盘踞广东的桂系军阀，建立广东革命根据地。但陈炯明对此并不热心，只求与桂系和平共处。

其实这时对和平单相思的陈炯明并不知道，桂系正密谋着一场针对他的战争。1920年，旧桂系与北洋直系军阀联络，相约直系于北京驱逐皖系段祺瑞，而旧桂系于广东驱逐孙中山。7月11日，直系军阀同皖系军阀在北方爆发战争，史称"直皖战争"。8月11日，旧桂系以护法军政府名义发布攻击粤军之命令，第一次粤桂战争爆发。

粤桂战争爆发时，粤军大部正驻扎于福建和广东边界。桂军以沈鸿英为攻粤总司令，中路为桂军刘志陆部，右路为浙军吕公望部，左路为滇军方声涛部。粤军于漳州出发，兵分三路反击。粤军三路为许崇智、陈炯明、洪兆麟。此时，粤军虽名义上为孙中山领导，但孙中山并不在军中，而是避居上海。

战局从一开始就出乎双方的预料。8 月 16 日，双方交战。被动应战的粤军接连攻取蕉岭、大埔等地，主动进攻的中路桂军前锋被击败。浙军观望形势，按兵不动，滇军主动后撤避战，形势对粤军有利。粤军借机攻占潮汕地区。激战至 8 月下旬，粤军攻占东江地区所属河源、海陆丰各县，桂军败退。

白崇禧在自传中曾有过这样的描述：

> 桂军在广东本来就不得人心，此时败退，沿途受到广东民军的堵截，民众也自动起来助战。桂军归途中，民众或闭栅放炮，或空室清野。桂军弄不到补给，一路以抢劫为生，军纪愈发废弛。李宗仁所在的部队担任撤退大军的后卫，一路所见尽是落伍败兵奸淫烧杀、为害百姓的惨状。本来，担任后卫的部队负有制止士兵扰民的责任，但那些长官却认为，抢劫可以提高士气。

桂军大队人马好不容易撤到四会和肇庆之间的莲塘口。这一带两侧山岭高峻，连绵三十余里，莲塘口为其唯一出口，有一夫当关、万夫莫开之势。粤军李福林、魏邦平部从广州乘火车先行赶到，阻截桂军。粤军利用天险地势，居高临下，以逸待劳。桂系大军被阻，又逢连日大雨，大队人马挤在一起，寸步难移，形势异常险恶。带兵主将林虎、马济知道，全军已到最后关头，如果不能从中央突破，抢关夺隘，这里可能就是桂军的葬身之地。但几次组织冲锋，均无效果。就在这时，李宗仁率后卫一营赶到，他了解到大军的困境后，立即自告奋勇，前往应战。经过一阵殊死搏杀，粤军中央阵地被突破，全线动摇。林虎、马济指挥接应部队蜂拥而上，莲塘口的守军在慌乱中四处逃奔。天险一过，峡口大开，桂军一万多人才得以平安通过。

过莲塘口后，桂军继续西退。此时一些高级军官纷纷离开队伍，乘船西上，队伍就由那些中、下级军官带领。过肇庆六十多里，到禄步圩时，前方山头已被粤军占据，后面粤军也追上来了。在撤退前，马晓军团已奉令开往广东肇庆，把黄绍竑、白崇禧两连及陈雄的机关枪连调往广州。禄步圩一战，幸好军中有马晓军部连长白崇禧、黄绍竑、廖光等和林虎部营长李宗仁这样的一些青年军官镇定指挥，拼死冲杀，李部与黄、白二连从左翼冲锋，陈雄的机关枪连与韩彩凤部在右翼山头侧射，压住粤军火力，最终击退阻击粤军，广西大军才得以冲出重围，窜回广西。李、黄、白首次相聚于战场上，联手制敌，奠定了此后合作的基础。这次撤退途中，旧军阀部队不堪一击的惨状，也给李、白等人留下了深刻印象。

1920 年 10 月 22 日，粤军攻占东江地区重镇惠州。次日，护法军政府主席总裁岑春煊通电辞职。陆荣廷以四总裁名义宣布护法军政府解散，并宣布取消护法，与北京政府南北议和。

11 月，旧桂系部队退出广东，返回广西，第一次粤桂战争结束。

正所谓：由俭入奢易，由奢入俭难。在富饶之乡过惯了富足生活的旧桂系部队退回广西后，已很难适应广西的落后贫瘠，很难容忍军饷不足的窘况。于是，桂系抱怨声四起，陆荣廷对军队的控制及影响能力开始减弱。

严峻的形势使陆荣廷做出了不进则亡、坐等形同待毙的形势判断，于是他在南宁召集将领会议，策划反攻广东。但是，还未等他的进攻计划实施，粤军已经攻过来了。

1921 年 6 月，粤军兵进广西，讨伐陆荣廷。桂军分三路迎击，左翼北路由沈鸿英指挥，自贺县、怀集东进，攻北江；中路由陈炳焜指挥，将主力集中于梧州，采取攻势防御姿态；右翼南路由谭浩明坐镇玉林，指挥该路军向高雷进攻。粤军士气旺盛，桂军连连败北。迎击粤军的桂军中路刘震寰部又在梧州前线倒戈，引粤军攻击梧州的左侧背，陈炳焜只好放弃梧州逃走，粤军顺利占领了梧州。其他两路见中路瓦解，也相继溃退。沈鸿英见势不妙，即宣布"自治"，逼陆荣廷下野。于是各路桂军急谋自保，纷纷与陆荣廷脱离关系，桂军全线崩溃。

陆荣廷见军心涣散，时局完全无法把握，只好于 7 月 17 日在南宁通电下野，孙中山即任命马君武为广西省长。马晓军在百色宣布拥护马君武，马君武随后任马晓军为田南警备司令，其部队除原有团队外，还收容了一些散军，黄绍竑、白崇禧、夏威、韦云淞均升为营长，陈雄为机关枪连连长，黄旭初担任参谋长。这支队伍成为以后黄绍竑、白崇禧等脱离旧桂系、另闯一条新路的起家"本钱"。

旧桂系溃散后，李宗仁率部脱离桂军，并以此为基础收编一些散兵游勇拉起了一支近两千人的队伍，俞作柏、钟祖培、伍廷飐、李明瑞、夏威、黄旭初等人陆续来到其麾下，枪支也有增加。

随后、马君武委任李宗仁为玉林警备司令，并发给李宗仁一批军服与军毡。从此，玉林等县成了李宗仁的地盘，成了新桂系的第一个策源地。

二、玉林聚力业初成

李宗仁在玉林管辖七个县。这里地处桂东南，地势平坦，土地肥沃，气候温暖，水源充足，交通便利，人口稠密，物产丰富，是广西比较富庶的地方，李宗仁在这里能够得到粮饷和兵源补充。在李宗仁周围，逐渐聚集起一批忠诚的追随者。他不仅积极罗织军校生，对行伍出身的下级军官也注意培训，使部队素质和作战能力大为提高。

马晓军部队的发展几经周折。他担任田南警备司令后，准备扩编兵力，但还没等计划完成，粤军调回广东。马部与粤军的依附关系众所周知，很快成为众矢之的。当时马部白、黄、夏三支队伍均布置在广西云南要道上，司令部所在地百色的驻军并不多，反而是旧桂系的刘日福、陆云桂两支部队实力最强。一天，自称广西自治军第一军总司令的刘日福部包围了马晓军的司令部。马晓军胆小怕事，不敢命令部队还击或突围，致使在百色城的部队全部被缴械。当时，几个营长因事均在司令部，仅韦云淞事前奉派前往西隆护送鸦片烟帮，得免于难。马晓军、黄绍竑被扣。白崇禧、夏威、陈雄等先后跳城逃走。

但是白崇禧不是消极地逃，他一边撤走，一边收集残部官兵，由逻里旧州、坡脚，会合韦云淞部二三百人往西隆八渡，渡红水河入贵州，向黔军刘瑞裳（白保定时的同学）等求援，得到支持。白崇禧等在此整顿部队，随后发表通电，声讨刘日福自治军，自任田南警备军指挥官，委夏威为第一营营长，陆炎为第二营营长，韦云淞为第三营营长。白崇禧率部与自治军相抗，身先士卒，得到部下的拥戴。一天晚上，白崇禧冒雨巡查阵地。对岸就是敌军机关枪阵地，他只能熄灯摸黑前进。突然脚下一滑，他摔落于山坡之下，折断左腿骨而昏迷过去，醒来后已不能行动。然而，激烈的战斗已使他离不开战场，他躺在担架上指挥战斗，终于一鼓作气，打败了刘日福、陆云桂的军队，回到百色。此时被扣的马晓军已经被释放。

刘日福等原已决定枪毙黄绍竑，由于黄与烟帮头子的关系，经人疏通，黄免于一死，也得释放。黄只身逃往离百色百余里的黄兰乡下，身边仅有士兵两人、木壳枪一支。在百色县豪绅黄炳煊、凌云县豪绅岑学三（前两广总督岑春煊的族侄）的支持下，他收集人马，组建了两个营，每营有杂枪百余支。黄绍竑深以被自治军缴械为奇耻大辱，开始蓄须，并立誓，不把自治军肃清，不刮胡子，于是得"胡须老"的雅号。

刘日福退出百色后，马君武改任马晓军为广西田南警备军第五路司令，在平马（今田东县）组织司令部，黄绍竑、白崇禧分别率队前来集结，全军共有千余人。马晓军委黄绍竑为第一统领，黄炳煊为帮统兼营长（百色县民团改编），另外两营长是冯春霖（新归附的旧军）和岑润博（凌云县民团改编）。白崇禧为第二统领，夏威、韦云淞、陆华甫（烟帮编成）任营长。马部与当地自治军继续作战。不久，白崇禧因腿伤赴广州治疗。由于延迟医治，左腿骨已长假骨，无法再施手术。在广州休养了一年，左腿稍短，成为终身残疾。赴广州前，白崇禧将部队交回马晓军率领。

为了防阻自治军的攻击，省长马君武急调马晓军等部防守南宁。当时马晓军已前往南宁，部队由黄绍竑率领。黄绍竑率队向南宁前进，沿途遭到自治军阻击。等他带队到达南宁时，因粤军已退走，形势对马军极其不利。黄绍竑建议放弃南宁，转向钦、廉方向退却，尽快靠拢广东。马晓军接受了这个建议。但当部队到达灵山县时，马晓军认为军队衣食无着，前途无望，于是离开部队，与陈雄经北海前往广州，部队交由黄绍竑指挥。此时，这个残破不堪的队伍也就四五百人了。

黄绍竑原打算率部队经广东廉江、化县、高州、信宜等处回容县老家暂住，然后再与广东方面联络。但当他率部到达廉江县城时，遇见了他的胞兄黄天择。

原来，自上次禄步圩之战后，李宗仁一直惦记着马晓军的这支队伍。这是一支由学生军出身的青年军官带领的队伍，与其他匪气浓重的绿林军是不可同日而语的。从百色到南宁，李宗仁一直关注着这支军队的前景。李宗仁判断，马晓军这支部队退出南宁，进驻灵山，肯定会经过廉江，特地让黄天择到那里迎候。

面对这一突如其来的选项，黄绍竑陷入思想斗争之中。慢慢地，他找到了很多投奔李宗仁的理由：

一、就地利来讲，玉林五属地方富庶，再多一些人也能养活，这是立业之本；

二、就人和来讲，李在玉林，有两千多兵力，实力很雄厚，且管事者多是陆小同学，这是成业之藉；

三、就天时来讲，此时拖着部队继续东进广东，实在困难重重，而与李合作，可能会是发展自己的好时机。

于是黄绍竑决定把部队带回玉林，投靠李宗仁。

黄绍竑的到来，令李宗仁如虎添翼，他的人马由原来的两千多人一下扩大为三千多人。李宗仁立即委任黄绍竑为第三支队司令，并划容县为黄部驻地。由此，开始了李、黄合作的历史。

广西乱局中，新桂系露出了雏形，旧桂系首领陆荣廷也在重整旗鼓。1922 年 9 月，他从越南返回广西，纠合旧部数千人，在龙州就任北洋政府任命的"广西边防督办"职务。次年 11 月，又从龙州回到南宁，自封为"广西全省善后总办"，并以"总办"名义，将全省自治军名目一律取消，重新颁发各部队番号，李宗仁的"广西自治军第二路军"被改为"广西陆军第五独立旅"。按道理，旅长下只能设团，原来的支队司令就变成团长。那些部下都想当司令而不愿当团长，就要李宗仁"不要理会那个老头子"。但李宗仁没有采纳这种建议，而是虚与委蛇，表面上归陆荣廷节制，实际上对陆的新任命既不当面拒绝，也不正式就职。玉林仍处于独立状态，只是改司令部为旅部，其他一概如旧，以改头而不换面了之。

从驻防玉林起，李宗仁就注意招兵买马，扩充队伍。在他范围所及之处，旧桂系残军、散兵、游勇、绿林等，多为他所收编。经过两三年的苦心经营，李宗仁所部发展成六个纵队约一万人。

三、平定梧州奠大基

黄是一个不安分的人，在李的庇护下，经过半年时间的休整，恢复了元气，就产生了往外发展的意向。当听说孙中山已击败了陈炯明，在广州再次组府，又派兵西向，准备入桂收拾沈鸿英时，他喜出望外，顿时感到机会来了。当时叛军沈鸿英的部下邓瑞征师正驻防靠容县、岑溪比较近的梧州一带。梧州为广西门户，地方殷富。黄绍竑的如意算盘是击败沈部，拿下梧州，以梧州为自己日后进取的根据地，借此走出玉林，争取新的发展。据他自己后来回忆说："我回广西做李宗仁的部下，本是出于无奈，我的本意仍然是想与粤方联络，为将来求得发展。自从队伍开驻容县，就要开始剿匪。容县素以多匪见称，县境的一半都被土匪所占。当地土豪劣绅对土匪起初是抗拒的，后来见政府和军队的力量薄弱，得不到支持，乃反而与土匪相勾结，绅匪不分。我是容县封建大族，当然站在尚未与土匪勾结的家绅方面，极力进剿。在剿匪的时候，不但人员受到相当大的伤亡，而武器弹药更无法补充。加以玉林的地理形势和李宗仁的作风也不能使我有发展的机会，我内心非常苦闷。"

他认为，玉林五属及容县的收入虽然能勉强养活现有军队，但是要发展则很难，尤其是枪械子弹无法补充。如果把目标定在保境安民上，则形同中立，终究不是办法。他反复思考，终于意识到"只有投靠孙中山才有前途"。1923年春，黄绍竑密派他的亲信参谋陈雄到广州找白崇禧商量。

在广州医治脚伤的白崇禧见到陈雄，喜出望外。他们分析国内形势之后，认为"广西之前途不外有三：一为附和北洋军阀；一为支持赵恒惕等人所倡言之联省自治；一为归附广州之孙中山先生的革命政府"。前途虽有三，但只有归附广州才是正路。北洋军阀已经是烂招牌，联省共和在中国很难行得通。最后，他们"终于决定参加以三民主义建国为号召的广州革命政府"。

在广州，陈雄通过粤军司令部秘书长廖百芳（容县人）的介绍，认识了广东革命政府财政厅长廖仲恺和大本营参军长朱培德，开始和广东革命政府进行接触。

在方向基本确定、广东方面基本搞定的情况下，黄绍竑开始盘算占据梧州。但该地为沈鸿英所有，沈是实力派，强攻是不易得手的。只有先伪投沈鸿英，取得其信任，使其不防，然后智取梧州。然而黄绍竑真要公开附沈，就须要得到李宗仁的谅解和支持。1923年2月间，黄绍竑来到玉林，向李宗仁陈述了伪投沈鸿英的目的。李宗仁当然不愿意黄绍竑分兵离去，但他想到，"黄氏是个不受羁縻的干才，挽留不易，不如成全他向外发展的志向，异日或能收到表里为用之功"。于是就同意黄绍竑向外发展，他同时提醒黄，沈太嚣张，沈孙矛盾可能引发战争。如遇此况，乘虚取梧州呼应孙才是上策，还表示届时将出兵支援黄的军事行动。黄绍竑听后向李表示："日后倘能成功，还将拥戴李为首领，绝不独树一帜。"并提出两个请求：在取得梧州之前，一切费用仍由李照发；万一进兵梧州失败，请李予以收容。这两点，都得到李宗仁的允诺。

事情不出李宗仁预料，1923年4月中旬，沈鸿英在花县新街就任北洋政府委任的所谓"广东军务督办"职，发起了反孙叛乱。不过沈的叛乱刚开始，就遭到驻广东的滇、赣、粤军的反击。孙中山为了去除东征讨陈（炯明）的西顾之忧，解除沈部祸患，命令李济深等人率粤军第一师、第三师和广东江防舰队四江、四广等十余艘舰艇，溯江西上，讨伐盘踞在西江上游梧州一带的沈鸿英部叛军。4月下旬，沈军遭到广东革命政府所属部队反击，全线崩溃，分水陆两路向广西撤退。5月，黄绍竑宣布就任沈鸿英委给的"广西陆军第八旅旅长"的职务，将部队由容县开赴戎圩，取得向梧州进兵的有利阵地。黄绍竑将此事秘密通知在广州的陈雄和白崇禧，要他们尽快晋见孙中山。陈雄、白崇禧由朱培德和廖仲恺介绍，在石龙火车站行营见到孙中山。白崇禧向孙中山报告了广西的形势，表示广西加入广东革命的决心。孙中山认为，要统一全国，必先统一两广。孙中山支持黄绍竑出兵梧州的行动，立即委黄绍竑为广西讨贼军第一军总指挥、白崇禧为参谋长。孙中山诚恳地对广西代表说："白崇禧无枪，无粮，无饷，只有三民主义。"白崇禧当即表示："广西统一不需要孙公的物质支援，所需者仅是革命之主义信与仰而已。"白崇禧和陈雄随后潜回戎圩防地，与黄绍竑密商夺取梧州的具体军事行动。

黄绍竑带领所属支队由容县开向戎圩，虽有几营军队，黄绍竑仍感兵力不足，拟向李宗仁请兵。白崇禧把黄绍竑的亲笔信带去玉林，李宗仁认为黄部袭取梧州兵力已经足够，但仍派伍廷飓率所部兼程向梧州进发。他指出，黄部在取得梧州后，应尽力联络广东方面，励精图治；留在玉林的李部则采取内刚外柔策略，暂时维持与陆荣廷原有的关系，以便等待他日与黄部分进合击。白崇禧听了李宗仁的意见，表示非常赞成和感动。这是李、白首次聚会详谈，彼此坦诚相见，十分投机，这次会晤成为他们长期合作的很好开端。李宗仁曾无限感慨地回忆说："以后我和白氏共事二十余年，推心置腹，患难与共。虽有人屡次企图分化离间，我二人只一笑置之。世人多有因此形容李、白实为一人，私衷亦觉当之无愧。"然而黄绍竑在开往戎圩时，不仅带走了自己的全班人马，还带走了前去两县驻地接防的李部两个营，第二路自治军统领俞作柏背着李宗仁，带一个营跟黄绍竑东出。这使李宗仁大为不快。在旧军中相互勾引对方的部下、拆台挖墙脚的事是很平常的，而一旦出现这类情况，彼此今后很难相处。李宗仁部下对黄绍竑的行为极为气愤，坚决主张派兵追击。李宗仁却说："拉都拉走了，不打还是我们的弟兄，将来还好见面；打起来只是好了沈鸿英，我们两家都倒霉。"正是李宗仁胸怀大度，不计较一时得失，使他日后成为新桂系的首脑。对于此事，黄绍竑也十分感动，他在自己的回忆录中承认"李气量宽宏，能忍人所不能忍"。这也是后来李、黄两部仍能由分而合、黄甘居李之下的原因。

当追击沈军的粤军逼近梧州时，黄绍竑立即改弦易辙，在戎圩宣布讨沈。也许是天降好运，黄刚刚改向就得到大礼包，将刚退到戎圩的沈部黄炳勋旅五六百人包围缴械。接着黄绍竑沿江东下，与李济深统领的粤军会首梧州。随后，广州大元帅府任命李济深为西江善后督办，设督办府于梧州，加强和黄、白的合作，其余粤军都退回广东。

李济深通过梧州之战认识了黄绍竑，觉得黄绍竑这支队伍颇有朝气，于是决意帮助黄绍竑，以增加革命的力量，并准备将来粤军撤回广东时将梧州交给黄绍竑。李济深认为以梧州为根据地，黄在广西今后的发展中是大有可为的，他还向广东方面建议：平定广西混乱局势应以扶植广西新起军人去发展革命势力，收拾桂局为上策。其他粤军将领也都愿意帮助黄绍竑。7月，第一师第三团团长邓演达在给孙中山的信中介绍说：

> 黄绍竑一部，虽原有基干仅千余人，而其干部均系学生为多，皆青年有志之士，自命为广西陆军正派，且目沈鸿英、林廷俊等，直为土匪、流氓，而不肯与之为伍。故此次挺身而出（按：指梧州起义），为我军所压迫梧州诸逆后路，得成梧州克服之功。追击张希栻部，毙其团长一、营长一，又迫缴蒙仁潜部枪支四五百支，凡此种种，皆为决心附我，为国家干城之表征，人人皆知之者。

后来，李济深又设谋生擒沈鸿英的旧部冯葆初。于是，梧州地盘尽归黄绍竑。

梧州地处桂东，桂江与浔江在此交汇，流入西江，故称水都，为西江上游重镇、广西对外的门户、两广交通的咽喉。此地风景优美，气候宜人，地理条件优越。在经济上，梧州是当时广西的经济重心，工商业和对外贸易都比较发达，是"海上丝绸之路"的货物集散地，被誉为"士商萃集之所、百货出入之枢"，仅外贸额就占广西对外贸易总额的百分之八十左右。在战略位置上，梧州的地位异常重要，上游有李宗仁坐镇玉林，下游有李济深驻节肇庆，这使黄绍竑、白崇禧在军事上有所凭依。梧州为李、黄、白而后统一广西提供了物质条件，成了玉林以外新桂系的第二个策源地。

此时，黄绍竑在梧州正式挂出了广西讨贼军总指挥部招牌，自任总指挥，白崇禧为参谋长，胡宗铎为总参议，吕竞存为副官长，黄玉培为秘书长，黄维为军需处长，白志鹍为军法处长。他的部队也扩充为三个团，第一团团长俞作柏，第二团团长伍廷飔，第三团团长夏威。为了加强与广东革命政府的联系，他征得大元帅府的同意，任陈雄为讨贼军总指挥部驻粤办事处主任。

讨陆灭沈，战无不胜称"诸葛"

坐稳了梧州，黄绍竑、白崇禧开始谋划向周边扩展，他们的目标是与李宗仁连成一片。当时梧州上游藤县的卢得洋、黄超武等部扼守浔江水路，对黄绍竑的发展造成很大影响。1923 年 9 月，黄绍竑决心拔除这颗钉子，于是率部向藤县进攻。卢部以逸待劳，讨贼军一开始并不顺利。这时，李济深派来了两艘小兵舰做掩护，黄绍竑、白崇禧指挥军队登上汽船、拖轮，溯江直上，越过藤县正面，从背后向县城发起猛攻。守军腹背受敌，顿时大乱。讨贼军趁势而上，一举歼灭卢得洋部，卢得洋也被当场击毙。另一守城将领黄超武与黄绍竑有旧，率兵一团投诚，黄绍竑将之编为讨贼军第四团，仍以黄超武为团长。

攻占藤县，使黄绍竑声威大震。这时驻粤代表陈雄从广州回到梧州，建议黄绍竑到广州面见孙中山先生，以取得支持，为下一步军事行动做准备。黄绍竑到达广州后，首先见到了财政官员廖仲恺，汇报了广西的情况。然后在廖仲恺的陪同下，到位于珠江南岸石涌口的士敏土厂大元帅行营谒见孙中山先生，向孙中山报告讨贼经过，请示工作方针和补充接济。孙中山先生听罢黄绍竑的报告，非常高兴。他说："革命党是不要一切凭借的，一切都要自家去创造，自家去发展。革命主义、革命精神、革命党员就是本党一切力量的源泉。你们决心参加革命，首先要明白这道理，其余的问题，可与廖先生去商量。"孙中山勉励黄绍竑学习"革命主义"，并送《三民主义浅说》《知难行易学说》二书，指示廖仲恺拨给黄绍竑经费两万元（毫洋）和两万发子弹。

返回广西后，黄绍竑将目标对准更大的钉子陆云高。陆云高为陆荣廷旧部，盘踞在平南、桂平、贵县、宾阳一带，扼守广西交通要塞，拥兵一旅，有五六千人，队伍整齐，枪械充足，战斗力较强。为了确保胜利，黄绍竑派伍廷飏到玉林去会见李宗仁，商量协力解决陆云高问题。李宗仁欣然同意，他派钟祖培同伍廷飏一道赴梧州负责联络事宜。经双方商定：黄绍竑部由夏威率领第三、四团及机炮连由藤县循陆路，攻占大安，继续渡江与白崇禧部会合，向平南攻击前进；白崇禧率领第一、第二两团，乘轮船溯江而上，在白马附近登陆，攻占平南，尔后突袭陆云高主力据守的桂平江口镇。与此同时，李宗仁部由兴业县进兵贵县。在贵县，李部没遭到激烈抵抗，于11月23日占领，然后顺流东下，25日桂平不战而下，守军营长黄飞虎接受改编。陆云高部遭到打击，只好转入平南的鹏化，据险顽抗。李、黄两部将其包围起来，双方激烈交火，陆云高终于抵挡不住，率残部千人，从鹏化窜入瑶山，投奔桂林沈鸿英去了。这一仗，黄部缴获大炮九门、"大鹏号"兵舰一艘，陆云高部下的营长蒙志、王赞斌率部投诚。于是，从梧州、藤县、平南、桂平直至贵县，完全归李、黄、白占据。

树大开始招风，随着黄绍竑势力的快速崛起，一直不把黄放在眼里的陆荣廷坐不住了，决定出兵东征黄绍竑，以打通从南宁到广东的水路，加强对广西全省的统治，并寻找机会进攻广东，恢复他旧有的统治。他下令李宗仁担任"前敌总指挥"，讨伐黄绍竑。李宗仁既不能和陆荣廷决裂，当然也不能应命。他说服陆荣廷暂罢东征之议，将陆的注意力转向桂北，出巡柳、桂。结果，陆荣廷与沈鸿英火拼，黄绍竑得以躲过一劫。李宗仁回忆说："黄绍竑以三千人枪，居然敢以'讨贼'自命，和全体桂军为敌，实因我屯大军在玉林，互成椅角，做他的后盾。而我军则仍保持广西陆军第五独立旅的番号，保境安民，和粤军全无关系。广西当局和其他对我虎视眈眈的各地方军首领，虽心怀疑忌，也无辞以胁我。同时，我也可假绍竑出面和广东大本营联络：一则可使两粤革命军人互通声气，有事彼此支援；再则可以减少对粤军的顾虑，专心整顿辖区内的民军两政。所以黄绍竑的独树一帜，实是与我互为表里，收相辅相成之效。"

眼看广西境内的形势渐趋明朗，新的问题又出现了。原驻广州的桂军独立师师长陈天泰，突然带着四五千人的队伍回撤广西，驻扎于离梧州只有四十多公里的都城。陈天泰实力很强，但在广东，缺少人和地利，一直得不到充分发展，早有回桂想法。尤其梧州这一富裕地区，是他志在必夺的主要目标，只是实在找不到理由来实现他的野心。这一次，他以开赴高、雷、钦、廉南路为名，暗中将部队集中到梧州下游的都城一带，并约自治军陈先觉等为内应。但他最大的问题是师出无名，无大元帅府的命令，事出无因，都城不是他们南下必经的地点。为掩盖自己的阴谋，陈天泰先派参谋长李澜柱到梧州，声称他们是来援助讨贼军统一广西的。黄绍竑、白崇禧当然明白陈天泰醉翁之意不在酒，对于这一劲敌不敢大意。他们一面把梧州上游的部队赶紧调回布防，一面商请李济深粤军第一师及海军给予支援。为了麻痹对方，白崇禧在梧州河面花艇上设宴殷勤招待李澜柱，并请与李相识的梧州亲友作陪。酒过三巡，白先行告退，说是另有应酬。其实他离席后即乘汽船赶赴戎圩，再转乘汽车到都城方面指挥作战去了。

当时黄绍竑将部署在梧州上游的部队几乎全部调回戎圩集中，并请李宗仁派战斗力强的部队，到梧州增援。黄将所调动部队分三路，向都城进击。以俞作柏所部第一团担任右路，夏威所部第三团担任中路，白崇禧指挥黄超武所部第四团及蔡振云所部担任左路，黄绍竑在中路指挥，另请肇庆粤军攻击陈天泰的侧背。

第二天黎明，各部都到达了都城以上地区。中路因路程较近，接触最早，节节进展，已迫近都城，但由于攻击时机过早，粤军又因为溪水所阻，不能及时由后侧夹攻，左右翼未能赶到。陈天泰见对方中路突出，于是集中兵力，三面向中路猛烈反攻。黄绍竑部先头部队兵力单薄，立脚未稳，被陈天泰击退，伤亡极大，一直退至黄的指挥部所在地。这时黄绍竑仅有预备队一连，只得就地展开抵抗，以掩护由前头退下的部队。陈天泰率队紧追，双方距离不过一二百米远，彼此面貌都可辨认清楚。如果再退却，让对方将中央突破，转而绕攻左右两路的侧后，必然导致全军溃败。当时右路已与敌军短兵相接，左路及粤军第一师还未到达。黄绍竑断定白崇禧一定可以按预定时间到达，相去只一小时。在这一小时内，必须尽力支持，等待左路及粤军赶到，发挥分进合击的功效。黄绍竑命令卫士二十多人就地展开，他自己也加入火线。敌方人数众多，攻势猛烈，向黄绍竑部阵地发起多次冲锋，都为黄的部下打退。在黄部的顽强还击下，陈军攻势受挫，双方成了相持状态。

时间站在黄的这边，相持就是在等待胜利。果然，没过多久，左路军准时赶到，并分向敌后挺进。陈军被迫抽调主力，向左路迎击。他们认为黄部伤亡重大，绝无反攻能力，因而只留下一部与黄相持。黄绍竑见陈军动摇，立即亲率未受伤的官兵竭力反扑。随同他最先前进的，仅连长李耀宗、冯璜及卫士长牛得才，卫士莫世才、廖正光五人而已。夏威收容剩余的部队，加上右路军，也紧随黄绍竑身后反攻。陈军不能支持，向都城方面溃退。就在这时，粤军第一师也由下游迫近都城。陈天泰部及其官兵多为广西人，也不愿与本省军队对抗，陈只得率残部突围，向梧州方面逃窜。黄绍竑查点卫士，伤亡十多人，第三团也死伤过半，但终于等到友军到达，反败为胜。

陈军既逃，黄绍竑乘胜追击。他任白崇禧为追击指挥，率左右两路及粤军第一师一部向前推进。陈天泰残部窜至大洲圩附近，饥疲不堪，又被当地民团抗阻，白崇禧率追击部队随后追到。陈天泰突遭四面围攻，军心大乱。激战一天，陈部彻底崩溃，陈天泰及其剩余官兵两千多人，全部被俘获。陈天泰回到广州后，曾向大元帅府控告广西讨贼军。但由于广西方面得到了李济深的支持，控告没被受理。

接连几战，黄绍竑又收编了当地的自治军和散兵民团，势力得到很大扩充。1923年夏出兵梧州时，黄绍竑仅有俞作柏、伍廷飏、夏威三个营约两千人。仅仅过了几个月，已拥有五个纵队、八个游击司令（蔡振云、马夏军、何正明、陈锦华、卢文驹、封辅军、陈先觉、陈济桓），共有约八千人了。

黄绍竑的快速发展让李宗仁触动很大。他深深感到：自己如继续据守玉林一隅，面对革命潮流无鲜明立场，势难得到部下和民众的长久同情。李宗仁军中的将官都是三十岁左右的军校生，年壮气盛，都有澄清省内纷乱局面的壮志。参谋长黄旭初是李济深陆大任教时的学生，也自告奋勇，要去广东方面进行联络。但李宗仁认为，现在广西境内自治军的力量还很强大，不可贸然从事，树敌过早、过多，应该采取逐步进取的办法。名正方能言顺，对于自己来说，陆荣廷所给的"第五独立旅"番号是肯定不能要了，要更换一个什么样的名呢？

大家议论纷纷，但有一点是一致的，即"无论如何，在名义上不能把李宗仁摆在黄绍竑之下"，最后商定了用"定桂军"的名号。他们认为：首先，本军定的是广西，"讨贼军"讨的也是广西的贼，范围、性质一致，但在字眼上"定桂"比"讨贼"温和，不那么刺眼；其次，古语云："天下乌乎定？定于一。"因此，"定桂"名正言顺。这一名号获全体通过。于是李部改称定桂军，李宗仁自称总司令。

恰在此时，吕竞存、伍廷飏受黄绍竑的派遣来到玉林，与李宗仁进一步商量此后合作问题。白崇禧也向李部参谋长黄旭初表示："若李率其所部与讨贼军合作，登高一呼，四方必定归服，功劳岂在广西？"李宗仁深思熟虑后，接受了黄、白的要求。他们确定了下一步的作战计划：先合力肃清贵县、桂平、江口、平南的自治军，解除心腹之患，占领由梧州至贵县的水路交通线，再伺机向柳州发展。不久，定桂军的司令部由玉林迁到了桂平。

这时候，李宗仁打的是"定桂军"的旗号，黄绍竑、白崇禧树的是"讨贼军"的旗号，表面上是分道扬镳，实际互为表里。李、黄经过一年多时间的分头发展，互相配合，苦心经营，他们的力量已经发展壮大起来。到1924年5月，即联合讨伐陆荣廷，两部合共有人、枪一万多。李宗仁辖玉林、陆川、博白、北流、兴业、贵县、桂平、武宣、迁江（今来宾县境）等九县，黄绍竑辖苍梧、藤县、容县、岑溪、平南、信都（今贺县境）等六县。整个西江上游，也就是广西最富庶的玉林、浔州、梧州三府州，已完全为李、黄所控制。加上又有孙中山的广东革命政府做后盾，他们成为广西举足轻重的一支政治军事势力。

李、黄、白三杰在玉林、梧州的崛起，使广西政治、军事形成三分天下的格局。李宗仁与黄绍竑、白崇禧是广西的新兴势力，他们占据梧州、玉林五属地区和浔江一带，雄心勃勃，决心消灭旧桂系，统一广西。他们的对手就是重返广西、企图东山再起的陆荣廷和由广东败退回桂的沈鸿英。

陆荣廷依然实力最强，以曹锟、吴佩孚为后台，自称"广西全省善后总办"，占据南宁、柳州及横县、武定以上，左江、右江一带等广大地区，拥兵两万，总想重温"广西王"的旧梦。沈鸿英的实力也很强

31

大，以北洋军阀为靠山，占据着桂林、平乐、贺县和湘粤边境的连山、临武、宜章、坪石等地，拥有部众万余人，也雄心勃勃，"有统一广西之志"。

面对迅速崛起、咄咄逼人的新兴势力，"老帅"陆荣廷终于忍不住了。陆荣廷从辛亥革命开始，到1921年孙中山"援桂"之前，整整统治了广西十年。当初他挥兵广东、湖南，当上"两广巡阅使"，威风赫赫。而现在，当年的部将与小兵居然与他鼎足而立，是可忍孰不可忍！他必须削平这支队伍，重新统一广西，恢复他在广西的"一统天下"。

陆荣廷决心首先除掉黄绍竑、白崇禧。因为此二人自梧州起义以来，已公然投靠孙中山，他们打出的"讨贼军"旗号，对陆荣廷来说就特别刺眼；而他们占据着的梧州，既是广西的经济重心，又是广西通向广东的门户。"吃掉"黄、白，取得梧州，将使自己行动自如。因此，他公开宣布要进兵梧州，"讨伐叛逆"。

但是事情说起来容易，真要出兵梧州却有不少难点。因为"讨贼军"有孙中山的广东革命政府做后盾，西江下游一带布有李济深等部粤军重兵，如果陆荣廷向"讨贼军"进攻，就有再次遭到孙中山讨伐、重遭粤军打击的危险。在重新统一广西之前，他是不敢冒与粤方开衅的风险的。同时，陆荣廷的地盘与梧州并不直接相连，中间隔着李宗仁。要进兵梧州，必须取得李宗仁的同意。陆荣廷本来想拉拢李宗仁，他曾派代表到桂平与李谈判，并委李为进兵梧州的"前敌总指挥"。但李宗仁态度暧昧，他一方面答应帮助陆荣廷统一广西，并请陆派四千兵到贵县，即协同进攻梧州；同时，他提醒陆荣廷，攻梧州是一下策，因攻梧州必导致与广州的武力对抗，而与北方交通的打通又急如星火：北京政府的援助、亲信马济部精兵由湘回桂等都亟须解决，桂北交通阻隔问题实重于讨伐"讨贼军"。另一方面，种种迹象表明，李宗仁与黄、白明来暗往，他很难真正与陆走到一起，这使陆荣廷不能不有所顾虑。这样，进兵梧州，讨伐黄绍竑、白崇禧的事只好暂时放下来。

黄暂时不好打，陆就把目标瞄准了沈鸿英。陆与沈此时都是曹锟、吴佩孚的走卒，但二人的积怨很深。当年沈通电与陆脱离关系，并逼陆下野；待到陆重返广西，沈仍不买陆的账。而且，沈占据着桂林、全州、平乐、昭平等地，阻碍着陆荣廷与北京方面的联系。只有消灭沈鸿英，陆荣廷在政治上才能有所作为。

1923年12月，陆荣廷高调"循职巡视各属"，从南宁率部队数千人北上，于次年1月下旬进抵桂林。当时沈鸿英的主力部队正在湘粤边境与孙中山的革命军对峙，后方空虚，兵力单薄，只好暂时忍让，将在桂林的城防部队撤到阳朔、平乐一带。于是，陆荣廷非常轻易地进驻桂林。随后，陆的部将又接连占领沈军的后方基地临桂、兴安、全州、平乐、昭平等处。

沈鸿英对陆的行径大为恼火，但还是决定先礼让一步，他派部将邓瑞征、何才杰等多次与陆交涉，并由邓、何等人致电北京桂籍国会议员，让议员们出面，劝阻陆荣廷侵占他的地盘。但陆荣廷得理不饶人，他的部队对沈军步步进逼。到2月下旬，沈军在广西的地盘只剩下富川、钟山、贺县、怀集等一小块地方了。这时，沈鸿英感到已无退路，非决一死战不可了。但真要破釜沉舟硬干，他还缺个好靠山。两边都支持的北洋军阀不一定完全靠得住，于是他决定要个双面忠诚计策：首先暗地"投诚"孙中山，乞求孙中山支持他回桂讨陆。

孙中山和广东革命政府的许多要人非常了解沈鸿英的为人，对其请降一事，一开始无人支持。后经谭延闿多方疏通，加之沈的代表一再保证，孙中山才准其所请。2月29日，孙中山发布手谕，任命沈鸿英为"广西建国军总司令"，归谭延闿节制，由谭的湘军总部代发沈军开拔费五万元、子弹十万发，令沈鸿英率部返桂，讨伐陆荣廷。

同时沈鸿英又与吴佩孚、赵恒惕秘密联系，寻求支持；沈军将领邓右文、陆云高等发出的通电中，也声称因陆占其防地，断其饷源，人心愤激，故回师讨陆，先平桂，后定粤。

从3月27日起，沈军主力开始由湘粤边境回桂，与陆部在灌阳、全州、兴安、昭平、平乐、阳朔等地展开激烈争斗。4月13日，沈军邓瑞征、邓右文两部将桂林包围；6月11日，沈军攻占柳州，接着占领东泉、中渡等处。谭浩明、陆福祥援兵受重创，其中陆福祥部几乎全军覆灭。由于吴佩孚命湘军赵恒惕出兵干涉，阻止沈军的进一步行动，桂林城才得暂告解围。陆荣廷仍旧率原部驻在桂林城内。

双方交战期间，沈曾致电孙中山，请求孙电令黄绍竑进兵南宁，以配合他对陆荣廷的讨伐。后来孙中山按照他的请求，给黄绍竑发了电报，命令黄向南宁进兵，抄袭陆荣廷的后方基地。沈鸿英也希望利用黄绍竑、白崇禧的兵力牵制南宁方面的陆荣廷军，使自己能放手进攻桂林，于是他也直接致电黄绍竑，请求黄部与他共讨陆荣廷。陆、沈桂柳火拼，互相残杀，给李宗仁、黄绍竑、白崇禧统一广西提供了十分有利的时机。而孙中山和沈鸿英敦促、请求黄绍竑出兵讨伐陆荣廷，更使李、黄、白采取军事行动有了合法的名义。

如何将计就计，以救援的方式出兵铲除异己？黄绍竑、白崇禧不敢疏忽。他们由梧州来到桂平，同李宗仁共商对策。李宗仁当即表示，愿意共同行动。他们一致认为，应该利用当前的有利形势，出兵讨伐陆荣廷、沈鸿英，以收拾残局，统一广西。但在先讨陆还是先讨沈的问题上，他们发生了意见分歧。

李宗仁主张先讨沈，理由是"沈氏为人反复无常，久为两粤人民所共弃，对他大张挞伐，定可一快人心"。而"陆氏治桂十年，虽无功可言，也无大过"，"广西一般人士，对陆氏尚无多大恶感"，"如舍罪大恶极的沈鸿英不问，而向陆老帅兴问罪之师，心头难免不安"。

黄绍竑、白崇禧则主张先讨陆，理由是：第一，陆当时驻桂林，而南宁防务空虚，易于进攻；第二，陆与湖南相通，湖南又得吴佩孚声援，应于其支援未至时，出其不意，攻其不备；第三，攻打沈鸿英，胜之，陆之势力犹在，广西仍难统一，败则更不易打陆矣。而先联沈讨陆，对陆方胜券可操，沈部也易剪灭。故黄、白坚持"联弱攻强，避实击虚"。

李、黄、白对此问题几经争论，反复权衡利弊，最后统一了意见，定出了"联沈倒陆、先陆后沈、各个击破"的策略方针。

形势变化无常，让人摸不清脉络。没过几日，杀红了眼的陆、沈两部在北京政府调解下，已有讲和息兵、合作而共同攻打梧州的动向。李、黄于是决定先发制人，乘对方合作还未进行，由黄绍竑先派代表与沈鸿英联络，诱之以利，表示愿响应讨伐陆荣廷计划，将联合李宗仁出兵南宁，并答应在倒陆之后，将来地盘分配时，桂林、平乐、柳州全归沈所有，保证绝不会趁沈攻陆时扰乱沈的后方，希望沈鸿英放手攻打陆荣廷。沈鸿英对黄的承诺当然也未必全信，但在考虑全局后，认为陆荣廷势大，李、黄两部毕竟势力单薄，不足为惧，于是全力攻陆，准备在推倒陆荣廷后再对付李、黄。

6月1日，时值陆、沈两军在桂林、柳州间激战之际，黄绍竑在梧州誓师讨伐陆荣廷。他在讨陆布告中，宣称要统一广西。接着，黄绍竑与白崇禧带领其"讨贼军"西上桂平，同李宗仁的"定桂军"会合。这时，李宗仁也发出了讨陆通电。电文在历数陆荣廷治桂的种种弊端，揭露陆、沈桂柳之战的祸害后，宣称为救国救乡计，不得不联合友军，请陆下野：一方面消弭目前的战祸，一方面借以扫除省政革新的障碍。随后，两军主力集中在贵县，"定桂军"打黑边红心方形旗帜，旗中大书黑底"李"字；"讨贼军"打白边红心方形旗帜，旗中大书黑底"黄"字。

两军队伍会合一处，金戈铁马，军旗猎猎。紧接着，部队分途向南宁进兵。左路由李宗仁指挥，率定桂军李石愚部和讨贼军伍廷飏、夏威、蔡振云等部，乘船溯邕江而上，直逼南宁。右路由白崇禧指挥，率定桂军何武、钟祖培等部和讨贼军俞作柏部，自贵县出宾阳、上林一带，然后转向武鸣，向南宁进击。黄绍竑则由桂平返至梧州，坐镇后方。为防止沈鸿英军乘虚袭击梧州，在黄绍竑请求下，李济深派粤军第一师主力进驻梧州、都城一带，帮黄绍竑看守老营。

当时，陆荣廷部主力被拖在桂柳一带，南宁方面十分空虚，因而李宗仁、白崇禧的进军一帆风顺。李宗仁的左路军在击退陆部韩彩凤军后，很快进至南宁，在南宁附近与陆部蒙仁潜、林俊廷的部队展开血战。右路白崇禧的部队，连下柳州、庆远，直逼南宁。两路大军夹击，南宁守将哪能抵抗？一个个死的死，逃的逃，降的降。6月25日，李宗仁兵不血刃占领南宁。白崇禧部也未遭遇激烈抵抗，随后会师南宁。

握手容易携手难。李、白占领南宁，对他们今后的发展十分有利。但是，"定桂""讨贼"两军却因争夺军队的统一指挥名分和权力而发生了矛盾冲突。李、黄两部也沿此积习。当两军在各自防地内时，不论军事、政治、用人、行政都自成系统，互不统属，当然也无所谓矛盾。

占领南宁后，两个系统的部队都混集在一起，这个问题就突显出来了。黄曾是李的部下，李宗仁方面的将领不服黄；黄的人、枪数量在李之上，黄绍竑方面的将领不服李。当时，在省长公署、民政厅、财政厅等机关及银行、军火库等单位，两军多有摩擦，甚至双方都架起机关枪，摆出要火并的架势，气氛十分紧张。

眼看局面失控，李宗仁、白崇禧急电留守梧州的黄绍竑赶来南宁。黄到南宁后，气氛有所缓和，但其部下一些将领仍怂恿他以武力解决李宗仁的定桂军，独占南宁。黄绍竑把此事告诉了白崇禧。白听后连称荒谬，他坚决反对分裂，并以太平天国洪秀全、杨秀清内讧而招致失败的历史事实告诫黄绍竑。白崇禧严肃地说："洪杨之失败，非曾（国藩）左（宗棠）之功也。洪杨内讧，自毁其事业也。若以占领南宁即起内讧，白崇禧不欲见失败之日，愿先卸职他去。"黄绍竑是深明大义的，听了白的话后，立即表示"决不这样做，一切以团体为重，恪守前约，推李为首"。而李宗仁听部下说对方要将定桂军缴械，决意反击，也坚称不可。他说："我决不相信黄、白两人会贸然出此下策。如果他们觉得有白崇禧在，他们不易做事，我可立刻引退，让他们二人完全负责，成功不必在我。为广西以及整个国族的前途着想，纵我不干，我仍希望你们完全服从黄、白二人的指挥，也如服从我一样，以完成统一广西的任务。"

默契在磨合中产生。随后，黄绍竑、白崇禧与李宗仁商定，为了减少内部矛盾，避免分裂，将"定桂""讨贼"两军重新合并，组织"定桂讨贼联军总司令部"，推李宗仁为联军总指挥。为使部下服从李宗仁的领导，黄绍竑在原谭浩明的公馆内设宴，招待两军营长以上军官。席间，黄绍竑起立发言，公开宣布两军重新合并之事。他说："我原是李德邻部下，因为出兵梧州，权宜自树一帜，今既会师南宁，正宜乘机回复旧时组织，以期统一指挥，进一步而统一广西。要是彼此不能相下，必致自相火并，而与旧军阀无异。我们今日幸乘陆、沈相持，占领南宁，获得胜利。陆、沈前车之辙，是不可再蹈的。故我们无论在任何状况之下，亦只得服从李总指挥，方为合情合理。我的部下，如有不服从李总指挥者，即等于不服从我一样，必为团体所共弃。"说完后，他举杯率在场的将领，全体起立，向李宗仁敬酒，大家共干一杯。饮完酒后，黄绍竑仍举杯在手，向各位将领宣誓说："今后我们将领，誓当一心一德，服从李总指挥领导，如有口是心非、三心二意的，当如此杯！"说完将酒杯猛掷于地，砰的一声，碎屑四溅。全场气氛肃穆，众将个个为之动容，纷纷表示：既然"胡须老（按：指黄绍竑，他当时留有大胡子）都这样做，还有什么话可说？"李宗仁也起立致辞，希望大家以救国救民为宗旨，精诚团结，共同奋斗，统一广西，复兴国族。席间，两军将领尽弃前嫌，握手言欢，尽兴而散。

接着，黄绍竑又以"广西讨贼军第一军总指挥"名义，与部将俞作柏、伍廷飏、夏威等发出拥戴李宗仁的通电。电文说："定桂军李总指挥功高望重，本军将士风所钦崇。兹为促进军事统一起见，谨率全军将士，推举李总指挥为广西定桂讨贼联军总指挥。所有联军事务，概由李总指挥主持。"于是，矛盾得到解决，李宗仁、黄绍竑两部又重新合为一军了。这时，李、黄、白部队的编制如下：

联军总指挥李宗仁。

副总指挥黄绍竑。

总参谋长兼前敌总指挥白崇禧。

定桂军总指挥李宗仁（兼）。

参谋长黄旭初。

第一纵队司令李石愚。

第二纵队司令何武。

第三纵队司令钟祖培。

第四纵队司令刘权中。

第五纵队司令何中权。

第六纵队司令韦肇隆。

讨贼军总指挥黄绍竑（兼）。

参谋长白崇禧（兼）。

第一纵队司令俞作柏。

第二纵队司令伍廷飏。

第三纵队司令夏威。

第四纵队司令蔡振云。

第五纵队司令吕焕炎。

第一游击司令马夏军。

第二游击司令何正明。

第三游击司令黄桂丹。

第四游击司令陈智辉。

第五游击司令封辅军。

第六游击司令卢文驹。

此外，还推举黄旭初为副总参谋长，吕竞存为副官长，黄钟岳为秘书长。事后向广州大元帅府备案，得到了大元帅府的认可。

整装而为待发。联军随即就讨伐陆荣廷的第二步战事及统一广西的战略做出安排：以李宗仁、白崇禧率领定桂讨贼联军主力夏威、伍廷飏、何武、钟祖培、韦肇隆等部为右路军，向柳州、桂林地区进攻，消灭韩彩凤主力；以俞作柏指挥所部和蔡振云部为中路军，向武鸣进发，肃清那马、都安一带的蒙仁潜、陆福祥残部；以胡宗铎指挥的吕焕炎、刘权中等部为左路军，溯左江而上，直捣龙州，肃清李绍英、谭浩清、谭浩澄部。黄绍竑留驻南宁，策应各路大军。梧州防务交由李济深粤军第一师负责。

7月下旬，李宗仁、白崇禧率右路军自南宁向柳州进发，并约"盟军"沈鸿英军夹击韩彩凤。沈部先至，韩见此情景，经过几番掂量，认为对方多路大军将至，与其迎战不如先避战，待时机成熟再杀回，于是主动退出柳州城。柳城、柳州一带即为沈鸿英军所占领。柳州的局面是李、白没有想到的，他们紧急商讨对策，决定捅破联盟假象，以沈鸿英与陆荣廷停战媾和为理由进攻柳州。沈军何才杰部略为抵抗，即向中渡、雒容退却。李、白于是进占柳城，并于8月6日占领柳州。

李、白部队刚刚占领柳城、柳州，韩彩凤率部反攻柳州。李宗仁率一部监视驻雒容的沈军，白崇禧率大队堵击陆荣廷部。8月14日，白崇禧部与韩彩凤部大战于古化、中渡。韩彩凤能征惯战，十分剽悍。每与敌战，常亲举大旗，号令全军冲锋肉搏。面对年仅二十八岁的白崇禧及头戴童子军帽的定桂讨贼军，韩彩凤态度骄横，轻蔑地宣称童子军不堪一击。

这场战斗打得很激烈，两军激战一昼夜，呼声震天。联军阵地多次被韩部所突破。白崇禧眼见阵前危急，亲上一线督战，最后连总预备队也调了上去。此时，李宗仁所率两个营奇兵突出，威胁韩部侧背。韩军见腹背受敌，开始溃退。李、白指挥部队，迅速推进。韩军全线崩溃，向上雷、大埔、沙埔退却。李、白部队衔尾直追，将韩军包围。

就在白崇禧以为胜券在握的时候，原被沈军击败退往庆远方面的陆荣廷军谭浩明部约两千人突然逆袭，赶来支援韩军。8 月 23 日，白崇禧指挥联军，向韩、谭两军发起攻击。战事呈现胶着状态，攻守转换多日，未分胜负。

势均力敌靠智胜，白崇禧的指挥才能开始显现。一天，白崇禧假装与驻在雒容的沈军旅长杨祖德通电话，望他于某日某时与联军配合，进攻韩彩凤。他将电报线当作长途电话线，故意让韩彩凤部截获这一信息。韩自以为得计，派出上雷驻军监视杨祖德部，分散了兵力。这时候，白崇禧指挥大军猛烈攻击，终将韩、谭打败。韩彩凤率残部经三皇、古化、龙胜退往湘桂边境，谭部则向庆远方面逃窜。白率部追击谭军，于 9 月 7 日占领庆远。到此，联军右路军完全占领了柳州、庆远地区。足智多谋的白崇禧，在这一段军事生涯中，充分发挥了他的军事才能，从而赢得"小诸葛"的美名。

当白崇禧在右路连连取胜之际，中路的俞作柏、蔡振云，左路的胡宗铎同样顺利完成任务。

这样，只用了一个多月的时间，李、黄、白的定桂讨贼联军，即肃清了左、右江和柳州、庆远一带的陆荣廷残部，占领了原先属于陆荣廷势力范围的广大地区。定桂讨贼联军一时声名大振，军力也得到大发展。

后来，陆的残部又与沈在全州激战。陆部疲态尽显，败下阵来。沈军攻占了全州，陆荣廷、韩彩凤率残部向湖南溃逃，沈军一直追到湘桂边界的黄沙河。

到这时止，陆荣廷在广西的势力被全部肃清了。湖南的赵恒惕见陆荣廷已彻底溃败，不可能恢复，不愿再给陆荣廷以军事上的支援，于是通过他的部将唐生智劝陆荣廷下野。

9月下旬，唐生智以"湘南善后督办"的名义发出通电，声称："愿负全责请陆下野，以解决桂局。"接着，唐和其旅长叶琪，与广西方面的李宗仁、黄绍竑、邓右文等协商陆荣廷下野的有关事宜。协商达成以下协议。其中由唐生智负责的是：将湘军叶琪旅撤回湖南；劝陆荣廷下野，将陆部交马济接收；劝马济不要过问桂局。由李宗仁、黄绍竑、邓右文负责的是：陆荣廷将来回桂，如不争政柄，仍以耆老礼事之；与马济弃怨修好，此后取互助主义；沈鸿英不能单独处置桂事，桂省政事，必须取决于李、黄、邓三人；桂军不能侵犯湘境一步，否则李、黄、邓当以公敌对付之。

没有强权就没有话语权，依然雄心不死的陆荣廷，在唐生智、李宗仁等的劝促下，被迫于9月23日在永州向全国发出通电，宣布下野，将其残部交与马济统率。统治广西十多年、在民国政坛上风云一时的旧桂系军阀陆荣廷，就此烟消云散。

10月1日，李宗仁在柳州正式发出"讨陆战事结束通电"，并正式亮出"兴师之始，志在定桂"的大旗。

通电发出后，桂境尚存的陆氏残余势力逃遁的逃遁，归附的归附，陆荣廷在广西的影响被荡涤尽净。广西境内，原先的三强鼎足之势，一变而成李、黄联军与沈鸿英两强对峙的局面。

就在这时，局势又出现新的变数。本已置身广西之外的驻粤桂军总司令刘震寰，目睹旧地的沧桑巨变，动了回桂主政之念。他多次向孙中山发出请求，孙也深知刘历来并未真心归附自己，又考虑到其在广东专制跋扈，口碑不好，威信较低，因此应允了其请求。于1924年11月6日发布命令，任命刘震寰为广西省长，令其率部回桂，稳定广西局势。

刘震寰的回桂计划，首先遭到了李、黄、白的强力抗阻。他们十分清楚，刘震寰是老同盟会员，资格老、地位高，多年在广东驻防，与广东革命政府的关系密切。可以说，刘震寰一切方面都比他们强。这样一位军头回到广西，今后如何与之相处呢？眼下对付一个沈鸿英已不容易，要是再让刘震寰回来，那还有李、黄、白的位置吗？可是，刘震寰回桂是得到孙中山同意的，刘的广西省长的头衔又是孙中山任命的，公开拒绝刘震寰回桂，就会失去道义。于是他们采取了"明迎暗拒"的方法。表面上，他们向广东发出电报，以十分恭顺的措辞，欢迎刘震寰回桂主政；暗地里，他们却唆使省议会、县联会等团体出面，让这些团体去电劝阻刘的行动。

除了"拒"，他们还想到了"授"，从广州那边取得更高的足以与刘震寰对抗的职位。为此，黄绍竑在11月下旬亲赴广州。11月24日，代行大元帅职权的胡汉民，以孙中山的名义任命李宗仁为"广西全省绥靖处督办"，黄绍竑为会办。26日，黄绍竑办理了加入国民党的手续，由廖仲恺、许崇智介绍，胡汉民监督，在中央党部礼堂宣誓入党。返回广西后，李、黄、白按孙中山的意见，取消了"定桂讨贼联军总指挥部"名义，打出了"广西全省绥靖督办公署"新招牌。军队重编为两个军，李宗仁兼第一军军长，黄绍竑兼第二军军长，白崇禧任督办公署参谋长。这样，李、黄、白在政治上就取得了与刘震寰（建国桂军总司令兼广西省长）、沈鸿英（广西建国军总司令）同等的地位，他们与广东革命政府的关系也进一步密切了。

李、黄、白的一系列假意行为让刘震寰震怒，他感到有必要联合"老人"沈鸿英对付三位"新人"。于是，密令已派回广西活动的代表严兆丰前往贺县谒见沈鸿英，磋商合作计划。同时，很大方地送给沈鸿英十多万发子弹，挑动沈鸿英速向李、黄、白开战。

地位开始没落、心情孤寂的沈鸿英，面对热情伸来的援手，激动万分。不仅自己欣然，还将范石生拉入，最后终于确立了沈、刘、范的三角同盟关系。其所定盟约为："范、刘助沈扑灭黄绍竑、李宗仁，成功后沈予范假道回滇，及刘回桂任省长。"沈、刘、范三角联盟的形成，助长了沈鸿英的气焰，促成了沈进攻李、黄、白的决心。

但是，毕竟李、黄、白实力已经不容忽视，老奸巨猾的沈鸿英决定不露声色，先以假意迷惑之，再找准机会痛灭之。10月中旬，沈鸿英派代表秦献珠到省会南宁，高调宣传，表示其和平"诚意"。他还授意其部将邓瑞征、邓右文两师长，致电李宗仁、黄绍竑，要求尽快召开和平会议，解决双方争端。沈本人为了表示"决意让贤"，对政事"持消极态度"，移居贺县私邸，所有军事，概由邓瑞征主持，大有从此不问世事，终老是乡之意。

联军方面一眼就识破了沈的伎俩，但又觉得捅破不好，于是也跟着唱起了"和平"歌。他们向沈军发出邀请，请沈军派代表到浔州（桂平）参加和平会议。沈方不含糊，接到邀请后立即同意。沈鸿英派其前敌总指挥邓右文率一师之众前往参加会议。李、黄、白方面的代表则是善于辞令而又足智多谋的白崇禧。10 月 22 日，李、黄、白与沈鸿英的"广西和平会议"（也称"广西善后会议"）在浔州开幕。会议期间，联军代表白崇禧与沈方代表邓右文进行了讨价还价的谈判。直到 11 月 11 日结束，历时二十天左右的会议基本上无果而终。黄绍竑后来回忆说："浔州善后会议，双方都是无诚意的，双方都借此做好作战的准备。"

1924 年 12 月 1 日，一直宣称准备让贤的沈鸿英突然在柳州宣布就任"广西建国军总司令"，并以统一广西军权为由，要李、黄、白服从他的领导和指挥。

面对突然"袭击"，李、黄、白沉着应对。12 月 3 日，胡汉民以孙中山名义委任李宗仁、黄绍竑广西全省绥靖处督办、会办之职。李宗仁接着通电宣布，将其原来的广西定桂讨贼联军总指挥部以及定桂讨贼联军的名义和番号一律取消，改编为广西陆军第一军、第二军。这样一来，李宗仁也取得了正统的广西最高军事领袖的资格，而其统率下的军队也俨然成为正统的广西陆军部队了。

沈鸿英见李、黄、白不肯就范，于是决定发动军事讨伐。12 月 27 日，他在平乐进行军事动员，接着故伎重施，以"派队出巡""收束军队，问民疾苦"为借口，令其子沈荣光由平乐率部队南下昭平、贺县，向梧州进军。他还通电各方，列举黄绍竑的"六大罪状"：通款林虎、违抗命令、拒刘震寰长桂、截定桂枪弹、变卖国产、究掯梧民。他警告黄绍竑及李宗仁、白崇禧说："如不警悟，当即声讨。"

从 1925 年 1 月上旬起，沈军与李、黄、白的部队已在抚河方面的马江、勒竹间发生小接触，但直至 1 月中旬，尚未发生大的战斗。

1月下旬，唐继尧以防堵驻粤滇军范石生回滇为名，调遣大批滇军在滇桂边境集结，准备进入广西。沈鸿英在此之前已秘密与唐继尧联系，支持唐过境去粤，唐支持沈消灭李、黄、白部。沈见滇军业已行动，以为时机已到，而且这时他已做好了战争准备，于是未等滇军入境，便迫不及待地摆开阵势，向李、黄、白发动进攻。

面对唐继尧滇军即将入境和沈鸿英大举进攻的严重态势，李、黄、白决定对滇军和沈军采取各个击破的战略方针。具体做法是趁滇军大部队尚未进入广西之时，先集中力量，速战速决，待把沈军消灭之后再回头对付滇军。李宗仁、黄绍竑、李济深还以粤桂联军指挥官名义，在梧州发布布告，声讨沈鸿英，历数沈的罪状。

1月28日，李宗仁在桂平召开紧急军事会议，黄绍竑、白崇禧从梧州带来了与粤方李济深等已初步拟就的作战计划。

该计划认为，沈氏此次用兵，必自其老巢南下，志在夺取梧州。白崇禧方当以梧州为轴心，分两路进击沈军：一路由夏威纵队联合粤军陈济棠部向信都、贺县方向进攻；另一路由白崇禧指挥一、二两军主力，集中江口、平南、蒙江一带地区，指向蒙山出荔浦，与陈济棠一路会合后，续攻平乐与桂林，柳州方面则留少数兵力由李宗仁督率固守。

李宗仁不同意上述计划，他认为：沈氏之志不在夺取梧州，而重在大河（浔江）中游，腰斩我军。他以主力据大河，借此截断邕、梧，使我方首尾不能相顾，而后左右开弓，先肃清大河上游，攻取南宁，再顺流东下，占领梧州，以竟全功。既如此，我方应采取的策略，在于迅速抓住沈军主力而消灭之，不在争一城、夺一地。如仅以捣沈氏老巢为功，听任其计划实现，后果不堪设想。李还认为：现屯集柳州的二邓（邓瑞征、邓右文）是沈部主力，而作为浔州的屏障、柳州的咽喉，又为邕、梧中枢的武宣，是一个关键所在，如果柳州沈敌先我一步占领武宣，白崇禧军攻蒙山、荔浦的后路即被截断，梧州、南宁也就旦夕不保了。然而，由于当时的判断并没有情报作为根据，李宗仁的分析在会上没得到响应。

黄绍竑认为：作战计划已拟订，部队有些已出发，若重新布置，肯定困难重重。因此，他认为不能顾虑太多，仍坚持按原计划行事。

会后，李宗仁左思右想，认为照此用兵，败亡立至。当时黄已赶回梧州指挥部队，李留下准备赴平南的白崇禧，细细剖陈利害得失，坚决主张变更作战计划。白在经过认真考虑后，完全赞同李的分析，表示"事不宜迟，我们现在立即遵照你的计划，全盘重行部署"。于是他们重新进行部署，并去电向梧州方面做出解释，命令已经出发前往江口、平南方面的各纵队，立即改调武宣集中。部队分三路迎击沈军，其战斗部署是：

右路由粤军第一师第二旅旅长陈济棠率所部及粤军第三师一部和联军的夏威纵队，自梧州、怀集向昭平、信都、贺县进击；中路由俞作柏率所部及黄超武部自濛江向蒙山、荔浦进击，然后与右路会师攻桂林；左路由李宗仁、白崇禧亲自指挥部队主力吕焕炎、钟祖培等部，自桂平和江口向武宣攻击前进，然后与迁江方面的李石愚部会攻柳州。黄绍竑、李济深留驻梧州，策应各路。

考虑到武宣目前守备空虚，白崇禧自告奋勇，亲率卫队三四十人，纵队司令钟祖培带上一个连，共两百多人的队伍，连夜乘轮船沿柳河上驶。李宗仁率大部队随后跟进。李宗仁对全盘作战计划的这一果敢变动，从根本上决定了即将展开的一场残酷大战的结局。

白崇禧于30日中午到达武宣。这里仅有收编的四百多未经训练的地方军守城，装备也极差。白崇禧一到，立即到城外察看地形，准备依地势设防。谁知这时沈鸿英军右、中两路已于1月29日同时出动，偷偷连夜南下。白崇禧正在察看地形，邓右文率领的沈军右路军四千余人，漫山遍野而来。白崇禧急忙命令士兵原地卧倒，将两挺重机枪并排对准敌军扫射。但沈军从正面和侧背蜂拥而来，白崇禧见众寡悬殊，稍为抵抗，即率部杀出重围，撤回武宣县城坚守，以待援兵。沈军将武宣重重包围，奋力攻击，大叫"活捉白崇禧"。好在沈军连夜行军，加上激战，人困马乏，士卒已经不想再战，而军官们则认为白崇禧已是瓮中之鳖，可以歇歇再战。于是埋锅造饭，打算饱餐一顿后，再一鼓作气拿下武宣城。

白崇禧在城头组织防卫，见敌军攻势减弱，又听到犬吠猪叫之声乱成一团，知道沈军正准备炊食。他当机立断，提出重赏，挑选敢死队百余人，等到沈军饭菜正熟、拿碗用餐时，突然打开东、西两门，敢死队鸣枪呐喊，分两路杀进沈军阵中。沈军没想到对方此时竟敢突袭，毫无提防，丢下饭碗，仓促应战，军阵混乱不堪。数千人大军，竟被百多名敢死队冲得七零八落，后退了十多里，才勉强立住阵脚。敢死队俘获沈军五十多人，缴获枪支一百多，凯歌返城。为了防止沈军夜间攻城，白崇禧发动团练、县民，携带各种油类、棉纺织物等，装成许多油灯，用竹竿伸出城头外，照耀四方。沈军见城内如此举动，知有准备，也不敢夜战。

天亮后，沈军再次攻城，白崇禧一边坚守，一边时不时派队出城逆袭，使沈军无隙可乘。下午，李宗仁率主力六千人赶到武宣。城内军队一见援军，士气大振，立即开城出击，与李宗仁部夹击沈军。沈军退至武宣郊外的二塘，被李、白部队追上，于是两军在二塘展开大战。双方都是主力部队，冲锋肉搏，屡进屡退，打得难解难分。李宗仁、白崇禧都亲冒炮火，在最前线指挥督战。2月1日，李石愚纵队由贵县开来，在敌右翼隔河吹号呐喊射击助战，联军士气更振。沈军本已支持不住，见对方援兵大至，战线顿时动摇，全线崩溃，急往黄茆逃窜；李、白率部追至黄茆，沈军又退往石龙。3日晨，两军又在石龙激战两小时，沈军再度惨败。至此，沈军右路军再不敢抵抗，官兵争先恐后地向柳州溃退。与此同时，邓瑞征由柳州派到来宾企图扰乱李、白后方的邓耀坤旅千余人，也被李、白的李石愚纵队击败，退回柳州。李、白部占领石龙、象州。接着俞作柏部攻占了蒙山、荔浦。邓瑞征、邓右文成了惊弓之鸟，于6日夜间自动率残部逃离柳州，取道雒容、鹿寨拟逃往桂林。7日，他们到鹿寨时，恰与由石龙经象州、头排、四排直趋桂林的李、白部队主力相遇。略经交锋，二邓即率残部往中渡方向退却。9日晨，李石愚部占领柳州。

乘势而进出奇兵。连胜的李、白率左路军主力马不停蹄，携带数日干粮东进，从象县、修仁瑶山边缘，越三排、四排，沿崎岖山路，直逼桂林。沈军完全没想到李、白会选择这条路进攻，当李、白部队到达离桂林不远的良丰时，沈军还在聚赌。等到发现时，李、白已绕过良丰。沈军只有仓皇逃命了。

联军中路军俞作柏、黄超武，分别在太平圩、桂平县江口与沈军陆云高部、张希栻部激战。陆云高部败退均常，俞作柏部紧追不放，在均常又大战五个小时，沈军溃逃。江口沈军也被击败。沈军分向昭平、蒙山溃退。俞作柏部乘胜追击，由蒙山、荔浦直攻平乐，两军大战于栗木圩，激战两天两夜之久，彼此伤亡十分惨重。最后沈军被迫撤退，其残部往富川、钟山方向逃走。联军俞作柏部缴枪千余，俘沈军数百人。不久，俞作柏部入据平乐。

这时，李、白率领的左路军主力已到达桂林附近。俞作柏奉命率中路军由平乐出发与李、白会攻桂林。白崇禧在将军桥一带亲自侦察地形，布置炮兵阵势，沈军在其对面也有机关枪阵地，双方曾有激烈的战斗。李、白军得到炮兵的掩护，渐渐逼近桂林城，并向南门、西门发起进攻。当时沈军在桂林的兵力本来就不太多，已无力守城。稍经接触，沈军便从北门往钟山方面溃退。23日，李宗仁、白崇禧率部进驻桂林。沈鸿英逃离桂林前，曾约请桂林绅商话别。他痛悔地说："我沈鸿英十余年来，带兵数万，横行桂、湘、赣、粤四省，谁亦莫奈我何，初不料今日竟败于几个排长出身的小子之手。"

占领桂林不久，白崇禧即奉家长之命，与马佩璋结婚。马佩璋是广西桂林人，回族，出生于诗礼之家，肄业于桂林女子师范。马佩璋年轻时是有名的桂林美人，长得亭亭玉立，秀外慧中，品学才貌兼优。因此上门说媒者很多。但马佩璋的父亲马维琪看不起那些纨绔子弟，加上还有回教非教门不通婚的规矩，马小姐一直待字闺中。最后，马维琪看中了平桂新派将领，也是回族的白崇禧，请人做媒，成就了这一桩美满姻缘。其时白崇禧三十二岁，马佩璋二十二岁。

梧州方面，因沈军暂取守势，于是粤桂联军主动进攻，在龙窝渡大败沈健飞、邓竹林部沈军后，占沙头、官潭、昭平。15日，联军分路合攻贺县，在离贺县城约八里的水池塘击败沈军。当天，陈济棠部占领贺县。

白崇禧并没有在儿女情长中度过蜜月，婚后没几天，即率部追歼沈鸿英残部。沈鸿英带领退到富川、钟山、八步一带的残部两三千人向广东连山逃去。接着，沈通电宣告下野。但是，沈军残部总共还有六七千人之多。其中一部分由邓瑞征、邓右文带领，先在中渡附近集结，后辗转逃至湖南的新宁、武冈、城步一带。另一部分为陆云高、沈荣光部和沈鸿英的直属部队，分散在湘桂粤边境的江华、永明、桂岭、连山等处。后来当唐继尧滇军大举侵入广西，李、黄、白主力部队西调时，两股沈军残部乘机反扑，并曾一度重占桂林、平乐。白崇禧家属均受到残害，马佩璋逃进德国人所办的医院中，才得幸免。为了彻底消灭沈军，李宗仁、黄绍竑派白崇禧率领夏威、俞作柏、吕焕炎、钟祖培等部前往进剿，并派代表到湖南请赵恒惕派兵在湘桂边境帮助堵截。白崇禧收复桂林后，跟踪追击。沈部残军退入临桂、古化交界的山区，扼险而守。白崇禧见此地大山森然，道路崎岖，易守难攻，于是散布谣言，称一旦滇军入境，大军即行南撤，并将军队逐渐后退。但随即，后退的军队乘夜再进，潜伏于两侧的丘陵地带，引诱沈军下山。沈军以为联军已退，立即下山，准备尾随袭击。这时，白崇禧兵分三路，将沈军包围于两江圩。沈军知道中计，仓皇撤退。但可能是天灭沈军，刚刚开始退却，恰遇山洪暴发，两江河水猛涨，浮桥被洪水冲断。沈军无路可逃，二百多人被当场击毙，淹死者不计其数，还有七百多人被俘。由伍廷飏率领的梁朝玑、苏祖馨、徐启明等另一路联军，进剿韩彩凤、郑右文，在宜北地区击毙郑右文，由三江将韩彩凤逼入湖南。到 6 月间，沈军残部已基本被肃清。

此后一年多，沈鸿英本人东躲西藏，到处流窜。联军悬赏两万元，画影图形四处缉捕，始终没能捕获到。这沈氏土匪出身，是当地的地头蛇，熟悉地理环境，深藏不露。时间一长，联军也就放弃了。1926 年 9 月，沈鸿英乘人不备，逃离广西，赴香港过起了流亡生活，并在港定居。那一天，当西江客轮下驶，过了三水，开往香港时，船上一彪形大汉忽然从人丛中站起，把胸脯一拍，大声说道："老子就是沈鸿英，谁人不知，哪个不晓？哼！不怕你李宗仁、黄绍竑如何凶狠，还有白崇禧会用计谋，画影图形捕捉老子，老子还是跑了。哈哈！"沈鸿英的土匪本性，一时成为各报的花边新闻。

随着沈鸿英势力被消灭，整个旧桂系的势力覆灭，旧桂系统治广西的历史终结了。

拒滇入桂，统一广西建功勋

一波未平一波又起。眼看着新桂系的最后一个劲敌就要被消灭，远在云南观战许久的滇系军阀头子唐继尧入侵广西。于是，李、黄、白又面临着一场新的更激烈、更惨酷的战争——驱逐唐继尧滇军之战，这就是所谓"第一次滇桂战争"。

唐继尧其人野心勃勃且自命不凡。"二次革命"时，因为镇压川军熊克武部有功，被袁世凯赏识，当上云南督军。随后在护国运动中任军务院抚军长。护法运动时，孙中山任军政府大元帅，唐被选为元帅，接着成为与孙中山并列的七总裁之一。借此机会，唐继尧将势力扩展到川、黔两省，成为名副其实的"西南王"。他一心想当"西南盟主"，进而出掌全国。他的一枚自刻图章，印文为"东亚大陆主人"，足见其胃口之大。对于广西的局势，唐继尧一直采取静观待变的策略。

1925年2月，看到原有的广西王陆荣廷已经下野半年，沈鸿英正在沉沦，唐继尧觉得再等就没有机会了。于是命令滇军分三路进入广西：第一路由唐继尧的胞弟唐继虞率领，从贵州的东南边境进入三江、融县，向柳州推进；第二路由龙云指挥，从滇东的广南出发，经百色东下，枪口指向南宁；第三路由胡若愚带领，由滇南的富州进入镇边、靖西，再会合龙云部进攻南宁。全军六万余人，号称十万。

从兵力上讲，唐继尧军比李、黄、白部在人数上多了五六倍，基本同时出发，用来对付李宗仁等，绰绰有余。然而，滇、黔、桂三省边区横亘崇山峻岭，道路崎岖，人烟稀少。数万大军同时出发，很难齐头并进。更有甚者，滇军的粮饷通常靠鸦片烟维持，沿途销售鸦片，再购买军需品，花费了太多的时间。据说，唐继虞就拥有数百万两烟土，随军携带，要等待上海、汉口一带的商人前来贩运，以致耽误了时间，比其他两路都慢了一个多月，这就给李宗仁等各个击破入侵的滇军提供了机会。

对于这次行动，唐继尧非常假意和低调。龙云部滇军主力出动前夕，他曾致电李宗仁，声称龙云部滇军进入广西，"只能假道通行，绝不加遗一矢"，盼李宗仁等与其"通力合作"。当时，李、黄、白讨伐沈鸿英的战斗还在激烈进行，其主要兵力集中在柳州、桂林、平乐、梧州一带。对于滇军大举入境，他们除了去电劝阻外，别无他法。这样，龙云部滇军便得以长驱直入桂境。2月23日，即占领南宁。

龙云部滇军在战场上取得了胜利，但是战略上整个滇军已经处于不利地位。此时，唐继虞部依然徘徊在湘黔边境，两部距离遥远，无法呼应。更严重的问题是，过度的顺利使得龙云部成为一支骄兵。

2月下旬，在消灭了沈鸿英主力部队后，李、黄、白即将大军西调，集中于桂平、贵县一带，准备进击南宁方面的龙云部滇军。同时去电广东革命政府，请求广东革命政府迅即派兵入桂支援。广东革命政府得知滇军占据南宁后，鉴于这场战事关系到革命政府的安危和国民革命的前途，决定大力支持李、黄、白，以抗拒滇军东下。广东方面除命令李济深、郑润琦两部粤军继续留驻梧州附近，帮助李、黄、白扼守西江水道外，还于3月1日决定加派驻粤滇军范石生部入桂支援李、黄、白作战。

范石生与唐继尧积怨已久，早就有回滇驱逐唐而代之的打算，只是先前遭到李、黄、白和李济深、郑润琦的联合拒阻，无法通过西江水道，才不敢贸然西进。现在革命政府令其西上拒唐；李、黄、白此时派人与之联系，欢迎他的部队参加驱逐唐继尧之战，承诺支持他回云南取代唐继尧；李济深、郑润琦也允诺不再阻挠他的军事行动，范氏没有不接受的道理。所以，范在得到大元帅府命令后，随即下令其所部滇军一万五千人，全部由广州开拔西上。

西上途中，范又举起"定滇军"的旗帜，气势更加高昂。3月下旬，"定滇军"与李、黄、白的桂军组成联军，在桂平誓师。28日，联军总指挥部下达总攻击令。范石生部由贵县经覃塘圩、黎塘圩、新圩向宾阳、南宁大路的六塘、五塘前进，截断宾阳附近唐军的后路，阻止南宁方面唐军的增援。黄绍竑率两个营兵力抵达宾阳附近的河田圩伍廷飏的阵地，与昆仑关附近高田圩的唐军对峙。不久，俞作柏也率两团人马由柳州开到宾阳城附近。大战前，黄绍竑视察了地形，认为唐军占领的高田圩隘口地形险要，正面不易攻击。于是他命令俞作柏率两个团绕到昆仑关的后面，以便与正面作战相呼应。从这天起，联军在昆仑关附近的高田圩与龙云部陈铎、周文人两旅开始接触，随即发生激烈的遭遇战。这次战斗持续两昼夜，双方都有很大伤亡。在联军前后夹攻下，到30日下午，龙部不支，被迫向南宁方向撤退。桂军缴获滇军炮两门、枪千余支，俘数百人。随后黄绍竑率部跟踪追击。这时，从南宁增援的龙云部四五千人已到了八塘。两军在八塘相遇激战，滇军虽据有险要地势，仍然不敌，被毙伤近千人。与此同时，杨蓁指挥的"定滇军"也在永淳大败依附唐继尧的陆荣廷旧部林俊廷部，缴获枪六七百支。

当黄、范部准备进击南宁时，李宗仁从柳州发来电报，告知唐继虞所部的前锋吴学显已经入境，并快速向柳州进迫，要黄绍竑马上把俞作柏部调回去。黄绍竑同范石生商量，范石生见黄部的兵力不算多，枪械又不好，却能在八塘打胜仗，因此他也充满骄气，同意黄将部队调走。黄绍竑把俞作柏调回柳州，把伍廷飏等部调到五塘第二线整顿，支援范军对南宁的攻击。

八塘的唐军残部边打边退，由七塘到五塘，再退到距南宁二十里的二塘，与南宁龙云的主力在二塘设防。范石生率部前进，两军由拂晓战到下午四五点钟，都未能将对方击破，双方伤亡很大。范石生急了，写信要黄绍竑部迅速增援。但黄部离作战阵地有三十多里，鞭长莫及。关键时刻，杨蓁率领他的警卫团驳壳枪队从右侧高地方面突击，将敌阵地击破。

经历一番失败后，龙云只好将南宁城外的部队全部撤回城内，固守待援。他一再发电，请唐继尧速令胡若愚部加速前进，紧急救援。黄绍竑、范石生指挥部队围城，并进行攻击。怎奈南宁城垣坚固，联军虽奋力进攻，但并无效果。

坐镇昆明一开始镇定自若的唐继尧，得到龙云所部在南宁作战失利的消息后，也坐不住了。急令后续部队胡若愚部万余人火速入桂，经百色驰赴南宁增援。他还发电给滞留湘黔边境的唐继虞部，命令他们尽快南下攻取柳州，以策应南宁方面龙云部的军事行动。

联军进逼南宁城，但苦于兵力不足，仅能控制东面和北面，而西面和南面仍然是敞开的。范军负责北面到东门一线，黄军负责东门到南门一线。那时联军各有两三门山炮，只是炮弹很少，不能构成威胁。范石生用云梯爬城和用地道轰城，不仅没有成功，反而增添了不少伤亡。

南宁城内，除了龙云部之外，再就是陆荣廷旧部林俊廷、谭浩清、谭浩澄二三千人了。两谭都是谭浩明的同胞兄弟，如今成了难兄难弟，他们亦归顺龙云。不久，滇军胡若愚所部万余人赶来南宁的消息传到，黄绍竑、范石生料定城内军队必定会乘势出击，就发电柳州，将俞作柏所部再调回来。俞率部尚在途中，唐军就开始出动了。

4月16日，胡若愚部滇军由百色开到武鸣附近，与范石生的"定滇军"第五旅及警卫大队展开激战。胡部伤亡惨重，仍拼死向南宁突进，以求与龙云部会合。

龙云知援兵将到，决心背水一战，杀出一条血路。于17日以谭浩澄为先锋，缒城出击，突破范军；又以敢死队三千人由南宁东、北两门冲出，接应胡若愚部。敢死队当日每人发烟土二十两，饭饱烟足，一声呐喊，冲出城来，杀声震天，弹如雨下。围城的联军措手不及，竟被冲得七零八落。随后龙云又亲率三千余人，林俊廷率两千余人冲出城外，与黄绍竑、范石生联军大战。这场战事相当激烈，双方死伤都在千人以上。龙云部滇军敢死队队长谭浩澄和范石生"定滇军"第六旅旅长杨芪，都在恶战中阵亡。联军全线都被冲破。范军伤亡很大，被俘的也不少。黄部在东门、南门之间，南临邕江，北方高地既为唐军占领，唐军又向邕江北岸压迫，桂军就不能向邕宾大路撤退，不得已由沿江小路后退。范军路途不熟，见桂军沿江撤退，也就跟着撤退。沿江溪沟多，路径复杂，撤退极为困难。联军到了蒲庙圩对岸，怕唐军追击，背水作战不利，又连夜渡过蒲庙圩，驻扎下来，整顿队伍。

胡若愚部与龙云部会合后，龙云部仍驻守南宁城内，胡若愚部沿陆公祠至西乡塘一带警戒，林俊廷、蒙仁潜等陆荣廷旧部驻邕江南岸亭子等处。

龙云探知联军在蒲庙圩整顿后，即派军由南宁附近渡过邕江，由南岸向蒲庙圩进击。短短几天内，战场形势就这样发生了戏剧性的逆转。

黄绍竑与杨蓁到预定阵地上视察，越看他的眉头就锁得越紧。在他

51

的视野里，范军零零落落，士气不振，尚未进入阵地；而此时唐军已到达阵地前方二十多里了，照这个形势判断，第二天拂晓定会发起攻击。真要打起来，胜负之势很难判断。黄绍竑苦苦思考应对良策，很快一个反客为主计形成了。依照此计，把部队连夜渡回北岸，同时由黄挑选勇敢官兵做先锋队，乘夜偷袭南宁，其余全部向南宁前进，使唐军对蒲庙圩扑空；由于船舶都在联军手里，唐军也无法渡过邕江尾追。对于这个计策，范石生、杨蓁都表示赞成。先锋队数百人于次日拂晓神不知鬼不晓地到了南宁城外，突然向南门发起攻击。唐军不知虚实，紧闭城门，不敢出战，果然调南岸主力回城防守。这天黄昏，黄、范联军大队赶到，又把城的北面、东面围起来，恢复了前几天的态势。

李宗仁为早日攻下南宁，也亲由桂平赴南宁督战。5月9日，李宗仁、黄绍竑、白崇禧、范石生、杨蓁五人以联军指挥官名义，联名发出通电，声讨唐继尧。5月15日即兵分三路，分别由李宗仁、黄绍竑、范石生指挥，向南宁再次发起总攻击，在南宁近郊与龙云、胡若愚两部滇军激战。战斗持续了数天之久，双方互有伤亡，不分胜负。联军见强攻不下，只好放缓进攻，稍作休整。以后停停打打，打打停停，战事旷日持久地延续着。

没几天，柳州形势再度趋紧，联军必须抽调人马援柳，不可能与南宁唐军决战。如何进行战略调整呢？在大家议论纷纭时，杨蓁指出："唐军志在下广东，从我们军队现在的情况来看，正面很难阻挡得住，不如正面仅留少数监视部队，把主力撤至高峰隘（南宁北面五十里的高山）、甘圩一带险要山地，控制南宁城西北方面的侧后，那里地形险要，容易据守，谅唐军不敢轻易攻击；即使唐军向白崇禧部攻击，白崇禧部可以向武鸣及右江右岸撤退，难道唐军会把我们送回云南去吗？如果唐军不顾我们而东下，我们就占领南宁并在后面尾追。唐军一定不敢这样做，必定固守南宁，等待唐继虞攻击柳州，然后会师东下。这样，我们不但可阻止龙云的东下，也有时间和力量先行解决唐继虞的部队。"众人都很赞成杨蓁这个计划，立刻开始秘密调动。龙云很快知道了这个计划，但滇军将领素来不满唐继虞，在南宁坐视，不去策应。黄绍竑这时因病回梧州稍事休养，由李宗仁率钟祖培部前来接替。

在南宁战事胶着相持的时候，集结于湘黔边境的唐继虞部滇军，经唐继尧屡次电促，于 5 月中旬取道湖南靖州、双江入桂。其先头部队吴学显部占领融县后，即联合陆荣廷残余部队韩彩凤部进攻柳城，并于 5 月 26 日开始进攻柳州。李、黄、白的柳州守将李石愚率部在边境拒阻，因寡不敌众，节节败退。李石愚后在柳州指挥作战时重伤阵亡。

唐继尧的到来，打破了战场上形成的平衡态势与胶着状态。战争的重心由南宁移到了柳州方面。因李石愚阵亡，李宗仁急电，令回梧州养病的黄绍竑与在桂林的白崇禧星夜赶赴柳州，坐镇指挥，自己则从南宁方面迅速调遣两个纵队主力应援柳州。南宁方面，只留少数桂军和范石生的"定滇军"围城。李宗仁驻守宾阳的思陇圩，一面策划援助柳州的部署，一面指挥围困南宁的战事。

5 月 28 日，由南宁东调的桂军主力钟祖培等部共五千余人赶至柳州南岸。黄绍竑到位后，立即指挥桂军各部向滇军出击。吴学显部滇军猝不及防，急忙逃离柳州，退往沙浦据守，以待唐继虞主力的到来。

黄绍竑令一小部监视沙浦的敌人，一部仍回柳州防守，主力向东泉圩秘密移动，集结待机。黄绍竑在东泉待了两天，唐继虞的先头部队才到达沙浦的北岸，白崇禧这时率部也到了中渡县城（距东泉六十里）。黄绍竑在电话中和白崇禧商量退敌之策，两位将领产生了思路分歧。

白崇禧主张用他的主力由中渡绕过沙浦江北岸，配合正面做大包围的攻击。黄绍竑则主张把白的主力调到正面，增强正面的攻击，仅以一小部队扰乱敌人的后方。

黄绍竑指出："敌众我寡，当前我正面的兵力尤为薄弱，很难挡得住敌人主力的进攻，如果正面被敌人冲破了，你的大包围不但没有作用（因由中渡绕到沙浦有八十多里路，又不好走），而且有被各个击破的危险。"这次黄与白在作战上意见的争执，恰如他们两人平日下围棋一样。白一向用的是包围战术，总是喜欢把对方包围歼灭。黄是惯用突破战术，看准对方的弱点，突破后而反包围之。自然，这两种战法是没有绝对的利和绝对的害的，所以黄同白下棋总是相互地大胜大败——不是黄被白包围得水泄不通，便是白被黄突破得零落不堪，从来就不容易打成平手。

黄后来回忆，用包围战术要有优势的兵力，而他们当时却是劣势，所以白崇禧同他争执得很厉害。最后黄绍竑说："我是总指挥，你要尊重我的意见，要服从我的命令！"白崇禧于是听命将主力向东泉开拔，以一小部扰乱敌人的后方。

6月6日拂晓，黄绍竑决定向沙浦攻击，乘唐继虞主力尚未全部到来，将其各个击破。当时以林竹舫所部负责正面攻击，以钟祖培所部负责左翼攻击，伍廷飚所部负责右翼攻击，吕焕炎所部为总预备队，黄绍竑亲自上阵督战。这一战，双方动用兵力数万以上，从早晨打到下午三四点钟，彼此相持不下，没有什么进展。右翼伍廷飚部与唐军争夺一个制高点——白马山，五得五失，双方呈胶着状态。滇军在沙浦江上架起浮桥，后续兵力源源不断开到，战况对桂军极为不利。在这危急时刻，白崇禧率主力赶到，攻下白马山。白崇禧稍事休息后，即赴白马山阵地观察。他发现唐军的主要交通路线为沙浦江上的浮桥，决定立即毁掉浮桥，断绝唐军补给与退路。他下令在白马山上的炮兵，向沙浦江的浮桥轰击。炮兵连长报告说，部队只剩五发炮弹。白崇禧亲到炮兵阵地指挥，鼓舞士气。结果，第二发炮弹就命中浮桥。白下令所部全线出击。城中守军闻援兵到达，开门夹击。唐军军心动摇，向沙浦圩退却，想渡江北窜，但浮桥已被炸断，有些人束手缴械，有些人挤入江里被水淹死了，那些企图渡江逃命的，多被打死，浮尸满江，江水为赤。唐军残部向长安镇方向逃窜，与唐继虞后续部队会合。联军伤亡也很重。据黄绍竑回忆说，此役滇军"淹毙者二千余人，缴械被俘者二千五百余人，死伤于阵地者亦千余人。白崇禧军伤亡亦极惨重。此实为广西统一战史中最激烈之战斗，亦为俘获最多之战斗"。这时在南宁的范石生军，因气候不适，病死了不少人，非常希望得到云南子弟补充。黄绍竑打电话告诉他，俘获二千五百云南兵，准备送到他那里，以做补充。他当时还不相信。

唐继虞部滇军一直未贴近战场，这次初入战场不久便遭到重创，官兵心理遭到重创，出现畏战情绪，一路退去。黄、白等研究他们的企图：第一是想由庆远经都安、隆山、武鸣，与南宁龙云部队会合；第二是想由庆远向河池、东兰、凤山西进，沿唐继尧以前走过的道路退回

54

去。但是当时贵州的卢焘（广西人）、周西城已经转向与李、黄、白合作，滇军退向贵州，必有顾虑。因此黄、白决定不去尾追，而将主力撤回柳城，渡过柳江，在其南侧平行西进，直趋庆远，以阻断其窜往南宁的道路。

柳州方面，滇军退到怀远时，白崇禧率领的追兵赶到，歼灭、俘虏滇军千余人，缴枪千余支。经此打击，滇军军心萎靡，只好西向逃回云南。所经各处，遭到当地民团的截杀，当唐继虞部滇军回到云南时，已所剩无几了。

鉴于柳州方面的滇军已经基本解决，李、黄、白于是将兵力再度西调，准备着手解决南宁方面的滇军。对于南宁的滇军，经过几番交手，李、黄、白深知其战斗力之强。因而，决定采取围而不打、多种方式攻心的策略。

白崇禧打下柳州后，就写了一封短信，挑选一百多名俘虏，由一官长带领，拿着信，由柳州到南宁去见龙云。信上写道："南宁鏖战多日，损失必多，特送上云南子弟以做补充。"龙军见到来人与信，士气低落。而滇军沙浦败讯传到南宁后，守城龙军更无心恋战。

还有，广西西部气候让滇、黔两省士兵很不适应。李宗仁等决定利用气候因素，促成战场形势的转化。当时桂军中盛行着这样一句话："等到吃黄瓜，送你回老家。"就是说，夏天的时候，黄瓜旺产，恶性疟疾便流行了。这年黄瓜旺产的季节，恶性疟疾果然猖獗起来。在六七月间，李、黄、白就接到报告，滇军在南宁病死的很多，商会代为埋葬的尸体，已有四千多具。后来染病的人越多，病死的人也越多，情势更为危险。若再坐困下去，必致死亡净尽。加上南宁城内缺粮，龙云获悉唐继虞已败退回滇，在广州发动叛乱的驻粤滇、桂军杨希闵、刘震寰两部也被击溃，决定放弃南宁，退回云南。

7月7日晚，龙云、胡若愚自动率队撤离南宁，沿左江折向靖西、镇边逃向云南。月底，滇军全部离开广西境内。7月8日，李、黄、白的部队收复南宁。其时，白崇禧告知李宗仁，要他派兵断绝龙部归路，消灭滇军。李宗仁判断龙部回滇，必经扶南、同正、左县、靖西而入云南，下令俞作柏部防守这一路线。但俞作柏知龙云退兵，其龙州所存烟土必多，于是不顾军令，率军赶往龙州抢夺烟土，使龙云得以逃归。

当时国内报纸以"城头变换霸王旗"为题报道了桂军赶走滇军的消息，《国闻周报》在《一周大事记》中也登载了李、黄、白、范的联名通电，电称："柳州、沙浦、融县、长安、庆远等处唐军先后被击溃，唐继虞受重伤率残部窜滇黔边界，邕垣龙云、胡若愚本月 7 日宵遁，宗仁 7 日克复邕城。"

此时，范石生率部也追到滇桂边境。唐继尧所派的援军刚好赶到，与龙云、胡若愚两部会合，反攻范军。范石生不敌，桂军又与其脱节，无从应援，范氏回滇计划从而搁浅。

至此，历时半年之久的李、黄、白驱逐唐继尧滇军之战宣告结束。

驱逐了唐继尧滇军之后，李、黄、白即已最后完成了广西的统一，确立他们在广西的统治。

最初，李、黄、白两军不过两千余人，经历五年征战，发展到带甲四万，结束了广西自 1921 年起的五年军阀混乱。广西省政机构的建立，标志着以李、黄、白为核心的新桂系正式取代了旧桂系，开始了他们在广西长达二十多年的统治。

第四章　北伐东征总参军

新桂系终成气候，白崇禧有了与蒋介石对话的平台，他借此积极推动并以自己的诚恳行动助力北伐大计。在北伐和东征中，蒋介石给了白崇禧实际上的总参谋长角色。北伐呈现势如破竹之势，白崇禧"小诸葛"的美名进一步升华，开始声震全国。

顾大局，促成两广初统一

军事上实现统一后，广西随即结束军政时期。定桂讨贼军改为督办公署，李宗仁为督办，白崇禧仍当参谋长，黄绍竑为行政长，负责全省行政。此后，主要工作为整编队伍，一共成立九旅，分别由夏威、胡宗铎、黄旭初、俞作柏、钟祖培、伍廷飏、吕焕炎、刘一福等负责，每一旅辖两个团。

广西一统于桂系，但是粤军仍然没能统一广东。桂系认为自己的大业得助于粤军，因此自己有义务协助粤军统一广东。于是派胡宗铎攻打申保藩，助李济深统一广东南路。李亲自指挥两广部队在琼崖登陆，广东始先统一。

两省各自统一，然而两省归国民政府统一指挥，还有许多问题亟待解决。1926年1月26日，国民政府派汪兆铭、谭延闿到广西劳军，在梧州与李宗仁、黄绍竑就两广统一问题交换意见。李、黄派白崇禧至广州商谈。白崇禧于2月19日致电李、黄，报告在粤进行之情形，电云：

吾省军政前途，今后纳入革命轨道，前电均已略陈，是为钧座所明悉。如负担革命工作，完成革命任务，在理论上与事实上，均非将军、民、财三政与广东融成一片，直受中央之支配不可。政治关系省内，一为关系全国，自成风气实不可能，军队更改编制，尤与财政关系密切。即以军队而论，广东革命军确实注重改良士兵生活，月饷十元至十二元，吾省若收财政自理，士兵生活必难解决，结果必有貌合神离之象；而于政治建设方面，其结果必将演成闭门造车之情形，将来必为革命之障碍，而国家之命运亦必因此而受坎坷。连日与中央诸公磋商，若吾省能将军队依照广东编制，政治能接受中央策略，财政由中央支配，则一切问题当能与中央合策，由中央统一筹划，互相调剂。则此后对于革命任务，因属共同负担，而于补助给济方面，亦以痛痒相关，不能秦越相视矣。禧知两公对于革命重要性已有深刻认识，对于革命工作已有坚确决心，历年奋斗，其目的在救中国，非救区区之广西也。禧抵粤以来，见中央对广西仅抱联合态度，一切设施规模太小，目光只在粤省，非统一全国机关，对于将来革命之发展，诸多妨碍，以对汪、蒋、谭诸公自动提出先将两广确实统一，此种主张驻粤各方极端赞许，想两公必然赞同。现因体念上级长官，以图节省电报往来时间起见，由汪先生提议中央特别委员会，讨论两广统一办法，先将军事财政统一，再及其他。条件议决案，由禧携回南宁，请两公认可后，复请中央军事政治委员会议决定，由国民政府执行。18日开始讨论，两公有何意见，请速电示为祷。

李、黄两人完全同意白崇禧的意见，1926年3月24日，国民政府成立两广统一委员会，会中拟具两广统一方案。3月25日将案提中央政治会议通过。主要内容有三项：

一、广西政府接受国民政府命令，处理全省政务；

二、广西军队全部改编为国民革命军；

三、两广财政受国民政府之指挥监督。

三项决议案，立即付诸实行，首先实行第二项。3月24日，国民政府任命李宗仁为国民革命军第七军军长，黄绍竑为党代表，白崇禧为参谋长。4月1日，将广西原有之第一、二军及各纵队撤销，改纵队为旅。第七军编为九个旅，第一旅至第九旅之旅长为：俞作柏、刘一福、黄旭初、伍廷飏、夏威、胡宗铎、钟祖培、吕焕炎以及白崇禧。各旅辖两个团，此外有两个独立团、一个入伍生团，炮、工兵各一营，及入伍生一队。

其次实施第一项，关于处理政务之事。6月1日，改组省政府，黄绍竑为省主席。

第三项关于统一两广之财政，其中以军饷最重要，实施起来也比较困难。因为广西于清朝为协饷省份，靠湘粤支助；民国成立，中央取消协饷，广西自食其力，因地瘠民贫，财源有限，若军饷照粤省之标准，本身无法筹划，势必依赖粤省补助，而当时之财政部亦困难重重，无暇兼顾广西，因而第三项未能彻底实行。

两广统一于国民革命史上堪称大事，因为北伐军能统一全国，全赖以两广统一为基础。

巧纵横，借力湖南谋北伐

1921年，伟大的革命先行者孙中山在《护法宣言》中，制订了以西南为依托，统一两广，挥师北伐，消灭南北军阀，统一中国的计划。现在，两广已经统一，北伐就提上了日程。

若要北伐，必经湖南。湖南长期以来为赵恒惕势力范围，赵提倡联省自治，倾向于北洋政府，对北伐统一持消极甚至抵制态度。当年，孙中山想假道湖南北伐，因赵之反对而改道江西。这一次，两广又要北伐，需要借道甚至是借力湖南。

于是两广统一后，湖南自然成为国民政府关注的焦点。

1926年，自1月开始，湖南军政界就开始暗流涌动，两大人物赵恒惕、唐生智，三方力量北洋政府、广州国民政府、中国共产党，在那里上演合纵连横大戏。唐生智本为赵恒惕部下，任湘军第四师师长，驻扎在衡阳。因衡阳远离长沙，所以有些山高皇帝远的感觉，唐快速发展自己的力量，很快就使自己的部队达到五万人之众；同时，也是因为衡阳靠近广东，所谓近朱者赤，唐逐渐受了孙中山三民主义的影响，思想更加具有进步性。正因为如此，二人开始互不信任，而这也就成为各方力量做工作的切入点。

1月，中共湖南区委派王基永去衡阳，向唐生智提出反吴驱赵、与国民政府合作等七项要求，唐大体赞同，进一步表示支持广东国民政府，还送两千元作为国民党湖南省党部活动经费。1月26日，国民政府主席汪精卫与谭延闿、宋子文、甘乃光，由白崇禧陪同到梧州与李宗仁、黄绍竑及湘军唐生智、黔军彭汉章之代表商议两广统一及北伐问题。2月4日，唐生智的代表叶琪在广州面见蒋介石。眼见唐生智越来越倒向革命阵营，吴佩孚和赵恒惕密谋除掉唐，2月18日以迎接白喇嘛到长沙主办金光明法会为名，邀唐生智到长沙参加法会，被唐生智识破。唐生智遂在衡山宣告"反英、讨吴、驱赵"的政治主张，集中军队迫向长沙，一面电请广西李宗仁"派一旅之众，在黄沙河遥为应援"，一面派代表见吴佩孚，请吴谅解他驱赵的"苦衷"。3月6日，唐军第十五团开始向长沙进逼，8日继续向长沙进军，声势极盛，限湖南省长赵恒惕于二十四小时之内离开长沙，赵恒惕自知不敌，12日宣布唐生智为内务司长，兼军务司长，自己"因健康欠佳，赴沪医治，依照省宪规定，所遗省长职务，着由内务司长唐生智代理"，13日赵恒惕离长沙北去，16日唐生智自衡阳到长沙，电邀湖南第一师师长贺耀祖、第二师师长刘铏、第三师师长叶开鑫来长沙共商善后。叶开鑫是赵恒惕的心腹，又与唐生智有过节，所以称病请假，派第三师参谋长张雄舆代替参加会议。由于各师意见相左，唐生智便于3月25日以召开军事会议为名，扣押并处决了湘军第二师师长刘铏、秘书长肖汝霖、第三师参谋长张雄舆等坚持跟吴佩孚走的军官，叶开鑫因称病未到会场而得以幸免。随后，唐生智又派贺耀祖取代叶开鑫的湘西善后督办，接着派兵攻占了叶开鑫部所据的岳州。同时，宣布废除了赵恒惕的《湖南省宪法》，由唐生智自任湖南省临时政府主席。

到这时，唐生智已经成为湖南最大的军政力量，但是可能出于自保考虑，唐虽然在思想上倾向于三民主义，但是在政治上依然模棱两可。

吴佩孚很想把唐生智争取过来，因为湖南是自己抵御国民党的关键缓冲区，一旦落入他人之手，则重镇武汉必将门户洞开。吴佩孚知道唐生智很重师生情谊，于是专门派唐的恩师、时任直系总参谋长的蒋百里到长沙，进行专门游说。

广州国民政府也很想把唐生智争取过来，因为湖南关乎北伐的成败，一旦成为吴佩孚的势力范围，则不仅北伐难以进行，甚至国民政府都难以自保。为了确保成功，国民政府派白崇禧赴长沙游说。

与蒋百里的低调不同，这一次白崇禧采取的是高举高打的方式开展工作。

1926 年 3 月 28 日，白崇禧在湖南各法团欢迎大会上致辞：

> 适才主席云，兄弟等将革命精神带至湖南，其实湖南革命精神是固有的，将以前历史看看，反封帝制，拥护共和，无不有湘人在场，负重大工作。即兄弟此次来湘，经过之各县各乡镇，见群众之革命行动，实在钦佩。我国受帝国主义者之压迫及反动军阀之摧残，以致成此局面，人人痛恨，是以国民革命为目前唯一之要求，且为人民所应负的责任。我们要知道，国民革命为现在潮流所趋，任是谁人不能阻止……

这段开头，既是针对湖南各界的思想动员，又是对唐生智的一次隔空劝说，起到了很好的作用。

当天，白崇禧还接受了媒体采访。有记者问："陈、白二代表此次来湘，究负有何种使命？"他回答道："此次来湘，系受国民政府重大任命，与唐省长洽谈一切，关于军事计划，不便宣布。兹将可以宣布者归纳为三条：一、请湖南政府服从国民政府。二、在国民政府指挥之下，出兵讨吴。三、承认国民党在湘自由发展，且须绝对保护人民自由。"

后来几天，白崇禧先后参加长沙国民党员欢迎大会、长沙各界欢迎大会，湖南上至官员下至群众，对白崇禧表现出极大的欢迎，对国民革命的主张表现出极大的兴趣。3月31日，长沙市民大会专门发请愿电：

> 国民政府代表白、陈二公赐鉴：
>
> 国事危机，民遭涂炭，市民等深信非国民革命不足以解压迫，非由国民党及国民政府领导不足以完成革命。湘省历遭军阀压迫，创痛尤深，民众对于国民党之革命精神，久已接受，且在此精神影响之下，共起奋斗……

本来就对三民主义心趋之但不敢明言的唐生智，透过白崇禧的系列公开活动看到了民意，也逐渐坚定了信念。在感情与理性的抉择中，唐生智选择了理性，在眼前和未来的选择中，唐生智选择了未来，他决定靠向国民政府。但是，又有很多顾虑。他向白提出三点疑问及要求：

> 一、如加入革命政府，革命政府是否愿意在军政上支持他抵抗叶开鑫？
>
> 二、谭祖庵、程潜曾被他击溃，他如加入革命政府，二、六两军是否会加以报复？
>
> 三、希望二、六两军出江西，不要路经长沙。

白崇禧告知唐，如果他表明态度，革命政府自然支持他抵抗吴佩孚。湖南之军政完全由唐负责。关于第三点，革命军之策略是打击吴佩孚，放任孙传芳。孙是江、浙、赣、皖、闽五省联军总司令，势力雄大，二、六两军之任务乃在赣湘边界监视孙之活动，自然不会调入湖南。白崇禧向唐保证，如二、六两军有不利于他之行动，第七军将支助他。湘桂是邻省，白崇禧与唐又是保定之同学，唐得白崇禧之保证，才表明态度，归附革命政府。

1926年4月，眼看唐生智倒向广州方向，吴佩孚令叶开鑫率三个师另两个旅反攻长沙，同时命湘鄂边防军司令李倬章率四个师另三个旅增援叶开鑫。在重兵压迫下，唐生智于5月初放弃长沙，退至醴陵、攸县、衡阳、宝庆一带，情形危急。

唐情急之下，电告广西，请求出兵援助。白崇禧立即与黄绍竑、李宗仁等人商议，大家一致认为：北伐为既定方针，出师也就势在必行。无论从广西省的利益考虑，还是从促成北伐之事来看，都应派兵援唐。于是，他们当机立断，做出了援唐决定，命令钟祖培旅等向黄沙河进发。各地部队都向桂林集中，准备入湘，实行北伐。广西北伐先遣队于4月底从桂林出发。广西方面同时电告中央：第七军援湘之师已经出发，北伐势成骑虎，希望中央速定大计。几日后，中央复电：对广西出师援湘的义举深为佩服，至于速定北伐大计，俟李来广州之后，再行商酌。

1926年5月10日，李宗仁专程到广州，促成中央原则上同意入湘援唐局部北伐，决定推选北伐军总司令，组织北伐军总司令部。遂命第七军第七、第八旅先行入湘。

21日，广州国民政府任命唐生智为国民革命军第八军军长、北伐前敌总指挥。24日，又派第四军第十、第十二师和叶挺独立团入湘援唐。第七军第八旅于6月1日在衡阳西北金兰寺地区击退叶开鑫一部的进攻。叶挺独立团于6月2日到达湖南安仁，在第八军第三十九团一部配合下，于安仁北面的渌田、龙家湾地区击退直系军四个团的进攻。

湖南境内的战斗正在激烈进行，此时在广州，蒋介石已经被任命为北伐军总司令，十万精兵已经进入待命状态。蒋介石深感此次北伐意义非同一般，只能成功，因而必须配强指挥官。其中一个重要职位便是参谋长。他找到了李宗仁。老谋深算的蒋介石并没有单刀直入，而是征询他关于参谋长人选的意见。李宗仁推荐了钮永建。

钮永建是资历很深、威望很高的革命者。早在20世纪初，即开始走向反清革命。1902年结识孙文，成为孙文一生最信赖的革命同志之一。南京临时政府成立时，被任命为参谋本部参谋次长，后又代行总长一职。二次革命期间，他又得黄兴信任，被委任为苏沪讨袁联军的总司令，后改任参谋长。北伐前夕，他任中央政治会议秘书长。

蒋介石当然知道此人的威望。但他心里对这样一个资望高于自己的人，是有顾忌的，断不会委以重任。

他看中了白崇禧。然而，白崇禧是广西人，是李宗仁的人。因此，要用此人，须事先征得李宗仁的同意。这才是他来问李宗仁的目的。

李宗仁丝毫没有想到这一层，他一听就摇头，认为白崇禧资望太浅，年纪太轻，难负此重托。

但是，等到6月5日，蒋介石召集干部会议时，通过特意安排，还是把白崇禧安排在参谋长的位置上：李济深为参谋长，白崇禧为副参谋长，由于李济深不在位，白崇禧代理行使参谋长职权。

后来，李宗仁才慢慢品味出蒋介石的这一深意：第一，李济深资历较深，更需要的是名号，因此给个参谋长职，但不需要给位；白崇禧资历浅，只能给个副参谋长职，而白的确很有能力，所以给个可以实际决策的位。第二，以参谋长一职拉拢白崇禧，等于把第七军置于掌中。第三，白崇禧是保定军校出身，而国民革命军中大半将校出自于此，用白崇禧即可稳定这一支中坚力量。第四，最为关键的是，白崇禧是最好不过的代他受过的人选。政令由参谋长出之，过失由参谋长担之，名正言顺。换一个人，则蒋不好摆弄。

展异彩，挥师万里如神助

北伐，国共合作的伟大杰作，在1926年7月终于实现。

7月1日，国民政府下达北伐动员令，颁发北伐部队集中计划和战斗序列。

总司令蒋中正。

总参谋长李济深。

副参谋长白崇禧。

第一军军长何应钦，参谋长蒋伯诚。

第一师师长王柏龄，副师长王俊，参谋长郭俊，辖一团孙元良、二团倪弼、三团薛岳三个团。

第二师师长刘峙，参谋长胡树森，辖四团陈继承、五团蒋鼎文、六团惠东升三个团。

第三师师长谭曙卿，副师长顾祝同，参谋长赵启录，辖七团涂思宗、八团徐庭瑶、九团卫立煌三个团。

第十四师师长冯轶裴，参谋长吴文献，辖四十团郑振铨、四十一团蔡熙盛、四十二团周址三个团。

第廿师师长钱大钧，参谋长韩德勤，辖五十八团王文翰、五十九团赵锦雯、六十团李杲三个团及刘秉粹补充团。

补充团长张贞，炮兵团长蔡忠笏，警卫团长朱毅之。

第一军合共兵力步兵十八个团，炮兵一个团。

第二军军长谭延闿，副军长鲁涤平，参谋长岳森。

第四师师长张辉瓒，副师长王捷俊，参谋长粟晃扬，辖十团谢毅伯、十一团周卫黄、十二团邓赫绩三个团。

第五师师长谭道源，副师长成光耀，参谋长李家白，辖十三团罗寿颐、十四团彭璋、十五团朱刚伟三个团。

第六师师长戴岳，副师长朱耀华，参谋长萧文铎，辖十六团黄友鹄、十七团廖新甲、十八团刘风三个团。

教导师师长陈嘉祐，参谋长梁广谦，辖余泽笺、李蕴珩两个团。

炮兵团长谢慕韩。

第二军合共兵力步兵十一个团，炮兵一个团。

第三军军长朱培德，参谋长黄实。

第七师师长王均，副师长张近德，参谋长历式鼎，辖十九团曾万钟、二十团万人敌、二十一团彭武扬三个团。

第八师师长朱世贵，副师长杨育涵，参谋长刘发良，辖二十二团韦杵、二十三团祝膏如、二十四团李思愬三个团。

第九师师长朱培德兼，副师长顾德恒，参谋长李明扬，辖二十五团顾德恒、二十六团李明扬两个团。

宪兵营长武宣国。炮兵营长张言传。

第三军合共兵力步兵八个团，炮兵、宪兵各一营。

第四军军长李济深，副军长陈可钰，参谋长邓演存。

第十师师长陈铭枢，副师长蒋光鼐，参谋长朱绍良，辖二十八团蔡廷锴、二十九团范汉杰、三十团戴戟三个团。

第十一师师长陈济棠，副师长邓世增，参谋长李扬敬，辖三十一团香翰屏、三十二团余汉谋、三十三团黄震球三个团。

第十二师师长张发奎，副师长朱晖日，参谋长吴奇伟，辖三十六团缪培南、三十五团黄琪翔、三十四团许志锐三个团。

第十三师师长徐景唐，副师长陈章甫，参谋长李务滋，辖三十七团云瀛桥、三十八团陆兰培、三十九团陈章甫三个团。

独立团团长叶挺。

炮兵营长郭思演、薛仰忠。

第四军合共兵力步兵十三个团，炮兵两个营。

第五军军长李福林，参谋长刘敏。

第十五师师长李群，副师长林驹，参谋长何家瑞。

第四十三团黄相。

第四十四团周定宽。

第四十五团黄炳琨。

第十六师师长陈炳章，副师长王若周。

第四十六团陆满。

第四十七团李林。

第四十八团陈伟图第十六师师长陈炳章。

独立第一团团长梁林，第二团团长林驹。

第五军合共兵力步兵八个团，炮兵一个营。

第六军军长程潜，参谋长唐蟒。

第十七师师长邓彦华，参谋长曾则生。

第四十九团傅良弼。

第五十团文鸿恩。

第五十一团钟韶。

第十八师师长胡谦，副师长苏世安。

第五十二团苏世安。

第五十三团宋世科。

第五十四团李明灏。

第十九师师长杨源浚，副师长王邦若。

第五十五团王尹西。

第五十六团张轸。

第五十七团王茂泉。

炮兵营营长莫希德、罗心源。

第六军合共兵力步兵九个团，炮兵两个营。

第七军军长李宗仁。

第一旅旅长夏威，参谋长毛炳文。

第一团陶钧。

第二团吕演新。

第二旅旅长李明瑞，参谋长吕其彬。

第三团李明瑞。

第四团李朝芳。

第三旅旅长伍廷飏，参谋长林世嘉。

第五团张国柱。

第六团龚寿仪。

第四旅旅长黄旭初，参谋长黄莘。

第七团许崇武。

第八团林畅茂。

第五旅旅长刘日福，参谋长刘克初。

第九团陆受祺。

第十团梁朝玑。

第六旅旅长韦云淞，参谋长徐启明。

第十一团韦云淞。

第十二团叶丛华。

第七旅旅长胡宗铎、李石樵。

第十三团李孟庸。

第十四团杨腾辉。

第八旅旅长钟祖培、以定邦。

第十五团尹承纲。

第十六团周祖晃。

第九旅旅长吕焕炎，参谋长董南。

第十七团杨义。

第十八团蒙志。

独立第一团陈济桓。

独立第二团罗浩忠。

入伍生团吕竞存。

第七军合共兵力步兵十八个团，炮兵两个营。

第八军军长唐生智，参谋长龚浩。

第二师师长何键，参谋长胡达。辖四个团，团长分别为陶广、刘建绪、危宿钟、张辅。

第三师师长李品仙。辖四个团，团长分别为张国威、熊震、李云杰、吴尚。

第四师师长刘兴，参谋长王德光。辖四个团，团长分别为廖磊、唐哲明、周维寅、颜仁毅。

教导师师长周斓。辖三个团，团长分别为罗霖、鲁扬开、刘克豪。

第五师师长叶琪。辖三个团，团长分别为何宣、周磐、刘运乾。

鄂军第一师师长夏斗寅，副师长周斓，参谋长廖汝钧、万耀煌。辖三个团，团长分别是万耀煌、卢本棠、张森。

教导团团长周荣光。

炮兵团团长王锡焘。

第八军合共兵力步兵二十二个团，炮兵一个团。

这是最初的战斗序列，不久，黔军彭汉章、王天培、袁祖铭等响应北伐，分别编为第九、十、十二军，而江西方面，方本仁本来亦要响应编为第十一军，未成。

7月4日，国民党中央临时全体会议通过《国民革命军北伐宣言》，陈述了进行北伐推翻北洋政府的理由。宣言主要内容如下：

> 党从来主张用和平方法，建设统一政府，盖一则中华民国之政府，应由中华人民自起而建设；一则以凋敝之民生，不堪再经内乱之祸。故总理北上之时，即谆谆以开国民会议，解决时局，号召全国。孰知段贼于国民会议，阳诺而阴拒；而帝国主义者复煽动军阀，益肆凶焰。迄于今日，不特本党召集国民会议以谋和平统一之主张未能实现，而且卖国军阀吴佩孚得英帝国主义者之助，死灰复燃，竟欲效袁贼世凯之故智，大举外债，用以摧残国民独立自由之运动。帝国主义者复饵以关税增收之利益，与以金钱军械之接济，直接帮助吴贼压迫中国国民革命；间接即所以谋永久掌握中国关税之权，而使中国经济生命，陷于万劫不复之地。吴贼又见国民革命之势力日益扩张，卖国借款之狡计，势难得逞，乃一面更倾其全力，攻击国民革命根据地，即使匪徒扰乱广东，又纠集党羽侵入湘省。本党至此，忍无可忍，乃不能不出于出师之一途矣。

7月9日，蒋介石在广州举行隆重的就职典礼，宣告就任国民革命军总司令职，正式宣布北伐。北伐誓言，响彻中外。

> 嗟我将士，尔肃尔听。国民痛苦，火热水深。土匪军阀，为虎作伥。帝国主义，以枭以张。本军兴师，救国救民。总理遗命，炳若日星。吊民伐罪，歼厥凶酋。保我平等，还我自由。实行主义，牺牲个人。有进无退，革命精神。嗟我将士，同德同心。毋忘耻辱，毋惮艰辛。毋惜尔死，毋偷尔生。嗟我将士，保此国家。嗟我将士，保此人民。遵守纪律，服从司令。唯纪与律，可以制胜。生命为私，纪律为公。生命为轻，命令为重。嗟我将士，团结精神。彻始彻终，相爱相亲。毋惧强敌，毋轻小丑。万众一心，风雨同舟。我不杀贼，贼岂肯

休？势不两立，义无夷犹。我不牺牲，国将沉沦。我不流血，民无安宁。国既沉沦，家孰与存。民不安宁，民孰与生。嗟我将士，矢尔忠诚。三民主义，革命之魂。嗟我将士，共赋同仇。革命不成，将士之羞。嗟我将士，如兄如弟，生则俱生，死则俱死。存亡绝续，决于今兹。不率从者，军法无私。

誓师大会后，国民革命军如开弓之箭，加速疾行，首先射向两湖地区。两湖地区是直系军阀吴佩孚的势力范围。根据国民政府的战略决策和部署，北伐首先要打倒的敌人就是吴佩孚，由国民革命军第四、第七和第八军担任两湖主战场的主攻任务。其中第四、第七两军为右路军，第八军为左路军，均以攻占长沙、武汉为战斗目标。

吴佩孚是当时中国叱咤风云的人物，拥兵二十万，虎踞洛阳，势力影响大半个中国。1924 年 9 月 8 日成为首登美国《时代》周刊封面的中国人。《时代》周刊将其定位为中国最具势力的人物，"比其他任何人都更有可能统一中国"。对于他，国民革命军虽然气冲山河，内心里却存有畏惧。但是，等到双方在战场上一交手，国民革命军将士才发现原来一切都不像想象的那样。吴佩孚的军队并无多强的战斗力，国民革命军连战连捷，出兵不足百天，两湖便满飘青天白日旗。

其实，吴佩孚的快速溃败是一种历史的必然：首先，直系军阀代表的是落后的地主、买办的势力，与代表民族资产阶级、小资产阶级、无产阶级的国共两党，根本不具有可比性；其次，直系军阀内部极度腐败，官兵之间离心离德，国民革命军相对清廉，官兵关系较好；再次，直系军阀的指挥与作战思想严重滞后于时代发展，国民革命军指挥作战具有时代性。

在两湖作战期间，白崇禧的指挥才能得到了充分展现。这一点可以从两份战场电报中看出。

1926 年 7 月 14 日，唐生智报告占领宁乡等地电：

广州白副参谋长健生兄鉴：新义密。支（四）日电齐（八）日奉到，老谋深算，钦佩何似？此次逆军实倍于我，而

70

一败不可收拾，则其系统不一，内容复杂之所致也；吾兄诚料事如神……

1926 年 8 月 19 日，白崇禧致广州中央报告前敌军情电：

> 急。广州中央执行委员会、谭主席、张主席、李参谋长、吴稚晖先生、顾孟馀先生钧鉴：汕头何军长、南宁黄党代表勋鉴：近日前方情形极善，王天培、彭汉章、刘湘、刘文辉、赖心辉、刘成勋均已先后通电讨吴，并派代表来湘，表示倾向国民政府，协力讨吴，经委以左翼军总指挥名义，由常澧攻鄂西，会师武汉……

白崇禧随北伐军总司令部一路北上，1926 年 8 月，北伐国军进攻武昌必经之途的贺胜桥，北洋军阀吴佩孚亲临督战，下令"退却者杀无赦"。北伐军经过两战之后，弹药匮乏，补给跟不上。将领们纷纷打电话向前线指挥白崇禧请求支援。白崇禧答复说："缺乏子弹只有用刺刀赶快冲锋！革命军之补给靠前方，不能靠后方。打败敌人，敌人之装备，便是我们之补给。何况打下武汉，汉阳之兵工厂取之不尽、用之不竭。"在白崇禧的指挥和鼓舞下，张发奎的第四军、李宗仁的第七军、唐生智的第八军展开白刃战，连破吴佩孚三道防线，于 8 月 29 日获得贺胜桥战役大捷。

攻占武汉后，北伐军开始转向，进军江西。1926 年 9 月中旬，北伐军中路第一、六两军曾乘虚攻入南昌，但被孙军反扑，导致失利。第七军入赣时，正是北伐军前锋失利之时。李宗仁率部连传捷报，蒋介石于是在高安亲自指挥，再次向南昌反攻。10 月中旬，第一、二、三军强渡赣江，将南昌合围。

白崇禧来到现场勘察，他看到，南昌城墙坚实高峻，北伐军屯兵坚壁之下，背水作战，已犯兵家大忌。武昌攻城战殷鉴不远，所以他极不赞成围城之战。但蒋介石坚决主张爬城硬攻，他也无法阻挠。于是秘密命令工兵在赣江上游搭建两座浮桥，以备军用。

次日夜间，北伐军因已连攻两天，正退下来做下一步攻城准备时，城中敢死队从南昌城下水闸中破关而出。两军黑夜混战，喊杀连天，秩序大乱。北伐军攻城的第六团被孙军包围，几乎全军覆没。北伐军只好往后撤退。

蒋介石、白崇禧都在前线，但黑夜之中，指挥困难，情势非常危急。蒋介石几次拉着白崇禧的手，连连问道："怎么办？怎么办？"白崇禧此时还有点儿镇静，下令全军沿赣江东岸南撤，到上游由浮桥过江。第一座浮桥上很快挤满了大兵。白崇禧再命传令兵沿途通知撤退部队的官长，告诉他们上游还有一座桥可以渡江，军心才得安定。大军在黑夜中安全退往赣江西岸，尽管此战败退，好在损失不大。

从南昌撤退后，北伐军暂时休整，检讨前一段进攻江西各战役的得失，感到通信不灵，各军彼此联络不畅，导致各自为战，这不利于进取。于是调整部署，重新拟订肃清江西计划。这时，王家铺捷报传到，蒋介石即派白崇禧到第七军去慰劳，并商讨新的战略。11月上旬，江西战事就基本结束了。

北伐军肃清江西孙军，占据江西后，乘两湖战场和江西战场胜利的余威，以风卷残云之势，向仍然被孙传芳控制的长江下游东南各省进军。

1927 年 1 月，北伐军总司令部拟订了肃清东南各省的计划，将部队分为江左军、江右军及东路军。江左、江右之分纯以长江为准，面对江河的下游，在左手为左岸，在右手为右岸。平定江西后，移驻九江的第七军被编为中路军的江左军第一纵队序列，李宗仁任江左军总指挥，沿长江左岸，由安庆出合肥、蚌埠。其作战任务是：在东路军攻克闽、浙后，以安徽的安庆、合肥、蚌埠为目标，与江右军齐头并进，切断津浦、沪宁铁路的交通，以便攻占南京、上海。为此，第七军由九江调到鄂东，在广济、黄梅、罗田一带布防。程潜统率江右军，沿赣北皖南，由芜湖出秣陵关直取南京；东路军由何应钦指挥，负责由福建而浙江，攻取上海。唐生智第八军出武胜关入河南。

浙江是蒋介石的老家，因此，他把攻取浙江的硬任务交给了他最信任的何应钦。但是出乎他意料的是，东路军在东进途中遭到孙传芳所属

72

浙江孟昭月部的顽强抵抗，在浙江兰溪、桐庐等地连遭挫折。浙江战事的不利，不仅直接影响江西大本营的安全，对江右军也是一个严重的威胁，如不及时采取措施，后果不堪设想。蒋介石对此非常着急，他在接到战报后，迅速将白崇禧召来。

在南昌总部东花厅内，蒋介石一边将情报递给白崇禧，一边说："东路军在浙江已遭受失败，势不能久等。浙江战事不利，不仅江西大本营根据地受影响，且使江右军也受威胁。东路军非兵力不足，乃系指挥官指挥不当，你我两人须前去一人。"

白崇禧知道蒋是想要自己去，他看过情报，便主动表示说："总司令是全军之统帅，岂可往局部指挥？如总司令不以白崇禧才能浅薄，白崇禧愿前往东路服务。"

蒋介石听白崇禧如此说，非常高兴，但以什么名义出征，却费了一番周折。因为东路军已有总指挥何应钦，为了便于作战，所以在总指挥部下又设前敌总指挥部。

蒋介石为此事问白崇禧有何意见，白慷慨回答说，为了革命，任何名义都在所不计。蒋介石于是在三天之内为白崇禧成立了东路军前敌总指挥部，任命白为前敌总指挥，调总部参谋处长张定璠为参谋长，总部机要秘书潘宜之为政治部主任。

前敌总指挥部成立后，白崇禧率部于 1927 年 1 月底进入浙江。

白崇禧率部由南昌出发，经上饶、玉山到达浙江常山。白到常山前，前方败军已有部分散兵退抵常山，白崇禧为了虚张声势，沿途拍发电报到常山，表示大军不日到达，下令常山县政府封两万人的船以备军用。

挥雄师，底定浙沪诸要地

白崇禧在常山休息了一晚，第二天抵达衢州，召集团级以上干部开会，勉励全体干部努力作战，随后进行作战部署。这时，何应钦发来电报指示白崇禧，要其退守仙霞岭的常山、江山，等到他在福建解决周荫人后，再会师进攻，以免被孟军各个击破。

白崇禧接到电报后，陷入沉思之中。他对这个决定的科学性持异议，觉得南方部队宜攻不宜守。攻则气盛，守则气馁。还没有等到他想好究竟该不该执行，又接到蒋介石发来的电报。蒋指示说："衢州为战略要点，战守由兄自决，中不遥制。"

何应钦要自己退守，蒋介石要自己做决断。此时，先期进入浙江的第二军（代军长鲁涤平）作战失利，亟待救援。白崇禧经过慎重考虑后，决定不退不守，采取攻势前进。这时二十一师已从后面赶来。为了迷惑对方，白崇禧将二十一师及原先退下的部队由江的左岸调到右岸，故意在白天行军，让孟昭月的谍报人员知道，以为北伐军的重点在右岸。孟果然上当，也将他的队伍向右岸移动。行至兰溪，白崇禧又将右岸的队伍于夜间秘密调回到左岸，右岸仅留薛岳一师及李明扬新编的独立团，命令他们在游埠方面牵制敌人，如果孟军来攻，务必死守。当孟昭月侦知白崇禧军的重点转移，已来不及渡江。而此时白部已向桐庐、浪石铺孟军军前渡河，白崇禧亲率预备队两团人，强行军连夜经凤山庙进入新登，直捣孟昭月在新登的总部。

孟得知这个消息，顿感大事不妙，只好连夜撤退到杭州。白崇禧率部在新登俘虏了孟的一名副官，白令其持白的名片，回去见孟昭月。孟昭月已失去斗志，知道杭州一定守不住，马不停蹄撤到上海。这样，白崇禧便占领了杭州，浙江得以平定，鲁涤平军终于转危为安。

北伐军进入杭州，工农群众箪食壶浆迎接革命军，送医送药，无比热情。孟昭月退回上海后，张宗昌派他的部将毕庶澄第八军前来援助。孙传芳早已胆寒，他打给毕的电报竟说："遍山遍野所发现的民众大都是赤军之便衣队居多，务必小心。"所谓便衣队，其实是散布山岭之间欢迎北伐军的老百姓。毕庶澄不知道北伐军已占领杭州，兼程赶来。刚进入浙江境内，即碰到在此等候的白崇禧军。毕军长途远涉，汗流浃背；白军以逸待劳，毕军几乎没有怎么还手，就被击溃，逃到上海。

白崇禧在杭州休整半个月，何应钦部才由福建赶来。下一步的作战目标便是上海。进攻上海之前，何应钦在杭州召开军事会议，参加人员只有苏俄顾问蔡巴诺夫与白崇禧及各军师长。蔡巴诺夫主张杭州留下少

74

许部队，主力绕长兴、宜兴出武进（常州）、吴县（苏州）、昆山，切断京沪铁路，断绝上海的外援。白崇禧认为蔡巴诺夫的意见可行，主张在执行此意见的同时，分一部分力量沿沪杭铁路挺进，因为北伐军已占领嘉兴，正准备前进。蔡巴诺夫因为听说齐燮元与孙传芳打仗时，为了渡淞江，两军在此地相持数月，因而坚决反对白的意见。何应钦很难决定，只好宣布暂时休会，以便协调双方意见。

会后，白崇禧又当面与何应钦沟通，告诉何说："我知道淞江的障碍，已令快路局备铁篷车，在车前端装置俄制的七六二山野炮；敌方最坚强的阵地，就是淞江 34 号桥的桥头堡，而此地也是我军必经之地。若铁篷车能抑制敌方桥头堡的机枪阵地，工兵即可破坏敌方防守的铁丝网，我军前进则没有问题。"何应钦见白崇禧已有如此部署，就同意了他的意见。于是决议：第一军的第一、二、二十一师及第二十六军归白崇禧指挥，沿沪杭铁路前进；第三师、第十四师、第十四军的两师、第十七军的两师，以及第十九军一部分由何应钦统率出长兴；杭州则由陈仪留守。

为确保作战计划的顺利实施，白崇禧由炮兵营长蒋壁陪同坐了铁篷车亲至前方督战。所幸敌人之机枪掩体多被白崇禧方炮兵摧毁，工兵扫除了所有铁丝网，大军顺利渡过淞江，占领松江城。毕庶澄沿江防守之部队，因第一师刘峙在淞江下游渡河进攻，被压迫入上海闸北车站。刘峙乘胜追至上海公共租界，租界内的外国士兵向天空放枪，阻止革命军前进。白崇禧派员通告租界守兵将领："于今为革命讨伐军阀之时期，租界原是不平等条约之产物，今姑不论，如果你们阻止革命军前进，必须负一切后果。"租界之守卫人员见白崇禧方态度强硬，不敢再横蛮阻挠。毕庶澄退入闸北，以为革命军进不了租界，因而放松警惕，准备做饭饱餐。当看到革命军来到时，瞬间惊慌失措，上海唾手而得。后来毕庶澄因作战不力被张宗昌枪毙。革命军之所以能轻易占领上海，未遭受很大之困难，白崇禧认为与钮永建活动上海税警来降有很大之关系。历史的真相却是，1927 年 3 月 22 日，周恩来等同志领导上海工人武装起义的胜利，解放了上海，北伐军第一军第一师才不折一兵、不费一弹进入了上海。

克复上海，蒋总司令任命白崇禧兼任上海警备司令。

至此，北伐军取得了东南战场的胜利，不仅打垮了吴佩孚、孙传芳两大军阀，夺取了华中、华东广大地区，将革命势力控制的区域从珠江流域推进到长江流域，还沉重打击了奉系军阀。

在这段时间的北伐中，白崇禧首先是作为蒋介石的参谋长，在蒋介石身边出谋划策，蒋介石有时让白崇禧独立地完成作战任务，如江西战场上，他派白氏协助指挥第二军围攻南昌，协助李宗仁指挥赣北作战以及担负追击退敌的任务。东南战场开辟后，白崇禧终于独当一面，出任东路军前敌总指挥，挽救浙江前线的败局。白氏不负蒋的信任，凭借其丰富的军事作战经验和敏锐的判断力，在没同东路军主力会合的情况下，果断地以少数兵力主动出击，取得了浙江战场的胜利。随后在沪宁战场上，力主率一部进攻沪杭线，配合主力攻略南京、上海。实践证明，这个建议是正确的、可行的。这一切，使得白崇禧"小诸葛"的名头更为响亮，白崇禧也从一隅的广西将领成为全国闻名的北伐名将。

对此，程思远曾有过这样的评价："白崇禧经过底定湘鄂的运筹和江西作战的熟练指挥，受到蒋介石的最大信任，以东路军前敌总指挥的重任，白崇禧不待何应钦所率的主力到达，仅用前沿战线的少数兵力，即能实现平定全浙的任务。而且他所指挥的部队，与他个人从无历史渊源，竟能运用自如，如臂使指。对此，充分显示出他的指挥天才。"

第五章　上海清党欠血债

"四一二"上海清党是国民党对中国共产党进行的一次几乎致命的打击，白崇禧在其中充当了执行角色，欠下了累累血债。一直善于把握历史方向的他，这一次显然是背向而行了。

走向反动，蒋白合意清共党

第一次国共合作给了两党共同提升的平台，促成了轰轰烈烈的北伐战争，但是北伐也成为两党矛盾的激化点。在北伐过程中，统一战线内部矛盾越来越尖锐。以蒋介石为首的国民党新右派集团利用手中掌握的军事大权，企图通过北伐战争来推翻北洋军阀的统治，建立起符合其利益的大地主大资产阶级的独裁专政统治。但在北伐战争中，工农运动蓬勃开展，共产党的影响迅速扩大，使得以蒋介石为首的右派政治势力越来越不安，甚至是恐惧万分，他们害怕工农运动发展下去会妨碍他们取代北洋军阀统治全国的野心，因此他们反共的一面越来越明显。江西战场胜利后，蒋介石就挑起了迁都之争，企图将国民党中央和国民政府迁往他控制之下的南昌，作为其反共基地，这一阴谋因为遭到国民党左派和中共的联合抵制而未能得逞，蒋氏便铤而走险，决心用暴力实现目的。随着北伐军进军江浙战场，蒋介石从江西到安徽以至江苏、上海，一路制造了一系列反共和迫害工农的事件：

1927 年 3 月 6 日，蒋介石密令其爪牙杀害了赣州总工会委员长共产党人陈赞贤。

3月14日，国民党右派的江西省党部决议解散左派的南昌市党部。16日，省党部召集打手捣毁南昌市党部，解散工会、农协。

后来，蒋介石渐渐发现，工农的革命火焰已经压制不住，所以决定来个釜底抽薪，对共产党下手。但是，要做到这一点并不容易，因为几年的国共合作，使国民党的事业突飞猛进，在国民党和国民革命军内部，共产党的影响力很大，支持者很多。而蒋介石虽然名义上是党和军队的最高领袖，但是由于派系繁杂，蒋并不能真正做到权力一统。蒋经过一番考虑，发现铲除共产党，其唯一可能依靠的联盟只有桂系。

蒋介石选中桂系的原因有二：一、桂系没有与共产党合作的历史，受到影响较少。北伐开始时的八个军，第一至第六军都是以国共合作为基础或以黄埔为底子组建起来的，共产党的思想政治工作在部队中发挥了巨大的作用。一些著名的共产党人，如周恩来担任第一军副党代表，李富春担任第二军副党代表，朱克靖担任第三军党代表，罗汉担任第四军党代表，林伯渠担任第六军党代表。而由桂系整编而来的第七军、由湘军第四师整编而来的第八军，在先天上就缺少国共合作的根。二、桂系对蒋介石比较规矩，容易调遣。蒋介石在孙中山逝世后不择手段地迅速确立地位，导致党内军内对其不感冒的要人不少。第二军、第三军、第四军、第五军、第六军，都是不怎么听蒋招呼的，第八军不存在这个问题，但不很忠诚。只有第七军，既相对忠诚，又听从调遣。

蒋介石选择桂系以后，决定从白崇禧这个最熟悉的环节突破。3月20日，蒋介石在上海首先召见白崇禧，向其表明"清党"反共的决心。白崇禧当即表示支持，他们还决定立即电召李宗仁、李济深、黄绍竑等秘密来到上海，共同策划反共大计。蒋介石同时任命白崇禧以东路军前敌总指挥兼淞沪卫戍司令的名义驻节龙华。

除了大地主大资产阶级需要蒋介石这样的代理人外，帝国主义列强也急切需要培植自己的代理人，以维护自己在华的既有利益。过去几年，段祺瑞、吴佩孚、孙传芳、张作霖，都曾经是他们拉拢和培养的对象，现在这些人都被汹涌的民族民主革命卷走。帝国主义列强更担心，随着革命的深入推进，自己的既得利益同样会被卷走。因此，他们急切地想阻止革命往前发展，从当时的情形看，分化革命阵营是唯一可行的办法。于是，列强开始不断试探并检验蒋介石。对此，蒋介石心知肚明，也在许多场合表明自己维护列强利益的倾向。

江西战场胜利后，蒋介石即表示不会废除不平等条约，而且会尊重他们。

"南京惨案"发生后，正在芜湖的蒋介石即派人同日本、美国领事联系，表示蒋已经控制局势，将保护一切外国侨民的生命财产安全。

1927年2月，日本政府特使铃木贞一到九江与蒋介石见面。铃木对蒋说："日本陆军认为你应当同共产党'分手'。"蒋回答："我打算用三民主义统一中国。我到南京就正式表明态度，你等着瞧吧！"

3月11日，蒋介石与来华访问的日本在野党——政友会总务长山本条太郎在南昌密谈时，告诉对方：北伐军在攻下南京、上海后，将有一段"南方政府内部整顿时期"，然后再长驱北伐。

根据蒋介石的暗含寓意，日本政府率先得出这样的结论："蒋介石是口头上的过激派，行动上的稳健派"，"如果共产党人走得太远，这位寡言的将军是一定会干预的"。日本据此决定，拉拢蒋介石，怂恿他反共，以分化策略为主来破坏中国革命。

到上海后，蒋介石一再通令"保护外侨"，并声明，"决不以武力收回租界"。

蒋介石在背离革命的道路上越走越远，其背离革命、"清党"的步速也越来越快，步幅越来越大。

3月26日，白崇禧以东路军前敌总指挥的名义发布两则布告：一是所谓《整顿杂军》，一是《保护外侨》。

《整顿杂军》布告云：

> 为布告事：照得淞沪克复，逆军溃窜，战事方终，秩序未定。闻有不逞之徒，假借名义，擅编军队，殊属淆乱观听，有妨秩序。亟应严行取缔，以重地方，除派队查禁外，合行布告。仰曾经正式委任担任特种工作者，限即日前来本部副官处接洽，听候指定地点，酌量改编。其余投机分子妄窃名义者，着一律来部缴械，自当从宽免究。如敢故违，定即严办，不稍

宽贷。切切此布。

国民革命军东路军前敌总指挥白

三月二十六日

白崇禧眼里的所谓"杂军"，无疑指的是共产党领导的上海工人武装，这个布告表明，白崇禧磨刀霍霍，准备向工人武装下毒手了。

《保护外侨》布告说：

> 为布告事：照得革命主张，取消不平等条约，收回租界，久为民众所渴望，亦即世界公理所赞同。现在本军既克淞沪，关于一切外交问题，我国民政府当有适当之政策与手续，与各关系国协商办理，以促成不平等条约之撤废，恢复中国固有之主权。唯当此军事时期，上海治安至关重要，本军职责所在，自当力予维持。倘有不法之徒，假借名义，借端煽动，以暴力扰乱租界秩序，侵害侨民生命财产者，本军定行严惩，不稍宽假。凡我民众，须知国民革命之目的，在打倒帝国主义及军阀，以求中国之自由平等，绝无仇视外国、排斥外人之意思行动。凡属中外侨民，其各安居乐业，毋自惊疑，是所厚望。此布。

国民革命军东路军前敌总指挥白

三月二十六日

3月27日的上海《时报》记载：

> 上海领袖领事昨晚嘱路透社声明：白崇禧司令与领袖领事晤谈时，请领袖领事通告上海人民，白可负责维持秩序，白极欲维持秩序，并有维持秩序之工具，并称绝无扰乱上海治安之事。

蒋桂恭顺甚至谦卑的态度，使帝国主义列强非常满意。帝国主义在上海的喉舌《字林西报》于3月28日露骨地说："蒋介石、何应钦、白崇禧是唯一可以使长江以南的区域免于沦入共产党之手的保护力量。……倘若蒋介石愿意拯救中国人民于共产党之手，那么他必须迅速而决断地行动起来。"

　　3月28日，李宗仁应蒋介石电召从安徽赶到上海。他首先乘车前往白崇禧的东路军前敌司令部，途中正遇到上海工人向白崇禧请愿，交通阻塞，不得不下车步行。见面后，李、白都对上海"一团糟的情形"感到"沮丧"。白崇禧还说："此时不特上海工人活动越轨，显然有一种取国民党而代之的野心。此种发展，如不加抑制，前途不堪设想。"

　　随后，李宗仁去见蒋介石。蒋氏面色沮丧，声音嘶哑，口口声声说不干了，上海的情形已无法收拾，何应钦的第一军也不稳，何已无法掌握第一军了。李宗仁表示："只有以快刀斩乱麻的方式清党，把越轨的'左'倾幼稚分子镇压下去。"并建议把第七军一部调到南京附近，监视沪宁线上不稳的部队，使其不敢异动，然后大刀阔斧把第二师中不稳的军官全数调职，必要时将思想较"左"倾的薛岳、严重两个师长撤换。把军队牢牢控制住后，镇压共产党就容易了。

　　阴谋在密布。4月2日，应蒋介石电召，李济深、黄绍竑也秘密自广州乘船到达上海。为了保密，黄绍竑还特意剃去了留了近十年、非常醒目的长胡子。当天，蒋介石在白崇禧的东路军前敌总指挥部召集秘密会议，出席者有蒋介石、何应钦、吴稚晖、李济深、李石曾、陈果夫、陈立夫、李宗仁、白崇禧、黄绍竑等。会上，蒋介石首先发言，指责共产党加入国民党是不怀好意，在国民党内发展组织，并操纵武汉中央，表示"如果不清党，不把中央移到南京，建都南京，国民党的领导权就要被共产党所篡夺"。

　　参与会议的都是顽固的反共分子，会议论调呈现一边倒的批共态势。据相关人士回忆：在这次秘密会议上，后方当局李济深、黄绍竑等是惧怕农民群众在中国共产党领导之下组织起来，势力日益强大，他们的统治不易维持；前方当局何应钦等是惧怕工人群众在中国共产党领导下组织起来，向帝国主义者斗争，得罪帝国主义和分化瓦解军队。因而，他们都赞同清党反共，建都南京。

可能事先得到过蒋介石的授意，也可能是长期的近距离合作使其能够心领神会，白崇禧在这次会议上发言最多。他重点指责共产党在上海活动和上海工人纠察队。他说："上海自我军占领之后，工人就组织纠察队封锁租界。他们有自己的武器，有自己的指挥系统，不服从军事长官的指挥。他们要冲入租界，占领租界。现在外国领事团已经提出严重警告，黄浦江上布满了外国兵舰，兵舰上的大炮都卸了炮衣指向我们，租界里新近调来了不少外国军队。如果发生冲突，不但全国精华的上海完了，北伐事业也要完了。"他还污蔑共产党离间军队，说："第一军住在上海的两个师，第一师师长刘峙老实一些，执行（反共）命令认真一些，他们就贴标语、散传单要打倒他；第二师师长薛岳灵活些，与他们表面上接近一些，他们就贴标语、散传单表示拥护。如果这种情形长此下去，我们的军队也要发生变化。"

白崇禧不仅决意清共，甚至连如何清、靠谁清都想好了。他特别推崇上海的黑社会势力，说："上海的帮会很有力量，什么阶层都有他们的组织，还有他们的武装。黄金荣、杜月笙、张啸林、杨虎都是坚决反共的。"他建议利用帮会来反共。

"四一二"政变前，蒋介石问白崇禧："在上海清党需要多少军队？"

白崇禧说："只要调走薛岳的第一师，留下刘峙的第二师及周凤岐的第二十六军便够了。"

蒋介石又问："你看需要多少时间？"

"三天差不多，至多不会超过一星期。"白崇禧答道。

"你要小心，注意防范共产党的渗透。"蒋介石最后这样说。

蒋介石在上海分别召集第一军第一师、第二师的干部训话，表示清党的决心。第一军第一、二两师是从黄埔军校、党军扩编而成的，是他的嫡系子弟兵。他在训话后，第一师有些中级干部起来质问他，说："三大政策是孙总理制定的，清党就是反共，反共就是反对总理遗教，就是反革命，这岂能是素以革命自负的校长（按：黄埔学生一贯叫他校

82

长）所应该做的?"蒋介石被气得拍案大骂，力竭声嘶，他更因此而迁怒于第一师师长薛岳，说他管教不严，把他免职调回广东安置。第一师则采纳了白崇禧的建议，全师移防镇江，它驻守的淞沪地区由第二师接防。

对于国民党的秘密行动，共产党早就有所觉察，但是由于共产国际和共产党高层片面强调维护统一战线，所以一直没采取什么针对性的行动。共产党在上海的领导人知道第一师调离上海后，只是发动了各界人民代表到白崇禧的淞沪警备司令部请愿，要求挽留第一师，拒绝第二师。十分明显，第一师的干部中有许多是共产党员，这是白崇禧也很了解的。白崇禧告诉这些代表："调动军队是总司令决定的，我不能擅自变更。"代表们见到白崇禧那么说，也就无可奈何地离开了。

蒋介石看到了共产国际与陈独秀的妥协态度。因而更加有恃无恐，以恐吓、拉拢并举的方式，一步步收网。

4月5日，蒋介石发布总司令部布告，要工人武装纠察队与工会一律在总司令部的管辖之下，"否则以违法叛变论，绝不容许存在"。4月8日，蒋介石指使吴稚晖、白崇禧、陈果夫等组织上海临时政治委员会，规定该会将以会议方式决定上海市一切军事、政治、财政之权，以取代上海工人第三次武装起义后成立的上海特别市临时政府。4月9日，蒋介石发布《战时戒严条例》，严禁集会、罢工、游行，并成立了淞沪戒严司令部，以白崇禧、周凤岐为正、副司令。与此同时，蒋介石又利用政治欺骗手段麻痹群众。刚到上海，就对上海总工会交际部主任赵子敬说："纠察队本应武装，断无缴械之理，如有人意欲缴械，余可担保不缴一枪一械。"他派军乐队将一面写着"共同奋斗"四个大字的锦旗赠送给上海总工会纠察队，以表示对上海工人的"敬意"。蒋介石在一切部署就绪后，离上海去南京，由白崇禧等监督执行其反革命政变的阴谋计划。在上海工人第三次武装起义前后，中共中央和中共上海区委对于蒋介石的某些阴谋活动是有警惕的，也采取过坚定的态度。但是，在蒋介石到上海后，共产党的政策很快发生变化。

共产党领导人陈独秀表现了严重的右倾麻痹。中共上海区委主席团会议宣读了陈独秀关于"要缓和反蒋"的信。之后，上海的反蒋斗争开始放松。《汪精卫、陈独秀联合宣言》发表后，一部分共产党员十分愤慨，但许多人却误以为局势已经和缓下来。原来在武汉整装待发的国民革命军第四军、第十一军不再东下，第六军、第二军的绝大部分服从蒋介石的命令，离开南京开往江北，使蒋介石得以控制南京。蒋介石发出"已克复的各省一致实行清党"的密令，上海的形势骤变。

坐镇现场，指挥政变留恶名

最黑暗的时刻是在黎明前，最安静的时刻往往是在骤雨前。4月11日，上海并没有表现出什么异样，与前几日的复杂与喧闹相比，似乎显得有些清静。但是，当时的共产党领导人并没有想到，这已是国共合作的最后时刻。

次日凌晨，停泊在上海高昌庙的军舰上空升起了信号，早已准备好的全副武装的青红帮、特务约数百人，身着蓝色短裤，臂缠白布黑"工"字袖标，从法租界乘多辆汽车分散四出。从1时到5时，先后在闸北、南市、沪西、吴淞、虹口等区，袭击工人纠察队。工人纠察队仓促抵抗，双方发生激战。国民革命军第二十六军（蒋介石收编的孙传芳旧部）开来，以调解"工人内讧"为名，强行收缴枪械。上海两千七百多名武装工人纠察队被解除武装。工人纠察队牺牲一百二十余人，受伤一百八十人。当天上午，上海总工会会所和各区工人纠察队驻所均被占领。在租界和华界内，外国军警搜捕共产党员和工人一千余人，交给蒋介石的军警。

事件发生后，白崇禧、周凤岐以淞沪戒严司令、副司令的名义，发布通电布告，以掩人耳目，混淆视听。以下是12日发表的两则通电：

各报馆鉴：

本早上海工人纠察队发生械斗，当此戒严之际，且前方军事正在递行，本司令官等为巩固后方安宁秩序起见，不得不严行制止，已将该肇事工友武装一律解除，并派员与上海总工会妥商善后办法，谨此奉闻。

上海戒严司令官白崇禧，副司令官周凤岐同叩

各报馆均鉴：

本早闻此武装工友大肆械斗，崇禧为维持地方安宁秩序起见，不得不严行制止，除派部队将双方肇事工友武装一律解散，并派员与上海总工会妥商善后办法，谨特奉闻。

白崇禧叩

白崇禧很清楚，上海工人阶级不会任凭他们愚弄和镇压，一定会反抗。于是白崇禧、陈群等又使用另一手，禁止工人阶级反抗，他们发布布告，严禁工人阶级罢工。布告全文如下：

国民革命军东路军前敌总指挥部
兼淞沪戒严司令部布告，第二号

为布告事：现值戒严期间，地方治安亟应维持。闻有不肖奸徒，受舌贿买，煽惑罢工，希图扰乱，殊堪痛恨。深望各工友明白大义，勿中奸谋，如敢故违，即系甘心破坏国民革命，自弃于中国国民党之外。本总司令年维持地方治安之责，定即按照戒严条例严惩不贷，特此布告。

中华民国十六年四月十二日
戒严司令官白崇禧，戒严副司令官周凤岐

与此同时，东路军前敌总指挥部政治部主任陈群也发出通告：

闻有地痞流氓受敌贿买，潜伏工界以内，愚弄工友，煽惑罢工，希图扰乱后方，破坏国民革命……深望各工友明白大义，勿为敌人所愚。如果不问是非，妄行举动，即系违反革命，自弃于中国国民党之外。

白崇禧等人的这些通电，俨然是以调解工人"内讧"的面目出现。这种行为恰恰表现出他们对于共产党与工人力量的畏惧，但不可否认，他们的这种行为也继续迷惑着共产国际和陈独秀。

13日下午，第二十六军第一师师长伍文渊对《新闻报》记者透露："接奉总指挥密令，以蒋总司令迭据密报，有人假借工会名义，欲冲入租界，扰乱秩序，殊与地方治安有关，嘱令将激烈分子，从速缴械，以免扰乱。"

浦东特务营营长周济民也于14日贴出布告称："案奉总指挥白令开'淞沪一带查有反动分子，受敌贿买，煽惑捣乱；着将民间所有枪支，一律收缴，以遏乱萌'等因。"

可见，缴工人纠察队的枪械，完全是白崇禧事先就下了命令的，而不是像白声称的那样是为调停工人"内讧"而不得不采取的行动。而所谓工人"内讧"，也是这位"小诸葛"策划并导演的闹剧。

这次以"内讧"形式发生的政变，打乱了上海工人群众界的许多既定部署。但是由于对事件的性质和实质认识不足，工人们以正常的方式表达对于"内讧"的不满态度。

12日上午，原定于南市西门公共体育场举行的上海市民迎汪复职大会也改变主题，由主席团宣布立即去龙华向白崇禧请愿。五十万与会群众即整队前往龙华，并推举代表，提出请愿条件：请白总指挥尊重民意，立即恢复工人武装，保护上海总工会等。代表进去谈判后，数十万群众鹄立门外达三个小时之久，虽然大雨把衣服全打湿了，但群众全无退让。白崇禧见群情激愤，便借口公务繁忙，拒不见代表，改派总指挥部秘书主任潘宜之接见。迫于门外数十万群众的压力，潘宜之答应了代表提出的部分要求。但这只是白崇禧施展的缓兵之计，欺骗群众散去。而更大规模的屠杀行动正在密谋着。

13 日上午，上海总工会发表总同盟罢工宣言，"宣告全上海总同盟罢工，以为抵抗"。上海罢工工人随即前往在闸北区青云路广场举行大会，虽然白崇禧等借口"戒严期内禁止集会游行"，派军队沿途布岗堵截，使沪东、沪西、南市等地工人群众不易通过前来开会，但仍有六万余人到会。会议主席王炎报告当时局势说：新军阀和帝国主义者，缴我们工人枪械，杀我们工人，我们的委员长汪寿华也被新军阀杀死。现在奉鲁军阀还未打倒，英帝国主义更加紧向我们进攻，驻在上海之所谓革命军，不但不帮助工人奋斗，反演成空前未有的屠杀，实令人心痛。王炎的讲话激起在场工人群众的悲愤，很多人顿时痛哭失声。在一片悲愤声中，大会通过以下决议：

　　一、收回工人的武装；

　　二、惩办破坏工会的长官；

　　三、抚恤死难工人的家属；

　　四、向租界帝国主义者提极严重的抗议；

　　五、通电中央政府，并通电全国全世界起来援助；

　　六、保护上海总工会；

　　七、呼口号：打倒新军阀！为一切死难工友复仇！为委员长复仇！收回工人武装！严办肇事军事长官！拥护总工会！拥护武汉国民政府！

　　大会在下午 1 时散会，工人群众即整队游行，赴宝山路第二十六军第二师司令部请愿，要求立即释放被捕的工人，交还纠察队枪械。游行队伍长达一公里，行至宝山路三德里附近时，埋伏在里弄内的第二师士兵突然奔出，向群众开枪扫射，当场打死一百多人，伤者不知其数。宝山路上一时血流成河。

　　白崇禧、周凤岐等在遵照蒋介石的密令制造了这起空前恐怖的大屠杀后，为掩盖其刽子手的嘴脸，竭力造谣诬蔑工人。当天，白、周发出布告，谎称："本日下午两千余人，假要求恢复工人武装为名，冲入二十六军军部。当经守卫部队捕获八十余人，内有四十余人皆系直鲁联军余党，并搜出符号，证据确凿，显系反动分子通敌谋乱，破坏国民革命，扰害地方公安。"

14 日，反动军队将以前俘获的直鲁联军俘虏数十人押街游行，前导大旗上写着"上海总工会通敌证据确实"，"总工会是直鲁联军的机关"，并称昨日的大屠杀，实由工人勾结直鲁联军，图攻司令部，兵士不得不出于"自卫"之行动。

但反动派此举明显是欲盖弥彰，上海总工会怎么会同坚决反共的，并被工人武装赶出上海的直鲁联军勾结呢？据当日上海《申报》透露：

> 13 日上午 9 时，该报记者在第二十六军第二师司令部门口见到三辆汽车到来，来者系总务处特务人员，由二师参谋长祝绍周延见。来人述："系奉总指挥部命令洽商解决上海总工会事，并谓总工会在此军事紧急时间，不遵戒严法令，集会游行，并公然登载广告侮辱革命军，其间显系另有作用，应由贵师即行派队制止，勿任游行。"

祝绍周也说："已奉到总指挥部命令，着即严行制止。"由此可见，13 日宝山路大屠杀完全是白崇禧等事先预谋好的，目的是制止游行集会，打击总工会，根本不是白氏事后声称的因总工会勾结直鲁联军进攻军队，不得已采取的"自卫"行动。

在大肆屠杀工人群众的同时，13 日，白崇禧还派两个连前往湖州会馆总工会会所，并驻扎下来，监视总工会的活动。下午 3 时，蒋介石指使其青红帮门徒组成的"上海工界联合总会"，派出大批流氓打手来到湖州会馆，殴打并赶走了所有总工会职员，并在军队协助下，封锁会馆外围。同时，反动军队还重新占领了工人纠察队总指挥处。

14 日，白崇禧又命令总指挥部大队长王端华率兵赴上海特别市临时市政府办公处，声称："白总指挥以市政府组织人员中，混有共产分子，本日特奉白总指挥之命令，将市政府封闭，停止其工作，并逮捕职员，以待研讯。"同时，白还派人接收了上海特别市党部、上海学生联合会、上海市各界妇女联合会等进步机关，查封了上海总工会的机关报

《平民日报》，并大肆搜捕共产党人及革命群众。

"四一二"政变欠下累累血债。据不完全统计，在"四一二"反革命政变后的三天里，上海共产党员和革命群众被杀者三百多人，被捕者五百多人，失踪者五千多人，优秀共产党员汪寿华、陈延年、赵世炎等光荣牺牲。

上海"四一二"政变发生以后，其他地方的右派也纷纷举起屠刀。坐镇广州的国民革命军总参谋长、第八路军总指挥李济深指挥了广东地区的"四一五"反革命政变。反动军队分路进攻共产党机关及革命工会、革命农民组织，解除黄埔军校和省港罢工委员会的武装，搜查和封闭中华全国总工会广州办事处、省港罢工委员会、广州工人代表会、铁路工会、海员工会以及其他革命团体。据统计，被封闭的革命机关、团体有二百余处，被捕的共产党员和革命群众达五千多人，被秘密枪杀的有一百多人，被驱逐的铁路工人有两千多人。著名共产党人萧楚女、熊雄、刘尔崧、邓培、毕磊、李启汉等被害。这就是李济深等在广州发动的"四一五"反革命大屠杀。接着，在汕头以及全省各地均发动大逮捕、大屠杀，实行白色恐怖。

广西方面，在上海发动反革命政变的同一天，由李、黄、白共同决策，黄绍竑直接指挥的广西"清党"运动也开始了。广西"清党"临时委员会派出大批军警，在南宁等地大肆搜捕国民党左派、中共党员和革命人士。仅在南宁一地，遭到逮捕的就有：国民党广西省党部委员梁六度、雷沛涛（共产党员）、周锡桓、雷天壮、陈立亚、周仲武，国民党南宁市党部委员冯萌西、邓哲（共产党员），南宁市总工会委员梁西园，《革命之花》编辑高孤雁（共产党员），农民运动讲习所考官张胆、莫大，省一中教员罗如川、周国杰以及进步学生数十人。另外，被捕的农民运动讲习所学员、各级工会会员等，数量之多无法计数。同时，在桂林、柳州、梧州等地，也有大批革命人士遭到逮捕。广西"清党"一直持续到8月底，有不少被捕者被分批杀害。

在"四一二"事件中，桂系充当了先锋，白崇禧充当了首席执行者的角色，这一事件是蒋桂合作的继续，也标志着蒋白关系达到"蜜月"阶段。

对于白崇禧乃至于新桂系在 1927 年一系列反革命政变过程中所起的作用，新桂系头面人物一直将其当成他们的"功劳"而引以为自负自傲的资本。

例如，广西《南宁民国日报》的一篇社评就说：

  ……当着总理去世以后，革命扩大之时期，国共合作破裂的危险日益加深，共产党破坏国民党的工作日益紧张起来，在民十六年下半年，情势更不堪问，共产党篡夺国民党的危险已经到了千钧一发的时候了。但是在这样危险的时期中，国民党中任何人都不敢对共产党加以制裁，当时只有本省的第四集团军的李、白总副司令，特别是白副总司令，挺身而出，做此挽救国民党于危亡的工作，终于在民十六年 4 月 12 日在上海首先发动反共的战争，结果是取得了伟大的胜利，这种胜利终于把已经危险万状的国民党救了出来。所以，国民党的生命之挽救，照过去的事实看来，第四集团军的劳绩是不小的。对于这点，任何人都不能忘记。

第六章　借力使力首驱蒋

基于私利而非大义的合作注定不会长久，二期北伐使白蒋合作破裂，李宗仁、白崇禧借力驱蒋，并借机大力扩张桂系。经过几番征战，桂系呈现一派"繁盛"景象。

二期北伐，诸事不顺遭败绩

通过清党和"四一二"政变，蒋介石领导的国民党右派蜕变为大地主大资产阶级的代表，国民革命军也由真正的革命军变成反动的类军阀性质的军队，战斗力随之趋弱。二期北伐再也没有一期北伐的那种如虹的气势。

一期北伐击溃了北洋军阀的主力，但是军阀势力仍溃而不败，依然保持着影响力。当时南京方面最接近之敌人，在江北有孙传芳，在皖北有张宗昌、褚玉璞。孙号称有十一个师一个混成旅，总数约五万人；张宗昌之直鲁军号称十一个军、两个师、一个旅；褚玉璞号称四个师，五个旅，张褚之军队虽多数只有番号，但合计不会少于十万人。是时，奉军已入关，对南京也是一大威胁。在第二路军渡江北伐之前，蒋介石曾有一计划，准备分四路实施第二次北伐：

第一路：以已渡江北上在津浦路作战之原江右军程潜、鲁涤平等部为第一路军，沿铁路北进。

第二路：以已在皖北之原江左军李宗仁、陈调元等部为第二路军，由皖北指向陇海路西段包围徐州。

91

第三路：以武汉唐生智及刘佐龙部为第三路军，由旧京汉路北上。

第四路：以何应钦所率之原东路军部队为第四路军，由镇江渡江攻淮阴直出海州、陇海路东段。

这个计划还未实现，宁汉两方即告破裂。预定的第三路军唐生智等部已成同舟之敌，第一路军之程潜、鲁涤平两部，也放弃前进计划而投向武汉。

四路北伐之计划因唐生智与程潜之转向武汉政府而受挫，蒋介石决定改变北伐部署，缩减战斗序列为三路：

第一路总指挥何应钦，下辖第一军、第十八军（由杨杰第六军编）、第十四军（赖世璜）、第十七军（曹万顺）、第二十六军（周凤岐）、第十军（王天培）及第三十一军（李明扬）。

第二路总指挥蒋介石自兼，由白崇禧代理，前敌总指挥陈调元，下辖三十三军（柏文蔚）、三十七军（陈调元）、二十七军（夏斗寅），新编第十军以及暂编第十一军。

第三路总指挥李宗仁，下辖第七军（夏威）、十九军（军长胡宗铎，由刘佐龙之第十五军改编）、四十军（毛炳文，由湘军第一师贺耀祖部扩编），以及叶开鑫之四十四军。

第一路军由镇江、扬州，沿运河向宝应、淮阴压迫孙传芳部，孙部节节后退。第一路占领涟水、海州、茗县等地。

第二路分三个纵队渡江。第一纵队指挥官贺耀祖率领第四十军由南京之大胜关渡江至津浦路西侧之汤泉、乌江镇等地，向张宗昌进击。第二纵队指挥官杨杰率领第一军之第一、第三两师及第六军（欠第十九师）由乌江镇戒守在涂县，与第一纵队合师后占领八张岭。第三纵队指挥官陈调元率领第三十七军，出东西梁山，经和县移向津浦路。

第三路军由皖北，经蚌埠、宿县等地指向徐州。

三路大军按着各自的路线向前进发。白崇禧指挥第二路军往山东方向进军。前期进展非常顺利，6月24日第二路军就肃清外围，抵达临沂外围，目标直指郯城、红花埠、宁宜等地。宁宜城坚防固，守将方永昌意志更坚，发誓与城同存亡，城内屯粮丰富并准备了各种燃料以防白崇禧军偷袭。当时正好是多雨季节，攻城益发艰苦，白崇禧调三十七军之野炮队前来参战，因道路泥泞湿滑，马队无法运炮，不得不征集附近农家之水牛，经千辛万苦，才将野炮运至宁宜城附近。随即以炮轰方式，力求将城墙轰塌，但是打光所有的炮弹后仍未达到效果。

正值苦攻不下之际，白崇禧接到蒋介石电报，命留少许部队监视宁宜，其余回师，会攻徐州。

白崇禧率部队往相反方向行军，行至徐州东侧八义集附近，白军就遭到袭击，对方数量很大，火力很猛，而徐州城却听不到枪炮声。

白崇禧陷入迷惑中，推断当时可能的情况有两种：第一，国民革命军已入徐州，但是守军不应该愈打愈多；第二，国民革命军可能已撤退，但是总司令部并未给指令。白崇禧军就这样与对方相持两天。第三天，第二路参谋长兼上海市长张定璠转来总部撤退命令。

奉命后，白崇禧率部急撤。为了节约时间，白崇禧不顾白昼撤退之危险性，令部队沿运河两岸往南退。部队路经骆马湖、宿迁等地，遇土匪骚扰，白崇禧命令部队，只要无人员伤亡，勿予理会。

第二路军撤回江南，第一路军也相继沿运河向江南撤。第二次北伐失利。

"四一二"政变之后，国民政府出现宁汉分裂局面，双方都以正统自居，都掌握着一定的党政军资源。武汉的汪精卫一面以半公开的方式进行"排共"，一面进行公开的讨蒋行动。

6月下旬，武汉国民政府开始实施"东征讨蒋"计划。以唐生智的第一方面军沿江左，张发奎的第二方面军沿江右，挥戈东指，双管齐下。李宗仁部攻克临城时，张发奎部已下达九江，唐生智则东抵黄梅。蒋介石见事急，遂调李宗仁的第七军回师芜湖，以巩固南京后方。

李宗仁军刚刚南撤，张宗昌敌军就开始反攻。滕县、临城、韩庄、台儿庄先后失守。蒋介石从南京电白崇禧云："如不克复临城，则徐州失守，希将进攻临沂军力，移来支援第三路军。"白崇禧于7月7日晚撤临沂诱敌出城，而派第四十四军和第十七师援津浦路，7月11日到达，即与第十、第四十、第三十三各军合克韩庄。12日，第十军攻复临城，第四十军连续收复台儿庄、峄县、枣庄。白崇禧以为津浦路方面平安无事了，再出兵围攻临沂，不料这座城墙高而且厚，久攻不下。

在白崇禧围攻临沂期间，武汉的汪精卫于 7 月 15 日发动政变，正式与共产党决裂。

7 月 21 日，白崇禧得蒋介石电：解围南下，临城 20 日失守。7 月 25 日，直鲁联军逼徐州，蒋介石率贺耀祖军赴前线督师，想在徐州打一胜仗，之后再来和缓武汉方面。这个时候，主力部队已经悉数撤离，留在前方作战的第十军王天培部，虽浴血奋战，仍得惨败结局。蒋介石则在陈诚等人护送下，由蚌埠仓皇逃回南京。

多方联手，借势使力初驱蒋

连吃败仗，背面的军阀虎视眈眈，西面的汪精卫开始东征，蒋介石感到心力交瘁。

8 月 7 日，他在南京总司令部召李宗仁、何应钦、白崇禧举行两天的秘密会议，检讨当前的军事形势及和战问题。

第一次渡江北伐后期，军政情况瞬息万变：针对武汉东征，冯玉祥于 7 月 26 日发出通电，建议宁汉双方的国民党中央委员在开封举行会议，解决党内纠纷。当时冯氏显然以调解人自居，事实上他打着如意算盘，在宁汉之间，颇有坐山观虎斗的味道。据传，他曾提出汪、蒋同时退步之说，此一传闻无论真假，都对白崇禧和李宗仁后来的逼宫起了催化作用。

奉汪精卫命东征的张发奎的第二方面军，以二十四师叶挺为前锋，先占领九江、湖口，掩护大军集中。待各军集中完毕，张发奎令叶挺率蔡廷锴师及贺龙部占领南昌。7 月 28 日夜，汪精卫从武汉到九汪，与张发奎、黄琪翔在庐山开军事会议。决定仍分两路由皖南、浙南向南京攻击前进。但到 8 月 1 日，中国共产党在周恩来、朱德等人领导下，发动了南昌起义，从此第二方面军分裂为三部分：叶挺、贺龙两部组成的起义军由江西经闽南转入潮汕；黄琪翔的第四军由赣州、韶关开回广州；蔡廷锴师则去福建跟他的老长官陈铭枢去了。这一路对南京的威胁遂告消除。

另一路由唐生智率领，仍从鄂东向安徽挺进。何键的第三十五军占领了安庆，刘兴的第三十六军沿江东下，有向芜湖进驻模样。李宗仁为避免冲突，将第七军转移到当涂。看来唐生智的东进是南京当前的主要危险。

李宗仁在会上介绍了上面情况，他认为："南京目前两面受敌，必须接纳冯焕章的调停，和缓武汉方面，俾能集中兵力来对付长江北岸的敌人。"蒋介石对李宗仁的意见，沉思片刻，只说："嗯，嗯，这个……这个……"最后从他的嘴里非常困难地吐出这两句话："如果你们一定要和的话，那我就必须走开！"

蒋介石本以为白崇禧等人会明白自己的意思，令他万万没想到的是，白崇禧紧跟着说出了一句让他痛心，并使他从此不再真心相信白的一句话。

白崇禧说："总司令能离开一下也好，等到我们渡过目前难关后，再请总司令回来行使职权。"蒋介石听了勃然变色，他几乎不相信自己的耳朵，白崇禧是他一手提拔的人，居然在困难时刻要他下野，是可忍，孰不可忍！

蒋介石想看看何应钦的态度，目光扫视了一下何。但是何却把头低下来，不吭一声。十分明显，何应钦这几个月来同白崇禧合作得很好，现在他们联合起来对他施加压力了。蒋蓦地站起，说："好！好！就这样吧！"会议不欢而散。

第二天，即8月8日，李宗仁、何应钦、白崇禧拿着一纸电稿来给蒋介石看，这是答复冯玉祥于7月26日来电所提的调停建议，表示："对武汉以前之容共，完全谅解。对今后党政，只有整个之善后，并无两派之争执，以开第四次中央执行委员全体会议而促第三次全国代表大会之进行为宜；对军事主张李济深坐镇南京，唐生智肃清上游，蒋中正、冯玉祥、阎锡山直捣幽燕。"李宗仁、何应钦、白崇禧等主张此电由蒋介石领衔发出，但蒋氏竟签名在他们之后。从这件事上，蒋感到自己面临着严重的权力危机。

8月11日，冯玉祥电复李宗仁、胡汉民等，谓：在国民党执监会议开会前，可否举行一预备会？如蒙同意，建议以安庆为开会地点。12

日，李宗仁等复电冯玉祥，赞成安庆会议之举。请冯决定会期并届时莅会。蒋介石也签名此电，但即日离京去上海，实行下野。行前将第十军军长王天培枪决，说他应对徐州失守负责。同时发表了下野通电，申明：一、他反共的经过；二、希望宁汉合作；三、并力北伐，彻底清党。

蒋介石到上海后，寓居在上海市长、他的拜把兄弟黄郛家中，对军事、政治做了一些部署，随即返回溪口老家，稍停即东渡日本去了。

新闻记者说："宁汉互哄，李、白拆台，使蒋介石不能不出于弃兵下野之途。"宁方北伐军此次在苏皖的大溃败，使蒋介石这位总司令的处境更是雪上加霜。

蒋介石的下野让国民党感到突然，胡汉民、吴稚晖等人认为冯玉祥应负主要责任，所以他们到上海后，曾给冯玉祥一电，声明取消安庆之行，各为故里之游。并对冯说："一柱擎天，唯有公焉!"言语中的冷嘲热讽之意显而易见。

蒋介石却不是这样认为，他指责李宗仁、白崇禧对他施加压力，所以不得不下野。

桂系这次逼蒋下野，形式很缓和，手段很高明，堪称不逼之逼。李、白之所以逼蒋，有着复杂的因素。蒋桂之间矛盾由来已久。国民革命军整编，蒋介石实行矮化桂系的政策，仅仅给了一个军的编制，引发新桂系对蒋的不满。在财政问题上，广西是个穷省，希望财政统一，得到广东的支持。但广东政府迟迟不同意财政统一，作为广东政府重要领导人的蒋介石对此问题也持暧昧态度，更增添了李、白、黄等对蒋氏的不满。

北伐战争发动后，第七军的军费仍然是由广西负担，直到该军进入江西作战时，才由中央统一负担。此时集党政军民财大权于一身的是蒋介石，桂系首脑们不能不把怨恨记在蒋介石身上。蒋介石其人褊狭，师心自用，在军饷及武器装备等问题上常对其嫡系第一军照顾有加，对其他各军则漠不关心。桂系参加革命阵营，参加北伐，本就是为发展其集团的势力，蒋介石这么做，必然会引起他们之间的利益冲突。江西战场胜利后，第七军曾于12月发生过一次闹饷事件，就是这种矛盾和冲突的反映。

在部队编制问题上，唐生智的第八军在攻克两湖后，实力迅速膨胀，提出了扩编为四个军的要求。蒋介石因其嫡系第一军也在大力扩充实力，无辞驳回唐生智的要求，只能同意。此后，第四军、第三军也先后扩编为两个军，而战功比他们还要显赫的"钢军"第七军却始终没有扩编。这种情况使李、白等人尤为不满，并发展到对蒋氏的怨恨，最后导致了逼蒋。

蒋介石酝酿"清党"反共时，其嫡系第一军内部不稳，是李宗仁、白崇禧将第七军布置在芜湖及南京外围，白崇禧还亲自坐镇上海指挥"清共"。可以说，桂系的支持是蒋介石得以完成其政变最重要的保证。这也使得李宗仁、白崇禧在南京方面身价倍增。在蒋介石第二期北伐时，李宗仁、白崇禧分别独当一面，率领三路北伐军中的两路，所向披靡，直捣鲁南。只是由于蒋介石指挥失误，进退失据，既要调重兵南下，又不愿放弃徐州，企图投机取巧，才导致了徐州战败、丧师失地的结局。这使得蒋介石的威望受到严重挫折，各军将领对蒋普遍轻视，对蒋领导下的南京国民政府持悲观态度，许多将领暗中同武汉方面私下接触。

相较而言，李宗仁、白崇禧的威望得以提高。李、白由此产生了同蒋介石一争高下，企图取蒋而代之的念头。蒋介石在兵败之后，为维持其总司令的威信，将战败责任推给第三路军前敌总指挥、第十军军长王天培。8月9日，王天培被蒋下令扣押，后来扣上擅自退却、勾结唐生智等罪名予以枪决。此举不仅使众将领寒心，尤其使李宗仁、白崇禧警觉，蒋介石如此不择手段地对付非嫡系势力，这对桂系绝非福音。为先发制人，李宗仁、白崇禧决定利用蒋介石处境困难、自己身价高涨之时进行逼宫。

8月12日，即李、白在会上逼蒋下野的同一天，白崇禧致电唐生智、张发奎，声称："讨蒋事已设法解决，一二日内可以达到目的。"这封电报清楚地表明，李、白参与了逼蒋下野，而不是后来他们极力辩解的没有逼宫之事。

纵横捭阖，桂系企图揽全权

蒋介石下野后，蔡元培、李烈钧成为南京城内为数不多的国民党元老。8月15日，由李烈钧主持召开了一次军委、党务联席会议，程潜也应邀参加，程潜、李宗仁先后发言，决定促成宁、汉、沪（西山会议派）三方合作，统一党权，并请武汉各同志来南京。

军事上由军委会处理，实际上军委会由李、何、白三人负责，一切命令由军务会副署发布。当时军委会通令各军："此次蒋总司令辞职，中央已议决挽留，在蒋总司令未回任以前，一切军政军令即由本委员会负责处理，各部队仍隶本委员会统一指挥，应努力革命工作，胜利终属吾党，此后无论何部调遣悉听本委员会命令，不得擅自移动。"同时还下达一道防守命令：

第一，南侵之敌人，孙传芳所部之先头部队，于津浦路方面已到达浦口，于运河方面已逾宝应。西侵之敌人为张宗昌之部队，与国民党革命军鹿钟麟之步兵及郑大章之骑兵在砀山、巨野等处接触。

第二，我为得时间之余裕，以便联合革命军全体势力及西北军北方军一致出师，大举北伐起见，拟暂利用长江天堑扼要防守。

第三，防御部署：

第一路军担任乌龙山（不含）以东长江下游一带之防务。

第二路军除以第三十三军担任合肥六安间之防务外，其余名军应担任东西梁山（不含）以西长江上游之防务，但第三十七军应位置于芜湖。

第三路军，应担任乌龙山以西，东西梁山以东（均含该地）长江中段之防务，著以第四十军先位置于含山、和县，然后向当涂采石镇移动。第四十四军位置于慈湖镇及铜井镇等处扼要防守。

海军除以主力任南京江阴间之警戒外，应各以一部游弋长江上下游严密警戒。航空队侦察长江以北之敌情为主。

8月19日，国民政府军事委员会任命白崇禧为淞沪卫戍司令，白即日在上海就职，并以他的参谋长张定璠接替黄郛为上海市长。白崇禧为了寻求上海财界人士的支持，于18日下午在上海交涉署邀请各界知名人士开茶话会，到会的有周凤岐、郭泰祺、虞洽卿等百余人。白崇禧在会上报告了当前军事政治形势，强调目前局面稳定，请上海商界帮助解决财政困难。虞洽卿说："只要政府采取有利于商界发展的措施，则财政问题不难解决。"最后要求宁汉妥协，共同对敌。

8月22日，李宗仁到九江，与武汉方面的汪精卫、谭延闿、孙科、陈公博、唐生智等举行庐山会议，李请汪等到南京共商团结办法，汪推谭延闿、孙科先行。

两天后的24日，李宗仁偕谭延闿和孙科乘"决川舰"返南京，到大胜关江面，正好碰上孙传芳敌军从江北渡江南犯，有的敌兵攀登"决川舰"。谭延闿素称"神枪手"，把左右警卫的驳壳枪抢过来，即向敌军扫射，宛如秋风扫落叶那样，刹那间把附舰敌人肃清了。恰巧陈调元的部队乘专轮上驶，协力把渡江的孙军击退了。

当晚李宗仁到南京，把谭延闿、孙科安顿好以后，立刻去斗鸡闸找何应钦，将庐山会议情况告诉后者，并且说："孙传芳在左翼方面可能系佯攻，我们应当注意右翼方面的防御，因为当时第一军都驻在宁沪线上，而第七军则在南京近郊。"

果然不出李宗仁所料，8月25日拂晓，长江晨雾迷漫，孙传芳的主力大军就在大河口、划子口渡江，占领乌龙山炮台、青龙山、黄龙山及南京城郊尧化门外的龙潭车站，这样就切断了沪宁路的交通，使第一军不能首尾相顾。那时何应钦还在南京城内，势不能指挥龙潭以东的所属部队，第一、第七两军仓皇应战，处境危殆。

真是巧得很，蒋介石下野后，南京军费吃紧，白崇禧在上海向商界筹得了六十万元，于8月25日乘沪宁路火车去南京，到无锡时接到报告，说是孙传芳军乘夜破坏铁路，在前面开行的快车倾覆了。白崇禧为了确保安全，开一铁甲车做前导。到奔牛镇，这铁甲车也翻了。白知事态严重，回无锡车站打电话给第一军第十四师师长卫立煌。

卫立煌说："孙传芳已占领了龙潭，敌军现正由金山焦山乘船渡江，刻正堵截中。"因此，卫立煌要求白崇禧迅速调兵援助。

白崇禧于是在无锡设立指挥所，把可能集中的通信器材凑合起来建成一个交通网，就近指挥第一军的第二师和第三师以及第十四军，沿沪宁路从东面进攻。同时，白崇禧打电话给海军总司令杨树庄，要他派舰队守渡江口。杨氏派"通济舰"到镇江候命，白崇禧令政治部主任潘宜之带一排宪兵上该舰开到龙潭附近江面作战。

"通济舰"开炮轰击渡江孙军，其他各舰也协同炮击，时英舰沿江上驶，它本来是要协助孙传芳军的，不意它忽被远来的炮弹击中，它以为革命军已经占领龙潭车站上面的顶峰了，于是开炮猛轰黄龙山，欲助孙军一臂之力。时适第七军仰攻黄龙山，久未得手，乘势一拥而上，遂夺回黄龙山炮台。这真是得自天助，非人力所能及也。

白崇禧在镇江指挥，见第一军第二师师长刘峙因碰车受伤，他还是同何竞武到前方指挥作战。之后，白崇禧去夏蜀山，压阵督战，见第五十八独立团从前线退下来，白崇禧找到了该团团长桂永清，告以夏蜀山地势重要，要他回去坚守阵地，桂氏遵命照办。之后桂永清当参谋总长，还对白崇禧谈起此事，认为这是值得回忆的一桩事。

龙潭战役进展到8月31日，经过六日的激烈战斗，孙传芳军因受海军的拦截炮击，而黄龙山、乌龙山炮台亦先后被第一、第七两军克复，后路断绝，最终失败。是日下午，白崇禧率刘峙、卫立煌两师占领龙潭士敏土厂，白氏就在那里遇到了何应钦，在危难之后见到战友，感到特别亲切。

9月1日，白崇禧的淞沪卫戍司令部发表最后捷报称，孙传芳军主力全部覆灭。南京遂定。

白崇禧后来回忆龙潭之役，自谦称："实在没有什么了不起之战略、战术，只是尽量抽调后来之兵使之开赴前线拼命，全是打硬仗，所凭借的又是士气而已。"

孙传芳渡江之前，曾有万全之准备，他在江北利用密布如网之运河支流，操演船只。孙传芳认为过去在福建、江西、浙江之挫折，悉因缺乏破釜沉舟之决心，所以龙潭之役他不但亲至士敏土厂督战，凡运兵完毕之船只一律调回长江北岸由大刀队看管，颇有济河楚舟背水一战之壮志。因此，龙潭之役后，孙本人固然逃回江北，其部属几乎全被俘虏，不过孙部被俘之高级干部，于押运至南京途中，逃脱不少。

龙潭之役前，白崇禧方曾截获敌人准备渡江之情报。白崇禧方当时之策略是采取后退配备，第一线沿江布置少许部队，主力控制后方机动地点，若敌人果然敢渡江，准备半渡而击之。不过海军初期之态度，确出乎我们预料之外，以致孙部能迅速渡江。

总观龙潭之战，孙传芳利用了最有利之时机——蒋介石下野，唐生智有二心，革命军徐州受挫。他选择大河口、划子口等地渡江也是最有利之地点。划子口对岸便是栖霞山、乌龙山炮台。占领该等山地，一则可以掩护登陆部队，二则可以威胁南京。南京一旦被占，革命军之政治力量将被瓦解。而且京沪铁路以东之地区，田坎皆为南北方向，登陆部队即可用作天然进攻之掩体。

龙潭之役，孙传芳既得绝好之机会，何以会失败呢？白崇禧后来分析：孙之失败不是指挥错误，也不是战斗力不强，主要原因有三：

一、参加龙潭之役之革命军以一、七两军为主。一、七两军部是国民革命军之主力，对三民主义有信仰，有信仰便有力量。

二、白崇禧由沪回宁，在无锡指挥第一路军，与何应钦无形中造成夹攻形势。

三、孙部渡江后，渡口被革命军所抄袭，后援不继，加以海军态度明朗，孙部之补给可以说完全断绝。反之，沪宁之间补给方便。双方经六昼夜之苦战，有无补给自然成为决定胜负之重要因素。

是役，双方死伤很重，白崇禧与何应钦在士敏土厂会师后，肃清残敌，清理战场。当时双方真是尸横遍野、骸骨盈野。发动士敏土厂工人及红十字会收尸，结果收不胜收。据说半年之内，火车经过龙潭，尸臭仍然逼人。抗战胜利还都后，民国三十六年，白崇禧在"国防部长"任内，为纪念龙潭战役之阵亡将士，特令本部工兵署副署长黄显灏设计建筑会师亭于龙潭之山上，并为文以记其事，刻石以志念。落成以后，还请何上将约同当年参与龙潭战役之将领到会师亭向烈士默哀致敬。

龙潭战役奠定了南京国民政府的基业，也成了显赫一时的五省联帅孙传芳从此一蹶不振，变成光杆司令的转折点。不少国民党元老对此役印象犹深，于右任曾写一联："东南一战无余敌，党国千年重此辞。"

谭延闿亲自赠对联赞颂白崇禧："指挥能事回天地，学语小儿知姓名。"

讨唐征湘，巧计妙施得两湖

龙潭战役后，来自北面军阀的直接威胁基本解除，武汉方向的唐生智成为李、白的最大威胁。他们决定先发制人，10月18日，程潜、陈调元两部向驻在宣城的唐部刘兴第三十六军发起了进攻，由此拉开了桂唐战争的序幕。唐在分析战争形势后认为自身战线太长，所以决定实行策略性收缩。刘兴稍做抵抗即遵令后撤。接着，何键第三十五军也相继退出安庆、芜湖向西转移。

10月19日，南京政府正式决定讨伐唐生智。20日，南京特委会决议开除唐生智党籍，解除其一切职务，并颁布了《中国国民党为讨伐唐生智告湘鄂民众书》，指出唐氏如下罪状："视党部为传舍，以主义为玩物"，"将安徽视为征服地"，"以重兵屯扎安庆、芜湖，威逼首都，勾结孙传芳，入侵南京"，等等。同日，军委会下达"讨唐令"，由李宗仁亲自挂帅成立了"西征军"，其编制如下：

西征军总指挥李宗仁。

第三路总指挥李宗仁（兼）。

第七军军长夏威。

第十九军军长胡宗铎。

第三十七军军长陈调元。

第四路总指挥程潜。

第六军军长程潜（兼）。

第十三军军长陈嘉祐。

第四十四军军长叶开鑫。

第五路总指挥朱培德。

第三军军长王钧。

第九军军长金汉鼎。

航空队司令官张静愚、曹宝清（副）。

第二舰队司令陈绍宽。

李宗仁的战略部署是：以白崇禧为前敌总指挥率第三路沿长江北岸西进；以程潜率第四路沿长江南岸西进；以朱培德率第五路驻湖口、九江，扼汉、皖通道负责截击，并相机沿萍汉路进攻长沙。

南京发出讨唐令，立即得到两广的呼应。10月22日，李济深、黄绍竑致电李、白，坚决支持讨唐，并表示可遵令派军入湘作战。两广之外，北方冯玉祥也于24日致电南京支持讨唐，并派樊钟秀、方振武、吴新田等部向鄂北挺进。鲁涤平第二军及滇军、黔军等，也都表态支持李宗仁讨唐。当然，支持桂系的地方派别，也是各怀动机，讨唐只是扩充自己实力的借口，是否真正行动，那就要看自己能捞到多少好处了。如被李宗仁任命为"西征军"第五路总指挥的朱培德，就没有真心为桂系出力。19日，汪精卫在汉口给他的信中说："乞兄力持和平，斡旋此局，万不得已保持中立态度，弟可保证孟潇不以一兵扰及江西地面也。"为求江西地盘稳定，朱培德听从了汪的劝告，在后来的讨唐作战中态度消极，致使唐军取得撤退通道。

当桂系拼凑"西征军"的时候，唐生智也积极备战。唐军所辖为李品仙第八军、何键第三十五军、刘兴第三十六军、叶琪第十八军、高桂滋第十九军、赵振国第三十军、庞炳勋暂编第五军以及十个暂编师。针对南京20日发布的"讨唐令"，唐生智于21日发表通电宣布：南京特委会为官僚政客之集合体，而违法篡党之谋乱机关也；决心打倒此一谋乱机关，以求党国之统一。话虽是这样说的，但唐对战争局势的估计并不乐观。据唐部第三十六军军长刘兴回忆："唐原先认为蒋、桂军队经过龙潭战役之后，损失甚大，一时补充不及，认为胜算在握；初未料到谭延闿等人与桂系联合……然而既已把拳头伸出去了，又不愿自动收回来，只有等到对方真要向我们进攻时，再做撤退之计。"由此可见，桂唐战争，从一开始就是由桂系占据了主动地位。

正当唐生智一筹莫展之际，置身局外的蒋介石突然派蒋百里、黄郛秘密赴汉口见唐，向其转达蒋的意见："（唐生智）莫离开部队。能打

103

垮桂系就打，否则按兵不动，退回湖南，经济上由他（蒋介石）负责接济。"这里，蒋介石利用唐生智阻挠桂系一统天下的目的十分明确。唐生智当然清楚蒋的用心，不过，他自宁汉分裂以来一贯视蒋为仇，当然不愿为蒋所用。况且他还知道，即使打败桂系，自己的实力也会受到极大削弱，那时蒋再收拾自己，恐怕就易如反掌了。权衡再三，唐生智没有接受蒋的"好意"，倒是效仿蒋的手法，采取了以退为进的策略。

11 月 11 日，唐生智在汉口宅邸召集李品仙、何键、刘兴等商议对策，最后决定：由李、何、刘指挥全军退守湖南，唐生智则以休息为名宣布去职下野。为警戒部属勿生二心，唐还当场令人用绳勒毙了暗通宁方的第八军第一师师长张国威。当日夜，唐生智即乘日本轮船顺长江东下，到日本"休养"去了。

唐生智去后，李品仙等人于 12 日通电南京"息兵言和"。14 日，南京政府下令停战。15 日，西征军进驻武汉，南京下令解散武汉政治分会，改设湘鄂政务委员会，任命程潜为主席。

正当李、白对蒋离开后桂系的表现扬扬自得的时候，11 月 17 日，张发奎、黄琪翔等人策动的"广州事变"让李、白感到来自政治上的巨大压力。

怎奈李唐之战正在进行，军事压力更大，桂系无暇顾及对广东用兵，于是只得行政治和舆论攻势，张黄二人与新桂系爆发了大规模的舆论战。张黄二人攻击黄绍竑入粤，是企图将张黄二人之部队缴械，张黄政变实为自卫。而新桂系，李济深则声称黄绍竑所部乃合法入粤，张黄二人兵变实乃军阀行径。一时间舆论大哗。在上海举行之国民党四中全会预备会上，新桂系、李济深与汪精卫立即展开了争斗。新桂系和李济深联合反汪各派攻击汪精卫，要求先追究张黄事件之责任，再召开四中全会。而蒋介石则以"中立调停"的姿态，声称张黄事件应压后处理。在各派围攻之下，汪精卫突然抛出要求蒋介石复职之提案，意图转移视线。由于当时国民党内各派势力之政治利益难以调和，蒋介石复职为各派唯一可接受之共同点。自此，在宁汉分裂前期被迫下野的蒋介石，得以借广州张黄事变复出。

当国民党把主要精力集中于广州的时候，唐军将领李品仙、何键、刘兴等人指挥全军退守湖南，仍然保留着第四集团军及下属七军与七个独立师的番号，驻扎在长沙以北汨罗江至岳阳一线。

11月21日，李品仙、刘兴、何键等和湖南省政府代理主席周斓在长沙开会，做出几项重要决定：一、暂时保境休养，听候第四次执监会议解决；二、在长沙设第四集团军办事处，以李品仙、刘兴、何键、周斓等七人为办事委员；三、推张开琏为代理财政厅长，月筹军费七十万，并设财务委员会，推周斓等二十一人为委员。以李品仙、刘兴、何键、周斓四人组织一个联合办事处，每周开会两次，交换情况。不久，该部又进行了扩编，将省防军改编为第十七军，周斓任军长；将各独立师改编为第十八军（一说为第十二军），叶琪任军长。五个军总兵力十二万人左右，是一支相当庞大的军事力量。

同日，白崇禧专程乘军舰从上海前往武汉，与在武汉的李宗仁会晤，商讨对"广州事变"后局势变化的对策及对湘的方略。白崇禧鉴于蒋介石复职已成定局，遂向李宗仁建议，"确切控制两湖（湖南、湖北），以便紧靠两广后方，把两广两湖打成一片"。

为达到这一目的，李、白决定对唐生智部先礼后兵。

1927年11月25日，李宗仁派李品仙之弟李品芗偕袁家谱赴长沙，与李品仙、何键、刘兴等接洽和平改编。桂方提出的改编条件主要有：一、取消第四集团军名义，仍保留三个军；二、通电服从中央；三、承认程潜任湖南省政府主席，率第六军同湘。唐部保留的三个军中抽调两个军参加北伐。

在李、白看来，改编条件已经十分优厚，唐没有理由不臣服。其实，他们并不知道打唐部算盘的并不止桂系一家。复职已成定局的蒋介石当然不愿让唐部这支庞大的军队就这么落入他的对手桂系的私囊中，也急欲把唐部拉过来，以遏制桂系势力的膨胀。蒋介石前后五次派秘密使者前往湖南，开出了比桂系还要优厚的改编条件，拉拢唐部。唐部将领开会讨论后，决定拒绝桂系的和平改编要求，准备接受蒋介石改编。1928年1月2日，唐部将领发表通电，宣布取消第四集团军番号，静候国民党二届四中全会解决。

桂系见和平改编不成，决心武力解决，以除"肘腋之患"。1927年

12月19日，南京国民政府下令，派白崇禧慰劳西征军，并代表李宗仁指挥第二路军，准备必要时向广东进兵。白崇禧旋辞去淞沪卫戍总司令兼职，离沪再赴武汉，部署对湘军事。从1928年元旦起，南京政府在谭延闿等主持下实行征湘动员，正式任命白崇禧为征湘总指挥。

白崇禧到武汉时，程潜已制订了一个向湖南进兵的计划：以第三路军沿长江两岸前进，集中新堤，准备进攻临湘、岳阳一线；第四路军沿武长铁路两侧前进，集中蒲圻，经羊楼司、通城，截断长岳联系，并进攻湘阴、长沙；第五路集中于铜鼓、萍乡，准备进攻浏阳、醴陵，威胁长沙的侧背。但白崇禧却对此计划提出了异议，他认为以桂系部队为主的第三路军是征湘军的主力，不应该置于敌人力量薄弱的长江两岸地区，因而应变更部署，将第三路军使用于平江、通城方面，进攻金井、长沙；而以第四路军置原定第三路军的位置。这种改变程潜同意。其实，白崇禧此举也有私心，让他的桂系部队率先拿下长沙，为以后控制湖南做准备。

1928年1月15日，征湘军事全面发动：白崇禧、程潜指挥东路的第三、第四路军进攻岳阳、平江；朱培德在南路率第三、第九路军进攻株洲；鲁涤平指挥第二路军、李粲指挥第四十三军在西路进攻津市、醴陵。由于征湘军有海空军配合，进展顺利。17日，唐军被迫放弃岳阳，退往汨罗江以南。19日，第三路军一部占领平江。白崇禧、程潜分别到达通城、岳阳，约定21日晨全线总攻击。

1月19日，国民政府军事委员会发表讨伐李品仙等人的通电，声称："欲求完成北伐，非先肃清唐贼余孽，以除革命障碍不可，故政府万不得已，因有此次讨伐。"

正当白崇禧部第三路军在汨罗江同唐军决战，准备一举攻占长沙时，右翼第四路军叶开鑫的第四十四军突然阵前倒戈，并向程潜的第六军猛烈袭击。第六军猝不及防，被冲得七零八落，损失惨重。叶开鑫此举是奉蒋介石的密令，是蒋不愿看到桂系在两湖坐大而采取的掣肘行动。

22日，叶开鑫率领所部官兵发表通电，宣布拥护中央，反对程潜。电报说："鑫等欲勉为吾党之信徒，自难免为程总指挥之叛徒矣。……

知我罪我，一唯中央之命是从。"

叶开鑫倒戈后，唐军廖磊、刘兴部趁机反攻，渡过汨罗江，并同叶部第四十四军夹击程潜的第六军。第四路军被迫后撤，程潜退回武昌，并急电白崇禧，说第六军损失巨大，建议第三路军也退守蒲圻、通城，以图后举。

白崇禧接到程潜的电报后，并不十分担忧，他料定唐军的反攻是暂时的，若按建议退却，则会使部队官兵对前途悲观失望，就有可能全面溃败，处于观望的友军也将变成敌人；目前只有继续向南进攻，夺取长沙，才能转危为安，这么做虽冒孤军深入的风险，但只要官兵用命，获胜的可能性极大，因为长江以北的唐军已大部渡汨罗江，长沙基本上已空虚。

为了慎重起见，白崇禧急电南京李宗仁，提出两策：第一，回师营救第四路军，巩固武汉；第二，不顾第四路军的失利，突破正面敌人，直捣长沙。李宗仁经考虑后，复电白崇禧，认为采取第二种方案为宜，这同白崇禧不谋而合。

随后，白崇禧命第三路军的第七、第十九两军渡江进攻长沙，以切断唐军退路。21日，第七、第十九军强渡汨罗江，并同前来堵截的李品仙部发生激战，结果李部大败南逃。桂军乘胜猛追，很快占领了长沙。唐军李品仙、何键、叶琪部向株洲、衡阳退却，已渡过汨罗江的刘兴、廖磊部由于后路被截断，被迫向西渡过了湘江，退往湘西。此役征湘军大获全胜，俘虏唐军团长以下官兵一万五千余人，缴械一万两千余支、大炮二十余门、机关枪五十余挺。这场战役也充分展示了白崇禧果断独特的指挥风格。

自25日起，征湘军陆续进驻长沙。白崇禧本人也于27日上午进驻长沙。白氏对新闻记者发表谈话说："此次入湘，系奉中央命令，一俟唐生智残部消灭，革命后方巩固，即当继续北伐。兄弟在省无多勾当，当赴前线督师。对于湘省民政，均不过问，统由程总指挥、陈军长、鲁军长等会商办理。程总指挥等均属湘人，以后一切设施，必能满湘省民众之望。"

随后，白崇禧指挥所部继续追击唐军，一路攻克湘潭、衡阳等地。

2月9日，白崇禧抵达衡阳，指挥部队于2月13日攻克湘中重镇宝庆（今邵阳），唐军纷纷退往湘西。

唐军残余败退至湘西，粮饷匮乏。第三十六军军长刘兴为了救急，派人到老家变卖一切筹集到现款两万元，但仍无济于事。

2月15日，何键致电程潜及白崇禧："湘西军队麇集，给养困难，非民力能堪，近以纠纷未决，谣言孔炽，民心惶骇，百业萧条，言念疮痍，曷胜悲痛。键以桑梓之情，勉效绵薄，不忍再事内争，重苦地方，前电停止军行动一节，可否同意实行，以便从长协商，完成合作之愿，即乞电示。如须键亲来面商，拟即率兵一连前来，商洽一切。"

2月18日，白崇禧从前线回到长沙，与程潜等商量改编唐部问题。随后，白崇禧派他与李品仙在广西陆小的老师、时任白崇禧参议的张国权，带着白的亲笔信，前往溆浦找李品仙等人，希望他们接受改编，结束战争。唐生智所部五位军长，李品仙、叶琪、廖磊三人都是广西人，同白崇禧又是陆小、保定军校同学，本无利害冲突，且有同乡同学之谊，只因为要服从老长官唐生智的命令，不得不同白崇禧作战。现既已战败，且退踞的湘西乃贫瘠之地，士气日益涣散，也愿意接受改编。李品仙同刘兴商定后，即随张国权赴新化，与白部军长胡宗铎晤面，并同白崇禧通了电话，把改编的事初步敲定下来。

根据刘兴的回忆，当时桂系一面同唐部高级将领谈判改编，一面勾引下面的师团长企图把唐部拆散。可是唐军师团长团结得好，无一人动摇，桂系的阴谋不得逞，转而集中精力与唐部高级将领谈判。在谈判时，李、白认为第三十六军军长刘兴是唐生智的心腹，唐的基本队伍掌握在他的手里，提出要刘兴离开部队，并送两万元，作为出洋路费。刘兴权衡利弊后决定自己出洋，同时提升所部第一师师长廖磊为第三十六军军长。刘兴则由白崇禧、程潜等授予高等顾问名义资送日本考察。刘兴离开部队时，桂系送路费两万元，刘兴只拿了四百元，其余的都留作军用。

正在这时，蒋介石派刘文岛秘密来到溆浦，要唐军将领不要接受桂系的改编，暂在湘西向四川边界拖着，经济方面，由他接济，等他正式出山之后，再行调动。可是，蒋来迟了一步，唐军将领已同桂系谈判好了。

3 月 4 日，李品仙、刘兴、周斓发表通电，表示服从程潜、白崇禧的指挥，参加北伐。

征得李宗仁同意，白崇禧把收编的唐部编为四个军：第八军（军长李品仙）、第十二军（军长叶琪）、第三十五军（军长何键）、第三十六军（军长廖磊），其中将第八、第十二、第三十六军编为第十二路军，由李品仙任总指挥，准备参加北伐，第三十五军何键部则留守湖南。

3 月 11 日，程潜、白崇禧等人联衔通电，宣布"两湖军事，已告结束"。

西征及征湘之役结束后，新桂系的实力得到了膨胀，除了原有的第七军、第十九军外，攻克武汉时，李宗仁又成立了第十八军，破格提升第七军旅长陶钧为军长；黄绍竑将广西留守部队也改为第十五军。这样，桂系拥有了四个军的基本部队，再加上收编唐生智的四个军以及两湖地区的其他附属部队，桂系的军事力量得到了极大的膨胀，不久就被扩编为国民革命军四个集团军之一，番号是第四集团军，这个番号原来是属于唐生智的。桂系还拥有广西、湖南、湖北连成一片的三省地盘。这一切使桂系顿时成为国民党内各派系中举足轻重的实力派。在桂系势力的扩张中，白崇禧台前台后积极活动，既当军师又当前敌总指挥，表现十分出色。

第七章　根浅遭算终失利

蒋介石表面下野，但实力犹存，桂系表面强势，但根基终浅。力量的天平缓缓倒向了蒋，桂系在赢得三期北伐荣耀后遭到清算。

机关算尽，桂系终难掌全局

很多事情说起来容易，做起来难。蒋介石下野后，李、白试图填补由此形成的权力真空，但是他们很快发现这并非易事，他们面临着诸多挑战。国民党注重资历和党统，在这两个方面，桂系及其领袖李宗仁均处于劣势。李、黄、白等加入国民党时间都还不到三年，正式加入国民政府仅一年多，且三人均是国民党旁系。尽管桂系依靠军队实力而暂时掌握了南京的军政实权，但在名分上，无论是宁方的蒋介石以及拥护蒋氏的那些"长衫佬"，还是武汉方面的汪精卫、唐生智，都不会承认李宗仁的领袖地位。

从蒋介石方面来看，下野是一种策略，其目的是为了换取人气，重新聚势，战略目标还是重回权力塔尖。

蒋介石的总参议张群对上海《申报》记者解释蒋介石下野的原因时说："国民革命军，一年以来，辗转数省，曾未少息，似此久战之师，一方北伐，一方西上，势难兼顾。就事实上言之，可云为必不可能之事。……此次最近战事，一方对北，一方虑及武汉；奉之对冯，宁之对鲁，汉之对宁，适成掎角之势。故蒋自前线归来，默察大势，内省诸躬，为党之团结及政府前途计，决心下野。"

元老吴稚晖也说："当时唐生智靠了汪精卫先生一班国民党到底反共的同志，便盛吹蒋之下野可以无事。当时北敌炽于北，唐军逼于西，左右实难应付。"

张、吴两人的解释都表达了同样的意思，即蒋不下野，矛盾就无法解决。从这个意义上说，台湾的历史学家们将蒋介石下野称之为"对于许多反对者的竞争中一种光荣而成功的战术运用"。

在内外皆敌、事乱如麻的情况下，蒋氏下野不失为摆脱困境、改变被动局面的一种方式。这是一种"以退为进"的策略。正如蒋在 8 月 11 日的日记中所表达的："时局纷扰，内部复杂，南北皆同。只有静镇谨守，持之以定，则待机而动，无不得最后之胜利也。"表现出胸有成竹的自信，这完全道出了他"以退为进"的动机。

对于蒋的以退为进的战术，时事观察家稍后也指出："蒋介石虽名为下野，且已做扶桑之游，但其政治活动仍属积极。倘南方状况一有变化，彼或即挺身而出，再事周旋。"

蒋介石一下野，立即引起了各方面的一系列连锁反应，起到了蒋介石所预期的效果：

第一，蒋介石的下野使借助"讨蒋"旗帜的唐生智顿时处于尴尬境地，事实上武汉"东征"从此停顿下来。这使南京方面能够专心对付孙传芳，并为后来讨唐埋下了伏笔。

第二，南京内部的那些元老政客只认同蒋介石而不认李宗仁。蒋下野后，胡汉民、吴稚晖、蔡元培转赴上海挽留，张静江、蔡元培、吴稚晖还表示与蒋共进退，许多蒋系人物也纷纷撂挑子，南京政府党务政务无人负责，立即陷入瘫痪状态。

西北军领袖冯玉祥在蒋介石下野后，也一再表示愿与蒋氏共进退。8 月 14 日，冯玉祥致电蒋介石，称蒋"一身系党国之安危，为民众之救主"，敦促他"克日返宁，主持大计"。冯并声称：如蒋一意坚辞，他本人也只能"一同退伍"。冯玉祥还到处打电报，要求各方一致敦请蒋介石复出。

8 月 15 日晚，国民党军政要人在南京召开党务联席会。推军界元老李烈钧主持，何应钦、李宗仁、王宠惠、钱永铭、萧佛成、王伯群、贺耀祖、胡宗铎、傅秉常等出席。李烈钧曾经附和李、白声气，但在蒋离宁后立即改变了态度，要求蒋回宁主持局面。

面对外界一致要求他出山的呼声，蒋介石似乎有些沉不住气了。倒是足智多谋的黄郛认为现在绝对不是蒋出山的时机，立即写了一封信托他们的盟弟张群送到溪口，劝阻契弟蒋介石仓促出山。

蒋介石接受了盟兄的忠告，决定远游日本，一则朝拜日本朝野要人，进一步争取日本对他的支持，一则向在日本的宋美龄母亲请求批准他与宋美龄结婚。蒋介石甚至准备离开日本远去欧美，进行长达一年的游历。

下野后，反倒声望上升，这种局面是李、白"逼宫"时未曾料到的，但面对此局，李、白也不能不有所表示。8 月 16 日，南京方面将领推李济深领衔，杨树庄、李宗仁、何应钦、黄绍竑、白崇禧联署发出请蒋总司令回宁的电报。

由于蒋已经看清了形势，也看透了李、白，因而信心十足，对于复出的要求，刻意表现出消极姿态。

8 月 16 日，蒋介石回复李宗仁等，声称"中正自愧谫陋，无补时艰"，"清夜扪心，益滋惶惑，伏恳请辞国民革命军总司令职权，并请重治中正之罪"。南京于 17 日再电请蒋"不避劳怨，勉任艰巨，克日回宁"；18 日又电告蒋："所请开去总司令职权，重治失职之处分，应毋庸议。"蒋氏接阅电文，仍然不肯复出，他一面等待机会，伺机捞取最大的政治利益，一面继续向李氏施加压力，逼迫李氏就范。根据蒋介石的态度，上海江浙财团立即断绝了对李宗仁的经济援助，使南京政府"军饷奇绌，三军嗷嗷，不可终日"，全局几陷瘫痪。

分治合作，无可奈何蒋再起

李、白表面上附和蒋复出的呼声，但是在内心里，他们根本不想让蒋回归。为了防范蒋东山再起，他们采取了一些措施：

首先，军事系统收权。宣布在总司令未回任以前，军事指挥由军事委员会负责执行；由何应钦、白崇禧、李宗仁分任第一、第二、第三路军总指挥。作为军事最高指挥官的三位总指挥，行使总司令之职权。但何应钦为人温和，且孤掌难鸣，实权实际上由李宗仁、白崇禧掌握。这一措施收到很好的效果。

其次，嫡系力量入宁。为了在南京稳住阵脚，李宗仁暂时置孙传芳军的反攻于不顾，主动将部队全部撤至长江南岸，将桂系主力部署于南京地区。但由于军队后撤，孙军不战而得江北重镇浦口，从此，孙传芳部在南京至镇江一线与国民革命军隔江对峙。这一行动遭到指责，效果不佳。

再次，移权任免并行。鉴于上海江浙财团的经济实力，李宗仁宣布取消原由蒋介石亲信杨虎、陈群把持的淞沪戒严司令部，另成立淞沪卫戍司令部，派白崇禧兼任淞沪卫戍司令。所有淞沪军警，统归卫戍司令调遣指挥，以一事权而维治安。白氏到上海后，委派自己的参谋长张定瑶接替已经辞职的黄郛出任上海市长。支持蒋介石的江浙财团，不甘心听命于桂系，结果是"上海四商会则请许市长民选"，不承认桂系安排的上海市长人选。这一行动遭到抵制，效果不佳。

8月18日，白崇禧召集上海各界名流百余人开茶话会。白氏在致辞中向在座各位报告了北伐、"清党"反共的经过以及蒋介石下野的真实原因，白氏说："现在总司令虽然暂时引退，而军事政治，武装同志及政府同志，不但照常维持，而且格外负责奋斗。"白讲话结束后，宁波帮大佬虞洽卿代表上海商界敷衍说："只要当局改变错误政策，采取有利于商界发展的措施，财政问题不难解决，例如恢复水陆交通……"这是江浙财阀们给桂系出的一个难题。

白崇禧几经努力，才从这些上海大亨手里搞到区区六十万元款项。这个数目与当初上海大亨们给予蒋介石动辄几百万、上千万的数目相比，实在是太少了。很显然，李、白等人根本得不到江浙财阀的经济支持。

第四，拆散亲蒋武装。在北伐军攻占江浙后，蒋介石为了扩充嫡系军事势力，下令成立七个补充团，所有团长，都是黄埔军校第一期毕业学生。蒋介石还向外围购买了一批武器，打算装备这七个补充团。蒋介石任浙江同乡蒋鼎文为宁波警备司令，将买来的武器存放在宁波附近，预备装备这七个补充团。这七个补充团当时大部分都驻在浙江境内。对于蒋介石的这支私家军，李宗仁、白崇禧不予承认，他们要求何应钦解散这七个补充团，何即遵从他们的意旨，下令解散。蒋介石在奉化闻悉此事，大为愤懑，痛骂何应钦愚蠢，误大事……并大骂黄埔同学会（当时主要负责人为曾扩情）为什么不号召补充团在职的同学加以抗拒，甚至说："万不得已时上山当土匪都可以，也应把力量保持下来。"

除了江浙财阀的不合作外，让李宗仁难以应付的另外一股政治势力便是武汉当局。汪、唐等人并不认为蒋氏的下野是李、白、何的功劳，而认为这是他们武汉中央的胜利。这正如唐生智所说："中央对于南京问题，现在可谓完全得到胜利。这种胜利，是党的胜利，不是军队或个人的胜利。"汪精卫一直以国民党的正统领袖自居，他以胜利者的口气表示，"中央党部与国民政府，都只有一个"，"我们坚持我们的主张，务必达到提高党权的权威，武汉政府要搬到南京去"，"将来军队的分配，都归军事委员会决定"。而汪、唐口中所谓的中央，实际上就是他们自己；所谓的提高党权，实际上就是要树立自己的权威，要求别人完全服从他们的个人意志。

随后，便发生了龙潭之战，龙潭之战胜利后，南京方面渡过了宁汉分裂以来最严重的危机。

宁汉战争虽然结束，但国民党内部派系斗争并未停止，反而加剧。1927年9月下旬，张发奎率领南昌起义后第二方面军余部回到广州，所部分驻广州近郊和石龙、韶关等地。张发奎以广东主人自居，他回粤的企图是赶走他的老上司李济深，为他所崇拜的汪精卫取得广东作为基本地盘。为了达到目的，张发奎奉汪精卫的意旨，打出了"护党救国"的旗帜，公开反对南京中央特别委员会，主张迎汪精卫回粤，召开四中全会。10月29日，汪精卫到达广州。11月1日，汪召集在粤国民党中央执行委员开会，通过三项决议：

一、国民党中央执行委员会应从速在广州履行最高机关职务；二、在广州重新设立国民政府；三、召开二届四中全会，解决一切争端。这样，汪精卫等在广州树起另一个中央的旗号，与南京中央特委会及其国

114

民政府形成对立。

至此，汪派与李宗仁、黄绍竑、白崇禧等已经格格不入。蒋介石看到了这一点，决定采取两边下注的政策。

一方面他在汪精卫这边下注，联汪制桂。

11月2日，蒋介石以吊唁李济深母丧为名，派宋子文到广州，与汪精卫磋商蒋汪合作问题，决定蒋汪联手对付桂系，并约定蒋、汪将来同时复职，蒋介石复任国民革命军总司令，汪精卫复任国民政府主席。蒋并提供经费，要汪精卫、张发奎等将与桂系关系密切的李济深驱逐出广东。在此背景下，汪精卫授意张发奎策划了11月17日的广州兵变，李济深和桂军力量被逐出广东，蒋介石也借此事登上了复职的台阶。

在汪精卫策动广州兵变的同时，蒋介石一派也在南京、上海挑动反对特委大会，会后举行游行，又同军警发生冲突，死伤多人。事后，蒋系特务团体指控此事件是特别委员会的邹鲁、谢持、居正等主使的，于是提出了"打倒西山会议派"的口号。

面对如此复杂的局势，李宗仁、白崇禧等只好以退为进，在政治上让步，同意召开四中全会，停止特委会的活动，联合西山会议派以对抗蒋汪联盟，着重打击汪精卫派；军事上则不放松，准备进攻湖南，取得并巩固两湖地盘，凭实力同蒋、汪再斗争。

桂系认为打击汪精卫派，须要首先消灭张发奎。

12月2日，程潜、李宗仁、何应钦、白崇禧、谭延闿、杨树庄、朱培德等宁方的军事委员会委员联名呈请国民政府下令讨伐张发奎等人。李济深也呈请讨伐。

12月3日，国民政府颁布讨伐令，宣布："张发奎、黄琪翔着即褫职拿办，即由军事委员会迅派军队分道进剿，肃清残寇，用拯人民，以副本政府除暴安良之意。"

白崇禧还发表谈话，有意以栽赃戴红帽子的方式打击政敌，以便彻底消灭对手。他说："大家要认识这次广州的事变，完全是共党操纵，是第三国际所订捣乱长江的计划。所以，南京的惨案、广州的兵变，都是他们的罪恶，很是显著，大家请特别注意，不要被人欺骗。对于广东问题，我们不要做粤桂问题看轻了他。共党争广东，是很有用意的。我

115

们如果竟中其计，那很危险了。因为广东滨海，俄国军火输运便利，且有兵工厂，至于广东农工受共产化者甚众，因此，我们对此万不可轻轻放过。"

随后，李济深与黄绍竑调遣军队围攻张发奎部，凭借兵力优势很快将其击败。

在桂系攻打张发奎的过程中，蒋介石又暗地里在桂系这边下注。

陈公博回忆说："最使我吃惊的，广州驱李之役，蒋先生是一个有力的主动人，我到了上海，才知道李任潮回粤打我们时，蒋先生又给了他三十万元做打倒我们的军费。唉！蒋先生太聪明、太现实了，你为着洗刷，我自然不好加以批评，但政治道德毕竟是这样的吗?"

在政治狡猾度上，汪精卫、张发奎根本不是蒋介石的对手。张发奎失败下野之前，还把剩余的五十万巨款汇给了蒋介石，作为他复任国民革命军总司令的经费，以表示维持蒋汪合作的诚意。

12月3日，四中全会预备会议在上海召开。会前和会议期间，桂系联合李济深及其他反汪派系就"广州事变"猛烈攻击汪精卫，要求停止汪精卫、陈公博、顾孟余等粤派中委出席四中全会的权利，这使得汪精卫焦头烂额。汪精卫寄希望于蒋介石的支持，蒋介石也顺其意，在会上佯装祖护汪氏，背地里却指使其心腹吴稚晖、张静江等人猛烈讨汪，特别是文痞吴稚晖连篇累牍发表文章，用龌龊不堪的言辞对汪精卫及其同伙陈公博、张发奎、黄琪翔等实施最无情的攻击，嬉笑怒骂，大戴红帽子，胡说汪精卫等人是共产党，说他们奉了"第三国际"的命令来发动"广州事变"。

12月7日，中央监察委员会开会，决定审查汪精卫、陈公博、顾孟余三人。8日，在第三次预备会议上，张静江、李宗仁、李石曾、蔡元培、吴稚晖等人联署，提出检举陈公博、顾孟余、汪精卫三人案，要求停止三人出席四中全会的权利。李济深也提出《粤委员附逆者应当退席听审案》，指责何香凝、顾孟余、王法勤、甘乃光、陈公博、陈树人、李福林、王乐平、潘云超等"参与逆谋，甘心附逆"，要求他们退出会议席，由监察委员会查办严惩。汪精卫则表示：中央监察委员会已被特委会取消，无权提出议案。面对这种混乱的局面，蒋介石以超然的调解

116

人身份出现，发表《告中央执监委员诸同志书》，声称："此次纠纷之主因，为南京特别委员会与广东事变。对此二事，吾人同在党之立场，实不难发现一致之观点，且只须四中全会正式开成，均可迎刃而解"；"就过去之经验言，军阀不足畏，共产党亦不成问题。军阀之被打倒，已确然无疑，共产党声势从前何等浩大？其阴谋鬼蜮何等毒辣？但吾人一言清党，青天白日旗下各领域，或迟或早一致起而铲除，彼等于无尺寸立足地。国民革命之劲敌，绝非军阀与共产党，唯武装同志不能确实认识中央权威之必要与最高权威，政客从而利用拨弄，始为国民革命之致命伤。中正于本年 8 月决心辞职，唯一原因，为党之中央不能团结。党既无统一指导，军事胜利亦无所用"。还说："此次全体会议，为我同志唯一忏悔机会。忏悔之方法，武装同志宜确实尊重党权，勿再受政客拨弄；一般同志尤宜尽弃前嫌，勿再互相猜忌。"

蒋介石貌似不偏不倚，装好人，更增强了汪精卫对他的幻想。12 月 10 日，陈璧君、潘云超、甘乃光、丁维汾、顾孟余等十一名粤方中央执监委员联名提出请蒋介石继续执行国民革命军总司令职权的提案。

在此提案后，汪精卫个人还附带声明："如蒋介石同志能够徇预备会议之决议，继续执行国民革命军总司令职权，则兆铭认为对于时局已有良好办法，少数同志间对于兆铭有不谅解者，兆铭尽可引退，以息纷争。"

汪精卫等人的提案当即为预备会议通过。预备会议决定，二届四中全会于 1928 年 1 月 1 日至 15 日在南京召开，由蒋介石负责筹备。

预备会议后，围绕着在即将召开的四中全会上权力的分配问题，桂、蒋、汪等派系继续明争暗斗。

12 月 11 日，中国共产党趁张发奎和黄绍竑之间爆发粤桂战争，广州城内空虚之机，发动了广州起义。虽然起义很快被张发奎等人镇压，但它对国民党统治集团内部造成了极大震动，使汪精卫处于更加不利的境地。桂系联合李济深等派系趁机发难，攻击汪精卫是在同共产党合演双簧，张发奎、黄琪翔等人都是共产党。汪精卫虽然还想极力辩解，但难敌众口一词。无论汪精卫如何辩解，都已无济于事。

12 月 16 日，南京国民政府下令查办与"广州事变"有关的汪精卫、顾孟余、陈树人、甘乃光、王法勤、王乐平、潘云超、陈公博、何香凝等人，声称他们"于事变后，或列席会议参与逆谋，或发表言论公然袒护，舆论哗然，嫌疑难释，本政府为整饬纪纲维护治安起见，特派邓泽如、古应芬迅往查办呈复，以凭核夺。在查办期间，汪等居住所在，应责成军警注意，监视其行动"。

更加可怕的是，白崇禧准备对汪精卫直接下手了。陈公博回忆说："汪先生旅居上海也被认为是暴动的主要人，白健生竟直找杜月笙要用绑票的方式派人直冲汪先生的寓所，企图加害。杜月笙说：'这事我做不来主意，你问法国领事吧。'及至白健生找法国领事，法国领事也说：'这事我们不能干的，你找杜月笙吧。'这样互相推诿，事情才平淡下去；法国当局于是劝汪先生离沪，蒋先生也劝汪先生出洋，汪先生终于离沪出国往欧洲了。"

四面楚歌的汪精卫于 12 月 16 日发表通电声称隐退，不再参与政治。张发奎、陈公博也通电下野，汪派人物溃不成军。

这样，在这场历时数月的错综复杂的国民党派系斗争中，蒋介石利用汪、桂、西山会议派等之间的矛盾，纵横捭阖，坐收渔利，既弄垮了特委会，打击了桂系和西山会议派，又迫使汪精卫出国。

在此期间，只有蒋介石的政治行情一路看涨，北方的冯玉祥、阎锡山无力单独同奉系张作霖对抗，频频通电拥蒋复职，以继续北伐。蒋介石复职还得到了汪精卫派的大力支持。因此，蒋氏复职已成定局。

1928 年 1 月 4 日，蒋介石离沪赴宁，并且电告了白崇禧等人。1 月 7 日，蒋氏发表复任国民革命军总司令的通电，在政治争斗中明显吃了败仗的白崇禧，也不得不向他的政敌表示祝贺。当天，白崇禧率部将给蒋氏发出表示祝贺的电报。

2 月 2 日，国民党二届四中全会在南京举行，蒋介石成为国民党内这场最为复杂的派系斗争中的唯一赢家，显示了他高超的权谋手段和翻云覆雨的本领。而桂系诸头目则因为政治资望浅，在这次角逐中明显失利。

三期北伐，领兵入京"第一人"

1928 年 2 月 2 日，国民党二届四中全会决定继续北伐，"限两个月内会师北京"。会后，国民党内各派系为了共同完成对奉系的北伐，暂时达成妥协。

重新上台的蒋介石没有忘记李、白、何联合逼宫的旧怨，他首先拿何应钦开刀。2 月 13 日，蒋介石下令把第一路军改编为第一集团军，自任总司令，第一路军总指挥何应钦改任国民革命军总司令部总参谋长，剥夺了何应钦的指挥大权。蒋介石还对何应钦的亲信李仲公说，他撤销何职务的原因有三：一是何曾与白崇禧等联合逼蒋下野，蒋愤愤地说，"上次白健生逼我，如果他说一句话，我何至于下台"；二是何迟迟不发拥蒋复职电；三是桂系在外面散布蒋已不能指挥黄埔系军队的言论，因而蒋要试试看，究竟自己还能不能掌握黄埔军。

对于何应钦，蒋介石采取的是权力剥夺的模式，对于桂系，他则要起了编制牌。

1928 年 2 月，蒋介石先后同冯玉祥及阎锡山的代表会商后，决定将冯玉祥部西北军改组为第二集团军，阎锡山部晋军改组为第三集团军，计划以第一集团军沿津浦线北进，第二、第三集团军分别在京汉线、京绥线作战，三路会师于北京。

对于两湖地区的军事力量，由于已具有了一个集团军势力，蒋介石于 1928 年 2 月中旬召开军事委员会会议，决定将西征军及鄂湘两军改编为第四集团军，由老牌政客谭延闿出任第四集团军总司令，以制约桂系，并"以谭为蒋、白、程三人间缓冲之作用"。蒋的意图遭到李宗仁、白崇禧的极力反对。而且谭延闿只有一个军的实力，无法驾驭拥有强大实力的桂系和程潜。2 月 25 日，蒋介石约谭延闿、李石曾磋商两湖军事及党务。28 日，蒋介石通过谭延闿、李烈钧之口宣称，两湖军事已结束，没有成立第四集团军的必要，两湖参加北伐的部队，由李宗仁任总指挥，隶属于第一集团军总司令之下。此举亦深为桂系不满，李、白对北伐表示消极。为此，李济深专程来到南京，调停蒋桂关系。在这种情况下，蒋介石同李宗仁进行了会晤，双方达成以下妥协条件：一、粤省政府承担北伐军费一部分；二、桂派与西山会议派脱离关系；三、蒋在政治方面的权力；四、蒋系军队不侵入桂系之势力范围。在这种背景下，蒋介石同意授予李宗仁第四集团军总司令职务。就这样，蒋桂达成了暂时的妥协。

3月28日，李宗仁偕第十一军军长陈铭枢抵达汉口，29日转长沙，与程潜、白崇禧接洽。4月2日，李宗仁、程潜、白崇禧、陈铭枢以及两湖高级将领等在长沙召开两湖善后会议，商定两湖军队编成五个纵队，由李宗仁率部北伐，白崇禧留守武汉，程潜坐镇长沙。4月6日，白崇禧托陈铭枢带了一封亲笔信交李济深，请他转呈蒋介石。信中除叙述两湖近况外，白崇禧还表示他"服从命令，一致北伐"。在得到桂系李宗仁、白崇禧的保证后，南京政府军事委员会正式任命李宗仁为国民革命军第四集团军总司令，白崇禧为第四集团军前敌总指挥。

1928年4月7日，蒋介石下总攻击令，各路战事同时发动。第一集团军在鲁南和津浦线进展顺利。7日发起攻击，9日占郯城，10日克台儿庄，中旬占临城、滕县、兖州、曲阜，下旬占莱芜、泰安，5月1日克济南。第二集团军发起攻击后，在直南首克邯郸，后受安国军重兵相抗，苦战于大名、彰德一带；在鲁西，则连克郓城、巨野、济宁。第三集团军于4月20日冲出娘子关向石家庄进攻。

国民党军的北伐，受到日本帝国主义的干涉。4月17日，日本政府决定出兵山东。5月3日，公然武装进攻济南，对济南居民和进驻济南的北伐军进行大肆屠杀，制造了骇人听闻的济南惨案。面对日本的武装干涉，蒋介石妥协退让，命令部队撤离济南，绕道北进。

由于日军的阻挠，津浦路的北伐军行动被迫迟滞，蒋介石把北伐重点转向京汉线。5月中旬，蒋介石在徐州会晤冯玉祥，要冯部在京汉线全力进攻奉军。冯玉祥表示，京汉线正面是奉军主力，而第二集团军在此前同奉军作战中损失较大，应请第四集团军加入作战，才能消灭奉军。蒋介石本来也不能容忍桂系的军队全部集中两湖，正想借此"分而制之"，当即表示同意。蒋还致电白崇禧："此后津浦线难望进展，北

120

伐全赖京汉一线，望即督军北伐。"

两湖战事结束后，李宗仁、白崇禧把主要精力用于整顿、巩固内部。他们虽已取得了两湖地盘，但尚未巩固，收编的唐生智旧部对桂系也不是一心一意；两湖地区历经战乱，财源已近枯竭；中共在湘赣边界、湘鄂西等地开始创建根据地，也威胁着桂系在两湖地区的统治。但在桂系同蒋介石达成的协议中，桂系不仅已经同意出兵北伐，而且也希望在北伐中进一步扩大实力。因而李宗仁、白崇禧一面整顿两湖，一面准备北伐。

5月16日，白崇禧派参谋长王泽民率参谋团乘车北上，此乃第四集团军北伐的先声，其目的是与前方各友军协商部队的输送、给养及集中战区等问题，并了解前方敌情。王泽民一行于18日在河南新乡会见冯玉祥，次日在石家庄会见阎锡山。17日，白崇禧分别致电各方，表示将率部北伐。19日晚，白崇禧从武汉乘专车北上，沿途检阅了准备北伐的部队。21日晨，白崇禧到达河南新郑，在这里同专程北上的蒋介石会商北伐事宜。为了促使桂系尽快加入北伐，蒋介石向白崇禧许诺：两湖北伐部队由白崇禧指挥，第四集团军的粮饷与其他各军同等待遇。随后，蒋、白联袂北上，当日下午到达新乡，同第二集团军总司令冯玉祥商谈了兵力部署等问题。冯玉祥邀第四集团军参战的期望非常迫切，因而在车站率文武官员恭迎白崇禧，礼遇极高。冯氏是军界前辈，而白氏则是后起之秀，对冯的礼节，白觉得很过意不去。会谈后，冯玉祥还答应拨十列军车给白输送部队。

22日晚，白崇禧抵达石门（今石家庄），会见第三集团军总司令阎锡山。北伐军攻占济南后，安国军在津浦线上受到沉重打击，张作霖担心北伐军会乘胜进攻京津地区，遂下令全线收缩，京汉线上奉军退守保定，京绥线奉军退守怀来，以防卫京津。阎锡山的第三集团军乘机冲出娘子关，于5月9日占领石家庄、正定。冯玉祥一部也北上石家庄，同晋军会师。随后蒋介石致电阎锡山，要阎率部努力北进，速占北京，并同冯玉祥商定：第一集团军沿津浦线北进；第二集团军由京汉线以东、津浦线以西地区北进；第三集团军沿京汉线北进至望都一线，同奉军相持。但冯玉祥部借口伤亡太大，迟迟不北上，已北进至安国、博野一线的部队也被冯撤回。因为冯同阎锡山有旧仇，1925 年冬，冯玉祥所部国民军自南口向西退却时曾遭阎锡山出兵截击。冯玉祥此举显然有报复阎锡山之意。这使阎锡山的第三集团军孤军突出于敌前，受到了奉军的严重威胁，尤其是右侧空虚，奉军以骑兵日夜出没于定县以东。晋军独立支撑，伤亡很大，形势特别危急。阎锡山急得直跳脚，大骂冯玉祥。白崇禧的到来，使阎老西好像捞到了一根救命稻草，他紧紧抓住白崇禧的手说："你来了，胜过十万雄兵！"阎还说："如果西北军不从正定撤退，我是不会着急的。"可见对冯的怨恨。

白崇禧在获知上述情况后，也甚为着急。他急电第四集团军北伐部队迅速北调，集中石门以北。还致电蒋介石、冯玉祥，指出晋军已久战疲惫，伤亡很大，若等两湖军队集中后再进攻，"届时是否可以维持，至为可虑"。他建议津浦线方面先攻占沧州，冯玉祥部先行进至安国，以免突出之晋军孤立无援。由于白崇禧出面协调，冯玉祥遂命所部北进。

在与各方接洽妥当后，白崇禧于 5 月 23 日晚乘车南下，25 日到郑州，指挥第四集团军北伐部队的运输北上事宜，并进一步同友军协商运输及给养办法。当时已有一些部队开到河南许昌、临颍、漯河、信阳一带，维持京汉线交通，围攻樊钟秀部。后因河北前线危急，白崇禧急令部队迅速北调，集中石门、正定、藁城。鉴于晋军右翼空虚，白崇禧命令漯河第十二军门炳岳师于 24 日开始输送至河北定县，其余两师全部于 3 日内到达河北新乐。为了节省运输时间，白崇禧还规定补充干粮、茶水的地点为信阳、郾城、新乡、彰德（今安阳）、顺德（今邢台）、石门等地，除这些地点外，列车不能沿途任意停留。

5 月 26 日，第四集团军北伐部队门炳岳师最先到达前线正定，正逢奉军向晋军发起进攻，奉军戢翼翘的骑兵军已迂回到正定后方。门师一下火车就同奉军发生激战，并击退了奉军。奉军得知第四集团军已加入战斗，并通过山一部从紫荆关出奇兵占领了易县的清两陵，逼近易州。奉军前线动摇并溃败。31 日，北伐军占领了保定。津浦、平绥两路北伐军也逼近京、津。在北伐军各路部队的打击下，5 月 30 日，张作霖下令奉军撤退，放弃京津，撤回关外。6 月 4 日凌晨，张作霖在乘专车回奉天（今沈阳）的途中，在皇姑屯车站被日本关东军安放的炸药炸成重伤，不久死去，奉军由少帅张学良率领陆续撤往关外。6 月 8日，北伐军第三集团军进占北京，12 日进占天津。

6 月 10 日晚，阎锡山约白崇禧联袂进入北京。白崇禧在北京南城香厂路东方饭店设立了他的第四集团军前敌总指挥部。

6 月 11 日，白崇禧在东方饭店接见新闻记者，记者见面即问："广西军队进至北京，乃中国历史上前所未有之事，公意如何？"白回答："太平天国时，两广军队尝一度进抵天津；至于进至北京，诚哉其为破天荒也。"话语中充分流露出了"华南领兵入京第一人"的得意之情。此时白氏年方三十五岁。

北伐军攻占京、津后，6 月 15 日，南京国民政府发表宣言，宣布"中国统一告成"。20 日，南京政府明令改直隶省为河北省，改北京为北平。据说，当时的报纸上还登载过这样一副对联："中正继中山中原底定，北京改北平北伐成功。"但事实上，北伐虽然结束了，但结果是国民党新军阀取代北洋军阀。孙中山的理想信念早已被歪曲得面目全非，革命仍然尚未成功。

张作霖被日本人炸死后，其长子张学良秘密出关，在张作相等支持下，继任东北保安总司令。7 月 1 日，他发出通电，宣布与南京方面停止军事行动，决不妨碍统一。在他的指挥下，奉军全部撤回关外。

奉系问题解决以后，进一步铲除依附于奉系的直鲁联军提上日程。7 月上旬，蒋介石在北平召集各集团军将领开军事会议，商讨如何解决直鲁军的问题，决定任命第四集团军前敌总指挥白崇禧代理总司令，督师东征，肃清直鲁余孽。

此前，蒋介石曾借口平津已定，军政时期即将结束，要白崇禧率部回武汉候命。但白以东北问题尚未解决，北伐任务还未完成为由，不同意立即南返，蒋氏将计就计，令白氏负责解决直鲁军残部。

7 月 15 日，蒋介石颁布实施对关内直鲁军残部讨伐令。其作战方略是："国军以肃清榆关（今山海关）以内及热河境内敌人之目的，分两方面（滦河方面与热河方面），取外线作战，预期在滦河左岸及承德、滦平地区，将敌击破而歼灭之。"

蒋介石定的是歼灭方略，但是白崇禧并不急于这样做。他认为直鲁联军已不成气候，处守势，急于歼灭造成双方俱伤不见得是上策，所以他试图先通过和平方式收编该部队。但经过一个多月的努力，多方协调谈判，收编目标始终无法达成。于是，白崇禧决定走武力解决路线。

9月2日下午，白崇禧进驻天津，并电奉方催直鲁军速退，否则将实行总攻击。9月4日，白崇禧向各军下达作战命令，决定于7日以前进占芦台、丰台、丰润一线，进攻唐山榛子镇一线敌军；命右翼军占领芦台、杨家泊，进攻唐山、开平侧背；命中央军占领宁河、丰台，进攻胥各庄至唐山正面之敌；命左翼军占领丰润至大唐河一线，以一部进攻榛子镇，主力进攻唐山、开平之敌的右侧背，直趋滦河西岸。

命令下达后，各部遵令行动。直鲁军虽困兽犹斗，但抵挡不住北伐大军的锐利攻势。9月9日，左翼军经激战，占领丰润城，歼敌一部，接着进攻唐山，占领唐山外围韩庄子、韩城镇一带。右翼军及中央正面之敌由于受到侧背威胁，稍战即退。同日，北伐军左翼军一部占领唐山。

9月10日，白崇禧进驻唐山，同时接到派往奉天联络的何千里来电，说张宗昌、褚玉璞无诚意接受改编，奉方请北伐军积极进攻。而综合各方情报，白崇禧判断直鲁军有占据洼里、双桥、椅子山一带阵地固守的企图，于是决心追击敌军，他又对各军发出了追击命令。

11日，各部对直鲁军展开了追击，先后占领了双桥、洼里、牛郎山等地，粉碎了直鲁军固守的企图。13日，北伐军占领滦州，各部陆续追击至滦河两岸。

由于白崇禧大军步步进逼，张宗昌再次向奉方要求退往滦河以东。张学良担心直鲁军的大量武器装备落入北伐军之手，便答应让直鲁军过河改编，并迭次致电白崇禧及蒋介石，要求北伐军不要渡河，直鲁军残部由他来解决，以免发生误会。白崇禧于是令各军停止于滦河西岸，沿河警戒，已渡过河的部队仍回西岸，待奉方不能解决时，再渡河进攻敌军。

张学良虽然让直鲁军过河，但布置了十万重兵对直鲁军形成弓形的包围态势。直鲁军被压缩在方圆不到三十华里的狭小地区，进退皆难。

张宗昌遂把一腔怒气全撒在张学良身上，决心孤注一掷，向东突围回东北。

9 月 14 日，张宗昌除留一小部分部队防守滦河桥外，全部在石门以东集结，构筑阵地。当晚，直鲁军即向奉军发动进攻。战斗极为激烈，奉军渐感不支，向西撤退。

白崇禧密切监视着直鲁军动态，命北伐军出动截击。奉军富双英部也向南进逼。战斗至 19 日，直鲁军全部溃败，一部向奉军投降，大部被奉军缴械，其余纷纷西渡，向白崇禧投诚。张宗昌化装潜逃，褚玉璞被俘，直鲁军被完全消灭。

1928 年 12 月 29 日，东北张学良当局宣布"易帜"，降下北洋政府的五色旗，悬挂南京国民政府的青天白日满地红旗，服从于国民政府。至此，南京国民政府在形式上统一了中国。

老蒋谋深，桂系瓦解人流离

1928 年北伐结束，张学良宣布"易帜"，国民党表面上统一了中国，但实际上仍是一个群雄并立的局面。其中对政局具有决定性影响的是蒋介石、冯玉祥、阎锡山、李宗仁、张学良五大军事集团。

经历了国民党内部争权夺利及各军事力量之间的纵横捭阖，蒋介石对这些军事集团很不放心，极其担心。为巩固自己的统治地位，他决定削弱各实力派军事集团的力量。为此，他首倡所谓"裁兵救国"，得到全国舆论的一致响应，形成声势浩大的裁兵运动。

对于裁兵，从原则上讲，桂系首脑李宗仁、白崇禧等人是赞成的。事实上，李宗仁早在 1928 年 3 月下旬就向国民党中央政治会议提出了"兵工政策"的主张。李宗仁提出"兵工政策"后，白崇禧多次发表谈话或演讲，加以呼应和宣传。

白崇禧认为裁兵并不难，但裁将难，各集团军各将领的起家都是有历史的，想要裁了他们是很困难的。因此，白氏主张采取实边政策：第一集团军控制中央及北平、武汉、广州、西安各要点；第二集团军往西北（陕、甘、宁、新疆）；第三集团往内外蒙（察哈尔、绥远、蒙古）；第四集团往西南（由川滇支援向西藏）发展；东北军在东北四省发展。这样全国一百五十万部队并不算太多，何况有很多官兵听说要去边疆自动不去了，等于淘汰了，而中央努力的是装备统一、训练统一、军令统一，慢慢地，统一之效果就达到了。这样边疆力量强了，内部也不至于发生内战。

对于李宗仁、白崇禧等大力倡导的"兵工政策"，蒋介石没有正面回应。其实，他已经谋划好自己的方案。

7月6日晚，国民党各路集团军总司令、总指挥及其他要员在碧云寺旁李石曾宅开谈话会，蒋介石抛出来他的《军事善后案》，故弄玄虚，空话连篇，在怎样裁兵问题上大做文章。这项议案提出：全国现役三百个师，裁去二百五十个师，保留五十个师，每师一万五千人，共保留八十万军队，分为十二个军区，每军区按比例保留军队，各集团军分头办理。

这个方案的玄机就在于，蒋介石、冯玉祥、阎锡山、李宗仁四个集团军在表面上是各占一个军区，但蒋介石可以利用中央的名义，直接或间接地控制其他八个军区。蒋系的兵虽然多，但是分散到九个军区去，每个军区的人数就不多了。这样一来，蒋介石的第一集团军不仅不要裁兵，而且还要增兵。而冯玉祥、阎锡山、李宗仁都只有一个军区，他们都需要大量裁兵，谁的兵越多，裁掉的就越多。吃亏最大的是冯玉祥的第二集团军，其次是阎锡山的第三集团军和李宗仁的第四集团军。可见，蒋介石裁兵口号虽然喊得很好听，实行起来却是只裁人家的兵，而他自己则不是裁兵而是扩兵。这种损人利己的议案当然遭到冯、阎、李等各实力派的坚决反对。

但蒋介石并没有因此而停止，他依然按照自己的思路清缴实力派的权力和兵权。

1928年8月8日至8月15日，蒋介石在南京召开国民党二届五中全会，强行通过了一系列加强中央集权的议案：规定年底以前取消各地政治分会，中央委员集中于首都，不得散居各地；厉行以党治国、以党治军，政令军令绝对统一；国民政府实行五院制度。会后，蒋介石陆续任命冯玉祥为行政院副院长兼军政部部长，阎锡山为内政部部长，李宗仁为军事参议院院长，蒋要求他们长期居住在首都。但蒋介石没有安排白崇禧任何职务，以至于冯玉祥都觉得过意不去。认为第四集团军的上层大半闲散，未免有向隅之感。

1929年1月1日，编遣会议在南京召开，蒋介石在会议致辞中即以日本明治维新讨幕废藩的故事为例，要冯玉祥、阎锡山、李宗仁、白崇禧等拥有重兵的大军头们"把日本雄藩作为一面镜子，借彼鉴己，善应潮流，奉还大政，归命中央。首先一条即化除'私兵'，归编国军"。蒋介石的讲话以日本藩阀影射冯、阎、李等人，引起他们极大的反感和不安。

编遣会议开幕的当天，蒋介石致电白崇禧，要求他去南京出席编遣会议，并在编遣委员会中担任编制部主任职务。声称"中央编遣委员会成立后，一切盼兄运筹擘画，离平以后，所遗职务可交鹤龄兄（李品仙）代理"，白崇禧知道蒋介石不安好心，也多了几分警惕。白崇禧接到蒋的电报后，即于次日复电，以六弟崇祜新近去世，悲伤过度，引起吐血，一日疾复发，必须静养为由，婉拒了赴会的邀请，并婉言辞谢中央编遣委员会编制部主任职务。

南京编遣会议进行得很不顺利。会议之前，蒋介石引诱冯玉祥、阎锡山各自提出一个编遣方案。冯玉祥根据自己的标准，提出：第一、第二集团军各编十二个师，第三、四集团军各编八个师，其余杂牌军编八个师。阎在反复权衡后，揣摩蒋的意图，提出：第一、第二集团军各编十个师，第三、第四集团军各编八个师，杂牌军编六至八个师，其余六至八个师由中央处理。显然阎的方案有利于蒋介石，编遣会议开幕后，蒋下令将阎、冯提出的两个方案一并交会议讨论，并明确表示自己支持阎案，会议通过的《"国军"编遣委员会进行程序大纲》，规定全国军队编制不得超过六十五个师。设立八个编遣区，蒋占其中四个，这样一来，冯、阎、李等才发现上了蒋介石的当，便在大会上采取消极抵制态度。

此后，蒋介石又召冯玉祥、阎锡山到南京郊外的汤山温泉沐浴，蒋再度提出要对桂系用兵，阎锡山注目不答，似有难言之隐；心直口快的冯玉祥依然正大堂皇地回答："同为革命军，不宜自相残杀，以免分裂革命势力，重陷人民于水火。"由于冯、阎不上当，蒋的拉一派、打一派的图谋又落了空，心中懊恼可想而知。

1929年1月22日，出席编遣会议的海军代理总司令陈季良及海军署长陈绍宽，因不满编遣会议对待海军的决议，一怒之下离京赴沪，并提出辞职，各方慰留，直至27日蒋亲赴上海挽留，二陈才打消辞意，回到南京继续视事。

一波未平，一波又起。在汤山会议时，李宗仁、李济深"词锋尖锐，当面与蒋以难堪"，几乎使蒋下不了台。这样一来，编遣会议再也无法进行下去了。1月27日，李济深以葬母为由首先离开南京南返。2月4日，阎锡山又以父病重为由，请假离开南京北返太原。冯玉祥见李济深、阎锡山都走了，自己也坐不住了，于2月5日以神经衰弱为由，向蒋介石请假返回开封。一场马拉松式的编遣会议，就这样不欢而散。

编遣会议的流产，使蒋介石意识到地方实力派领袖和平交出兵权的可能性极为渺茫，从而更加坚定了蒋介石以武力解决的信念。冯玉祥走后，蒋找到尚留在南京的李宗仁，气呼呼表示要对付冯玉祥，以试探李宗仁的反应。随后，蒋介石又正式派遣吴忠信向李宗仁游说，共同对付冯玉祥。李宗仁力持不可，认为党内干戈千万不可轻动，因共产党日益壮大，日本军阀虎视在侧，党内如发生内战，将给他人以可乘之机。李还向蒋进言说：冯玉祥个性粗放，言语尖刻，是其短；而刻苦耐劳，善练兵，能与士卒共甘苦，爱国情热，是其长。倘中央开诚布公，推心置腹，未尝不可使其为国家建设而尽力。政府如更发动舆论界提倡正义，明辨是非，引人为善，冯氏必能接受中央领导，故对冯氏宜感之以德，千万不可操急从事。蒋听完李宗仁的陈述，连忙反问："冯玉祥自命老前辈，他会服从'我们'吗？"蒋特别强调"我们"二字，以示李宗仁也有一份。李宗仁解释说："冯玉祥一人易对付，但是冯氏统兵十余万（引者按：此时冯玉祥拥有二十七万军队），他下面的每一统兵将领都是一个冯玉祥。一个冯玉祥容易对付，无数个冯玉祥就难对付了。冯氏今日的作用，正如一串制钱上的'钱索子'。有这钱索子在，有事便拿着这索子，一提即起。一旦这索子断了，钱散遍地，捡起来可就麻烦了。"

李宗仁在高谈阔论、当大好人的同时，怎么也没有想到蒋介石首先要动武的对象不是冯玉祥，而恰恰正是以他和白崇禧为首的新桂系。

蒋介石首先拿新桂系开刀，是由多种因素决定的：桂系是1927年8月逼蒋下野的主谋，蒋对此一直记恨在心，要算这笔旧账。更主要的是桂系势力发展过快，南有广西根据地，北有唐山地区白崇禧率数万之众虎视南京。其主力又虎踞武汉，卡住了南京上游，对蒋介石的威胁最大。因此他要首先除掉桂系。当时桂系内部矛盾重重，又加之战线太长，首尾难顾。蒋桂相争对蒋有利。于是，蒋利用"湘案"，兴师问罪。

湖南是蒋、桂争夺的焦点。桂系决心要把湘政完全控制在自己的手里，因湖南是连接广西的通道。蒋则力图截断桂系的通道，防止其势力扩大，因此也极力控制湖南。于是蒋、桂在湘省展开了激烈的争夺，遂导致湘案的发生。

李、白率部攻下两湖后，李宗仁从大战略眼光出发，十分重视两湖地区的建设和巩固。1928年5月，李以集团军总司令的名义扣押程潜后，任命鲁涤平为湖南省主席，何键为省清乡督办。何的实力比鲁强，因而很多政务何独断专行，引起了鲁的严重不满。于是鲁联合山西省主席朱培德密报中央政府，建议任命何键为"会剿"红军总指挥，其目的是借红军的手除掉何。为促使何早日到任，鲁任命何的亲信张开琏为省财政厅长。何键担任"剿红"总指挥后，找到桂系大将胡宗铎、陶钧，请求代言担任省主席，得到了白崇禧的支持。1929年，中央政府送一批弹药武器给鲁涤平，从江西绕道而行经汀水到长沙。何键赶到长沙时，桂系另一大将夏威及胡、陶二人也同时赶到。何诡称鲁要赶走桂系，鼓动桂系将领除掉鲁涤平。桂系本就对蒋主席不满，因而拍案而起。29日，胡宗铎主持的武汉政治分会通过了免去鲁涤平本兼各职的决定。而此时桂系将领又准备强攻湖南，鲁涤平大惊，连夜乘船赶到南京向中央哭诉。这就是所谓"湘案"。

"湘案"发生后，李宗仁立即化装悄然离开南京潜往上海，住进了上海租界内，以避免做蒋介石的俘虏。

2月25日，李宗仁向国民党中央政治会议、国民政府呈报"湘案"经过，要求迅速追认武汉政治分会的决议，并自请处分。

"湘案"发生时，蒋介石正在老家奉化，他得到"湘案"报告后，感叹说："桂系跋扈恣睢，目无中央，从此恐又多事矣。"24日，蒋介石与行政院长谭延闿抵达上海访问李宗仁，会商解决"湘案"的办法，李宗仁表示将与中央保持一致。蒋介石对桂系的这一举动，恨得咬牙切齿，但蒋此时尚未做好准备，便不动声色与桂系打起文字官司来，以掩饰对桂战争的准备。

2月27日，蒋介石召开中央政治会议第一百七十七次会议，会议就"湘案"做出两项决议：第一，派国民政府监察院长蔡元培会同李宗仁、李济深、何应钦彻查湖南事件。第二，由何键暂时代理湖南省主席职务。

李宗仁、白崇禧一直幻想通过做些让步使蒋介石默认事实，3月4日，李宗仁发表谈话，在为"湘案"辩解的同时，表示拥护蒋介石，并宣布遵令裁撤武汉政治分会及第四集团军总部。

同一天，白崇禧致电南京的胡汉民、上海的吴稚晖、杭州的张静江三位元老，请他们出面调停，维持大局。电报称："有人趁机拨弄，动摇大局，借收渔利，禧身在病中，心忧党国，诸公领袖群伦，主持至计，敢请设法稳定大局，两湖必能听命中央也！"

3月5日，白崇禧复电蒋介石表示："唯中央之命是听，钧座处置得宜，决心专意服从。"

3月6日，白崇禧又急电胡汉民、蔡元培、李石曾、吴稚晖、张静江，再次请求他们出来调解，并向蒋介石力为解释，以求转危为安。

同一天，白崇禧复电立法院长胡汉民，称："遵即电转达武汉，嘱其不得妄动，并电请德公（李宗仁）严令禁止。任公（李济深）处禧亦电促早日赴京调解，共维大局。并望将鄙意述陈介公（蒋介石）。无论如何，总以顾全中央威信，使政局稳定，勿予奸人以挑拨之隙，而遗党国前途之忧也。"

接着，白崇禧就"湘案"公开向记者发表谈话，白崇禧表示，他与李宗仁事前绝未与闻，"湘案"纯粹是局部问题，尽可在法律上求得解决，绝对不应使之成为内战的原因。他深信两湖军队绝对服从中央，服从主义。

3月7日，白崇禧再次就"湘案"发表谈话，除重申他本人事前毫无预闻外，承认"湘案"处置"操切"，此事如何解决，当始终服从中央，服从蒋总司令，服从李总司令。白崇禧申明，桂系军队从珠江出发，转战万里而至北方，绝非为个人谋利益，完全为党国谋统一。白崇禧还否认了蒋桂将发生战争的可能，认为这完全是谣传。

白崇禧还寄希望于李济深出来调停。"湘案"发生后，白崇禧致电李济深，催促其早日赴京调解。3月7日，白崇禧对记者发表谈话，很乐观地表示："粤李主席已启程北来，即日可到京，一切问题待李到后解决。"

3月8日，白崇禧公开发表呼吁和平通电。但是，他并不知道，蒋介石武力驱桂之意已决，任何调解都是徒劳。

蒋介石的武力驱桂包括三步：第一步，"立唐倒白"，扶植唐生智，取代白崇禧在第四集团军的位置；第二步，拆散粤桂联盟；第三步，分化武汉桂系；第四步，武力灭桂。

白崇禧以第四集团军前敌总指挥身份带至北方的部队，绝大多数是收编而来的唐生智旧部，官兵以湖南人居多。他们不习惯北方生活，思乡心切，盼望早日南返。但白崇禧坚持在北方长驻，还别出心裁地提出要率部到西北戍边，引起了唐军旧部的普遍不满，他们不免怀念起唐生智来。而在这时，唐生智已从日本回到上海，他也有心重整旗鼓，正在等待机会。

早在桂系讨唐时期，蒋介石就曾秘密拉拢唐氏为己所用，当时唐氏对蒋缺乏信任，不肯与蒋合作。此时，蒋介石见有隙可乘，决定再次拉拢唐氏，利用他来瓦解北方白崇禧桂军。

他派刘文岛到上海与唐生智秘密联络，许以巨额银饷，请唐北上接收旧部，相约只要唐生智进入白崇禧部，南京政府即任命其为第五路军总指挥。蒋介石还亲自跑到上海，吩咐陈公博告诉原唐军将领刘兴："如可以把白健生捉住，便杀了他……你们要赶快做宣传工作，所需经费多少，找子文商量罢了。"唐氏正怀东山再起的野心，当然不会拒绝蒋的"好意"。于是双方尽释前嫌，一拍即合，唐生智立即携一百五十万元巨款北上天津。

与此同时，蒋介石派人在北方散布消息，大造迎唐复职舆论。北方唐军旧部先是背着白崇禧秘密串联，抵制白崇禧的指挥，后来干脆贴出了"打倒桂系""打倒白崇禧""欢迎唐总司令东山再起"的标语，公开向白示威。

当时，因蒋桂战争一触即发，白崇禧正准备率部南下与李宗仁会合，不想内部出现骚动，局面已非白氏可以控制的了。在险境之中，白崇禧受到广西籍第五十三师师长廖磊保护，于3月17日化装从塘沽乘轮南逃。

与此同时，唐生智到达天津，受到全体旧部团以上军官的迎接。20日，李品仙代表唐军旧部发表通电，宣布复归唐生智节制。唐氏以蒋介石所赠重金犒赏部下，除廖磊因掩护白崇禧外逃离职外，其他旧部均复原职。蒋介石亦如约任命唐氏为第五路军总指挥。

4月4日，唐生智正式就职，在北平顺承王府设立总指挥部。至此，蒋介石未发一枪一弹，把桂系在北方的十万兵马悉数抹去。

蒋介石在北方"立唐倒白"的同时，又在南方施展阴谋，企图诱捕李济深，拆散桂粤联盟。李济深与李宗仁及其桂系一向交好，尤其是经过"张黄事变"，两广之间实际已有军事联盟的关系，在多数人眼里，李济深可称是"半个桂系"，所以他也成了蒋介石必欲除之的眼中钉。

为了削弱李济深在广东的影响，蒋介石先后任命李手下的陈铭枢和陈济棠分别为广东省主席和广东编遣区主任，意图利用二陈的野心排挤李氏。

"湘案"发生之后，蒋介石又以请李"调停"为名，电请李氏北上，企图将其扣押。为消除李的疑虑，他派吴稚晖专程赴穗迎接。3月5日，李济深由广州出发，11日到达上海。他与李宗仁会面时，后者劝他千万不可去南京，否则必被扣留无疑，因为他虽然未在广西做过事，却一向被视为桂系，和李、黄、白有特殊友谊。李济深听了李宗仁的分析，当即表示决不去南京。

不久，蒋又派蔡元培、李石曾、吴稚晖、张静江面见李宗仁，商谈让李济深入京做调事人。吴稚晖称："蒋先生表示，以人格担保，不致使任潮失去自由！但是任潮如不去南京，中央便一定要对武汉用兵！"李宗仁反驳说："中央如有诚意和平解决，则在上海谈判和去南京谈判，究有何区别？必要时，蒋先生也未尝不可屈尊来沪。至于蒋先生以人格担保一层，像蒋先生这样的人，还有什么人格可言，你们又何必骗任潮去上当呢？"吴稚晖又说，如蒋氏不顾人格，自食其言，他便当着蒋的面在墙上碰死。李却回答："纵使你自杀了，战争还是免不了的。"

四人整整与二李谈了两天之久，第二天竟从上午一直谈到半夜十二点。最后，李济深软化了，表示"以国事为重，抱着跳火坑的精神，去京一行"。李宗仁惋惜道："你去南京必被扣留，你一失去自由，战祸就免不了！"

事情果然如李宗仁所料，李济深一到南京即被蒋介石派人监视起来，3月21日，蒋乃公开将其幽禁于汤山。李氏被扣之后，广东二陈即向蒋介石输诚。31日，陈济棠下令，限在粤桂军二十四小时之内撤离省境。黄绍竑闻讯，电告粤军称："各行其是，盼勿相干。"至此，粤桂联盟被蒋介石彻底拆散。

通过"立唐倒白""拆散粤桂联盟"两步，桂系势力大大削弱，但是蒋介石仍不罢休，接着开始第三步：分化武汉大本营的桂系部队。

其实，早在蒋介石第一次下野之前，就企图从内部分化桂系。当时，他的拉拢目标是胡宗铎，这大概与胡氏是鄂籍人有关。"湘案"发生前，蒋又遣人暗赴武汉，以湖北同乡名义游说胡宗铎、陶钧等鄂籍将领，但未获成功。

恰在此时，桂系第七军桂籍将领暴露出对胡、陶等鄂籍将领的不满，认为李宗仁、白崇禧过分重用胡、陶等人，而冷落了他们。他们还对胡、陶主鄂以来滥用职权、营私舞弊、军中待遇厚薄不均等十分不满，发出"广西人拼命打仗，湖北人升官发财"的怨言。桂系内部桂鄂两籍矛盾激化，给蒋介石造成了可乘之机。当时，以桂籍官兵为主的第七军因军长夏威称病住院，暂由师长李明瑞代理指挥。于是，蒋介石把李作为拉拢的目标。李明瑞与蒋的密使会晤后表示，因事关重大，他要与表哥俞作柏商议才能决定。

俞作柏是桂系元老，早在六万大山时就是李宗仁的干将之一，后因与李的政见相左，未能受到重用，这时正在香港赋闲。蒋介石得知情况后，立即派杨永泰携蒋亲笔信赴港游说。蒋向俞许诺：策动李明瑞倒桂成功后，可由中央任命俞氏为广西省省主席，省府委员可由俞自定。俞接受了杨的邀请，随其赴南京面见蒋氏。蒋命其为"国民革命军总司令部上将参议"，并让其携巨款赴汉与李明瑞等联络。

在俞的动员下，李明瑞答应倒戈反桂，并与俞商定了秘密联络方法。之后，蒋介石加派亲信副官郑介民赴武汉，协助俞作柏开展策反工作。联络告成后，俞即返沪复命。至此，蒋对桂系的收买分化取得圆满成功。

这样，蒋介石通过三步行动，继北、南两端之后，又在中间地区完成了倒李、白的准备。桂系势力大为削弱，蒋介石感到有把握武力灭桂了。

26日，蒋以南京政府名义发布讨伐令，免去李宗仁、李济深、白崇禧本兼各职，令前方部队对桂系军队"痛加讨伐"。27日，国民党三全大会决议开除李宗仁、白崇禧、李济深等人的党籍，免去本兼各职。

28日，蒋介石由南京动身，前往九江督师，并发表告将士文，将桂系定性为"桂系始终不改其为充满封建思想与地盘欲望之军阀性质"，并历数了桂系为扩张实力消灭异己的"罪行"：操纵特委会，大举西征，消灭唐生智的第八军；广州起义后，以"清共"为名，重创第四军，消灭第五军；假借口实，消灭程潜的第六军；发动"湘案"，消灭谭延闿的第二军。总之，北伐出师时的八个军，被桂系先后消灭或重创的就有四个军，桂系还扬言，"第一军不值一击"，企图消灭第一、第三军。告文最后说："桂系军阀反革命的行动，实属擢发难数，仅就上述事实，已属罪不容诛。综其罪恶，最大者厥有五类：第一，投机取巧，以扩张一系势力；第二，阴谋毒计，以消灭革命武力；第三，挑拨离间，以分裂革命袍泽；第四，贪残掠夺，以剥削民众利益；第五，违背中央，以破坏中国统一。桂系军阀犯此极恶大罪，中央本应及早讨伐，上以肃国家之纪纲，下以除民众之祸害。"

28日，蒋介石颁布"讨逆军"战斗序列，以何应钦为"讨逆军"参谋长，下辖第一路军（总指挥朱培德），辖第三军（军长朱培德兼）、第五军（军长鲁涤平）；第二路军（总指挥刘峙），辖第一军（军长刘峙兼）、第二军（军长朱绍良兼）；第三路军（总指挥韩复榘），辖第六、第七军；总预备队（总指挥陈调元）辖第六、第十、第四十八等师，另有第四军何键部、海军舰队司令陈绍宽、航空大队司令张静愚参战。作战命令亦于同时下达，"讨逆军"决以主力略取武汉，同时以一部攻击长岳路，期于两广军队未到前，歼灭武汉之敌。武汉周围是十万桂系主力部队所在地，蒋介石预先估计在这里很可能会有一场恶战，故调集了十六万优势兵力参战。

29日，蒋介石乘"楚有舰"从南京赴九江督师，次日抵达九江。蒋桂军在湖北罗田、蔡家河、蕲春、田家镇一线交火，蒋桂战争正式爆发。当时，桂系的第七军军长夏威正患白喉住院，所部交第七军副军长兼第一师师长李明瑞指挥，这就为李明瑞策反桂系部队提供了千载难逢之良机。4月2日晚，李明瑞召集第七军第一、第二两师连以上干部，进行倒戈动员。李明瑞针对桂系官兵心理，只提反对胡宗铎、陶钧、蒋介石，而不提反李宗仁、白崇禧。

对于痛恨蒋介石又怨恨胡、陶的桂系官兵来说，正中他们的下怀，他们一致表示服从命令。于是，李明瑞连夜把部队带到预定地点湖北孝感、花园一带。第七军第二师杨腾辉旅、李朝芳旅的梁重熙团、尹承纲旅的黄权团也于次日开到。李明瑞、杨腾辉宣布就任蒋介石所委的第十五师、第五十七师师长，并发表罢战通电。

李明瑞、杨腾辉等人的倒戈，使第七军一下子失去了三分之二的兵力，从而打乱了桂系的全盘部署。夏威、胡宗铎、陶钧等人惊惶失措，决定立即放弃武汉，向鄂西沙市、荆州、宜昌一带撤退，蒋军兵不血刃进入武汉三镇。

4月7日，蒋介石以陆海空军总司令的名义发出布告，揭露李宗仁、李济深、白崇禧等三人的所谓"罪状"，同时任命张发奎为第一路追击司令，朱绍良为第二路追击司令，衔尾追击向鄂西撤退的桂军。与此同时，蒋又派湖北籍的孔庚、何竞武等人前往鄂西军中招抚胡、陶、夏等人。

4月10日，蒋介石拿出他的撒手锏，发表《关于桂系军队脱离李、白归顺的奖赏书》，公开号召桂系官兵以下犯上，大开杀戒。

4月20日，胡宗铎、陶钧、夏威、程汝怀等部为蒋军陆海军以及川军刘湘部合围。经孔庚、蒋方震斡旋，胡、陶同意以公费出国读书为条件，向蒋介石投降，得到蒋的同意。当天，胡、陶发表通电引咎下野，通电声称："此次事变，外间揣测纷纭，未遑置辩。宗铎等既念党国缔造之艰难，复念民生之凋敝，怀同室操戈之痛，懔内战不祥之忧，蹒蹰察慎，交战神明，午夜扪心，绕室不寐。一身万难，纷至沓呈，利害相权，宁不咎于藐躬，不争是非于无谓。用是决然引退，即日交代，放洋读书，增求新知，以补吾过。邦人君子，其共谅之。"

桂军余部开始被蒋介石收编为四个整编师。但这些部队与潜伏香港的白崇禧有联系，蒋介石得到情报后，唯恐留下祸患，很快调集优势兵力将这四个师包围缴械，部队打散编入各部队，成建制保留的只有两个新编旅。

蒋桂战争以桂系的彻底失败而告终，十几万号称能战的桂军轻而易举地被瓦解，烟消云散。蒋介石获胜的原因自然有多端，但最重要的一点，就是针对桂系的弱点，采取政治、军事以及收买分化多管齐下的措施，使桂系防不胜防，迅速土崩瓦解。

事隔数十年后，20世纪60年代，白崇禧在台湾接受史学机关的口述历史采访，其时白氏身处蒋介石严密监控的逆境，但当回忆起这段往事时，还是情不自禁地表达了对蒋介石玩弄阴谋手段消灭异己的轻视和不满，他说："检讨中央这次的胜利，其得胜的方式大有研究的必要，以金钱、官职去买动人，以后成为风气，而内战果无已时。要是这次大事化小事，不打，以后亦无陇海路战事（指中原大战）。"

白崇禧言外之意，是说蒋介石采取不正当的手段赢得战争，胜之不武。

第八章　几度浮沉图破壁

白崇禧大势虽失心犹在，几次想通过军事或者政治手段重拾权力，但是却连连受挫。最终，暂时割据于两广。

困兽犹斗，东向攻粤再失利

桂系溃败后，三杰经过几番周折最终在梧州聚首，感叹世事多变，成败就在转瞬间。回想三年以前，李、白提师北伐，一路势如破竹，所向披靡，从岭南广西一直打到北国的山海关，所部由不足四万发展到二十万，号称"钢军"。李、白因此亦大有当世英雄、舍我其谁的豪迈气概。然而却没有想到，在蒋介石的凌厉攻势下，前方大军顷刻间相继土崩瓦解，化为乌有。现在，李、黄、白手中只剩下了由黄绍竑统率、留守广西老家的三个师的兵力。

凭这点儿兵力，桂系今后还能有什么作为呢？

然而，蒋介石连这点都不打算放过。4 月 14 日，蒋介石制订《讨逆军第二期作战计划》，规定："讨逆军以根本铲除桂逆之目的，由湘、粤、滇三路进攻广西，肃清残逆，以巩固我西南革命根据地。"为此，蒋介石先后任命何键、陈济棠、龙云为所谓的"讨逆军"第四、第八、第十路军总指挥，指挥数十万大军，准备由湘、粤、滇三路进攻广西。

按照蒋的计划，何键要出动二十个团的兵力，进攻广西东北部的重要城市桂林、柳州；陈济棠出动十八个团的陆军，并在广东海军、空军的配合下进攻广西的梧州、浔州（今桂平）；龙云出动十二个团，进攻广西的百色、龙州、南宁。

4月19日，蒋介石在汉口发布了进攻广西的作战命令。不过，发布命令后并未立刻进军，而是发动了新一轮和平攻势，将李、白与黄绍竑区分开来，以达到分化瓦解、各个击破的目的。

随后几天，三人持续收到内容相似的信件或电文：

先是李、白收到李济深来信，在信中，李济深从历史说到现在，反复自我检讨过去对蒋介石的不当态度，劝说李、白解散桂军，停止抵抗，早日远走海外。

4月27日，黄绍竑、黄旭初收到广东将领蒋光鼐、邓彦华、陈策、余汉谋、香翰屏、陈章甫、蔡廷锴、张惠长、陈庆云等联名电报，要他们服从南京中央，完成统一。电报说："吾党自兴师北伐，牺牲甚重，所求者在中国统一。……诸兄倘不忍举数年来之惨淡经营付诸一炬，则望当机立断，毅然决然，请季公即日通电服从中央，完成统一，消弭战祸。共策休明。"

黄绍竑收到南京国民政府行政院院长谭延闿、军政部长何应钦电报，要黄"顾全大局，劝解息争"。

这几个电报无论效果如何，至少没有点燃三人的怒火。然而，下面这一封却不一样。

几天后，黄绍竑正同白崇禧下棋，李宗仁在一旁观战，译电员送来一份急电，李宗仁接过一看，是广东省主席陈铭枢打给黄绍竑的，电报转达了南京政府的四项回复：一、着黄绍竑将李宗仁、白崇禧拿解来京，听候查办；二、广西不准收容从武汉退回的部队；三、广西境内的部队缩编为一师一旅，剩余武器解交中央；四、黄绍竑将以上三项办妥后，得任为两广编遣区副主任。

李宗仁看完电报后，未吭一声便递给了正在全神贯注下棋的黄绍竑，黄以棋局正入高潮，顾不上看电报，顺手将其搁在身边茶几上，直到棋局终了，赢了棋的黄绍竑笑逐颜开地打开电报，看完后，连呼："岂有此理！岂有此理！"随即又将电报递给了白崇禧，白看了，连忙对黄说："季宽，像这样的条件，还有什么好说的？"李宗仁将手中的香烟猛吸了几口，然后发话道："算了吧，准备打仗！"

显然李、白被蒋的傲慢态度激怒了。本来，黄绍竑对蒋介石还存有一丝幻想，希望两广能相安一时，看看大局的变化，再做打算。在这种情况下，黄绍竑也不好再坚持，三巨头一致决定孤注一掷，与蒋拼个你死我活。黄绍竑后来说："广西人的个性，是不输最后一口气的，你迫得他愈厉害，他就不顾一切地和你蛮干到底。洪（秀全）杨（秀清）末期，全军被杀，不肯投降的情形，正是一个很好的例子。"

　　正是这封电报，激发了三巨头的怒火，坚定了他们的斗志。

　　5月4日，国民政府宣布免去黄绍竑的广西省主席兼编遣特派员，以伍廷飏任广西省主席，吕焕炎任编遣特派员。

　　5月5日，李宗仁在梧州打出"护党救国"的旗号，自任"护党讨贼军南路总司令"。随后，李宗仁即前往香港，从事联络其他各派的政治活动，广西内部由白崇禧与黄绍竑主持。黄绍竑因对攻粤有意见，"军事上一切都交由白崇禧去指挥"。白崇禧任总指挥，指挥桂系三个师攻粤。

　　这时，蒋介石又动员蔡元培、张静江、李石曾、吴敬恒等元老于5月10日分别给李宗仁打来电报，要求他带着黄绍竑、白崇禧出国远游，不要再起战争。

　　但桂系的首脑们认为蒋介石欺人太甚，咽不下这口气，不可能就这样对蒋介石俯首称臣，对于这些老头子的劝说电报也未予理睬。

　　常言道："主不可怒而兴师，帅不可愠而致战。"从军事实力上讲，桂系这时已经远远不如粤军，但输急了的白崇禧，在一种愤懑的情绪之下，却把打仗的问题看得太容易，而不顾一切。白崇禧计划以速战速决的方式打下广州，扭转目前的劣势。

　　进攻路线是从梧州取道怀集、广宁、四会，进攻广州。李、白还同时策动驻广东东江的第二师起兵反对陈济棠，以收东西夹击之功。同时，广州一部分海军在第四舰队副司令舒宗鎏的带领下，在三山、南石头等处宣布独立，飞鹰、中山等舰企图驶离广州，与桂军攻粤遥相呼应。广东北区善后委员王应榆也响应桂军对广东的进攻，广东内部一片混乱，导致粤军行动迟缓。

　　白崇禧知道，士气在战争中作用非常大。为激发桂军的作战士气，他提出"不打广东会饿死，打到广东有饷关"这样冲击力强的口号，致使桂军官兵作战热情高涨。

战斗初期，桂系进展顺利。可谓来势汹汹，长驱直入广东境内，直至越过封口、江口等地，陈济棠才获悉桂军攻粤，急忙调集粤军抵抗：命令粤军第一旅（旅长余汉谋）守清远，依北江西岸阻击桂军；第二旅（旅长香翰屏）守三水、芦苞，依北江东岸抵御桂军；陈铭枢部负责守卫东江，防备徐景唐部。

此外，白崇禧还通过反间计，促使多疑的陈济棠于5月12日扣押了他手下大将第一旅旅长余汉谋，将其带回广州软禁，宣布由李扬敬接任第一旅旅长职。余汉谋被扣押后，余之亲信李振球、叶肇等以罢战相要挟，导致粤军防线节节后退。5月14日，白崇禧部越过四会，分兵两路，直指三水、清远两地。次日，桂军冲破粤军大塘防线，粤军损失甚大。17日，陈济棠下令放弃清远，退到花县（今广州市花都区）白坭、粤汉铁路上的军田车站附近。

桂军乘胜追击，广州震动。在这紧急关头，陈济棠采纳部下意见，释放被扣押的余汉谋，让其以总部参谋长的名义赴前方指挥粤军反攻。余回到前线后，调集粤军与桂军在白坭进行决战。

在这次决战中，桂军处于明显劣势，深入粤境作战，最初的气盛变成力竭，终于抵挡不住优势粤军的强大进攻，遭到惨败，在战斗中，桂军第一师师长黄旭初身负重伤，几乎丧命。

5月22日，陈济棠向南京发出如下的报捷电：

一、逆敌万余人，于马（21）日被我军击破，除俘虏数千人及击毙溃散外，其渡江溃退者，不满三千人，已不成军。二、大塘逆总指挥部职员，俘虏过半。黄逆旭初身受重伤，王逆应榆被我军俘虏。三、第一旅夺获步枪千余支；第二旅俘获步枪两千余支、水机关枪二十三挺、迫击炮十二门、火炮一门；第三旅约两千支；第八旅约一千支。在战地散失，总在两三千以上。四、我军现驻白坭、永平、大塘、芦苞一带，准备追击。五、据蒋（光鼐）师长电报：蔡（廷锴）旅及第七旅，

> 于莳（20 日）末占领河源县城，残敌约两千，向忠信溃退。
> 现仍继续追击中。

桂粤之战，陈济棠打了胜仗，得到南京政府的嘉奖。而打了败仗的"小诸葛"白崇禧不得不于 21 日下令退却，灰溜溜地将残余部撤回广西。

在白崇禧挥师攻粤的同时，何键趁火打劫，率湘军攻入桂北。桂系发动"湘案"，免去鲁涤平湖南省主席一职，由何键继任。但何键是一个极端善于见风使舵、投机成性的军阀，在蒋桂胜负未分的情况下，何键对桂系的任命既不接受也不拒绝，巧妙地周旋于蒋桂之间，首鼠两端。3 月 10 日，何键还打电报给国民党中央，要求中央派人接替湖南省主席，以便他专心"剿匪"。当桂系败相渐现时，何键决定公开倒向蒋介石。他派遣彭允彝前往南京晋见蒋介石，上函表忠心。又派刘凤、张慕先携函晋见谭延闿，派吴国梁晋见朱培德，派刘子健晋见鲁涤平，疏通各方面的关系。在得到肯定答复后，何键于 4 月 4 日宣布就任蒋介石委任的"讨逆军第四军军长"（后改为第四路军总指挥）兼编遣特别委员，与桂系断绝一切关系。之后，蒋介石又派武汉市市长刘文岛给何键送来一百万巨款充征讨桂系的军费。

根据蒋介石的命令，何键指挥湘军的第七师（师长何键兼）、第八师（师长周斓）、第十九师（师长刘建绪）、第五十二师（师长吴尚）、第五师（师长范石生，驻湘滇军）共二十五个团，分为四个纵队：第一纵队周斓师，第二纵队刘建绪师，第三纵队为吴尚师，范石生师为第四纵队，乘白崇禧倾全力攻粤之机大举进攻桂北。桂林警备司令张任民手下只有一个团的兵力，无力抵抗，退回柳州。

白崇禧自粤败退回师广西后，将所部桂军编成第一、第二、第三纵队，以徐启明、覃连芳、雷飙分任纵队司令官，由伍廷飏任前线指挥官。6 月 17 日，覃连芳纵队在柳州击败湘军一个旅。6 月 19 日，徐启明、雷飙纵队在沙堆与刘建绪、吴尚两部对峙，覃连芳回师夹击，大败湘军。李、白事先命令广西民团武装在湘军撤退的路上布设了竹桩、铁钉等锋利武器，溃逃的湘军官兵踏上这些锐利物品，轻则伤足，重则丢

141

失性命。6月24日，覃连芳收复桂林，湘军退守全州，与桂军在桂北形成对峙状态。这次何键进攻桂北，损失惨重，退回湖南后，何键向蒋介石报告战况，讳言溃败，托词说"缩短战线"。

小胜之喜难掩大败之忧。白崇禧虽然在桂北打了几个小胜仗，但南线却在蒋粤军的联合进攻下全盘溃败。黄绍竑分析了一下广西的局势，认为军事上已无路可退，粤军、第八路军正分三路向广西扑来，以桂军目前的力量根本没法抵挡。但是政治上却可能有未来空间，尽管蒋介石已任命俞作柏为广西省主席、李明瑞为广西编遣特派员，但俞、李与蒋纯属利益关系，且依政治倾向判断，二人与蒋定难长久，待时局之演变而善为运用，广西仍可为李、黄、白所掌握。

考虑到这些，黄绍竑决定退出广西，并电白崇禧即回南宁，一起下野。当时，白尚在桂、柳处理尚未了结的军事事务，迟迟不能成行，黄迭电催促，并云："一走百事俱了，不走百事不了，何必多所留恋?"

白崇禧回到南宁，经与黄绍竑商量，决定将广西省内部队交师长梁朝玑、吕焕炎统率，由他们两人出面向李明瑞、杨腾辉等寻求妥协。黄绍竑还留民政厅长粟威在南宁办理省政府移交，以示清白。6月20日，黄绍竑发表自动下野通电："绍兹因事离邕（南宁），所有省政府日常事务，着由民政厅长粟威代拆代行，军部日常事务，着由第十五军部参谋处长郑承典代拆代行。"

6月24日，白崇禧与黄绍竑离开南宁，乘船上行抵达龙州，经镇南关（今友谊关）进入安南（越南）境内。据说，再度出逃前，黄绍竑带有法币一千五百万元，存放在越南海防市的东方汇理银行，订明可以随时提取。有了这笔巨款，其流亡生活不致拮据。

旧桂系头目陆荣廷、谭浩明当年兵败下野时，也是沿这条路进入安南的。如今，白崇禧等新桂系头目又步陆氏后尘，回念及此，真是别有一番滋味在心头!

继缉拿李宗仁、白崇禧后，南京国民政府于8月13日下令缉拿黄绍竑。

卷土重来，二次攻粤终无功

　　白、黄离开广西后，俞作柏、李明瑞主政广西，但世事正如黄绍竑所料，俞、李的"左"倾渐为蒋所不容。蒋不信任俞、李，遍插亲信于广西重要部门。俞、李在政见上"左"倾，与汪精卫改组派联系紧密，共产党力量发展迅速，广西逐渐成为蒋介石眼中的赤色地区。于是，双方的矛盾越来越大，后来俞、李干脆公开亮出反蒋旗帜。但蒋却很沉稳，他暗度陈仓，采取安插、收买、离间等方式，一步步削夺了二人的控制力。但是对于这些，俞、李似乎并未觉察。

　　9月27日，俞、李在南宁发出讨蒋通电，欢迎张发奎率部入桂。俞作柏同时宣布就任"护党救国军"总司令，李明瑞为副司令。10月1日，俞、李在南宁召开反蒋誓师动员大会，宣布南路讨蒋军成立，并发出"反对独裁，实行民主，释放政治犯，贯彻三大政策"的通电。南路讨蒋军由俞作柏任总司令，李明瑞任副总司令，共三个师又两个独立旅、一个教导队、五个警备大队及直属总部的炮兵工兵通信特务等四个营，其中，广西警备第一师吕焕炎部驻防梧州、平乐；第十五师黄权旅驻防平南、桂平；杨腾辉第五十五师驻防柳州、庆远、桂林一带；其余各旅及警备大队分驻南宁、贵县、玉林一带。

　　俞作柏、李明瑞宣布反蒋后，却发现手下几位大将均已被蒋介石收买了过去。

　　原来，俞作柏回桂后，实行与共产党合作的政策，深为广西省内一些反共军官所不满。他们私下早已串联反对俞、李。首先是桂系中资格甚老的张任民从香港窜回广西，暗中煽动吕焕炎、杨腾辉、梁朝玑、黄权等统兵将领起来反对俞作柏、李明瑞。

　　当然，在这种游说的背后，蒋介石的金钱再次发挥巨大威力。蒋介石答应，只要吕焕炎起来反俞、李，就安排他担任广西省主席并送两百万大洋。吕焕炎自恃资格老，又是保定军校出身，早就不甘心位居俞作柏、李明瑞之下，蒋介石策反取得成功。吕焕炎应约派他的堂弟吕沦隐到南宁和杨永泰接头，谈妥条件，即听从蒋介石的驱使。吕焕炎投蒋后，以三十万大洋收买李明瑞的心腹黄权，黄权被蒋介石委为第十五师师长。

就是在这样的背景下，俞、李几乎成了光杆司令，这就注定了俞、李反蒋必然迅速失败的命运。很快，俞、李被免职，讨伐电报纷至沓来，讨伐大军也纷纷袭来。俞作柏、李明瑞被迫于10月13日仓皇离开南宁，俞作柏经龙州潜入越南，后转香港；李明瑞与俞作豫率领特务营及广西警备第五大队滞留龙州，准备下一步行动。

广西局面的急剧变化，使本来寄希望于俞、李的改组派领袖汪精卫失望不已。情急之下，汪精卫转而寻求与在港的李宗仁、黄绍竑、白崇禧合作，希望李、黄、白重回广西，收拾局面，以便与正在南下的张发奎合作。经由唐生智的居间拉拢，汪精卫与黄绍竑两人言归于好。黄绍竑随即秘密潜返广西，经过一番秘密运作，获得了旧部的支持。

1929年11月11日，黄绍竑在梧州公开发表通电，宣布遵"第二届中央执监委员会议"的命令，就任"护党救国军"第八路军总指挥，与第四军一致讨蒋靖粤。

此时，张发奎的第四军经过长途奔袭，经湖北湖南已经抵达广西境内。11月24日，黄绍竑与张发奎在石桥黎木根会见，讨论攻粤行动方案。在进攻的节奏上，双方发生分歧。黄绍竑认为，桂局转变未及一月，诸事都要重新部署，第四军已经连续行军作战近百日，沿途大小战斗十余次，部队比较疲惫，应当先在广西境内稍为休息整顿，然后再挥师东下。但张发奎则认为，应乘其不备，一举东下，即可占领广州，否则等对方有所准备，必难获胜。

黄绍竑虽不赞同张发奎的意见，但亦无法阻止，同时又不能袖手旁观，任其失败，只好同意与张发奎立即行动，桂军除留吕焕炎一部留守广西外，其余悉数东下，在出发前，黄绍竑决定电请白崇禧回来。

白崇禧接电后，即取道龙州赶到八步军中与黄绍竑相晤，随后李宗仁也从西贡回到了八步。李、白与黄绍竑、张发奎等开会商讨今后的行动问题。决定重新改定战斗序列，由李宗仁任"护党救国军"总司令兼命令传达所所长，黄绍竑为副总司令兼广西省主席，白崇禧任前敌总

144

指挥，下辖第三路军（总司令张发奎）、第八路军（总司令李宗仁兼）。桂张军共有二十八个团，约有五万之众，其分工是：第三路军由四会、清远入花县、丛化，担任左翼；第八路军循两江经肇庆，攻击粤汉铁路正面的军田，并分兵一部进攻佛山，最后两军"以攻取广州为目的，拟将敌之主力压迫于广州以西地区而歼灭之"。

广东方面，蒋军早已做好了迎战的准备。战争爆发以前，陈济棠以兵力不足为由向蒋介石求援，蒋立即派朱绍良为"讨逆军"第六路军总指挥，率领谭道源、陈继承、毛炳文三个师赴粤助战，另派何键率第四路军进入桂北，牵制桂张军。

12月16日，国民党中央执行委员会发表《嘉勉广东前方将士电》。

随后，蒋又派何应钦以广州行营主任的名义到广州督战。蒋军的部署是：以第六路军总指挥朱绍良指挥的三个师和蒋光鼐、蔡廷锴指挥的两个师为右翼，由蒋光鼐指挥，在花县两龙圩一带阻击张发奎部；以余汉谋、香翰屏两个师为左翼，在花县白坭及三水、芦苞一带阻击桂军。陈济棠则在花县新街设立总指挥部，负责指挥全局。

12月6日，李宗仁在广东清远下达总攻击令，为了鼓舞士气，桂张军部政治工作人员散发传单，再次提出"不打广东会饿死，打到广东有饷关"的宣传口号。

一开始，桂张军士气旺盛，攻势颇为凌厉。白崇禧随桂军第二师（师长蒙志）行动，由德庆、四会到清远渡河，向粤汉铁路的银盏坳进攻，渡河后，白崇禧乘坐铁路手摇探路车前进，当即遇到三架蒋军飞机的轮番轰炸和低空扫射。其中一枚炸弹落在离白崇禧只有五十米远的地方，幸好这是一枚哑弹，白崇禧得以脱险。当时桂军第二师官兵已经散开躲避轰炸，亲眼看到这个情况，虚惊一场，纷纷开玩笑说："白老总有将星照耀，天公开眼，炸弹不发，将来大有希望。"

白崇禧到达战场后，即指挥桂军第一师担任中央队，攻击军田粤汉铁路正面，第七路军担任右翼队，张发奎指挥第四军担任左翼。白崇禧指挥的第一师向粤军正面阵地攻击，由于粤军在军田附近构筑有坚固的工事严阵以待，阵地遍布铁丝网，致使桂张军很难突破。于是，白改变策略，乃由各地各师挑选先锋队三百余名，携带手枪和手榴弹，乘黑夜

145

向粤军阵地发起攻击，并声明先锋队的官佐先赏港币六十元，士兵赏三十元；等到夺取粤军阵地，击败粤军，进入广州之后，论功行赏，先锋队的官兵各升一级，官佐加赏港币五百元，士兵二百元。这样，就使那些官兵不顾生命，甘当炮灰。先锋队员领赏编队后，吃饱喝足，乘夜深粤军枪炮声已疏时，逼近粤军阵地前，破坏铁丝网，开辟道路突入粤军阵地，展开冲杀。但粤军死守阵地，大队增援，四面夹击，结果先锋队被粤军击败，冲锋受挫，仍是对峙状态。

与此同时，张发奎指挥的左翼在两龙圩与粤军激战四昼夜，张发奎所部受到重创，官兵损失惨重。张发奎所部官兵损失兵力超二分之一，旅长黄镇球、副旅长欧震等受伤，旅长吴奇伟等掉队。因所有兵力全部用完，为避免全军覆灭，张发奎不得已于12月12日下令各部撤退，多数部队无法接到命令，不得已，乃照来路自行退却。

负责正面攻击的白崇禧见左翼张发奎部已退，左侧背受到威胁，与李、黄商量后，也下令后撤。

桂张军本拟退守广西门户梧州，不料粤方海军舰队早已先期占领梧州。桂张军只好撤往平乐、荔浦一带集中整理。张发奎将剩余的八千余官兵编为两个师六个团，以李汉魂任第四师师长，张发奎任第四军军长兼第十二师师长。

事后有人分析这次桂张军远征广东失败的原因："桂军因阻于大小河流之隔绝，且乏渡河器材，仅能凭重赏选得少数敢死之士，采用木板渡江猛攻。但多数部队无法继续前进，故攻势毫无进展。且部队暴露于江滨平坦开阔之处，遭到粤方飞机的轰炸与扫射，伤亡惨重，精神上所受的威胁影响甚巨，结果折翼而回退桂境。桂军此次出动，全可谓准备不周，出浪战之师，求侥幸之胜，打了一个无把握之仗。"

屋漏偏逢连夜雨，兵败之际多叛将。留守后方的"护党救国军"第一纵队总指挥吕焕炎又因李、黄、白回省后，自己地位下降、权力被削弱而心怀不满，乘桂张军大败而归之际，决定公开背叛李宗仁等，重新投靠蒋介石。12月28日，吕焕炎又密电蒋介石等，请求"迅示方略"。吕焕炎与入桂粤蒋军内外呼应，并且派出使者策反李、黄、白手下两位师长黄权、蒙志。

情况危急，李、黄、白三人商量后，当机立断，以迅雷不及掩耳之势将第八路军第二纵队第一师师长黄权、第三师师长蒙志扣留查办，押赴桂林看管，将二师改编为教导师，白崇禧亲自兼任师长，由梁瀚嵩代理，从而消除了内部的隐患。

1930 年初，桂张军进行了整编，决定撤销第三、第八路军的名义，恢复原先的第四、第七、第十五军番号。三个军仍以李宗仁为总司令，黄绍竑为副总司令，白崇禧任前敌总指挥，三个军的军长分别为张发奎、杨腾辉、黄绍竑（兼），决定由李宗仁、白崇禧指挥第七军和第十五军一部守荔浦，黄绍竑与张发奎率第四军及第十五军一部负责讨平吕焕炎部。

白崇禧指挥的教导师于 1 月底进至平乐对岸，被粤蒋军击退，与粤蒋军隔漓江相对峙。白崇禧巧施引蛇出洞之计，令教导师佯攻平乐，诱使敌军全部渡过漓江西岸，以便聚而歼之。蒋军毛炳文、谭道源两师果然中计，倾巢追击教导师。教导师急退往荔浦。白崇禧抓住战机，于 2 月 4 日下令部队全线反攻，终于将蒋军朱绍良部击溃。李宗仁回忆说："是时幸白崇禧指挥有方，将深入平乐的朱绍良指挥的谭道源、刘和鼎等部击破逐出桂境，民心才稍定。"

白崇禧虽然打了胜仗，可黄绍竑、张发奎却在北流又吃了一个大败仗。

当黄、张率军攻打吕焕炎时，粤军余汉谋、香翰屏两部增援玉林的吕焕炎。白崇禧估计到黄绍竑、张发奎所部兵力单薄，不宜与对方硬拼，便急电黄绍竑，请其放弃玉林，退守浔州、贵县一线，等他带第七军赶到后，两部共同迎敌。但黄绍竑、张发奎对敌情判断错误，且中了敌军诱敌深入之计，断然在北流民乐圩一线与兵力占优势的粤军展开决战。

这次，粤军吸取上次花县大战的教训，每一个阵地前都修建了纵深的壕沟，布置了各种障碍物，据险扼守，并有空军飞机在上空盘旋侦察，投弹助战；而桂张军不但没有飞机，而且没有大炮等重武器可以攻坚，即使迫击炮也不多，因此打来打去，就是冲不动粤军的阵地。当桂张军攻击力下降时，粤军乘势反攻，致使桂张军无法抵挡。

经过三昼夜激战，桂张军再次遭到惨败。张发奎部"实力大减"，张发奎将剩余官兵编为一个师三个团，撤销第四师番号，保留第十二师，张发奎任军长兼师长，薛岳、吴奇伟、韩汉英分任团长，原来的团长降为营长，营长降为连长。黄绍竑指挥的第十五军损失也很大。北流战败，黄绍竑"自认为指挥失当"。为此，白崇禧对黄绍竑大为不满。

黄绍竑打了大败仗，加之他的母亲又在战争期间去世，黄绍竑认为自己的母亲是因为他政治上的关系受到惊吓而死的，不孝之罪，百身莫赎，这一切使他悲痛万分，心灰意冷，产生了退隐之意。他打电报给李宗仁、白崇禧和张发奎，向他们提出引咎辞职的请求。李宗仁等接到电报后，大吃一惊，在这个存亡的关键时刻，黄绍竑打退堂鼓，将严重影响军心士气。于是，李宗仁等回电，给予恳切的安慰，并且第四军将领主动将北流战败的责任揽到自己身上，说是因为他们作战的不得力才导致战败，与黄绍竑无关。这使黄绍竑十分感动，不再坚持辞职。

由于北流战败，桂张军已无力反攻，退到贵县防守。粤蒋军也不再积极追击，与桂张军在广西境内形成对峙状态。

倾巢北上，中原大战遭惨败

以蒋桂战争为起点，蒋介石强行贯彻以武力消灭地方实力派的政策，一年之内，先后又爆发了蒋冯（玉祥）战争、蒋唐（生智）战争，均以蒋介石的胜利而告终，地方实力派受到沉重打击。蒋介石在连连获胜后，又将打击矛头指向最后一个实力最完整的地方实力派首领阎锡山。

蒋介石先是强行夺走阎锡山在平津的税收收入。不久，又停发了阎锡山驻平津部队的饷项，且不准阎锡山在山西发行公债来作为弥补。为此，阎锡山对蒋恨极了，拍着桌子说："现在蒋要用经济手段把咱们困死！""他这样排除异己，现在居然逼到我头上来了！"蒋、阎矛盾迅速激化。

共同的境遇带来共同的诉求，那些曾经被蒋清剿过的力量见此情景，纷纷站到阎锡山这边，冯玉祥首先表示愿拥阎为全国军政领袖。以汪精卫为首领的改组派政客，也表示愿意奉阎锡山为盟主。西山会议派也派员来到天津，积极与阎锡山联络。处境艰难的桂系首领获悉阎锡山有反蒋的意图后，更为兴奋，迅速派胡宗铎、麦焕章、潘宜之、黄建平等赴太原见阎锡山，极力怂恿阎锡山出来反蒋。

为了坚定阎锡山的反蒋信心，桂张军将领由李宗仁领衔，黄绍竑、白崇禧、张发奎、胡宗铎联名于 1930 年 2 月 21 日首先发表通电，要求蒋介石歇业引退，推阎锡山为"全国陆海空军总司令"，冯玉祥、张学良为"副总司令"。

李宗仁等人的电报，首先表达了拥戴阎锡山为反蒋盟主的明确态度，而这正是阎锡山所孜孜以求的。

2 月 23 日，原北伐时期的第二、第三、第四集团军将领阎锡山、冯玉祥、李宗仁领衔，白崇禧等四十二人联合署名发表通电，提出打破国民党党统观念，由中国国民党全体党员总投票，以取决多数来解决党内纠纷。从此，国内各反蒋派别全部集中到阎锡山的旗帜之下，形成了以阎锡山为中心的反蒋阵营。

4 月 1 日，阎锡山在太原宣布就职，冯玉祥、李宗仁分别在陕西潼关、广西桂平宣誓就职，但张学良没有理睬。

按照统一部署，在广西的第三、第八两路军改编为"中华民国陆军第一方面军"，由李宗仁任总司令，黄绍竑任副总司令，白崇禧为总参谋长。

在阎锡山、冯玉祥、李宗仁等人酝酿反蒋时，蒋介石也做好了回击的准备。

4 月 5 日，南京国民政府发布通缉令，宣布"阎锡山应即免去本兼各职，着京内外各省政府、各军队一体严拿归案讯办，以儆奸凶，而伸法纪"。

4 月 5 日，蒋介石以中华民国陆海空军总司令的名义发布《为讨伐阎冯两逆告将士书》。5 月 11 日，蒋介石下达对阎、冯的总攻击令，中原大战正式爆发。

中原大战的主战场在以平汉、陇海、津浦三大铁路为中心的河南、山东、河北境内。北方战局开始时，广西境内的战事已呈胶着状态，深入广西的粤军固然难以消灭桂张军，而桂张军以区区数万之众，想把入侵的粤军赶出省外，亦非易事。在此情况下，李宗仁、白崇禧、张发奎等商议打破僵局的办法。三人一致同意放弃广西根据地，挥军入湘，北上攻占武汉，与阎、冯会师中原，以成大业。

按照计划，张发奎率领第四军及第十五军之梁朝玑师，取道柳州、桂林出全州，直向湖南永州、衡阳前进；白崇禧率领第七军及第十五军之许宗武师，经龙虎关到湖南零陵与第一路军会合。黄绍竑率领的第三路军则布置于迁江一带，掩护各军集中，俟各军入湘后，迅速跟进；广西后方酌留地方团队维持治安。

桂张军三万余人分途入湘后，进展很顺利，何键鉴于所部湘军寡不敌众，采取避战政策，5月28日，桂张军占领衡阳、宝庆（今邵阳）。湘军退至湘潭、株洲渌口、醴陵一带。蒋介石得到报告后，认为何键敌情判断错误，急令何键更正战略，务必固守湘江、渌水，等待粤军进入湖南后夹击桂张军。随后，在蒋的命令下，何应钦、鲁涤平、陈济棠、陈绍宽、李韫珩、钱大钧、夏斗寅加入协助会剿桂张军的行列。

有时候事情说来很怪，此前历次战斗中常遭败绩的桂张军，这次在强大的对手面前，竟然一路凯歌。桂张军以一部趋湘东，攻醴陵；一部奔湘乡，绕宁乡，攻长沙。6月2日，何键在株洲颁发悬赏令，以激发湘军的士气；为防止湘军继续倒戈，又颁行连坐法。3日，桂军全部移至湘东，败湘军于醴陵，缴何键部三千余支枪。接着，在渌口、渌江之役，大败湘军刘建绪部，缴获两千余支枪。这两场战役都十分激烈。亲历者说："渌口附近，湘军遗尸累累，负伤者将死半死中，乞求他们的敌人补一枪，惨无人道。"

6月3日下午三四时，何键与其随从从株洲狼狈逃回省城长沙，召开省务会议，部署全面撤退。4日上午，何键率湖南省政府、第四路军总司令部、清乡司令部及各文武机关人员，乘车船奔岳阳，在岳阳成立临时办公处，所部则退平江、岳阳一带。6月4日下午5时以后，桂张军的先头部队进入长沙，杨腾辉部于5日进驻长沙；李宗仁、白崇禧、张发奎等于6日抵达长沙。

桂张军自成军以来一直吃败仗，这一次在湖南打了几个大胜仗，且打下一座省城，官兵上上下下自然是兴高采烈、高兴万分。李宗仁随即委派李品仙兼湖南省政府主席，限令湖南商会等在3日内交纳军饷两百万元（据说后来实际交纳二十万元），长沙城遍贴讨伐蒋介石的标语口号，打下长沙后，桂张军继续北上，一路经平江向湖北的通城进发，先头部队进至通城九狮山，一路向岳州（今岳阳）方向挺进。

桂张军的逆袭让蒋介石很震惊，6月15日，他特派何应钦指挥湘鄂赣粤各军，下令"凡各该省讨逆部队均归何部长节制调遣"，击北进之敌；抽调武汉部队约四个师的兵力南下堵击，先头两个师应迅速占领贺胜桥、汀泗桥一带，构筑坚固阵地，俟第四、第八两路军到达战场后，再转成攻势，合击当面之敌。

桂张军越往前打，遇到的对手便越强大。6月11日，李宗仁通过阎锡山致电冯玉祥，称"已占岳州，何键退湘西华容一带，我军前线已抵汀泗桥，请焕公（冯玉祥字焕章）速派重兵，夹击武汉"等。对于友军的请求，冯玉祥爽快答应，答复说："平汉线敌现尚顽抗，一俟摧破即行照办。"6月15日，冯玉祥又打电报给李宗仁，对桂张军进攻方向提出两个建议：第一，由湘入赣，经武穴、田家镇趋安庆，援亳州。第二，经仙桃镇，破坏花园一带铁路，夹击平汉线之敌。

但是，随后几天冯玉祥的态度便悄然起了变化。6月27日上午，冯玉祥在郑州对所部军官训话时说："桂张军离开广西，月初占长沙，即电尚会攻武汉的计划，我说敌人的主力俱在陇海路，不能夹击武汉，遂商定三个办法：一、放弃长沙，经南昌出杭州，攻上海。二、出南昌，攻九江，经安庆，援亳州。三、出仙桃镇，攻花园、广水，夹攻武胜关内外之敌。"这段话表明，冯已经拒绝了夹击武汉的请求。

据知情者说，冯玉祥之所以拒绝，关键是私心作怪，冯玉祥所部主力在平汉线上，垂涎武汉这个重要据点已久，很不愿意桂张军捷足先登，因此，冯玉祥拒绝与桂张军会师武汉。

冯玉祥电报给李宗仁，称"本军与蒋军血战数月，行将获得胜利，武汉是本军给养之地，如贵军先到，请向下游发展，共同会师南京，驱逐蒋介石"等。由此可见，阎、冯、李等虽然联合起来反蒋，但他们之间的矛盾也是无法克服的，这就成为反蒋派致命的弱点。

据说，汪精卫此时也由香港电告李宗仁："冯玉祥要进军武汉，请李（宗仁）、张（发奎）两军不要北上，仍回南广。"

李宗仁、白崇禧、张发奎等接到冯玉祥的这些电报后，颇为踌躇。认为纵使目前马上攻下武汉，也要让给冯玉祥，牺牲自己的兵力，替别人打天下，未免太不划算。

恰巧在这时，又传来不利消息：粤军占领衡阳，黄绍竑率领的后续部队七个团受阻无法北上。原来，李、白、张做出桂张军放弃广西、倾巢北上的决定时，并没有让黄参加，仅事后通知黄执行。黄内心显然不赞成此种冒险方案，但对于团体决定，黄又不得不执行，但执行起来并不得力，行动缓慢，结果让蔡廷锴、蒋光鼐两个师抢先占领了湘南重镇衡阳，从而把桂张军前后方部队一截两段。

这时，黄绍竑电告李宗仁："在常宁附近，拾获敌方飞机掉下来的一张作战计划图，图上标明蒋军的主力配备在鄂南，粤军的攻击目标指向长沙，照目前的态势，我军已处于腹背受敌，有被包围歼灭的危险，前方部队应速撤回。"

李宗仁立即召集白崇禧、张发奎等各将领讨论行动方案。白崇禧在会议上提出了上、中、下三策：由江西南昌直趋南京走太平天国及北伐战争的老路是上策，这一路中央军甚少，最空虚，可以打敌人一个措手不及；集中力量取下武汉，这是中策，中央军可利用平汉线，运兵快，较攻南京难；下策就是回师攻衡阳了。李宗仁提出了不同于白的意见，他说："根据冯、阎和黄的电报，我们不得不回师了，回师后，是不是去打衡阳，应当慎重考虑。我的意见，不如乘广东内部空虚，挥军直取广州，占领两广地盘，再图发展，也就是失之东隅，收之桑榆。"李宗仁的主张得到与会多数人的赞成，于是会议决定放弃攻取武汉，回师击败粤军，直取广州。

回师在指挥官看来是一种特殊的进攻方式，但是在普通士卒看来就像是败退。桂张军这一回师，使士气大挫，一路逃亡甚多，战斗力大减。

桂张军从长沙掉头回师，经株洲、醴陵、攸县、安仁，来了一个大迂回，绕道衡阳以南、耒阳之北，撤退到衡阳以西的祁县一带，在洪桥召开师长以上将领参加的军事会议，讨论今后的行动方向。会议产生激烈争论，最后李宗仁决定采纳黄绍竑的主张，将前后方的部队集中在祁（阳）宝（庆）之线，先行占领有利阵地待敌人出击，以逸待劳，采取攻势防御，聚歼敌人于衡阳外围。

衡阳粤军见桂张军撤退，当即出城攻击，两军在这里展开了生死决战。

这是一场残酷、惨烈的战斗。自6月29日下午5时起，桂张军与粤军第六十、第六十一、第六十三等三个师在衡阳西岸、松柏井、七塘、亘子桥、东茵等地展开激战。稍后，蒋系中央军第五十三师（师长李韫珩）、空军相继投入对桂张军的作战，实力对比更加有利于蒋方。亲历者描述道："1930年6月，第六十、第六十一师进抵衡阳，与由岳阳调转头来的桂张军相遇，大战于衡阳洪桥、堆子岭，双方经常发起'集团冲锋'，硝云弹雨，刀光枪影，血肉横飞，伤亡枕藉，使人触目惊心，几乎不相信置身人间。第六十一师第九旅旅长张世德、团长蒋光鲁及对方第四军的团长李汉炯阵亡。如是互相残杀了三天，桂张军输光了本钱之后，才夹着尾巴退回广西老巢。"

决战的结果是张发奎部伤亡最为惨重。且看张发奎后来命人编撰的《第四军纪实》的描写："此次惨败为北伐以来所未有，势极狼狈。斯时，虽然敌人未追击，但敌机不断骚扰，士兵逃亡甚多，直退至桂林方停止收容，计点部队，只余十分之二三。各将领多心灰意冷，故将所余薪饷分发各同志，自寻生路……"

桂军方面，师长梁朝玑等阵亡，师长梁重熙等重伤。李宗仁、白崇禧由随身卫士夹持落荒而逃，得以脱离战场。一部分溃兵在湘桂边落草为寇。黄绍竑经此挫折，心灰意冷，自行休养，不再过问桂张军事务。

峰回路转，参与倒蒋获生机（第二次倒蒋）

成功需要一步一步积累，而失败往往就在顷刻间。惨败之后的桂张军退到广西一隅，此时在北方，由于张学良入关助蒋，阎锡山、冯玉祥数十万反蒋大军，顿作土崩瓦解之势。1930年11月4日，阎、冯通电宣布取消反蒋的"中华民国陆军海空军总司令部"，即日解除兵权下野，所有阎、冯残余部队全部为蒋介石、张学良收编。改组派、西山会议派等大大小小的政客也作鸟兽散。声势浩大的反蒋联盟，在与蒋介石进行了七个月之久的生死较量后，已经只剩下桂张军的几万人马及半个广西的地盘还在苦苦撑持。

按常理而论，李、白凭借着这点儿力量来和蒋介石抗衡，已经是不可能了。所幸的是，蒋介石和陈济棠等认为："桂军衣食饷械均竭，不久将自溃。"蒋介石采用让桂张军自生自灭的政策，从而为桂张军的峰回路转、重现生机赢得了时机。

李、白在困处一隅的局面下，也在积极寻求自全之道，李宗仁央请桂系旧人马晓军、陈济棠出面，斡旋求和。

黄绍竑经历了痛彻心扉的失败后，决心转投蒋介石。1931年1月3日，蒋在南京接见黄绍竑，告以解决广西问题的方针。2月2日，蒋介石召见陈济棠、黄绍竑，表示要派黄绍竑为广西善后督办，要陈济棠以军事力量帮助黄返回广西行使职权。据说，蒋介石经与陈济棠、黄绍竑等交换意见后，就解决广西问题曾经定下腹案：黄绍竑以广西善后督办名义返桂，整理现有军队；粤军全部撤出广西，李宗仁、白崇禧、张发奎均予考察名义出洋，广西省政府另行改组，由黄绍竑主持。

对此条件，当时尚被蒋介石扣留在南京的李济深亦认为，李、白出洋考察，是解决桂局的最好办法。

正当各方私下筹划桂局解决办法时，又发生了蒋介石软禁立法院院长胡汉民的重大政治事件，再次掀起轩然大波，从而也为李、白带来了一线转机。

胡汉民为国民党元老，1928年10月出任立法院院长，在位期间大力辅佐蒋介石，为蒋以武力消除异己立下了汗马功劳。蒋介石的谋士吴稚晖曾经这样称赞胡汉民的功劳："在于攻桂，则功超言论之外；对待阎冯，则功居后防之先。"还有人说："当时如无胡（汉民）在宁替蒋（介石）撑腰，蒋一个人是无法在军事上、政治上那样得心应手的。蒋之独裁地位，胡是一个主要的帮凶。"但蒋介石是一个权力欲旺盛的独裁者，他在征服阎、冯、李、唐等各地方实力派后，决定乘战胜之余威，召开御用的国民会议，使自己登上"大总统"的宝座。

在召开国民会议的问题上，蒋胡之间产生分歧，分歧引发矛盾。1930年10月3日，中原大战一结束，蒋介石即从开封前线致电国民党中央执行委员会，提议在最短时间内召开三届四中全会，商讨提前召开国民党第四次全国代表大会，以确定召集国民会议之议案、颁布宪法之时期以及制定在宪法颁布以前训政时期所适应的约法。

胡汉民收到蒋介石的电报后，非常不满，立即吩咐国民党中央通讯社暂时不要将电报公开发表。胡汉民认为，蒋的做法不合法，召开国民会议这样重大的问题，应中央党部集体讨论通过，用党中央的名义公告全国，而以蒋氏个人名义发表，殊乖党治精神。胡汉民还认为，蒋介石只是中央委员之一，如果未得党部同意而自由发布这种关系党国前途的政见，颇有个人独裁专断之嫌，使中央党部进退失据，难于处理。胡汉民扣压电报的消息传到开封，蒋介石怒不可遏，当即将原电径发上海各报发表。胡汉民见蒋介石如此专横跋扈，心中大为不快。从此，蒋介石、胡汉民围绕国民会议问题展开激烈的权力斗争。

蒋介石、胡汉民都主张开国民会议，但对于国民会议的性质和任务则有截然不同的主张，蒋主张由国民会议制定约法、选举总统；而胡以总理遗教为武器，认为国民会议无权制定约法、选举总统。

蒋、胡争执不下，一些好事之徒便兴风作浪，在蒋、胡之间散布流言蜚语，搬弄是非。他们对蒋则说，胡先生反对约法的真实用意，是防制你借约法而做总统，实行独裁；对胡则说，蒋先生说你反对约法是怕他跟你竞争总统位置。这种飞短流长，更增加了双方的猜忌心理。

为了让胡汉民就范，1930年2月24日，蒋介石召集胡汉民、戴季陶、吴稚晖、张群等到官邸谈国民会议与约法问题。当胡汉民抵达时，蒋介石的心腹谋士张群正在那里竭力敷陈其"立宪救国"的论调，胡汉民认为张群、杨永泰等人是政学系的余孽，因为他们与蒋介石有同学及拜把兄弟的关系而得以混入国民党政府成为呼风唤雨的红人，胡汉民内心里本来就瞧不起他们，现在见张群又在那里班门弄斧，大谈什么"立宪救国"，气就不打一处来，当场就"痛批了他"。胡汉民倚老卖老、高谈阔论，等于把在座的几位要员都轮流教训了一通，不仅张群不敢反驳，其他各位也是目瞪口呆，无法再开口。懊恼至极的蒋介石不便当场发作，只好悻悻地说："很是，我们只有照胡先生的话去做，并不要约法。"谈话不欢而散。

以上这些事件，让蒋介石很愤怒，但是并没有让其爆发为行动。而此后发生的几件事，让蒋感到除非常手段外已无余地。

25 日，胡汉民又对前来采访的《中央日报》记者发表谈话，把他与蒋的矛盾公开化，令蒋介石十分痛恨。

另外，据蒋介石派到各省调查的人估计，如果选总统。多数人都愿意选胡汉民，而不愿意选蒋介石。这无疑对蒋又是一个刺激。蒋氏与吴稚晖、戴季陶等密商后，决定胁迫胡汉民去职，下野休息。

蒋介石是独裁者，他不容许也不能容忍有人挡他的路；谁要挡他的路，他就要断谁的路。为此，蒋氏先礼后兵，首先派吴稚晖登门拜访胡汉民，劝胡"休养"引退，不要与蒋相争了。胡汉民还是老脾气，不仅不接受，而且勃然大怒，痛斥吴稚晖是无耻之徒。

历史已经证明，在国民党内与蒋介石硬碰硬只有一个结果。蒋介石的密友兼谋士戴季陶献策说："唐生智、李济深、冯玉祥、阎锡山这些军事巨头已先后垮台，李宗仁局促广西一隅，不足为患，此外还有什么人敢出头？"于是，蒋采纳戴季陶的献策，决定对胡汉民采取强硬手段。

1931 年 2 月 26 日，蒋介石发出请柬，邀诸十几位政府要人到总司令部吃晚饭，立法院长胡汉民自然也收到了一张请柬。但胡汉民没有想到的是，这竟然是鸿门宴。28 日晚，当胡汉民像往常一样主持完立法院会议后坐车来到蒋氏的总司令部，立即被荷枪实弹、如狼似虎的蒋氏卫兵押到一间房间内，蒋氏未露面，指使国民政府秘书长高凌百和首都警察厅长吴思豫招呼，门口还站了两个卫兵。胡汉民这才知道情况不妙，但开始还很镇静，背着手在室内转圈。这时的蒋氏正在旁边不远的一间房子里与国府要员们商议，蒋氏首先将致胡汉民的亲笔信出示给各位传阅，这封信长达十九页，罗列了胡汉民操纵党权、把持立法院、抗言国民会议不应讨论约法以及勾结许崇智运动军队，包庇陈群、温建刚，破坏行政等所谓罪状。

当日，胡即遭蒋软禁。次晨，胡汉民按照蒋氏的意思，写了辞职书："因身体衰弱，所有党部政府职务，概行辞去。"上午9点钟，蒋氏指派立法院秘书长邵元冲、侍卫长王世和带着十余名兵警将胡汉民押送到南京东郊外著名的温泉疗养胜地汤山幽居。

搬掉硬骨头，蒋氏就可以大张旗鼓行动了。3月2日，蒋介石操纵国民党中央政治会议，批准胡汉民辞去立法院长，推举林森、邵元冲为立法院正副院长。蒋氏同时提议由吴稚晖、王宠惠、叶楚伧、于右任、邵力子、李石曾、丁维汾、蔡元培、刘芦隐、孔祥熙、邵元冲等十一人组织约法起草委员会起草约法。

蒋介石专横跋扈的举动，震动了国民党内部，蒋根本没有料到，这场震动竟然引发了后来党内、府内的大地震。

胡汉民的头号亲信、时任国民政府文官长的古应芬首长辞职，以示抗议，随即南下广州，策动广东实力派陈济棠起来反蒋；被蒋介石新任命为立法院长的元老林森拒不就职，且附和古应芬等以监察委员身份弹劾蒋氏；就连被称作史上第一和事佬的司法院长王宠惠也看不下去了，撕毁了蒋介石赠送的五万元支票，辞职离开南京，远走欧洲荷兰海牙任国际法官；国民党海内外各级党部纷纷要求恢复胡汉民自由。胡汉民本人不甘受屈，托给他看病的医生邓真德转告"广东帮"的孙科和王宠惠"一定要在两广建立反蒋局面救他，甚至不惜与汪派合作"。

陈济棠过去长期受到胡汉民、古应芬的提携，此时，又受到蒋介石要其裁减兵力、压缩军费的威胁，便同意起来反蒋。

在地理上，两广唇齿相依，广东要起来反蒋，与广西修好是必要的，陈济棠决定反蒋后，即致电李宗仁、白崇禧表示愿将侵入广西的粤军全部撤回广东。陈济棠主动求和，对李、白来说，当然是求之不得的事情，立即表示愿与陈济棠合作反蒋。古应芬随后也亲自赶到梧州会晤李宗仁、白崇禧，商议反蒋救胡计划。4月22日，陈济棠又派马晓军、吴锡祺来到南宁，向李宗仁、白崇禧、张发奎表示释嫌修好之意。

4月25日，李、白、张派王公度、吴奇伟偕吴锡祺去广东报聘，洽商两广联合反蒋事宜。王公度到广州与陈济棠等接洽后回电李宗仁等，谓陈济棠希望广西派大员赴穗协商组府大计。

4月26日，各派反蒋人士在陈济棠的总司令部召开会议，一致认为应吸取上年北平扩大会议失败的教训，不谈"党统""届统"，由国民党第一、二、三届中执监委员中赞成反蒋者共同组织中国国民党中央执监非常委员会。

4月28日，蒋介石密电陈铭枢、陈济棠，试图阻止两广反蒋，但这种电报不会再有作用。在一切联络妥当后，4月30日，由邓泽如、林森、萧佛成、古应芬四名国民党中央监察委员联名发表通电，弹劾蒋介石，通电罗列了蒋氏的六大罪状：一、俨然以继任的总理自命，以国民党为私有，厚诬总理，蔑视党员。二、养兵自重，反共不力，以"共匪""余孽"邵力子等盘踞津要，致使"贼焰至今甚烈"。三、指使宵小陈果夫在国民党搞派别小组织活动，违反国民党党内无派的纪律。四、重用贵戚宋子文等不法谋私，成为巨富。五、重用政学系余孽杨永泰、张群等作孽，造成国民党的分裂。六、蒋氏专政，排挤同列，祸戮部属。电报最后指出："泽如等回溯蒋氏平日之行事，及其最近之措施，无一不以个人地位为前提，久已置党国大计于不顾。其纵匪坐大，则示人以非我莫能平；其广植党徒，欲用敌丑，则预为一己选举地位；其把持财权，以巩固一己之武力。其残害同党，排斥先进，则使一己成为本党重心。至侈谈法规，亦无非希望总统制之实行，俾其总统之迷梦，速于实现。总言之，蒋氏之罪，至此已毕露无余，同志等夙昔之优容，冀其幡然悔悟，勤力国事，至今日亦成绝望。以此以往，则总理艰难缔造之大业，人民为革命无数牺牲，与我武装同志积年之奋斗，其结果只造成蒋氏个人之地位，而以阴贼险伪之人，觍然民上。我国数千年来固有之道德，总理所力图恢复者，已供其斫丧无余，贻笑列邦，见讥后世，天下痛心之事，孰有甚于此者？默察今日中央，已为蒋氏所支配，公忠同志，已被其武力所劫持，政治被其一系所割据，日益窳败，为人民所厌恶。泽如等诚不忍党国与之偕亡，职责所在，更难缄默。古人有言，心所谓危，不敢不告。爰亟列其罪端，提出弹劾，一俟公决。唯爱护党国诸同志急起图之！"

四监委通电揭开了两广反蒋的序幕，平时惧于蒋威而隐伏的痛蒋、反蒋人士纷纷站出来发声。

5月3日，第八路军总指挥陈济棠率领广东陆海空军将领余汉谋、香翰屏、李扬敬、杨鼎中、朱为珍，第四舰队司令陈策，独立旅长黄任寰、张瑞贵，虎门要塞司令陈庆云，航空司令黄光锐等首先发表通电响应四监委通电，要求蒋及时引退。

5月11日，李宗仁以第四集团军总司令名义率领白崇禧、张发奎、李品仙、黄旭初、杨腾辉、梁朝玑、薛岳、吴奇伟、廖磊、韦云淞、唐生明、黄鹤龄、覃连芳、韩彩凤等桂张军将领发表通电响应。

为合作反蒋，李宗仁决定派白崇禧、张发奎、叶琪、李品仙偕冯祝万东下，他们于5月20日到达广州，商谈建立新的中央及两广军事统一问题。25日，李宗仁也亲自到广州，表明联合反蒋的决心。

5月25日，由唐绍仪领衔，汪精卫、孙科、李宗仁、白崇禧等二十二人联名向蒋介石发出"四十八小时以内即行引退"的最后通牒。

5月26日，陈济棠、孙科等再次致电蒋介石，要他立即下野，"于笑谈之顷放弃党国所付与之职责"。

5月27日，国民党第一、第二、第三届中央执监委员和候补执监委员汪精卫、孙科、唐绍仪、邹鲁、许崇智、李文范、傅汝霖、伍朝枢、陈友仁、陈树人、刘纪文、经亨颐、陈济棠、柏文蔚、覃振、阎振、阎锡山、冯玉祥、邓泽如、萧佛成、古应芬、林森、邓青阳、陈璧君、谢持、张知本、李宗仁、李福林、林云陔等在广州成立"国民党中央执监委员非常会议"，推举汪精卫、邓泽如、孙科、李文范、邹鲁为非常会议常委。同日，发布《中国国民党中央执监委员非常会议成立宣言》，宣称其主要任务在于推倒蒋介石之独裁，完成国民革命。

5月28日，汪精卫、唐绍仪、陈济棠等在广州发表《中华民国国民政府成立宣言》，宣称南京政府已成为蒋介石独裁的工具，广州国民政府，"自今日始，事事当反蒋中正之私，而向于总理之公"；对于军人，"信赏必罚"；对于财政，"收入支出，一切公开"。非常会议选举唐绍仪、汪精卫、古应芬、邓泽如、孙科、邹鲁、许崇智、林森、萧佛成、陈济棠、陈友仁、李烈钧、熊克武、唐生智、蒋尊簋等十五人组成国民政府委员会，然后由国民政府委员会委员推举汪精卫、孙科、古应芬三人为国民政府委员会常务委员。根据《国民政府组织大纲》，不专设国民政府主席，由常委轮流担任。汪精卫担任第一任国民政府主席。广州国民政府下设"外交部""政治部""财政部""军事部"，并附设"参军处""秘书处"。

6月2日，非常会议开第二次常会，宣布成立军事委员会，白崇禧等十九人为军事委员会委员，许崇智、陈济棠、李宗仁、唐生智等四人为常委。两广军队定名为国民革命军，并分设集团军，粤军改编为第一集团军，以陈济棠为总司令，缪培南为参谋长，下设第一、第二、第三军等三个军，分别以余汉谋、香翰屏、李扬敬为军长；桂张军改编为第四集团军，以李宗仁任总司令，白崇禧为副司令，张发奎为前敌总指挥，下设第四、第七、第八、第十五等四个军，分别以张发奎（兼）、廖磊、李品仙、黄旭初为军长。另外，任命陈策为海军总司令，张惠长为空军总司令。广东、广西两省政府主席分别由林云陔、黄旭初担任。

两广反蒋，形式大于内容，许多反蒋声浪出于对蒋的不满，表面上轰轰烈烈、热热闹闹，但实际上由于背后缺乏军力支撑，因而难成气候。陈济棠、李宗仁的第一、第四集团军加起来总兵力估计不足十万人，与蒋介石所拥有的武力相比非常悬殊。但两广举起反蒋旗帜，并自立政府后，蒋介石并没有立即兴师讨伐，其原因就在于蒋介石内心有愧。因而，对两广反蒋，"坚决从党内解决，不使牵入军事政治范围"。蒋介石还发表谈话，声称要以全力肃清"赤祸"，"期望非常会议自生自灭"。南京国民党中央决定"采宽大和平之态度"。在此方针下，南京政府对于两广，只是以电报对电报，打文仗；与此同时，派出张继、吴稚晖、张静江、李石曾、陈铭枢等人出面调停，从中斡旋。

两广方面在打出反蒋旗帜后，在对待南京政府的态度上，分为主战和主和两派。陈济棠、古应芬等人鉴于两广兵力有限，"若单独由两粤出兵，无异驱群羊入虎口，必无胜之理。但长此迁延下去，不战又不和，则结果唯有被人分化，故极力主和"。汪精卫、李宗仁等则以为坐待失败，何如冒险一战，或可促起各方之响应，遂积极主战。两派为此展开大辩论，因为主和势力较大，汪精卫一气之下，出走香港。

汪精卫出走后，陈济棠、古应芬曾试图与蒋暗通款曲，以求在保证两广保持半独立的情况下与蒋和平共处，但没有得到蒋的积极回应。陈、古在不得已的情况下，转而寻求与汪、李等主战派调整关系。李宗仁见陈济棠态度有所转变，便出面劝说汪返回广州。7月20日，石友三在石家庄发动反蒋，宣布就任第五集团总司令，广州国民政府迅速响应，于21日发布讨蒋令，动员第一、第四两个集团军出师讨伐，与北方反蒋战争互相策应。

9月初，粤桂军出兵北上，分袭江西、湖南。李宗仁、白崇禧的桂军任前锋，占领祁阳、郴州等地。面对此种形势，蒋介石便急忙赴武汉布置讨伐西南的军事。粤桂军进入湖南后，蒋介石急调顾祝同军开赴衡阳堵截。

9月13日，粤桂军在湘南与国民党中央军顾祝同部接战，眼看一场大规模内战又要爆发。

恰在此时，日本帝国主义在我国东北发动九一八事变。国难当头，全国人心悲愤，要求停止内争，一致抗日，"这使宁粤双方当事人的心理，皆受到极大刺激，因而消散了内争的热情，彼此都有相忍为国的感想，只要面子上下得去，即愿休手的"。随后，宁粤两方在"共赴国难"的堂皇名义下，开展了"和平统一"的分赃交易。

应粤方的强烈要求，蒋介石决定恢复胡汉民的自由。

10月19日，南京国民党中央常务委员会由于右任主持，通过决议："凡本党同志自第二届第四次全体会议以后因政治关系而开除党籍者，一律恢复党籍，俟第四次全国代表大会开会时提请追认。"这样一来，李宗仁、李济深、黄绍竑、白崇禧等桂系头目与冯玉祥、阎锡山、程潜、汪精卫等三十七人一并恢复党籍。同一天，被蒋介石软禁、失去自由两年多的李济深也正式恢复自由，与蒋介石在国民政府见面，握手言欢。

从10月27日起，宁粤双方代表在上海开始谈判。谈判中粤方提出两条原则：第一，以后政治领袖，要以富有德望及政治学识的人担任，至少也要做到不是现役军人担任。其制度要和法、美两国的总统仿佛。第二，以后政府各部门的部长，要延揽国内真才加入。"立法""监察"

两院的委员要多加入民选分子，万不能由政府指派。

经过一番紧张的台前幕后的讨价还价，宁粤双方于11月7日达成协议：

一、由南京中央和广州非常会议分别召开国民党四全大会，四届中央由宁粤双方分别推举产生；二、南京政府改组后，广州政府即取消；三、通过沪会结束通电，提出改革政治的基本原则。

11月18日至12月5日，粤方在广州召开马拉松式的第四次全国代表大会，大会决定在粤继续设立"中央党部"，选举胡汉民、汪精卫、孙科、居正、经亨颐、白崇禧、陈济棠、伍朝枢、石青阳等九人为中执会临时常委，詹绍仪、萧佛成、邓泽如、香翰屏、李宗仁为中监会临时常委。7日，粤方中央党部成立。

由于胡汉民始终坚持以蒋介石下野作为宁粤和平的先决条件，蒋氏不得不接受粤方的条件，自动下野。12月15日，南京国民党中央执行委员会第四次临时常务会议，批准蒋介石辞去国民政府主席及行政院长职务，推选林森代理国民政府主席，陈铭枢代理行政院长，从而为宁粤合流扫清了障碍。

12月22日，宁粤合流的国民党四届一中全会在南京召开，会议决定推蒋介石、汪精卫、胡汉民为中央政治会常务委员，轮流主持中央政治会议。《中央政治改革案》还规定：国民政府主席为中华民国元首，对内对外代表国家，但不负实际政治责任，由行政院长负实际行政责任，行政、立法、司法、监察、考试五院院长各自对中央执行委员会负其责任。白崇禧当选为七十二名中央执行委员之一，李宗仁当选为二十四名中央监察委员之一。大会推举林森为国民政府主席，孙科为行政院院长，张继为立法院院长，戴季陶为考试院院长，于右任为监察院院长。大会通过了粤方提出的设立西南执行部、西南军事分会提案。

1932年1月5日，广州国民政府宣告取消，另设立中央执行委员会西南执行部、军事委员会西南军事分会，"负均权共治之责，以努力于剿灭共匪，巩固国防与夫训政期内种种工作，而促进地方党务之发展、政治之修明……"

162

此后，以李宗仁、白崇禧、陈济棠为首的两广实力派拥戴胡汉民，以国民党中央执行委员会西南执行部、国民政府西南政务委员会、军事委员会西南军事分会的名义继续维持两广割据的状态。

第九章　整肃广西称模范

打了一个大圈又回到了故地，李、白、黄桂系三杰开始用心经营广西，取得了很好的效果。与此同时，对于广西出现的"赤色"，他们也是毫不留情地打压。

痛定思痛，强化领导"后三杰"

桂系有新旧之说，新桂系的领导又有前后三杰之说。1930 年底以前，新桂系的领导核心，或者说桂系集团的"前三杰"是李宗仁、黄绍竑、白崇禧。1930 年冬，黄绍竑转投蒋介石后，新桂系的领导核心，或者说"后三杰"则是李宗仁、白崇禧、黄旭初，在这个领导核心中，白崇禧由第 3 号坐升为第 2 号领袖。

在广西"前三杰"掌权时期，黄绍竑与白崇禧都是身材高大、外貌威严、权力欲旺盛、喜欢揽权之辈，两人互不相容，他们之间矛盾冲突不断，新桂系的领导核心显得很不和谐。而自黄绍竑离开新桂系团体后，晋升领导核心的黄旭初为人温和，没有太大的政治野心和权力欲望，属于安分守己的性格，对李、白忠心耿耿，绝对服从，安于充当桂系"大管家"的角色，与李宗仁、白崇禧之间没有任何权力冲突。有人形容桂系"后三杰"：李宗仁是高高在上的"家长"，白崇禧是真正当家做主的"家婆"，黄旭初是负责管家的"大媳妇"。

几年的沉沉浮浮让李、白唏嘘不已，也使他们开始认真思考，究竟是什么使桂系在权力的顶峰滑落下来，蒋介石凭借什么数次登顶权力最高层。不断思索，数度征询，听到各样各异的回答，其中，留苏海归王公度的说法，让他们眼前一亮。

王公度（1895 年—1937 年），原名王世杰，锦桥里岭桥人，出生书香之家，民国九年毕业于广西政法专门学校。民国十五年与韦永成、李宗义一同留学于莫斯科中山大学。次年回国，任李宗仁秘书。王知识渊博，办事精明干练，深得李宗仁、白崇禧器重。

王公度认为，蒋介石之所以行，靠的就是其对属下尤其是其嫡系骨干及心腹强大的控制力："北伐战争时桂系势力很强大，从广西一直到山海关都有两广的军队，力量比蒋介石还强，但是为什么到了民国十八年蒋介石跟桂系一打仗，桂系就垮台，迫得退回广西老家？原因是蒋介石有秘密组织，还有公开的国民党，而桂系没有，平时就没有办法来控制他的军队，所以一打仗就发生叛变投降，这是一个惨痛的教训。因此，应该建立一个秘密政治组织，使军政骨干都宣誓效忠于李个人，另外，通过这个政党的秘密组织派出党员去监视军队和政府的首长，那就不会踏上民国十八年的覆辙，桂系的统治权就巩固了。"

对王公度的建议，李宗仁非常重视。1930 年 9 月 1 日，在柳州成立了名为"革命同志会"的秘密组织，其最高领导机关为中央干事会，以李宗仁、白崇禧、张发奎为中央常务干事，王公度为书记，程思远为助理。但王公度、程思远均以总司令秘书的身份进行活动。由于当时军事形势极端紧张，"革命同志会"的内部组织等均未来得及讨论设计，这个秘密组织还只是一个初步的雏形。

由于当时桂张处于联盟时期，所以"革命同志会"同样涵盖了张发奎的军政系统。但张发奎担心自己的力量被李、白控制住，因而在他的第四军内部也成立秘密的"国民党护党同志会"，规定凡参加"革命同志会"的第四军干部，必须先参加"国民党护党同志会"。

1932 年 1 月，汪精卫出任行政院长兼内政部长，张发奎征得汪精卫同意后，决定以援助马占山抵抗日寇侵略为名，率第四军离开广西重新依靠汪精卫。主意打定后，张发奎、吴奇伟、欧震等高级将领先行前往香港遥控指挥。随后，张军撤出广西，终止了和桂系李、白的合作。

桂张联盟解体后，李宗仁、白崇禧趁机改组"革命同志会"为

"三民主义革命同志会"，使之成为控制广西内部的一个核心秘密组织，其政治纲领为：第一，确认孙中山先生创立的三民主义为中国革命的最高原则，本会同志为求其实现而共同奋斗。第二，确认中国现阶段革命的性质为反帝国主义、反封建主义的国民革命，而当前革命的中心任务是为争取民族解放。凡有关发展民权、充裕民生的措施，均必须以民族独立斗争之贯彻为先决条件。第三，确认蒋介石为当前中国革命的头号敌人，而其他党派为本会的同盟者。第四，联合一切可能联合的力量，少树敌，以敌攻敌。

"三民主义同志会"实行会长负责制，以李宗仁为会长，白崇禧为副会长，所有入会的会员，一律在孙中山遗像前向会长或副会长宣誓效忠。

1934 年 11 月 1 日，李宗仁、白崇禧在南宁西乡塘兵营再次改组秘密组织，将"三民主义革命同志会"改名为"中国国民党革命同志会"，这次改组的目的，不仅是为了正名，更重要的是与蒋介石的"国民党真实同志会"分庭抗礼。

改组后的"中国国民党革命同志会"章程虽然以反帝反封建相标榜，但这只不过是生搬硬套、装饰门面之辞。实际上，这个组织对外的任务是反蒋（介石）、防蓝（衣社）、"防共（产党）"；对内则是为了巩固李宗仁、白崇禧的统治地位，防范内部的反叛和分裂。章程还规定：以民主集权制为组织原则，正、副会长对一切决议案有最后裁定权。对外绝对秘密，会员如果泄露秘密，要受最严厉的处分。横向组织隔离，会员与会员之间隔离，非上级组织介绍，不得交通。章程还规定了最严格的吸收新会员的手续。发展新会员必须经两名以上会员介绍，经过小组和分部的考察，负责提名，经会本部、组织训练委员会审核通过，报请正、副会长批准；再则是正、副会长直接指定，事前都必须经过正、副会长的密约谈话，然后举行入会宣誓。宣誓仪式都由正、副会长亲自主持，有时是个别的，有时是分批举行。

由于李宗仁长期驻广州，新会员的入会宣誓大多由白崇禧负责监誓。

"中国国民党革命同志会"的一个重要特点是它的神秘性，入会的会员都有代名和代号。李宗仁的代名是"正气",白崇禧的代名是"扶义",会本部的代名是"图书馆",会本部各单位及分部、小组也都有代名词。一切来往文件都用代名代替,以防泄露秘密。

能否加入"同志会",其取舍的标准,不以其人在新桂系集团内部的身份、地位、级职为依据,而以李、白对其本人评价为主要条件。先后入会的会员共有四五百人,他们是新桂系集团的重要干部,即所谓"团体骨干",他们分布在广西党、政、军各个系统和部门,发挥骨干和核心作用,并充当李、白的耳目。为李、白严密控制新桂系集团发挥了重要作用;同时,也为培养"团体观念",提高干部对李、白的向心力发挥了重要作用,强化了李、白的领袖地位。

"三自三寓",励精图治建广西

九一八事变后,在"共纾国难"旗帜指引下,蒋介石、汪精卫把酒言欢,再次"合作"。1932 年 1 月,蒋介石担任军事委员会主席职务,汪精卫担任行政院长,确立了蒋主军、汪主政、蒋汪合作主党的联合执政体制。

蒋、汪联合上台后,所面临的政治局面是:对外,日本帝国主义相继发动了九一八事变、一·二八事变,侵占了我国的东北三省,并进攻国民党统治的腹心地区上海,使民族危机进一步加深;在国内,中国工农红军进一步发展壮大,对国民党的统治构成了严重威胁。在这种内外矛盾的情况下,蒋介石决定对日寇采取妥协退让的不抵抗政策,集中精力"围剿"中国工农红军;蒋介石对偏安两广的陈济棠、李宗仁等地方实力派势力暂时采取默认和容忍的政策,蒋介石曾经发牢骚说:"广东那班人只要不卖国,他做帝也随他去。"

这样一来,两广和南京政府出现了相安一时的局面,李、白利用这个时机,打着"西南政务委员会"和"西南执行部"的招牌,拥胡自重,继续维持两广的独立、半独立局面。

李、白认识到维持两广反蒋联盟有极其重要的作用。李宗仁说:

"两粤辅车相依，存亡与共，合则足以救国，离则两败俱伤。"白崇禧也认为："民国以来，两广合作则互相有利，不合作则两败俱伤。今后我们的主张，要团结西南来救国，要团结全国来救国，但团结西南，要从团结两广做起。"

为了维护这个联盟，李宗仁常驻广州，广西省内事务由白崇禧主持，黄旭初协助，形成李主外，白、黄主内的局面。

白崇禧主抓广西省政，认为蒋介石消灭异己之心不死，迟早会对广西用兵，维持广西割据得靠实力，首先是军事实力。因此，整理省政首先是整军经武，加强军事力量。但广西是穷省，连年战乱使全省百业凋敝，民穷财尽，大量扩充军队是办不到的。经过一番谋划，他决定效仿古代"寓兵于农""寓兵于政"和"兵民合一"的办法，创办民团，认为"寓兵于团"可以解决财力不足、无力供养大批正规军的困难，保持足以防御外部势力入侵的武装。于是，20世纪30年代初期，广西出现了大办民团的热潮。当时，广西省普遍建立民团，在南宁设立民团总指挥部，由白崇禧担任总指挥，梁瀚嵩任副总指挥。将全省划为十二个民团区，各区置指挥部，设正副指挥各一人，各县置民团司令部，设正副司令各一人，并派人到各县督率整理民团。当时的广西，男子十八岁至四十五岁皆须入团，广西人口一千二百万，除了老年和妇孺外，约有团兵三百万。

1933年10月，在总结办理民团的经验时，白崇禧进一步指出创办民团的目的是对民众施以政治、军事、生产综合的训练，"就是要使民众能够自治自卫自给"，办理民团意义重大，"不只是民团能够拿枪打仗，其重大意义是在于推进政治与经济建设的发展"。这次讲话，白崇禧提出了一个重要政策，即"自卫""自治""自给"的"三自"政策。

其实，民团和"三自"有着天然的逻辑关系。首先，建立民团，组织民众军事训练，养成"民众武力"，平时可维持治安，战时可改编军旅，抵御外敌入侵，于是形成"自卫政策"。之后，新桂系看到经过民团训练的民众"形成一个有组织有训练的集体力量"，认为施以政治训练就会有"自治"的能力，办理"地方自治"，从而为"民主政治奠定基础"。这样，又产生了"自治政策"。新桂系还认为，可以组织民团去从事各种生产建设，实行经济"自给"，于是又形成了"自给政策"。

"三自政策"提出后，为使其能够贯彻实施，白崇禧十分重视舆论宣传，利用各种宣传工具大力宣传"三自政策"，将其列为干部教育的基本教材，并贯彻到各级学校的教育中。新桂系首领们在宣传中不断对"三自政策"进行阐释、补充和完善，使之成为完整的"理论体系"。白崇禧对"三自政策"的"要义"阐释得最全面和完整。他首先强调，"三自政策"最重要的是"自卫"，"我们的一切建设，都要以军事为中心，因为有了军事才能自卫，能自卫才能建设。如果离开了军事而妄谈教育，离开自卫而妄谈建设，那是一种自杀政策"。他说，所谓"自卫"就是"一个国家民族被别国异族侵略时候，应该采取正当防卫"，"能自卫者生存，不能自卫者灭亡"。"我们所主张的自卫，是以整个中华民族为立场的，所以自卫的意义，近一点儿说，固在保障广西的建设，使广西一千二百八十万同胞，都能够安居乐业，不至于受他人蹂躏；然而我们的最后目的，还在于保卫中华民族"。

怎样才能够"自卫"？白崇禧认为"自卫"的具体方略是"寓兵于团""寓将于学"和"寓征于募"的"三寓政策"。所谓"寓兵于团"，就是办理民团，组织民众进行军事训练，培养"民众武力"；"寓将于学"，就是在大中学校实施军训，"养成预备将校人才"，学生毕业后，平时从事各种事业，有事时可充任下级军官，带兵作战；"寓征于募"，就是"把征兵寓于募兵的意思"。因为征兵和募兵两种制度，各有利弊。"寓征于募"则"取两者之长，而舍两者之短"，征兵时对应征的壮丁先挑选自愿者，自愿太多或不足时用抽签办法来决定。白崇禧自信实施"三寓政策"就能够有效抵御外部势力的入侵。因此又有"三自三寓政策"之说。其次是"自治政策"。白崇禧说"自治"主要是实行"地方自治"，"一方面是地方人民有依照自己的需要来管理地方事情的权利"，"另一方面是地方人民应各尽义务，各献能力，来办理地方事情"。他说："我们要把自治办得使人人都有自治的能力"，"拿这种自治工作做基础，就可以树立民主政治"。再次是"自给政策"，"就是想满足自己的需要、自己的生活，都要靠自己的生产来维持，不依靠别人的意思"。"自给政策"的主要措施是"从发展生产与统制贸易两方面双管齐进"。最后，白崇禧概括说："自卫是用以抵抗敌人军事的侵略；自治是用以巩固我们下层政治的组织，造成真正民主政治的基础；自给是用以抵抗外来的经济侵略。"

为使"三自政策"取得实效，白崇禧不仅重视舆论宣传，也十分务实，按照"三自政策"的精神和原则，努力推进各项建设。

1934年3月，白崇禧以广西党政军联席会议的名义颁布《广西建设纲领》，次年8月修订重新颁布。《纲领》首先规定广西建设的指导方针和原则，宣称"奉行总理遗教"，"实行三民主义"，"自卫自治自给之三自政策应为本省建设之总原则"，提出"建设广西，复兴中国"为总目标。《纲领》将"广西建设"分为"政治建设""经济建设""文化建设"和"军事建设"（简称"四大建设"），并规定各项建设的主要目标、任务和措施。《广西建设纲领》是"三自政策"的具体化，是20世纪30年代新桂系最重要的施政总纲领，被称为"广西宪法"，是"广西全部建设工程最高的规定"，要求各级党、政、军公务人员"不但在工作上行动上应该绝对遵守纲领的原则，就是在言语上思想上，也必须绝对遵守纲领的原则"。贯彻"三自政策"，实施《广西建设纲领》，开展"四大建设"，新桂系称之为"新政"。

军事建设主要是推行"三寓政策"，举办民团，实行"武力民众化，民众武力化"。民团原是维持地方治安的民间武装，多为地主豪绅把持。新桂系创办的新民团与旧民团不同的是，民团组织与行政组织相结合，从省到乡村建立统一的组织。省成立广西民团总指挥部，白崇禧自兼总指挥。全省划分若干民团区（最多时为十二个民团区），设区民团指挥部，行政监督兼指挥官；县设民团司令部，县长兼民团司令；县以下的民团组织，区设联队，区长兼联队长；乡（镇）设大队，乡（镇）长兼大队长；村（街）设中队，村（街）长兼中队长。凡十八岁至四十五岁的壮丁一律编入所在乡村民团组织，并按不同年龄编成常备队、预备队、后备队。常备队由各县轮流抽调十八岁至三十岁壮丁组成，每期六个月。预备队由常备队训练期满退役的团兵组成，每年集训一次。后备队由常备队、预备队以外的所有适龄壮丁组成，由县民团司令部派督练官、助教巡回就地训练，每期二到三个月，利用农闲季节进行，以扣足一百八十小时为限。为推行民团制度，新桂系裁减正规军，只保留十五个团的常备部队，将省下的军费移作民团经费。在南宁创办广西民团干部学校，白崇禧自兼校长，培养民团基层干部。

民团编成后几百万团兵还要由几万将校去统率，这几万军官光靠军校培养是不够的，因此，要在学校实施军训，培养后备干部，实行"寓将于学"。1931年后各大、中学校相继军训，第四集团军总司令部派军训队进驻学校。学生军训成绩不及格，不得毕业和升学。新桂系认为，青年学生从初中到大学，累计可受八年军事训练，"在国家有事时，这些学生尽可以充当军队中的中下级干部了"。各机关公务人员也一度进行军训，以去掉"重文轻武之习"，"体验融合军人之精神"。20世纪30年代初，军训几乎成为各行各业的"必修课"。

政治建设是根据"自治"原则进行的，《广西建设纲领》规定了许多内容，但重点是训练干部和建设基层政权。鉴于蒋桂战争的失败教训，新桂系认为培养忠实可靠的干部，加强内部团结，提防蒋介石的分化，是巩固"团体"的十分重要的问题，提出"行新政，用新人"的政策，大力培训"新政"骨干。1931年后先后创办中国国民党广西党政研究所、广西县长训练班、广西行政研究院等，轮流调训中层以上干部，招考知识青年培训。训练科目主要有"三自三寓政策"、《广西建设纲领》、地方自治等，强调"注重心理建设"，"养成忠勇奋斗之精神"。李宗仁、白崇禧、黄旭初等人经常亲临训话，省高级干部亲自任各科教员，主持考核。训练期满，考核及格者回任原职或分派任职，不及格者免职，非现任人员不能获得任职资格。县以下乡村干部则由广西民团干校训练。

对中层以上干部，新桂系还建立秘密政治组织，加强控制。1934年成立中国国民党革命同志会，李宗仁、白崇禧任正副会长，最高权力属于正副会长。入会人员须经李、白亲自批准，并向正副会长宣誓绝对效忠。同志会在南宁设会本部，全省各地设分会或小组，对外绝对保密。全省重大政治、军事、经济和人事任免，都要经过同志会讨论决定。通过同志会，李、白不仅控制省级党政军事务，而且也支配各地党政军的重大事务。全面抗战爆发后，同志会宣告解散。

编制甲村乡，建立基层政权，是政治建设的重要内容。1932年9月，广西省政府颁布《广西各县甲村街乡镇区编制大纲》，饬令各县清查整理户籍，编制甲村乡，建立乡村行政组织。《大纲》规定，以十户为一甲，十甲为一村（街），十村（街）为一乡（镇）。甲设甲长，村（街）设村（街）公所和正副村（街）长，乡（镇）设乡（镇）公所和正副乡（镇）长。1934年全省基本完成乡村编制，乡村长一律委派经民团干校训练的"新人"充任。同年6月，省政府颁行《各县办理村（街）、乡（镇）民团后备队、国民基础学校、中心学校及乡村公所准则》，规定乡（镇）长兼民团大队长、中心国民基础学校校长，村（街）长兼民团队长、国民基础学校校长，实行乡村基层组织"三位一体"制。这是新桂系全面控制乡村的一项重要措施。

经济建设方面，也根据"自给"原则来开展。主要是：创办省营工业，鼓励民营工商业；修筑公路，发展交通，沟通省内中心城市和重要城镇，发动民众修建县乡道路；开发矿业，设立省营矿场，招引华侨商人投资办矿，增加矿产品出口；改良农业，设立农业示范场，试验和推广优良农作物品种、先进农具，防治病虫害，兴修水利，提倡冬种，鼓励开荒造林，发展经济作物等；对外贸易实行严格统治政策，在梧州设立广西出入口贸易处，南宁、八步、平乐等地设分处，对全省出口贸易特别是油类、矿产品贸易实行垄断，由梧州总处和各地分处统一收购，集中外销，禁止私商营运。此外，新桂系还大力整顿金融，统一财政、改革税制等，建立和完善地方金融财政制度，增加财政收入。

文化建设方面，新桂系强调文化教育是"完成广西的新政治、新经济、新文化、新社会秩序的有力工具"。因此，文化建设是围绕军事、政治、经济的建设进行的。文化建设中最重要的是在全省开展普及国民基础教育运动。1933年9月，广西省政府颁布《广西普及国民基础教育五年计划》（次年修正为六年）。规定每一村（街）设立一所国民基础学校，每一乡（镇）设立一所中心国民基础学校，由乡（镇）村

（街）长兼校长。国民基础教育将儿童教育与成人教育、学校教育与社会教育合为一体，凡适龄儿童和失学成人一律强迫入学。其宗旨是"以扫除文盲，扫除政治盲，以至经济盲，助成各项建设为职志"。同时，发展中等教育和高等教育。中等教育方面，调整原有中学的布局、体制；创办国民中学，衔接国民基础教育，以县立为原则，学制、课程设置与普通中学不同，直接为地方建设培养人才。高等教育方面，先后创办广西大学、省立师范专科学校和省立医学院，聘请国内知名学者任教，培养"四大建设"的高级人才。

改良风俗也是一项重要的文化建设。1933 年和 1936 年，省政府颁布《广西省改良风俗规则》和《广西乡村禁约》，禁止和取缔婚嫁、丧葬、生寿和喜庆中的各种陋俗，并规定处罚办法；整理乡规民约，提倡新生活方式和文明风尚。各县成立改良风俗委员会，组织宣传队下乡宣传，派民团在圩镇巡查，强制移风易俗。

白崇禧主持广西省政几年，"三自三寓""四大建设"绩效显著，来桂考察的人士对新桂系的治绩大加称赞：桂省"民众动员""政令贯彻""军政民团结一致""励精图治""治安宁谧"。有的甚至说："在中国各省中，在新人物领导之下，有完善与健全之制度，而可以称为近乎模范省者，唯广西一省而已。凡中国人之爱国而具有全国眼光者，必引广西为荣。"这些赞誉虽是过于夸张，但也反映了新桂系的"新政"建设确有成效。"新政"建设的成效，不仅使新桂系实力增强，也在世人中树立了新形象，获得巩固割据的不少的政治资本。

独据一隅，对付红军"很厉害"

中原大战以后，蒋介石基本上解决了地方实力派问题，但是共产党领导的红色革命根据地纷纷建立，成为蒋介石的心腹大患。为消灭根据地，他提出"攘外必先安内"的政策，先后实施四次"围剿"计划，均失利。1934 年 3 月初，蒋介石派蒋鼎文到广州，与陈济棠共商五次"围剿"计划，陈急电李宗仁赴粤会商对策。李宗仁于 3 月 24 日离

173

邕赴粤。

5月间，蒋介石令湖南省政府主席何键在湘南赶筑公路、飞机场、堡垒线、电话网。同时直接派人来办，一时谣诼纷兴，说是蒋介石将用兵两广。风声所播，人心震动，连广西银行发行的"桂钞"的兑换率也为之低折。一朝被蛇咬，十年怕井绳。数次被蒋阴谋所害的白崇禧为了应付不测的事变，在5月下旬到6月上旬，几次召集第七军、第十五军的高级将领和民团指挥官开会，研究制订桂、柳、邕的防御计划。

等到一切安排妥当，白崇禧特于6月18日从南宁飞往广州，与李宗仁、陈济棠会商时局应对方针。蒋介石对白崇禧此次来粤异常敏感，特派何键于6月21日飞广州，表面上是商量五省联络"剿匪"办法，实际上是观察两广对五次"围剿"的真实态度。陈济棠、李宗仁、白崇禧同何键会谈后，知道蒋介石在湘南赶筑公路和工事，是预防江西红军西窜。至此，白崇禧对蒋介石的五次"围剿"计划也了解得一清二楚了。

白崇禧的"小诸葛"名号绝对名副其实，他总是能够看到别人看不到的东西。送走何键后，白崇禧对李宗仁、陈济棠分析说，蒋军五次"围剿"，将采取德国军事顾问提出的建议，把过去的纯军事战改为总体战，从点线作战发展到面的作战。在兵力部署上，蒋军的主力集中在北路总指挥顾祝同、东路总指挥蒋鼎文手中。窥其意图，企欲力逼红军南下，随后中央军跟踪追击，借此统一西南，达到其一箭双雕的目的。这一设想不是虚构，而是一直存在的，因为张定瑶也从上海发来过这样的信息。鉴于形势紧迫，白崇禧就住在广州百子路仔了棚岗李宗仁公馆，一时不做返桂的打算。

恰巧在此时，四川省政府主席刘湘派代表张澜、鲜英从上海经由香港到广州，商定共同对蒋计划，张、鲜两人过香港时，曾看望胡汉民，胡氏表示绝不同蒋介石合作。张澜、鲜英在广州百子路仔了棚岗与李宗仁、白崇禧低斟密酌，白崇禧在会谈中强调指出："蒋介石现在决定以剿共谋统一西南的计划，一石两鸟，想入非非。我们千万不要上他的当，否则鹬蚌相争，渔人得利。"张、鲜两人对于白崇禧此一看法均表同意。后来彼此建立了这样的谅解：就是红军想假道西南长征，川桂应尽可能地予以过境的便利。此即后人所传《红川桂秘密协定》。

时黄绍竑有奉派去新疆的计划，蒋介石不知道什么原因忽叫他停止进行，黄绍竑非常懊丧，乞假回桂休养三个月。黄绍竑到南宁时李、白都在广州，白崇禧特嘱总参谋长叶琪向黄探询蒋介石有无进攻两广的意图。黄绍竑回南京后，于8月23日电叶琪、黄旭初云："迭晤汪、蒋，对西南绝对不愿用兵，所传种种，绝非事实。"但白崇禧仍不放心，电南宁总部总参谋长叶翠微："前在商定的邕柳桂防御计划仍须照旧进行。"

为做好必要的准备，白崇禧于8月28日由广州经韶关赴安远检阅驻在赣南的王赞斌师。时江西红军已由萧克率领二万三千人由南康大庾入粤北的南雄，再横过湘南的嘉禾、蓝山、永明而入桂北，沿途并未遇到蒋介石中央军的追击。南京政府的险恶用心正在被事实一点点证明。

8月22日，萧克所部进抵湖南新田，永州告急。那时桂林仅驻有第七军的周祖晃第十九师，叶琪急电廖磊率覃连芳的第二十四师由柳州开赴桂北增援。9月2日，萧部突入广西灌县的文市，9月8日，广西驻柳州空军派机一架飞西延视察，被红军用机关枪击落，飞行员韦淳杰、沈瀛阵亡。此时萧部已由桂北转入湘境绥宁向黔边进发，而广西的覃连芳师尚未到达桂林。所以萧克的部队在桂境并未受到干扰。

白崇禧于9月8日从广州回到南宁，在召集党政军联席会议时说："估计萧克只系开路先锋，他的任务在探明沿途虚实，共军主力未能即时跟上，是其最大失策。我们应有这样的思想准备，就是共军大队还在后头，不能掉以轻心。"

"小诸葛"果然再次料事如神。10月23日，白氏接广东第一军军长余汉谋于22日晚的来电，电文说："赣共突围西窜，赣州、信丰、南雄已有接触。"白崇禧即将驻赣南的王赞斌师调回广西，并令远驻龙州的第四十五师集中于桂北。

11月9日，白崇禧的应对计划已经成竹在胸，随率刘斐去桂林坐镇，他召集廖磊、夏威和桂林、平乐两区指挥官举行会议，估计此次红军主力长征，似将沿萧克于八九月经过的旧路前进。广西军力只有十五个团，即使配合各地团队亦无法与红军争一日之短长。因此，在战略指导上，白崇禧决定征调桂北民团约十二个团队，于全县、灌阳、兴安、龙胜，预料共军必经之地，沿途择要埋伏，并以黄镇国的第四十三师、韦云淞的第四十五师分别在兴安、灌阳附近策应，机动使用。全县守备由民团指挥官陈恩元负责，龙虎关守备由民团区指挥官蒋如荃负责。

"11月21日，部署甫定，红军前锋部队已进入龙虎关，其主力于22日在江华、道县间渡过潇水。一部于24日晚进入广西灌县的蒋家岭、文市各处。因防线过长，红军得以经文市直趋咸水。桂林区民团指挥官包围红军一部于文市咸水，俘获红军后卫七千人。"事后，白崇禧令总部政训处长潘宜之摄制影片《七千俘虏》来向外宣传。

12月12日，红军全部脱离广西境界。蒋介石由南昌来电指责白崇禧在桂北布防不力。电云："共军此次西窜，势蹇力竭，行将就歼，贵部违令开放黔川通道，无异纵虎归山；数年努力，功败垂成。设因此而死灰复燃，永为党国祸害，甚至遗毒子孙，千秋万世，公道之谓何！中正之外，其谁信兄等与匪无私交耶？"

白崇禧不甘示弱，反唇相讥地电复蒋介石道："职部仅有兵力十五个团，而防线达千余里，即竭尽全力，亦不足以阻挡朱德、彭德怀狼奔豕突之势。反视钧座手握百万之众，集中兵力于新宁东安，不乘其疲敝未及喘息之际，一举而围歼于宁远、道县之间，反迟迟不进，得无以桂为壑耶？职诚惶惑，愿钧座有以教之。"

红军进入黔东时，蒋介石令薛岳、顾祝同不要率部跟在红军后面，而要抢先进占贵阳，俾能确属掌握黔局。两广当局也想插手贵州，以免有西顾之忧。陈济棠、李宗仁于12月12日电国民党四届五中全会，愿组粤桂联军入黔，实际上是借此口实争夺贵州地盘，并进而支援刘湘抗蒋。2月初，廖磊的第七军进抵都匀，广东的第二军张达部也开抵独山，但薛岳已抢先一步进占贵阳，至此蒋介石已占先机。

蒋介石于1935年3月24日到贵阳，时红军四渡赤水，蒋介石因红军将进攻贵阳，惶恐不安，急欲与李宗仁会晤，李氏不应，盖蒋氏欲廖磊军在万一时支援薛岳也。3月28日，白崇禧从南宁派张定瑶、刘斐携亲笔函去贵阳见蒋介石，表示廖磊、张达两军可北进，前锋已到马场坪候命。张、刘见蒋介石时，蒋氏十分高兴。最初蒋氏要邀晤李宗仁，是因为红军由息烽南下，以为其志在进攻贵阳，后见红军虚晃一枪，随即经云南渡金沙江北上。贵阳局势危而复安，他又同张、刘敷衍一番，不谈具体问题。

　　白崇禧出于保护自身的考虑，在红军长征问题上做了一个"善举"。但就是他这一个举动，为革命保留了火种，这个火种后来引发燎原大火，埋葬了蒋介石集团。

第十章 坚定抗日称"战神"

相争于内，御辱于外。卢沟桥的枪炮声震醒了陷于内战而难于自拔的各路人杰，国共之间、国民党内部各派之间开始谋联合抗日之策。蒋桂捐弃多年恩怨，白崇禧入南京，先后挂印副总参谋长、代理第五战区长官，指挥了若干重要战役。日军称其为"战神"。

捐弃前嫌，蒋白携手运帷幄

1937年7月7日夜，卢沟桥的日本驻军在未通知中国地方当局的情况下，径自在中国驻军阵地附近举行所谓军事演习，并诡称有一名日军士兵失踪，要求进入北平西南的宛平县城搜查，被中国驻军严词拒绝，日军即向宛平城和卢沟桥发动进攻。中国驻军第二十九军三十七师二一九团奋起还击，顽强抵抗。

"7月7日'卢沟桥事变'是日本帝国主义大举进攻中国本部的开始。卢沟桥中国军队的抗战，是中国全国性抗战的开始。"事变的第二天，中共中央通电全国，号召中国军民团结起来，共同抵抗日本侵略者。全国各族各界人民热烈响应，抗日救亡运动空前高涨。

对于这段历史，日本NHK在《历史的交代》第二十一辑中曾这样评价："昭和十二年的七夕之夜，卢沟桥畔一声枪响，日本陷入了有史以来最大的泥沼。"

日本人很自负，也很自信，他们断定中华民族是一个一盘散沙、内斗不断的民族，只要最大限度利用这种矛盾，就能够摧毁并奴役这个民族。但是，日本人判断错了，他们只是看到了事情的面，没有看到里。在民族危亡面前，这个民族有一种任何力量都无法遏制的团结特质。卢沟桥的枪声将中国推到了民族危亡边缘，于是整个民族开始凝聚，力量开始迸发。

7月8日，蒋介石电令驻北平的冀察绥靖公署主任宋哲元："宛平（县）城应固守勿退，并须全体动员，以备事态扩大。"

7月9日，蒋介石指示军事委员会办公厅主任徐永昌、参谋总长程潜、训练总监唐生智、军政部长何应钦："倭寇挑衅，无论其用意如何，我军应准备全部动员。各地皆令戒备，并准备宣战手续。"蒋介石并电令正在重庆主持川康整军会议的何应钦即刻飞回南京，主持筹划全面抗敌事宜。

7月10日，何应钦回到南京，从11日起在官邸召集国民政府行政院、军事委员会各主管部会逐日举行会报。蒋介石开始大规模调兵遣将，显示出了准备抵抗日寇侵略的决心。

为了"团结各方共赴国难"，蒋介石、汪精卫以国民党中央政治会议的名义，邀请各党派和各方面知名人士前往庐山出席谈话会，听取他们对抗日救国的意见。

7月14日，宋子文受蒋介石委托从江西庐山致电白崇禧："'卢沟桥事变'后，华北情势严重，抗战不可避免，蒋先生问兄能否来庐山或南京相晤？"

收到蒋的邀请电报后，桂系上层曾开会专门进行了讨论，与会者各抒己见，但总的看法是认为蒋介石不可信，白崇禧此去凶多吉少。会后，白崇禧复电宋子文："果全面抗战有期，即来京效命驰驱。"其实，共赴抗战何尝不是白崇禧梦寐以求之追求，但是蒋的狡猾与阴辣也让他心惊，更让他心伤，因此不敢轻易赴南京。

蒋介石见白崇禧没有明确答复，随即于7月25日专门召见刘斐。对他说："现在要抗战了。请你前往广西敦促李宗仁、白崇禧履行出兵抗日的诺言，并邀请白崇禧先行入京面商抗战大计。"刘斐蛮有把握地回答："一定办到！一定办到！"蒋介石随即将一封致李、白的亲笔信，托付刘斐转交。

179

刘斐深知此任务之重大，更知任务不成之严重。为保证成功，他有意争取白崇禧的亲信干部一道出面劝说，以增强说服力。27 日，刘斐从南京首先来到九江，然后上庐山见庐山训练团教育长陈诚，陈诚告诉刘斐，桂系上层干部黄旭初、夏威在庐山训练团接受训练。刘斐随后找到黄旭初、夏威，对他们说："直到现在，蒋对抗战尚未下定决心，如果白健公早日入京，可能起一种推动作用。"黄旭初、夏威在刘斐的要求下，联名写了一封致白崇禧的信，由刘斐带往桂林转交，信中说："陈辞修教育长寄语，促健公入京。果能早日命驾，则将有助于抗战大计的制定。"

与此同时，在白崇禧身边从事统战工作的中共地下党员谢和赓也千方百计利用他的关系网做白崇禧的工作，极力劝说他早日前往南京。谢和赓还郑重其事地给白崇禧写了一封长信，申述白崇禧应该及时入京的理由，信中写道："依我之见，日寇灭华之心已定，而我等报国之举不可迟缓，延误则国之灾难、民之灾难。奋起抗战，乃全中国爱国爱民之各党各派之要求、人民之愿望，此潮流不可逆转。况今日之形势已大不同于去年之双十二，量他蒋委员长也不至于再违背民意，继续他的不抵抗政策，冒天下之大不韪的。且就近期蒋的表现，他已有了改变，开始与各派政治力量包括中共人士接触了，17 日的庐山谈话会与周恩来等的会晤即是一例。在此，吾愿向白副总长再次表示吾之一贯主张：'只有实现全面抗战，桂系才能打出广西，伸入蒋统区，扩展势力，提高李、白的威望，成为民族拥护的英雄，进而与蒋问鼎中原。'机不可失，时不再来，望将军三思而速断。"这封信深深打动了白崇禧。

刘斐随后赶到桂林会见李宗仁、白崇禧，转交蒋介石的亲笔信，并面陈一切。8 月 2 日，蒋介石又亲自致电白崇禧促驾。接到蒋介石的电报，白崇禧还是犹豫不决，与李宗仁等桂系上层商议，看到底该去还是不该去。反对者仍然大有人在，他们唯恐白崇禧此去发生不测。白崇禧又回家征求妻子马佩璋的意见。这一次马佩璋表现得沉着冷静。她对白崇禧说："还是你自己决定吧！"

据李宗仁回忆，在此前后，"四川王"刘湘、"云南王"龙云得到李宗仁、白崇禧准备入南京的消息，相继给李、白发来劝阻的电报。他们认为蒋介石为人最尚权诈，万一借抗日之名，将李、白二人骗往中央，加以羁縻，则广西省政必为蒋系所控制。唇亡齿寒，川、滇两省也将岌岌可危了，所以他们来电劝阻。

白崇禧经过再三考虑、反复权衡，最后决定首先应召入京。李宗仁本人则暂留桂林，主持动员计划。8月3日，白复电蒋介石，答应愿立即赴南京以供驱策。8月4日，蒋介石派一架水陆两用飞机到桂林迎接。4日下午，这架由德籍飞行员驾驶的飞机载着白崇禧及随行的潘宜之、黄季陆、刘斐、谢和赓等人由桂林直飞南京。

当晚，蒋介石在黄埔路官邸设宴，为白崇禧接风。蒋、白二人把手言欢，至少在表面上结束了近十年的公开对抗。

白崇禧入京引起日本侵略者的关注。日本报纸宣称："战神到了南京。中日战争终不可避免！"

白崇禧来京任职，对于蒋介石坚定抗日决心无疑起了促进作用。董显光评论说："对日战争发生后，李宗仁受命统率南京以北的军队。白崇禧被任为（副）参谋总长，他们在战时对于国家都有很大贡献。"

白崇禧此次入京，起到了很好的带头作用，促成了大团结局面的形成：冯玉祥、阎锡山、刘湘、龙云以及中共领导人周恩来、朱德、叶剑英等都先后到达南京，精诚团结，一致御侮。

各方各派力量齐聚南京，蒋介石逐渐有了信心，于是开始加快抗战工作的部署节奏。

8月11日，国民党中央决定撤销国防会议及国防委员会，成立国防最高会议，作为全国国防最高决策机关，对国民党中央执行委员会政治委员会负责。国防最高会议以军事委员会委员长蒋介石为主席，中央执行委员会政治委员会主席汪精卫为副主席。8月12日，国民党中央执行委员会常务委员会第七十次会议推举蒋介石为陆海空军大元帅。会后，白崇禧等协助蒋介石成立大本营。

8月20日，蒋介石以大元帅名义发布《"国军"作战计划》和《"国军"战争指导方案》。这个《战争指导方案》还宣布李宗仁为第一预备军司令长官，白崇禧为副司令长官。在名义上，担任参谋总长的是程潜，但程潜不久即出任第一战区司令长官，参谋总长的职权实际上是由副参谋总长白崇禧来行使的。为了便于白崇禧行使其幕僚长的权力，蒋介石有意在人事安排上为他提供便利。例如，蒋介石调刘斐为第一部作战组组长，主管军令工作。据程思远回忆，在南京时，白崇禧拥有汽车十二辆，宋子文就送了他两辆，其中一辆是防弹的装甲车，这从一个方面证明了各方面对"小诸葛"期望甚殷，他声势煊赫，有举足轻重的地位。

白崇禧出任副参谋总长后，参与了各阶段国民党军对日作战计划的制订，并参与指导、指挥了若干重大战役。

淞沪会战，苦支三月挫敌焰

"卢沟桥事变"以后，日本为了实现其三个月灭亡中国的计划，决定扩大侵略规模，从上海开辟第二侵略据点。

1937年8月9日，日军侵入上海虹桥机场警戒线滋事，借此集中多艘战舰，并以海军陆战队登陆，要求我撤退驻沪保安队，经我严词拒绝。其后，日军长谷清师团企图重演"七七事变"，于8月13日上午9时15分，集结驻沪陆军及海军陆战队约万余人，向我保安队进攻，我国抗战史上规模最大、时间最持久的抗战——淞沪会战拉开序幕。

对于蒋介石来说，上海关乎重大，不容出现闪失：一则从经济上说，上海是国民政府经济重心，聚集于此的国民政府经济和财政方面的利益，无论如何是需要保护的；二则从军事战略上说，上海是国民政府首都南京的门户，一旦失守，南京便直接暴露在敌人火力攻击范围内。

为更好地领导淞沪地区战斗，军委会划淞沪为第三战区，以冯玉祥为司令长官，顾祝同为副司令长官。蒋介石惯于直接指挥，白崇禧此时以副总参谋长的地位，只能作为最高统帅的代表，经常到前线巡视，指导作战方略，协调部队。

时军委会划两广为第四战区，以何应钦为司令长官。8月28日，白崇禧电李宗仁云："统帅部决将津浦线划为第五战区，并请我公出任司令长官。过去公首倡焦土抗战主张，国人深表赞同，如能乘此时期，躬行实践，则对中外视听，必有重大影响。敬盼迅赐卓裁电复。"李首先谦逊一番，最后还是答应担任，并令韦云淞的第三十一军和廖磊自兼的第四十八军开动北上，参加抗战。

白崇禧在淞沪前线视察，发现第三战区司令长官冯玉祥白天不在长官部，而住在离上海约一百五十里的宜兴张公洞。他把私章交给顾祝同代拆代行。白崇禧因此向蒋介石建议，在黄河以北的宋哲元、石友三、孙连仲各部，都是冯玉祥一手训练的部队，如将河北及山东北部划为第六战区，以冯玉祥为司令长官，则在指挥上将可收驾轻就熟之效，蒋介石同意照办。因此，自 9 月 16 日起，冯玉祥转作第六战区司令长官，由蒋介石自兼第三战区司令长官。后因西北军将领反对冯玉祥前往指挥，蒋介石又请冯氏回来担作军委会副委员长。

在白崇禧视察期间，还发现蒋介石在部队中制造矛盾，陈诚的嫡系部队第十八军，原来由第九集团军总司令张治中指挥，后来蒋介石任命陈诚为第十五集团军总司令，第十八军改由陈诚直接控制，可是蒋介石却没有把这一变更通知张治中。及张治中去看第十八军的兵力部署，该军军长罗卓英（1896 年—1961 年）居然这样说："张总司令竟到我们这里来了？"使张治中感到非常难堪，于是愤而辞职。后经白崇禧居中调度，蒋终批准张辞职，改以朱绍良任第九集团军总司令。

有一件事证明白崇禧自外于蒋介石，蒋氏乘专列到苏州指挥，白崇禧偕行。一夜，蒋介石叫他的侍卫长王世才送五万元给白崇禧，白氏拒而不受。自此以后，蒋介石就不给白崇禧送钱了。对将领施恩施惠，原是蒋介石笼络部下的一贯手法，白崇禧这样拒绝他的"恩赐"，对蒋氏颇有"见外"之感。以后蒋、白之间始终保持一定距离，与此也多少有些关系。

白崇禧对淞沪战事，以为上海夹在黄浦江和长江中间，港湾纵横，日寇仗着陆海空联合作战的威力，易于发挥优势。我军则因装备较劣，后方交通涩滞，在这里与敌进行阵地战，不见得怎样有利，而以转移到山川险要地区与敌决战为宜。对此，蒋则以为，上海华洋杂处，与欧美各国利益息息相关。在淞沪与敌长期作战，可能引起国际干涉，而对"九国公约"会议的召开寄予厚望。后来事实证明，他的幻想终成泡影。

淞沪抗战，蒋介石用尽全力。他先后抽调七十八个师、七个独立旅、三个暂编旅、税警总团、中央军校教导总队、一个宪兵团，以及上海市保安总团、上海市警察总队、江苏省四个保安团、七个炮兵团，共计七十五万人投入战斗。其中包括自己最信任、最精锐的几个德式王牌部队，如中央军第七十四军（俞济时部）、第八十七师（王敬久部）、第八十八师（孙元良部）以及第三十六师（宋希濂部）。

蒋对于这场会战投入之巨大，堪称史无前例，但战场形势却不理想。8月25日，蒋介石偕夫人宋美龄及顾祝同、陈诚等一干高级将领，冒着瓢泼大雨从南京急匆匆赶到南翔，召集军事会议并发表讲话："综观近日之战况，我军伤亡奇重。战争固不能免于伤亡，然指挥失当，致使死亡猛增，牺牲殊无价值。我军缺点在于攻击实施之前，未能充分考虑，轻率从事，牺牲也就大。今后应悉心研究，当攻则攻，当避则避。"但此后的战场形势并未发生变化。

9月9日，日军沿军工路、淞沪公路和月浦、罗店之线向中国军队发动强大攻势，上海守军同敌展开殊死搏杀。9月11日，第十五集团军右翼阵地被突破，部队减员严重，遂渐次退至罗店以南施相公庙、浏河之线预筑阵地，第九集团军亦转移到北站、江湾、庙行、蕴藻浜右岸之线预筑阵地，与日军形成对峙。9月14日，日军对该线发动全面攻击，且集中火力于罗店附近。9月22日，日军集中主力猛攻固守罗店的左翼军阵地，防守这里的第十八军和叶肇第六十六军拼死抵御，阵地屹立不动。次日黎明至24日夜，日军复以两个师团持续冲锋，第一五九师、第一六〇师遭受重大伤亡，阵地全毁，守军无一幸存。此后日军乘胜追击，向蕴藻浜进行突破作战。

日军逐渐掌握战场的主动权，日本最高层决定将侵华的主要作战方向由华北转移到上海，并要求加快上海战役进程："大致以10月上旬为期，在华北与上海两方面发动攻击，务必给予重大打击，造成使敌人屈服之形势。"

10月中旬，我为恢复蕴藻浜南岸阵地，决定进行反攻，乃以廖磊集团军第七军、第四十八军为第一路军，由黄港北、侯宅、谈家头附近攻击蕴藻浜南岸之敌；以叶肇第六十六军为第二路军，由赵家宅向东攻击；以孙元良第八十八师为第三路军，由广福南侧地区攻击前进。10月19日，攻击开始，适逢敌主力向我进攻，遂演成为大规模的遭遇战，因彼此装备悬殊，我军伤亡甚大，如桂军第七军伤亡过半，死伤旅长庞汉祯、夏国璋、秦霖等六七人，团长廖雄、谢鼎新等十多人。我被迫后退，敌乘势猛攻，大场旋告不守，致使我上海守军侧背大受威胁，乃于10月26日向苏州河南岸转进。

11月5日，敌第六、第八两师团，由杭州湾北岸全公亭、金山卫等处登陆，直逼松江，我吴克仁部因集结未毕，遂被击破。此时，我淞沪阵地侧背亦感受到严重威胁，军委会乃于11月9日下令上海全线撤退。总结沪战集结了全国精锐，支持了三个月，虽不能如蒋介石所预期那样，引起国际上的实际支持，但也初步粉碎了日寇速战速决的美梦。

南京沦陷，日军暴行破天荒

唇亡齿寒，淞沪沦陷后，南京失去了最重要的防御屏障。由于南京是国民政府首都，得失关乎全局，因此，蒋介石于11月11日召开会议，专门讨论保卫南京问题。

会前白崇禧写有一个建议：宣布南京为不设防城市，他是基于下面的各种考虑提出此一建议的：

一、假如早时依白崇禧的设想，沪战只做轻微抵抗，将主力撤到南京，深沟高垒，以守上海的精神守南京，尽管南京最后还是失守，但其抗敌成果一定较大。今我军没有第二线的主力军，调来防守南京的完全是一些在沪战打过仗的残破部队，已经衰竭不堪，其不能克敌制胜，盖可知也。

二、南京为孙中山先生亲自指定的首都，是总理陵园所在地，殊不忍使其受到战争的破坏，宣布为不设防城市，当为国内外有识之士所共喻。

三、不守南京，可将我军撤到大江南北，既可防止敌军西攻武汉，又可延缓其打通津浦线。

可是在会议上，蒋介石首先表示南京为我国首都，中外观瞻所系，必须固守。经他这么一说，白崇禧就不便把他的不设防动议提出来了。

跟着蒋介石就问："守南京的问题就这样决定，大家看谁来负责好？"

当时没有人吭声，过了一会儿，唐生智自告奋勇道："军人以身许国，我愿负此责任，誓与南京共存亡。"蒋介石看见唐生智毛遂自荐，十分高兴，遂以手令任命唐生智为南京卫戍司令长官，罗卓英、刘兴为副司令长官。唐生智于11月20日就职。

守南京的部队为桂永清的教导总队、宋希濂的第三十六师、沈发藻的第八十七师、孙元良的第八十八师、丁治磐的第四十一师、徐继武的第四十八师，以及宪兵两个团，炮兵第八团的一个营、高射炮营、通信营等，共约七万人左右。

唐生智就职后，蒋介石令白崇禧协助唐生智侦察南京城内外的地形。那时大江南北，白雪纷飞，白崇禧与唐生智同坐汽车先到城外汤山、栖霞、乌龙炮台、秣陵等地视察阵地。次日，继续巡视城内的蒋山、雨花台、天堡城等地。在视察时，白崇禧发现唐生智身体衰弱，气息喘急，披着重裘，犹不胜寒，在平地他还可以下来看看，及爬高山，他便托白氏代为侦察。白崇禧看到唐生智健康状况如此，不禁为南京防守担心。

在唐生智就职之日，国民政府已宣告迁都重庆。12月1日，国民政府开始在重庆办公。12月2日，蒋介石在南京召集白崇禧、顾祝同、徐永昌、唐生智举行会议，讨论德使陶德曼交来日本提出的和平条件，这是蒋百里在柏林活动的结果。日方要求：内蒙古自治；华北建立一个非军事区；国民政府停止反日政策；中日共同防共；等等。白崇禧说："如果条件只有这些，是可以商量的。"

其他各人也表示：此等条件可以作为谈判的基础。随后，白崇禧陪同蒋介石于12月7日早上5时45分离开南京飞往南昌。自6日起，日寇分兵四路攻南京。南京守军又增加了叶肇的两个师、巫剑雄的一四五师、王耀武的五十一师、冯圣法的五十八师，都是从沪战前线退下来的，总兵力达到十一万多人。

南京保卫战只打了八天。12月12日，敌第九师团主力猛攻中华门外雨花台，守军第八十八师伤亡惨重，至正午雨花台陷落。敌自此居高临下，以重炮向城内据点轰击，炮火声震撼全城，南京遂告陷落。

12月13日，敌军入南京城，残杀我军民三十万人，为现代史上破天荒的残暴纪录。

赞襄徐州，台儿庄城铸大捷

侵略华东的日军占领南京后，并没有继续西进，而是北渡长江沿津浦线北上，与此同时，侵略华北的日军南渡黄河，沿津浦线南下，进攻济南、泰安，准备与北上日军对攻徐州，打通津浦线。战事由此进入第五战区，先前已被任命为战区司令长官的李宗仁开始奔赴战场。

李宗仁于1937年10月10日离桂，先去南京接洽一切，然后到徐州组建司令长官部。五战区最初指挥的部队为李品仙的第十一集团军、原驻陇海路东段庞炳勋第三军团、原驻青岛的于学忠第五十一军、原驻济南附近的韩复榘第三集团军，这四个部队共约七万人。其他部队是后来陆续增加上去的。

1938年初，国民政府根据战场态势决定实施徐州会战。当时国民党军令部第一厅厅长刘斐（主管作战）这样判断日军动向：

> 徐州扼津浦、陇海两铁路的交点，是我在南京失守后唯一前进的战略根据地，有向四面八方转用兵力的交通条件。敌人为了打通津浦路，沟通南北战场，并进而窒息陇海路，威胁我平汉路侧方，做进攻我武汉心脏地区的准备，亦以夺取徐州为主要目标，所以敌于1937年12月中旬攻下南京后，即于下旬开始从津浦路南北并进，做攻略徐州的准备。

但是，还未等徐州会战的各项准备工作完成，韩复榘就将蒋、李的布局完全打乱。按原定作战方案，徐州以北保卫战，由第五战区副司令长官兼第三集团军总司令韩复榘指挥，岂知驻扎山东的韩复榘，大敌当前，还为保存实力打小算盘。1937年12月23日，日军一部攻陷归仁镇后，韩复榘未战而走，造成了严重后果。27日，济南失守，日军由博山、莱芜进攻泰安。1938年1月1日，泰安落入日军北方军第二军矶谷廉介之手。韩复榘连连丧池失地，致北段津浦路正面大门洞开，使日军得以沿线长驱直入，给徐州会战投下阴影。李宗仁屡屡严电韩复榘夺回泰安，并以此为根据地阻截南下之敌。韩复榘对李宗仁的命令置若罔闻，一错再错。

第五战区的形势变化太快，让蒋介石很不放心，立即指派让自己放心的白崇禧赴五战区见李宗仁。白崇禧告诉李宗仁，他已征得蒋介石的同意，将廖磊所指挥的第七军和第四十八军，从第三战区调来第五战区。估计敌自占领南京后，即向江北推进，企图打通津浦线，贯通南北战场。所以，廖磊集团军调来五战区是必要的，此外还要增加其他部队。

李宗仁向白崇禧谈道，山东韩复榘是态度模棱，毫无战意，12月下旬先后放弃了济南、泰安，1月上旬又放弃了大汶口和济宁，使我军事上受到不利影响。白崇禧回到武汉报告蒋介石，蒋氏认为情况严重，当召集何应钦、陈诚前来一同研究，主张对韩复榘予以制裁。

1938年1月11日，蒋介石偕白崇禧飞开封，在那里召开军事会议，李宗仁带韩复榘前来参加。在会议间，忽然发了空袭警报，刘峙对韩复榘说："我有专列在车站，如发出紧急警报，可将火车开出郊外。"韩氏欣然同往。一上车，立刻开动，唯已失刘峙踪影。一军官对韩氏出示"撤职查办"的命令，解往武汉交付军法判处死刑，于1月24日执行。韩复榘所兼第三集团军由孙桐萱升任总司令，士气复振，向济宁、汶口反攻，正面也由邹县出击，相持之局遂成。

1月17日，军事委员会改组，以何应钦为总参谋长兼军政部长，白崇禧为副总参谋长兼军训部长。时武汉为抗战重心所寄，中共中央驻武汉的代表周恩来、叶剑英，通过政治部副部长黄琪翔的联系，经常应白崇禧之邀，到武昌蛇山脚熊廷弼路白公馆研究抗战战略问题。

1月下旬，日军第十三师团自津浦线南段北上，向桂军第三十一军韦云淞部的明光、池河等处推进。周恩来向白崇禧建议：津浦线南段应避开正面，而以强大兵力用运动战、游击战从侧面困扰、打击敌人，使其不敢深入。白崇禧十分赞赏周恩来的意见，随即向李宗仁转达，还通知李宗仁：新四军张云逸部，已调到江北归第十一集团军指挥节制。

1月26日，日军第十三师团向安徽凤阳、蚌埠进攻。守军第十一集团军第三十一军在池河西岸地区逐次抵抗后，向定远、凤阳以西撤退。至2月3日，日军先后攻占临淮关、蚌埠。9日至10日，日军第十三师主力分别在蚌埠、临淮关强渡淮河，向北岸发起进攻。第五十一军与日军展开激战，伤亡甚重，12日向濉河、浍河方向撤退。第五战区以第五十九军军长张自忠率部驰援，进至固镇地区，协同第五十一军在淮河北岸地区顽强抗击日军。同时，在淮河南岸，以第二十一集团军第四十八军固守炉桥地区，第七军协同第三十一军迂回攻击定远日军侧后，迫日军第十三师主力由淮河北岸回援。第五十九、第五十一军乘势反攻，至3月初恢复淮河以北全部阵地。第二十一集团军和第三十一军旋由淮河南岸向北岸集中。双方隔河对峙。

与此同时，徐州以北的日军沿东西两路南犯。西路日军第五师从山东潍县南下，连陷沂水、莒县、日照，直扑临沂。庞炳勋第三军团第四十军等部节节抵抗。张自忠第五十九军奉命驰援，3月12日到达临沂北郊的沂河西岸，协同第四十军实施反击，激战五昼夜，重创日军，迫其向莒县撤退。西路日军第十师长濑谷支队（相当于旅）从济宁地区西渡运河，向嘉祥进攻，遭第三集团军顽强抵抗，进攻受挫；濑谷支队沿津浦铁路南进，3月14日由邹县以南的两下店进攻滕县。守军第二十二集团军第四十一军英勇抗击，伤亡甚重，苦战至17日，该军守城的第一二二师师长王铭章殉国，滕县失守。

滕县虽然失守，但王铭章挥师挫敌，阻敌锐气，为徐州一带中国军队的集结赢得了时间，为而后的台儿庄大捷创造了有利条件。李宗仁在他的回忆录中说："若无滕县之苦守，焉有台儿庄之大捷？台儿庄之战果，实滕县先烈所造成也。"

3月24日，敌第十师团以一部进占韩庄，主力沿临枣支线挺进，攻占枣庄、峄县后，其前锋福荣联队乘势猛扑台儿庄。

台儿庄位于徐州东北三十公里的大运河北岸，临城至赵墩的铁路支线上，北连津浦线，南接陇海路，战略地位十分重要。日军如攻下台儿庄，既可南下赵墩沿铁路西进，攻取徐州，又可北上策应板垣师团，断张自忠、庞炳勋各军后路。

蒋介石非常看重徐州，早在3月15日，他就将驻河南的第一战区汤恩伯第二十军团和孙连仲的第二集团军东调徐州。这两个集团军共计四个军五万兵力，且装备齐全，有四个炮兵团。眼见日军开始进攻徐州门户台儿庄，3月24日蒋介石带着副总参谋长白崇禧来到徐州视察。李宗仁将台儿庄战役的腹案向蒋介石做了报告后，蒋十分赞同。他说："打仗气可鼓不可泄。日军有'不可战胜'之神话，我认为要通过台儿庄战役，打破这个神话！且见今日之事态，只要我们有最后五分钟之坚，则此神话必破无疑。"

李宗仁向蒋提出了要将白崇禧留下，协助他运筹台儿庄战役的要求，蒋介石考虑后，同意了他的请求。其实，到这时李、白都还不会想到，在随后的几天里他们将创造历史。

同日，日军两千多人在飞机、大炮和坦克的配合下，开始向台儿庄大举进攻。战场形势急迫，李、白抓紧研究作战计划。

白崇禧认为："守卫台儿庄的孙连仲部，原是冯玉祥西北军旧部，该军最善于防守。再说，台儿庄虽是弹丸之地，可在山东，也是个大镇，有上千个铺户，筑石为城，城中有碉堡七十五座，并且每户人家的房屋大多是用巨大石块垒砌起来的，也可以说一千多户人家就是一千多个碉堡，我们并不难守。如果孙连仲部能在台儿庄与矶谷师团反复缠斗，消耗了敌人有生力量，那么，我们把握时机，使汤军团猛扑敌后，断其后路，使敌人进退不得，然后集中优势兵力，就可以将其包围而歼灭。"

李宗仁表示同意，说："我也早已判断敌人攻下南京、济南、泰安、滕县后必然骄狂，一定不等蚌埠方面的援军北进呼应，便直扑台儿庄，以期一举攻下徐州，夺个打通津浦线头功。利用敌军的这种骄狂心理，为了诱敌深入，我已命令汤军团在津浦线上只做间断的、微弱的抗击，

190

然后让开正面。待孙连仲部在台儿庄发挥防御至最大效能时，我再命汤恩伯潜行南下，拊敌后背，包围敌军，紧接着，准备在台儿庄附近给敌军以歼灭性打击。"

会战台儿庄的大胆而周密的作战计划就这样订下了。具体方案为：

利用日军急于打通津浦线的骄狂心理，采取"固守台儿庄及运河一线，诱敌来犯，断敌后路，乘机实施反包围，聚歼日军"的作战方针。先令孙连仲的第二集团军的第二十七、三十师，布防于运河一线及台儿庄以西；以池峰城第三十一师为主力固守台儿庄，以一部于台儿庄东西两侧支援核心阵地作战；将汤恩伯的第二十军团部署于向城、洪山镇一线，阻击北面之敌，并相机让开津浦路正面，诱敌深入，待敌主力进到台儿庄时，即南下袭敌侧背。

帅定战略将领兵，上下同欲写春秋。3 月 24 日，矶谷师团先头部队在飞机的掩护下，配以坦克、大炮，向台儿庄发动了猛烈的进攻。中国守军进行了顽强抵抗，战斗进行得十分激烈。日军猛攻三天三夜，才冲进城内。城内中国军队守军在池峰城师长的指挥下同日寇展开了激烈的巷战。尽管日军占据了全庄的四分之三，但坚守在南关一带的中国军队至死不退，死守阵地，目的是为了外线部队完成对日军的反包围。

这是李、白早已制订好的作战计划，以部分兵力死守台儿庄，守军尽量拖住敌人，以便庄外的大军将日寇团团围住，来个瓮中捉鳖。

3 月 29 日，林蔚转述蒋介石的电令：台儿庄屏障徐海，关系第二期作战至巨，故以第二集团军全力保守，即存一兵一卒，亦须本牺牲精神，努力死拼，如果失守，不特全体官兵应加重罚，即李长官、白副总长、林次长亦有处分。

3 月 31 日，外围部队切断了敌军的退路，并集中优势兵力向矶谷师团发动猛攻。城内的日寇一面疯狂抵抗，一面向板垣师团求救。但赶来救援的板垣师团在向城一带遭到中国军队的沉重打击，被歼灭三千余人。

矶谷师团见救援无望，决定以死相拼，一个个杀红了眼。中国军队虽以五倍的兵力围攻，并付出极大的伤亡代价，但竟难以将敌人消灭，战争一时呈胶着状态。

4月3日，李宗仁下达总攻击令。第二十军团汤恩伯部之第五十二军、第八十五军、第七十五军在台儿庄附近向敌展开猛烈攻势。日军拼力争夺，占领大部分街市。国军展开街垒战，逐次反击，肃清敌人，夺回被日军占领的街市。

4日，中国空军以二十七架飞机对台儿庄东北、西北日军阵地进行轰炸。当晚，日军濑谷支队力战不支，炸掉不易搬动的物资，向峄县溃逃。

4月6日，李宗仁赶到台儿庄附近，亲自指挥部队进行全线反击，4月7日凌晨1时，中国军队吹响了反攻的号角，以孙连仲第二集团军为主组成的左翼兵团和以汤恩伯第二十军团为主组成的右翼兵团在台儿庄及其附近地区大举反攻。一直防守遭攻的孙连仲部，听说反击，神情振奋，命令一下，杀声震天。双方便展开了巷战、肉搏战，一时间，台儿庄城内枪林弹雨，血流成河。日军头一次遭到了国民党军队如此顽强的进攻，很快便溃不成军。台儿庄北面，枪炮声渐密，汤恩伯军团已向敌人开火。矶谷知已陷入反包围圈，开始动摇，下令部队全线撤退。此时敌军已成强弩之末，弹药汽油也用完，机动车多被击毁，全军丧魂落魄，狼狈逃窜。李宗仁命令部队猛追，敌兵遗尸遍野，各种辎重到处皆是，矶谷本人率残部拼命突围。

激战四天，国军重创日军濑谷支队、坂本支队，其余日军残部于7日向峄城、枣庄撤退。至此，台儿庄战役胜利了。台儿庄会战，在李宗仁的亲自指挥下，击溃日军第五、第十两个精锐师团的主力，歼灭日军两万余人，缴获大批武器、弹药，严重地挫伤了日军的气焰，是国民党战场在抗战初期取得的一次大胜利。振奋了全民族的抗战精神，坚定了国人抗战胜利的信念。

白崇禧总结台儿庄的胜利，认为乃阵地战、运动战与游击战紧密配合的战果。这是科学的概括。因为在津浦线南段，我以游击战困扰敌军，使其不敢渡淮北上参加台儿庄大战；在台儿庄内外，又是阵地战与运动战结合。所以台儿庄大捷，得来很不容易。

武汉会战，协助指挥变代理

1938 年 4 月台儿庄会战后，日军分别从津浦路南北进攻地处津浦、陇海两路交叉要冲上的徐州。5 月 19 日，徐州失陷。日军打通了津浦路，截断了陇海路，其机械化部队凶猛地侵入豫东平原。蒋介石急调薛岳兵团组织兰封会战，但未能阻敌西进。6 月 6 日，日军攻占了河南省会开封，直逼郑州。日军图谋攻占郑州后，沿平汉路南下，夺取武汉。

1938 年 5 月底，日本大本营便拟定了当年秋季攻占汉口和广州的作战指导大纲，认为"攻占汉口是早日结束战争的最大机会"，"通过这一作战，可以做到以武力解决'中国事变'的大半"，"从历史上看，只要攻占了汉口、广州，就可以统治中国"，"只要控制了中原地区，实质上就是统治了全中国"。

1938 年 6 月，日本研究和制定国家政策的智囊团"昭和研究会"提出了《关于处理"中国事变"的根本办法》，内称"我国推行大陆政策当前的目标，在于迅速解决中国事变"，"当前的战争目标"是"必须在军事行动方面确保很多的战果。为了彻底打击国民政府，使它在名义上、实质上都沦为一个地方政权，必须攻下汉口、广州以及其他敌人的抗战中枢"。

1938 年 6 月 11 日，日军两千余人在二十余艘军舰的支援掩护下，溯长江西上，在安庆下游地段实施登陆，向我第二十七集团军（总司令杨森）阵地展开攻击。15 日，日寇攻占安徽省会安庆，武汉会战从此拉开序幕。

日军进犯的同时，蒋介石制订了保卫武汉的计划，规定了以下战略方针：守备华南海岸及华东、华北现有阵地，并积极发展游击战争，牵制和消灭敌人；另以一部支援马当要塞，在鄱阳湖以东迎战敌人，阻止其溯江向九江集中；在武汉外围布置主力军，利用鄱阳湖及大别山之地障与长江两岸之丘陵、湖沼做持久之战。特别把重点放在外翼，争取行动上的自由，预期可与敌人的主力作战四个月至六个月，予敌以最大之消耗，粉碎其继续进攻之能力。按此计划，由蒋介石亲任作战总指挥，调集第五战区、第九战区和海空军各一部，共一百三十个师，约一百万人，沿大别山、鄱阳湖和长江两岸组织防御，准备进行持久作战。

第五战区由司令长官李宗仁指挥，驻防大别山，担任长江以北的防务。以杨森第二十七集团军担任安庆、桐城、舒城之守备，以徐源泉第二十六集团军守备舒城至六安一线，以廖磊第二十一集团军守备正阳关一线，以李品仙第四兵团在大别山南麓潜山、黄梅、广济一线防守，以孙连仲第三兵团在大别山北麓霍山、六安、富金山、固始、商城一线防守，张自忠第二十七军团防守横川，胡宗南第十七军团防守信阳。

武汉卫戍总司令部扩编为第九战区，由司令长官陈诚指挥，负责武汉以东的江南防务，以薛岳第一兵团防守南得线并沿鄱阳湖设防，阻敌南犯；以张发奎第二兵团在九江、瑞昌、阳新长江沿线构筑阵地，担任阻击和机动作战任务。

空军集中于汉口、南昌机场，轰炸长江中的日舰，并袭击南京、芜湖一带的日军机场。海军防守马当、湖口、田家镇等沿江要塞。同时，对武汉外围已初具规模的国防工事进行突击抢修，在九宫山、幕阜山、庐山、富金山等地筑成坚固防御阵地。

6月18日，白崇禧奉蒋介石委派从武汉出发视察长江沿江的要塞与阵地，并对部队部署事宜进行实地指导。他先后视察了马当要塞、田家镇、武穴、广济等地。在马当要塞，白对守备区指挥官李韫珩（第十六军军长）及所部官兵勉励了一番，指出要注视敌情、互相配合等。白崇禧对马当要塞十分重视，在致统帅部的电报中有"欲固江防，先固马当；欲固马当，必守望江"等语。

6月23日，日寇海军舰队开始进攻马当要塞，并使用毒气，从正面强攻数次，均被马当要塞炮兵击退，但日寇陆战队偷袭得手，登上要塞，从滩头阵地向纵深发展。当时正在田家镇视察的白崇禧得到日寇进攻马当要塞的消息后，十分焦虑，他认为凭马当守备区指挥官李韫珩手中的部队（包括第五十三师、第一六七师一个旅和马当要塞部队），防守绝对难以持久，他于24日从田家镇要塞以电话命令驻彭泽县的薛蔚英率领其第一六七师（欠第四九九旅）通过从彭泽到马当的公路兼程前往增援，同时调彭善的第十一师接防湖口。薛蔚英没有按照白崇禧的命令走公路，而是走崎岖小路，结果延误了时间。

24日，白崇禧与第九战区第二兵团总司令张发奎及第五战区副司令长官李品仙商量后，都提出长江北岸兵力薄弱，不得不改变部署。25日，白崇禧直接向蒋介石报告说：南岸危急万分，但"薛（蔚英）师长此刻位置不明，其部队无法调动"，白氏建议急调马当要塞东北的第三战区部队星夜驰往增援，并令罗卓英总司令迅速前往指挥，"俾可挽救危机于万一也"。

26日，白崇禧与张发奎、李品仙再度协商后，重新调整了军事部署，并于当天以白崇禧个人的名义电告蒋介石：

> 一、综合近日情报，敌目前企图似欲借陆海空军之优势突破马当，然后以大军沿两岸西上，以侵犯武汉。我军欲保马当，必先巩固望江，欲固望江，必须先增强太湖、望江之兵力。经与向华、鹤龄两兄会晤，于此间决定部署于下：（一）以宿松之汪之斌师向宿松、太湖间地区推进，以策应望江、太湖，同时以七十军李觉部防于宿松、太湖，以阻敌西进。（二）以八十四军控置于广济附近，三十一军控置于太湖西北高地，作为攻击兵团，俟机攻击敌人。（三）以杨森集团控制于岳西，徐源泉集团控制于潜山西北高地线一面从事整理。二、据向华、鹤龄两兄称：凡以前徐、刘等部所构筑武汉外围乏工事，多不能用，现督饬所属重新构筑中。三、马当战机已迫，北岸兵力今已加强，南岸关系尤重，请速饬罗总司令迅速前往指挥，俾野战军与要塞军得收统一协同之效为祷。

> 职白崇禧。宥巳。济。印。

正当白崇禧为固守马当要塞而出谋划策之际，马当要塞却于26日一日之间轻易失守了。

坚固设防的马当要塞轻易失守，说明了守备区指挥官李韫珩指挥无能。在日寇登陆后作战最紧张的时刻，他不去关心作战，反而在后方大办所谓的"抗日军政大学"的结业典礼会餐，调各部队主官参加 24 日 8 时的典礼和会餐，第一线部队连以上的主官多于 23 日离队，有的连只留下一个排长。及至发现情况后，又不及时从马当抽兵去增援第一线，奉命增援的第一六七师师长薛蔚英故意拖延，不走彭泽至太白湖的路线，而走崎岖的羊肠小路，以致部队未到而阵地已失。白崇禧对李韫珩、薛蔚英的表现极为痛恨，李韫珩受到军法制裁，而薛蔚英被枪决，第一六七师番号撤销。

视察江防完毕后，白崇禧于 6 月 27 日或 28 日回武汉，参与最高统帅部的事务。不久，一个偶然的因素，使白崇禧从协助李宗仁指挥变成代理指挥。

武汉会战正式打响不久，李宗仁早年在桂军任下级军官参加护国战争时牙床为流弹击伤，击碎的骨头碎片留在里面未能取出，日后一直未根治，时常发炎，时愈时发。徐州会战时，因为数月紧张的战斗生活，以致宿疾复发，撤退到河南商城时，右脸红肿，右眼几乎失明，痛苦万分，不得已只得请假离开部队，赴武汉南湖疗养院施行手术治疗。

第五战区不可一日无主将，蒋介石决定派白崇禧代理第五战区司令长官职。7 月 16 日晚，军事委员会作战会报决定让白崇禧代理第五战区司令长官职务，"即日出发"。

7 月 17 日，白崇禧在河南商城城北的岳家祠堂宣誓就职，负责指挥武汉会战长江北岸的战事。

7 月 18 日，白崇禧根据当时战场上的敌我态势，分别下达命令，指示各部初步行动：一、命第二十六集团军徐源泉部占领合肥以西之地做持久之战，阻敌西进，必要时向霍山转进，与廖磊集团会合；二、廖磊第二十一集团军守备大别山东侧各隘口，勿使敌人窜入，并与徐源泉部保持联系，必要时收容徐集团；三、孙连仲之第二集团军由鄂东之宋埠向豫南之商城转进；四、李品仙、于学忠、张自忠各以一部在大别山南麓备战，主力就地速加整训。

19 日，白崇禧在商城长官部召集幕僚会议，确定：大别山区之部队于山地险要之处防守隘口阻敌窜入，若敌人于山的南北两麓突进，应防守山麓要隘，诱敌于有利地形全力消灭，以确保长江北岸。白崇禧还决定将第五战区主力部队向前推进至宿松、黄梅，俾与第九战区互相连接，巩固沿江防务。以前工事，多对东北，白崇禧命令加紧构筑对东南及江面工事，同时使各部就新定作战地境，按预想敌情演习，以资实地训练。白崇禧认为，皖北民风强悍，从军者极众。此次受敌摧残，多起而组织武力自卫，到处游击，时有效果，且向与驻军感情融洽，数逾十万。白崇禧决定向合肥、巢湖、淮南、蚌埠一带，发动广大正面攻击，拟以正式军队一师以上配合民众武力，以专人统一指挥，以期切实收效，则消极可截断敌之南北交通，使其疲敝；积极可牵制敌军力，使江南作战容易，且免地方丁壮被敌征用，所费甚少，其益甚大。

7月26日，蒋介石密电白崇禧、李品仙，就第五战区兵力部署做出如下的指示："一、敌已于有日（25日）陷九江及小池口，有沿长江两岸突进之企图。二、广济阵地与田家镇要塞相联系，极为重要，应置重点于该地，集结兵力，纵深配备。三、太湖、宿松、黄梅据点，仅以必要各一部守备，为攻势之支撑即可，应以主力机动使用，由北方向南侧击敌人。四、刘汝明两师分散于黄梅、宿松、广济广大地域，处处薄弱，殊感危险，希适当集绪使用于广济阵地为盼。五、广济以东山地，万一发生破绽，亦无关系，唯广济阵地必须同守。"

根据蒋介石的指示和第五战区的兵力情况，白崇禧拟定了第五战区第三期作战计划和作战命令及其附件等，派所部高级参谋送到武汉请蒋介石审阅批准。7月28日，蒋复电白崇禧，认为白氏拟定的作战命令"甚妥"，但蒋同时再次提醒："惟为打破敌溯江西上之企图计，第二线兵团主力应控制于浠水、罗田一带。又，黄冈、金台冈、黄陂、祁门湾、襄河间之对岸阵地酌为准备，应与武汉城防一事联系，对东构筑阵地为妥。"

为便于与长江南岸的第九战区"指挥兼顾起见"，白崇禧将战区司令长官部从河南商城移至湖北东部黄陂县小镇宋埠（位于大别山中），以便利指挥。7月28日，白氏抵达宋埠。

此时，长江北岸的日军第六师团于7月25日开始新一轮次进攻，一路血战，相继突破第三十一军、第六十八军、第八十四军防线，先后攻占太湖、宿松。8月4日占领广济的门户黄梅。

当得知黄梅失守后，白崇禧随即组织强力反击，命令刘汝明军团"逐次抵抗，务须固守大河铺附近之线，同时策应攻击部署，预定于6日拂晓开始，务以攻击挫折敌之企图"。但日军据险死守，硬攻损失惨重。见强攻不行，白崇禧就调部队侧击日军的后方，李品仙兵团收复太湖、潜山，切断了日军第六师团的陆上补给线和陆上退路，使稻叶处境艰难。白崇禧抓住机会，指挥正面对峙的二十八军、八十四军等部队趁机猛攻，意图全歼曾在南京大屠杀中犯下累累罪行的第六师团。这一回白崇禧的布局虽然高明，但还是低估了日军的战斗力。第六师团据险死守，同时施放大量毒气，死撑硬顶渡过了难关。冈村也立刻派遣海军在九江对面的小池开辟了补给通道，为第六师团补给弹药和补充兵员。稻叶得到补充后，开始反攻，白崇禧虽然亲临前线督战，但也于事无补。在日军的猛攻下，二十八军、六十八军和八十四军伤亡惨重，而且预备队用尽，但还是无法遏止日军的攻势，被迫向广济撤退。

白崇禧虽然身为代理第五战区司令长官，但作为副参谋总长，也一直在关注整个战局的发展，根据抗日战争爆发以来日军屡次以海军空军掩护陆军抢滩登陆的战法，白崇禧于8月17日致电蒋介石及陈诚建议："江防要塞及要点方面，多设铁丝网，密排机枪，多用炮兵，务稽留敌于阵地前方以火力消灭之。尤要者为田（家）镇、马头镇附近，务使敌不易接近阵地，始可期保持。并恳加派高射炮掩护田（家）镇要塞，减少敌机威胁。"

8月25日，白崇禧又致电蒋介石及参谋总长何应钦，判断武汉会战第二阶段作战，日军进攻的重点仍在长江南岸，日军仍将利用其占绝对优势的海空军协同陆军沿长江进攻，这既是捷径，也容易收战果，而且日军"遮断粤汉路，战略上利益较大"；长江北岸，日军主力仍然在黄梅、广济一带。次日，蒋介石复电白崇禧，认为他"所见甚当"，同时建议"应考虑向合肥之敌先机采取攻势为要"。

鉴于日军在长江以北以合肥、舒城为据点，准备进窥六安、商城的企图，白崇禧决定第五战区中央兵团的重点转向宿松方面，其作战计划是：第五十五军（军长营福林）、第八十七军（军长刘膺古）两军归左翼军团指挥，攻击孔垅之敌，并以生力军向潜山、太湖进攻；第七十一军（军长宋希濂）归左翼兵团指挥；第二集团军（总司令孙连仲）阻止敌人西进并集结兵力击退当前之敌至河口镇、叶家集线以东；中央兵团警戒大别山东侧之隘口，并集结有力之部队于左、右二翼协助进攻。

就在武汉会战第二阶段开始，战事最为紧急的时候，第五战区的正副司令长官白崇禧和李品仙都染上了恶性疟疾。特别是白崇禧的病情尤其严重，体温超过四十摄氏度，几近昏迷状态，大量服用奎宁丸亦毫无效果，所幸平时身体健壮，仍然能够勉强支撑着病躯指挥作战。蒋介石在汉口闻知白崇禧染疾，特派军令部次长熊斌带着医师于8月26日离开武汉前往浠水探视病情，他们给白崇禧带来了治疗恶性疟疾的特效药阿司匹林，白、李两人服用后很快控制了病情，得以继续指挥作战。

病情刚刚得到控制，军情又火急起来。8月30日，日军开始攻击广济。白崇禧带病亲临前线，命令部队固守，并急调广西的第一八八、一八九师以及第六十八军刘汝明部布防在广济一线，阻止日军进攻。双方血战数日，日军进展极为困难，只好施放大量毒气。

次日，日军约两万大军分三路西进，向第八十四军及第二十八军团正面昼夜猛攻，并以优势之空、炮轰击，中国军队在破山口、塔儿寨、恶席寨、双城驲、排子山、英山嘴各地与敌血战，各阵地失而复得反复攻击者数次。我军炮兵因敌空军之轰炸及射程短近，不能制压日军炮火，加以工事不良，以致我军伤亡惨重。

9月2日，日军第十三师团沿六（安）商（城）公路南北两侧逼近叶家集，与我第七十一军展开激战。第七十一军是配属第五战区的少数几个国民党中央军部队，装备较好，军长宋希濂，湖南湘乡人，黄埔军校第一期毕业生，是黄埔系中有名的战将。该军下辖三个师，即第三十六师（师长陈瑞河）、第六十一师（师长钟松）、第八十八师（师长钟彬），其中第三十六师防守富金山阵地，第八十八师防守八〇〇高地，第六十一师守卫固始县城。日军的主攻方向是第三十六师防守的富金山阵地。该师阵地有几条棱形线，可伸到平地。而三十六师就在这几条棱形线的山腰布防。沿着棱线一直可通到山顶，宋希濂将他的军部指挥所设在山顶上。日军集中火力，猛攻三十六师防地，战况极为激烈。敌军

199

的炮弹甚至打到了宋希濂的军部指挥所。中国军官兵从山顶可以清楚地看到山下日军的活动。由于三十六师的英勇抵抗，敌军沿着山脉的棱线向上仰攻，而我部呈梯形配备，敌每进攻一步，都要付出重大代价。他们既用飞机轮番轰炸，又用大炮密集轰击。然而整整十天，日军始终未能攻达我军在山腰一带的主阵地。9月7日晚，第三十六师击毙日军第十三师团步兵第六十五联队大队长一名。日本报纸也不得不承认："此役由于受到敌主力部队宋希濂军的顽强抵抗，伤亡甚大，战况毫无进展。"军长宋希濂在富金山山顶上度过了整整十天，他经常到三十六师指挥所，有时到各个团指挥所去。对他们说的唯一的一句话，就是："狠狠地打！"

日军因为久攻不下，遂派第十师团支援。该部利用夜间向第七十一军指挥部所在地——武庙集，进行侧背迂回包围，企图一举击破中国军队的指挥中心，并切断其后方联络线。可是其企图被我部派赴敌军侧翼侦察的搜索部队——第八十八师五二三团第一营营长梁筠从老百姓口里探悉，并立即将这一重要情报报告了该师师长钟彬。钟彬认为情况紧急，当即召集有关干部及当地向导，研究敌人的必经道路，然后紧急派遣第五二八团前往武庙集东北的坳口塘进行伏击，歼灭日军五百余人，迫使其后撤。

在第七十一军与日军鏖战之际，蒋介石于9月4日密电白崇禧、李品仙及徐源泉（第二十六集团军）称："敌真面目进攻武汉，业已开始。我第五战区各部队应如何忠勇奋发努力杀敌，以打破其进攻武汉之迷梦。查徐（源泉）集团现在位置，对于由黄梅、叶家集两路进犯敌军，皆处侧背威胁有利态势，任向南北一路积极进攻，皆可抄断敌军后路。仰白代长官迅给徐集团以适当之任务，令其努力侧击以收协同一致之效，不得再行徘徊观望，坐失战机，致贻误大局为要。"虽然蒋介石点名要徐源泉的第二十六集团军积极作战，但该集团军是鄂军部队，也是杂牌军之一，保存实力的思想一直在徐源泉心里占据上风，因而在武汉会战中作战不力，战后受到惩处。

与此同时，日军第六师团沿黄（梅）广（济）公路西进，击破中国军队第六十八、第八十四、第四十八军等部队的阻击，一路进抵广济

200

县城梅川。梅川是鄂东重镇，也是武汉外围最重要的要塞田家镇的屏障，战略地位十分重要。蒋介石曾指示白崇禧、李品仙必须固守广济阵地，称"广济阵地与田家镇要塞相联系，极为重要，应置重点于该地，集结兵力，纵深配备"。日军步兵、骑兵、炮兵联合作战，对中国军造成极大的伤亡，战至9月6日午后，第八十六军第一〇三师田家寨、笔架山阵地，第一二一师石门山、鹅公垴预备阵地相继被日军突破。第五战区副司令长官兼前敌指挥官令第二十六军（军长萧之楚）派兵两团增援，因为总预备队用尽，无法抽调，不得已，李品仙遵照代长官白崇禧的意旨，令各部于9月6日晚8时向广济西北双方高地转进，并指定第二十六军协助田家镇的第二军作战。此后准备立于外线作战地位，依机动的攻势，予日军打击。

此时的蒋介石与前线将领的感受不同。不知何故，蒋对战局格外乐观起来。9月6日，他致电第五战区代司令长官白崇禧、第九战区司令长官陈诚，声称："值此敌国内部经济濒于破产，反战情绪日益普遍，国际地位势陷孤立，社会情形杌隉不安，考其战斗力量，亦迥非昔比。而数月来，我之坚强抗战，已引起列强崇视，咸表同情，国际地位倍增荣誉。往者本委员长以顾虑我军装备、训练及战略上之关系，未遽下攻击命令，兹者敌愈深入，其后方唯一联络线——长江航路，舰船不断受我邀击损害，补给大感困难，我则在国内作战，随地均可补给，且山地作战，敌重兵器失其效用，是装备上敌我已处对等地位。故我军宿、太、黄及岷山大屋之攻击，敌一战即溃，足证其战斗力已日趋脆弱。此诚我争取最后胜利之良机，非以攻为守，转守为攻，不能保卫大武汉，无以收抗战成果，希即部署所属并使咸喻斯旨，以旺盛之企图，转移攻势，努力杀敌，争取最后胜利。国家存亡，在此一举，其共勉之！"

与蒋介石的盲目乐观相反，白崇禧对国民党军队的战斗力持悲观的看法，建议统帅部及时改变死守一城一地的战法，以求得长期抗战下去，避免死守一地造成部队的重大牺牲。他在复蒋介石的电报中说："近自广济会战，时仅一周，而前方官兵伤亡极众。且在敌炮、空威胁之下，虽尽极大努力，而阵地终不克保。则以敌我装备悬殊，制空无权，阵地相持，良非上策。若部队脆弱，则辄三二日即不能成军，乃战术无灵，指挥棘手。职身临前方，深思对敌之策，唯有取机动姿势，求敌侧背相机攻袭，而不限以一地一城之死守。如此，则能常保持有用之力量，获得作战之自由。一年以来计划作战者，率以装备相等之战术，因袭应用，原则未尝不合，胜利卒归泡影。尤以积兵愈多，损害更巨，实力消耗，远逾于敌。设非改变战法，不但胜利难求，且恐持久不易。今对广济及商固之作战，拟即遵照前次俞部长携来手令及昨由林次长传示要旨，照利用大别山山地，改取机动配置，正面仍以一部守御，主力集结敌之侧背，求其弱点，相机攻击，断其后方联络线，以此广大地域，运用广大面之运动战。如此，则易死路为生机，变被动为主动，将士乐于效命，抗战可期长近延迟。据探报，敌拟集中各地兵力，求于武汉行大决战。证以寿县敌数百汽艇之西进及江轮运兵之上驶，其企图甚大，未可忽视。在战略上果应如何应付，乞早为策定，俾南北各战场资以实行，深为迫切之需要。谨贡所见，用备采择。"

9月9日，白崇禧打电话给参谋总长何应钦、军令部长徐永昌等，仍然"极主保持持久不决战"。根据军令部长徐永昌的观察，此时的蒋介石"甚醉心于固守武汉三镇，以为可以久守"。蒋介石是否及时采纳了白氏的建议，笔者不得而知。

9月上旬，李宗仁牙病痊愈重返前线。9月13日，李宗仁、白崇禧联名致电军令部、军政部和后方勤务部，宣布："宗仁病愈，业于元日销假来浠水视事。崇禧即日解除代理职务。"

白崇禧解除代理职务返回武汉，继续在军委会行使副参谋总长职务。

9月18日午后，统帅部召开临时讨论会，对今后战局展开讨论，何应钦、白崇禧、徐永昌、贺耀祖、俞飞鹏、钱大钧等参加。会议决定：一、目前作战方式，宁任敌沿江进展，不放弃大别山及德安、武宁、咸宁之线；如此，敌纵进至武汉，我南北仍能时时向其侧击。二、武汉各机关等再度疏散。

当晚7时，何应钦、白崇禧、徐永昌、刘斐联袂晋见蒋介石报告今天会议的决定，并商定统帅部迁往湖南衡阳，同时在南郑（今汉中）设立行营。

10月上旬，白崇禧突然风湿病发作，腰部酸痛，行动困难，不得不住进武汉疗养院治疗，经该疗养院院长米勒医生治疗后，一个礼拜即告痊愈出院。白崇禧在治疗期间，人在疗养院，仍然牵挂战局。10月6日，他从疗养院寄语蒋介石，提出四点建议，其中前三点是：一、预备控制第四期会战之兵；二、德国如此，我何以尚派陈介大使去德（以为使人莫测我之国策）？三、应掌握沦陷区民众武力，不然皆为共党拿去。

10月16日，最高统帅部决定放弃武汉，并电告第五、第九两战区司令长官李宗仁、陈诚对部队进行调整。为了有计划地撤退，决定将归属第五战区指挥的罗卓英调回，担任武汉卫戍总司令，指挥武汉外围作战，掩护各部队撤退。

23日，蒋介石请已经病愈出院的白崇禧前往湖北钟祥李宗仁的司令长官部，转告李宗仁战场态势务必维持至月底。但因为上巴河已经失守，川军溃退，李宗仁电告白崇禧务必于当晚撤过黄陂。

10月24日，蒋介石正式宣布放弃武汉，当晚乘飞机赴衡阳。26日，日军进驻武汉。

武汉会战历时四个半月。长江南北第五、第九两战区节节抵抗，以劣势装备与日军展开血战，给侵略者以重创。

第十一章　行营主任驻桂林

武汉会战后，白崇禧兼任桂林行营主任职，统第三、四、七、九四个战区。但是，在新的职位上"战神"没能续写神话。

重视干部，倡办游击训练班

11月25日，南岳军事会议开幕，会期四天。白崇禧在会上提出两个建议：

一、成立南岳游击干部训练班，选派部队中下级干部受训，为期三个月，俾今后能在敌侧后发动游击战，和正面的阵地战密切配合；

二、成立党政委员会，将敌后党政统一起来，统归该会指挥调度，以一事权，而利于因时制宜、因地制宜。

这两案都得到通过，后来汤恩伯、叶剑英被任命为南岳游击干部训练班正副教育长。汤、叶均不久于其位，遂由李默庵接任教育长。关于战地党政委员会，白崇禧原属意李济深主持其事。白以为李可与敌后中共地下党组织取得密切合作，但蒋计不出此，他正致力于"积极防共"，因此蒋后来自兼该会主委，而以李济深、周恩来兼副主委，蒋介石紧紧把它抓在手里，自不能发挥其应有的作用，盖可断言。

南岳会议后，蒋介石对白崇禧说：重庆为行都所在，西北、西南是两翼，为谋巩固行都这个核心，拟设桂林行营，并以白崇禧为主任，指挥第三（顾祝同）、第四（张发奎）、第九（薛岳代）三个战区。蒋介石显然把半个中国交给他了，信任之专，一时无两。

11 月 29 日,白崇禧由南岳回桂林,为蒋介石来桂部署一切。30 日,蒋介石自衡阳飞桂,白崇禧亲往机场迎候,把他接到藩署八桂阁居住。蒋摩抚庭间桂树而顾白曰:"此民国十一年随总理到桂之旧游地也。"

12 月 3 日,白崇禧在叠彩峰前旧师范大院就桂林行营主任职,蒋介石派他的侍从室第一处主任林蔚文(1883 年—1932 年,是最早把世界语经汉译后介绍到我国的学者)做桂林行营参谋长。白崇禧向蒋介石保荐杨东莼为行营秘书长,蒋氏沉吟久之,然后对白崇禧说:"凡是反党的人,希望你不要重用。"白氏只知杨东莼是爱国会派的骨干分子,而不知道他是中共地下党员;而蒋介石有两个系统的特务提供情报,他当然对杨东莼的政治背景了若指掌。这样杨氏的任命就告吹了。蒋介石直住到 12 月 7 日方离桂飞渝。

1939 年 2 月 16 日,白崇禧在桂林行营大礼堂举行他兼任部长的军训部成立周年纪念大会,他邀请周恩来在大会上讲话。周在谈军训工作的重要时着重指出:要坚持今天的全面战争,同时要准备明天的战略决战。白、周关系密切,这表明白氏在当时保持着中间偏左的政治立场。18 日,周恩来在黄绍竑陪同下前往皖南视察。

以白崇禧为会长的广西回教救国协会于 2 月间成立。在此以前,白崇禧常吃猪肉,其后只有席上有回教人士,他才略为回避。

在白崇禧的影响下,广西地方建设干部学校延聘杨东莼为教育长,该校于 3 月 18 日正式开学,之后欧阳予倩任广西艺术馆馆长,焦菊隐到程思远主持的广西绥署政治部国防艺术社当导演,胡愈之任广西建设研究会文化部副主任,千家驹任广西建设研究会经济部副主任。广西建设研究会经常举行座谈会,请进步民主人士讲演当前国际局势及抗战形势,夏衍的《救亡日报》《大公报》和《扫荡报》先后在桂林发刊。程思远创办的乐群社为文化界活动中心,如 4 月 23 日桂林戏剧界、文化界、新闻界在乐群社举行茶会,欢迎田汉来桂,由马彦祥主持。这时桂林人文荟萃,冠盖云集,从而享有"文化城"之称。

桂柳惨败，战神降级受讥评

在桂林行营辖区，1939 年有南昌、长沙两次会战，白崇禧因职责所在，曾去浙赣湘视察，指挥军事。

1939 年 3 月中旬，敌以第一○一、第一○六两师团从赣北德安发动攻势。23 日，突破我江西守军在永修方面的轧津阵地。24 日，陷吴城，安义、奉新先后不守。27 日，南昌沦陷。

4 月上旬，白崇禧从桂林到江西临时省会吉安视察，与第三战区司令长官顾祝同通电话，着他积极准备反攻南昌。到 4 月 23 日，我军先后进攻高安、武宁。26 日，我军先锋攻抵南昌近郊，旋因第二十九军军长陈安宝力战阵亡，南昌终不能收复。敌我相持于武宁、靖安、奉新一带。

湘北敌军自 9 月 19 日起向我新墙河阵地进攻。23 日，更助以海空军分三路并进：一路南通城向麦市、长寿街；一路强渡新墙攻平江、新市；一路由洞庭湖东岸鹿角市登陆攻我侧背，各路均展开激烈战斗。

白崇禧从桂林到衡阳，设立指挥所，与第九战区代司令长官薛岳在电话中制订作战计划，决定置重兵于两翼，正面逐渐后退，诱敌深入。9 月 29 日，敌盲目突进到长沙北面永安市、上杉市、金井、福临铺、桥头驿一带。10 月 2 日起，我下令反攻，敌始料不及，受了致命的挫折。到 10 月 6 日，我遂恢复原来的态势。此役以第十五集团军总司令关麟征表现得最为卓异，军委会于 10 月 15 日传令嘉奖。

长沙会战后，白崇禧定 11 月 22 日召集江南各战区及省市主管人员在南岳举行党政军联席会议，讨论战地党政工作如何与军事配合问题。政治部部长、三民主义青年团书记长陈诚知道了这一信息，就抢在联席会议前召集各省党部主委和三民主义青年团各省支团人员举行南岳座谈会，专门讨论战地党政统一以及各省干部训练问题。陈诚此举，大有同白崇禧唱对台戏的味道。

白崇禧的幕僚注意到这一点，建议将原定的党政军联席会议改为第二次南岳军事会议，并电请蒋介石莅会主持。白崇禧同意了，并向蒋介石报告。蒋氏欣然答应莅会，结果原定于 11 月 22 日下午举行的会议，不得不推迟到候蒋介石到达后开幕。在此以前，则举行预备会议，分党政、军事两组讨论抗战中出现的问题。

在预备会议上，白崇禧根据过去他在广西推行"寓兵于农""寓将于学"所得的经验，认为军队协助国民军训，应是当前对敌作战的根本办法。但目前颁布有：县各级纲要、国民兵组训、社会军训三套法例。各搞各的，自成系统，应统一起来，通盘筹划，才有利于执行，以期节约人才和经费。

对于白崇禧的意见，陈诚把它否决了。陈诚说："中上级干部现在是由中央训练，下级干部可由地方训练，仍受中央的指导监督。"非常明显，陈诚是当时设在重庆浮屠关的中央训练团的教育长（团长由蒋介石兼），而该团党政训练班则负责调训全国中上层干部。在陈诚一手把持下，白崇禧的建议卒不能在会上做出任何决定。

蒋介石于 10 月 28 日从重庆飞抵桂林，当晚由行营参谋长林蔚文陪同吃晚饭后即乘火车去湖南。白崇禧率四战区长官张发奎、三战区长官顾祝同、九战区代长官薛岳及各省主席熊式辉、陈仪、李汉魂、黄旭初、黄绍竑等先到易家湾薛岳家里吃早餐，然后再去车站迎接蒋氏。蒋介石于 29 日 7 时抵衡阳，随即与白崇禧等同去南岳。

第二次南岳会议于 29 日上午 10 时在南岳圣经学校开幕，蒋介石在讲话中说："9 月 1 日，德国军队三路侵入波兰，第二次世界大战爆发，自此我国抗日战争已成为国际反法西斯战争的重要组成部分，形势发展对我有利，将来中日问题必将与欧战同时解决，因此在中途绝无和平之理。"

10 月 30 日下午 4 时，蒋介石对预备会议提出的有关国民军训及地方党政一元化等问题做出了解答，他主要说了下面这几点：

一、中央应将国民兵团与县各级组织条例合而为一（这原来是白崇禧提出的意见）；

二、中央已将各省实现党政一元化（如广东省主席李汉魂兼广东省党部主委等），如今后工作还做得不好，就是自己能力不行；

三、三民主义青年团与国民党的关系，将在五届六中全会上做出具体规定。

白崇禧因蒋夫人宋美龄将来湖南劳军，特于 11 月 2 日返桂林，蒋夫妇于 6 日抵桂，住尧山，7 日飞渝。

11 月 12 日，国民党五届六中全会在重庆举行，白崇禧前往参加。13 日、14 日，日寇第四舰队主力，妙高、长良、名取等巡洋舰，及加贺航空母舰等在海口附近活动，设在贵县对岸南山的第十六集团军总司令部接到情报，即电白崇禧报告。白氏通知军令部作战厅，可是该厅负责人却对白崇禧说："综观当前形势，敌无南犯意图。"白氏则谓应注意敌要截断我海外交通线。

实际情况并不如军令部所估计的那样，11 月 15 日拂晓，敌舰开始向企沙、龙门、钦州湾沿海阵地轰击，敌机同时配合低空轰炸。到午后一时，敌第五师团和台湾旅团各一部依靠海空的掩护，在企沙、龙门强行登陆。16 日晨，敌分兵在钦州湾西端黄屋屯及钦县南的黎头咀登陆，扑向防城钦县。

那时防守桂南的部队是新成立的第十六集团军，总司令是夏威，副总司令是抗日名将蔡廷锴。该集团军只有两个军：一是方由五战区调回后休整的第三十一军，军长是韦云淞，一是新成立的第四十六军，军长是何宣。何宣的军部驻南宁，在邕钦路上的部队，只有该军新编第十九师，武器是七拼八凑的，新兵未经严格训练，也缺乏战斗经验，以这样的部队阻击强大之敌，其结果是想象得到的。

11 月 18 日，敌第五师团及台湾旅团全部登陆完毕，即在大塘墟集中，沿邕钦公路急进。我新编第十九师在小董与敌遭遇，一碰即溃。第十六集团军总部虽令驻横县的第一七〇师黎行恕部及驻桂平的第一三五师苏祖馨部急开南宁应援，但既不能空运，也不可用铁路运输，结果所有援军都不能依时到达。这样，敌主力于 20 日便进抵邕江南岸，沿途没有受到猛烈的抵抗。23 日晨，敌分别由蒲庙、亭子墟渡过邕江，到 24 日下午 5 时，南宁便告失守。

白崇禧于 11 月 19 日从重庆赶回桂林，在行营听取敌情报告，并积极进行反攻部署。但他认为，由于交通不便，集中兵力至少需要三个星

208

期以上，所以对敌决战，最早要在 12 月中才能开始。21 日，白崇禧对报界发表谈话：指出敌军登陆海口，进犯桂南，企图切断我西南国际交通路线，我军对此早有准备，将诱敌深入，给予重大打击……

敌自进据南宁后，逐步向我压迫，武鸣方面的高峰隘至 12 月 1 日失陷，邕宾路上的昆仑关至 12 月 4 日失陷。昆仑关在南宁城北六十公里，其地峰峦起伏，只有在两座险隘中有一条崎岖险阻的小径，连步兵也不易通过，向来是兵家必争之地，为宋代名将狄青在元夜计破壮族英雄侬智高处。

白崇禧制订的桂南会战计划，首先要攻下昆仑关，然后收复南宁，唯因昆仑关地势险要，敌在那里积极加强工事，企图久守，为求攻坚必胜，必须使用机械化部队，而当时只有杜聿明的第五军可以负此重任。白崇禧要求蒋介石批准使用第五军，蒋氏慨然答应了。

白崇禧的反攻计划如下：以徐庭瑶指挥北路军，率第五军及第九十九军攻击昆仑关正面之敌，尔后迅向南宁进击；以夏威指挥西路军攻击高峰隘之敌，向四、五塘进击；由蔡廷锴指挥东路军，以灵山陆屋为根据地，发动民众武装力量，破坏邕钦路交通，阻止敌之增援。

蒋介石派政治部部长陈诚来广西协助白崇禧指挥。12 月 16 日，白崇禧、陈诚两人到邕宾路思陇以西地区视察攻击昆仑关正面的杜聿明第五军兵力部署，一切均感满意，决定于 17 日开始攻击。

为便于指挥起见，原驻广东曲江的第四战区司令长官部移驻柳州。白崇禧也把他的迁江指挥所移设宾阳白岩村。

12 月 17 日凌晨，攻击昆仑关的炮声打响了。敌我双方进行炮战，在我远射程的重炮火力压迫下，敌炮兵中断向我射击。我第五军第一线攻击部队戴安澜第二〇〇师、郑洞国第一师随即乘势发动攻击，不顾敌机的干扰，第一师当晚占领仙女山，第二〇〇师攻占了六五三、六〇〇高地。邱清泉新二十二师由邕宾公路以西向五塘、六塘进出，以牵制敌之增援。

敌于 18 日晚增援反攻，我正面攻击的部队忽略了既占领地的工事构筑，以致各据点得而复失、失而复得者两次。

白崇禧鉴于敌人在昆仑关口的两侧高地占有地形优势，以轻重武器

209

组成交叉火网，足以封锁我军对关口的进攻，因而用电话向杜聿明指示，改变原来作战方针，采用要塞式攻击法：将各据点分配第一线各团负责，同时展开分攻合击，逐次缩小包围圈，并切断敌的后方，以孤立昆仑关口之敌。

到12月24日，敌在昆仑关的守军不能从陆地交通得到供应了，所有饮水、弹药、粮食、药品完全依靠飞机空投。我为加强正面攻击力量，乃令叶肇第六十六军于28日支援第五军加入昆仑关东正面的攻击，以新二十二师及第五军两补充团加强对昆仑关北面和西面的攻击，利用优势炮火，逐次扫荡。29日，界首战略要点被我攻克。30日，我一九五师及第五军各有进展。到31日，我遂克复昆仑关。收复昆仑关后，从缴获的日军日记发现有这样的记载："第十二旅团长中村正雄少将在九塘被中国军队炮火击毙。"

1940年1月4日，我军克复九塘，敌在八塘凭险固守。白崇禧以姚沌第三十六军接第五军八塘以北防务，将第五军转移思陇、黄墟一带休整。并令傅仲芳第九十九军以主力扼守既占要点，以一部不断袭击七塘至四塘间之敌。此时，敌我双方因昆仑关攻守战伤亡甚大，都处于整顿态势。

敌为挽回昆仑关失守颓势，自1月8日起由北江方面抽调第七师团、第十八师团各一部共约二万余人，从1月27日起向我转移攻势：正面仍以第五师团为基干，企图压制我军于九塘昆仑关之间；另以十九师团及十八师团一部沿邕江南岸，经蒲庙、刘墟及永淳向宾阳迂回，企图从后面包围我军于昆仑关附近。27日，敌突破我邕江南岸的警戒线进占永淳，即向宾阳急进。31日，敌与我增援永淳的第七十六师、第四十九师在甘棠遭遇，展开血战，因彼此装备悬殊，使敌得以向北进犯。2月2日，陷我宾阳。我在昆仑关西面正面作战的第九十九军、第三十六军以及李延年第二军并不因后路断绝而退缩，经血战后分向隆山、都安、忻城退却，敌歼灭我军主力于昆仑关的企图卒不得逞，而我反攻南宁的计划也不能实现。

1940年2月22日，蒋介石在他的侍从室主任张治中、军委会办公厅主任商震陪同下由重庆经桂林抵柳州，住羊角山上一个山洞。日寇侦察得非常准确，敌机五十余架分两批猛炸羊角山，炸弹皆落在防空洞右方五十米至一百米的山口处，伤卫士十二人，蒋氏虽无恙，但山洞震撼，宛如天崩地裂。

柳州军事会议自2月23至25日举行，由蒋介石亲自主持，参加会议的有：白崇禧、李济深、陈诚、张治中、商震、薛岳、张发奎、余汉谋以及各集团军总司令及参加桂南会战的各军军长。蒋介石说此次会议之召集，在于检讨桂南会战之成败得失，借此吸取教训，以励来兹。实际上这次会议，是整肃白崇禧的一次会议。

会议结束时，蒋介石宣布奖惩名单，其中主要的是：桂林行营主任白崇禧督率不力降级，政治部长陈诚指导无方降级。另外还有一长串人名。

项庄舞剑，意在沛公。此次处分，主在白氏，陈诚不过奉命陪同受惩而已。并且白崇禧此次所受"降级"处分，只是第一次，跟着就来第二次：到4月20日，蒋介石决然下令，撤销桂林行营，白崇禧回渝仍当他的副总参谋长兼军训部部长，表面上职务没有什么更动。但桂林另设军事委员会办公厅，以李济深为主任，林蔚文为副主任，这是一个没有指挥权的机构，李济深直到9月4日始由渝到桂就职，他在桂所能起的作用是极力掩护进步人士。

在桂林行营时期，白崇禧讲话很有分量。例如：白崇禧警告过在行营担任第二处长的杨继荣（军统分子），军统组织不能进入广西，杨氏诺诺连声，不敢违抗。中统见军统如此，也不敢逾越雷池一步。桂林行营撤销以后，中统收买了国民党广西省党部调查科长梁学基（原来是黄旭初的秘书，黄兼广西省党部主委），利用第二次反共高潮的到来，在广西猛抓共产党员和进步人士，如1942年制造"七九"事件，使中共广西工委负责人苏曼等三人受迫害致死。知名人士萨空了（1907年—1988年，蒙古族。1949年在北平协助胡愈之创办中国民主同盟机关报《光明日报》，任秘书长，是第一届全国政协代表。建国后历任中国民主同盟副主席、全国政协副秘书长）也于1943年三四月间被逮捕，黄旭初派梁学基告诉萨氏，他是奉命办理的，但安全没有问题。暗示若交给中统直接处置，那就不能保险了。

随着桂林行营的取消，广西绥靖公署政治部也奉军委会政治部命令，着于 1941 年底办理结束，程思远调到重庆工作。

处分白崇禧，撤销桂林行营，这两大事件据当时担任侍从室第一处主任的张治中说，是他向蒋介石建议的。张治中认为："要严明赏罚，非从上面做起不可；所以先从行营主任、部长降级。""自此项命令颁布后，士气为之一振。"

张治中又说："我还有一个动机：认为在这个时候（当时白崇禧任桂林行营主任，程潜任西安行营主任），为充实统帅部阵容，提高统帅部威权，必须将负有声望的高级将才集中于中央，以便顺利地统率全国军队。我这一个大胆的建议，当初蒋表示犹豫，经过多次的考虑，终于决定先后撤桂林行营和西安行营。"

第十二章　军训部长搞理论

白崇禧不仅在战场上挥洒他的才智，还潜心于军事理论研究，形成了持久抗战理论、全面战争与全面战术理论、游击战与运动战理论。

受蒋"重用"，军训部长干八年

1937 年 7 月抗日战争全面爆发以后，国民政府军事委员会作为指挥抗战的大本营，委员长蒋介石以陆海空军大元帅名义，不仅全权指挥军事，而且直接指挥相关的党政部门，军事委员会成为囊括党政军各系统的最高权力机关。

1938 年 1 月，军事委员会实行改组，将原来属于党政系统的机关重新分离出去，改归国民党中央执行委员会、中央党部和"行政院"指挥。1938 年 1 月 17 日，国民政府公布《修正军事委员会组织大纲》，规定：

一、国民政府为巩固国防、统辖全国军民作战，设军事委员会直隶于国民政府。二、军事委员会设委员长一人，由陆海空军大元帅兼任，行使《国民政府组织法》第三条规定之职权；设委员七至九人，由国民政府特任，襄助委员长筹议国防军事事项；设参谋总长、副参谋总长为幕僚长，襄助委员长指导所属各部院会厅处理一切事务，副参谋总长辅助参谋总长处理一切事务；正、副参谋总长与军政、军令、军事训练、政治四个部部长及军事参议院院长，得为当然委员。三、军事委员会及海军总司令部、军事参议院、航空委员会、抚恤委员会，并指挥军政部，分掌各法定事项。

根据这个组织大纲，军事委员会进行了重大调整，将原属于国民党中央执行委员会直接指挥的组织、宣传、民众训练三个部仍划归党务系统；取消第三、第四两个部，将其业务合并于经济部与其他各有关部；取消第一部与参谋本部名称，合并组成军令部；取消第六部，与政训部合并组成政治部；军事训练总监部改称为"军事训练部"（简称"军训部"）；将农产、矿产两个调整委员会和资源委员会改隶于经济部，将贸易调整和对外易货两个委员会、委员长重庆行营禁烟督察处改隶于财政部，水陆运输联合办事处改隶于交通部，将委员艮昕兼禁烟总监职务解除，并将禁烟总委员会（禁烟总会）改隶于内政部；调整后的军事委员会除与"行政院"共同领有的军政部外，还直辖军令部、军事训练部、政治部、军法执行总监部、后方勤务部、军事参议院、海军总司令部、航空委员会、调查统计局等机构。之后又陆续成立了战地党政委员会、战时新闻检查局、抚恤委员会、战时运输统制局、外事局、知识青年从军编练总监部等机构。

军训部是为适应抗战时期部队训练和军事学校教育的需要，在原训练总监部的基础上改组的。其职掌是：全国陆军的训练、整理、校阅；军事学校（陆军大学除外，由军令部主管）之教育、建设、改造；国民兵之教育、规划、校阅。该部设部长一人，政务次长一人，常务次长一人，主任参事、参事各四人，设第一厅、第二厅与总务厅，并设步兵、炮兵、骑兵、工兵、辎重兵、通信兵、机械兵七个监。军训部组织法颁布后，于1939年5月、1940年4月、1944年9月前后三次修订，最后确定军训部所设立的职能部门是：参事室、秘书室、总务室、人事处、步兵监、骑兵监、炮兵监、工兵监、辎重兵监、通信兵监、机械兵监、国民军事教育处、校阅处、军事编译处、军事杂志社、统一招生委员会、教材编审委员会、陆军军官预备学校筹备总处等单位。

从训练总监部改为军训部，只是招牌改了，实质并没有改变。先后担任训练总监部总监的李济深、唐生智、何成溶等都是杂牌头目，例如唐生智担任训练总监部总监时就很知趣，干脆来个不闻不问。因为白崇禧有在广西办理民团、从事军训工作的经验，蒋介石便把军训部长之职又委任给他。1938年2月16日，白崇禧在武汉就职。白崇禧知道这是一个闲散的冷衙门，但是聊胜于无，他对部下说："不管有权无权，总可用几个人。"

上任后，白崇禧为此还通令桂系各部队，以此来提高桂系的声望。

由于军训部各兵种兵监都是接近何应钦的人，经蒋介石亲自圈定，白崇禧上任后不能擅自调动他们的位置，由白崇禧安排的人事有：将南宁军事学校教育长刘士毅调为军训部常务次长，调南宁军校秘书朱五建为少将主任秘书，调第五战区中将兵站总监徐文明为主任参事，调第二十一兵站中将分监蓝腾蛟任首席部副。1941年，军训部增设国民兵教育处，主管全国普通中学以上各学校的军事训练事宜，这个处比军训部其他部门权力要大，蒋介石十分重视，特别指派复兴社干部、黄埔军校第一期毕业的杜心如担任处长。

这时，国民党的军事院校除陆军大学归军令部管理外，名义上归军训部管的学校有中央军事政治学校（前身是原黄埔军校）、步兵学校、炮兵学校、工兵学校、辎重兵学校、通信兵学校等，但所有这些学校的校长都是蒋介石兼任的，实际主持校务的教育长都是蒋介石指定的亲信，白崇禧上任后原本想利用这些学校为桂系培养干部，扩张桂系势力，但很快白崇禧就发现军训部难以染指，不得不知难而退。

军训部的业务，主要是根据美国的军事教育方针来制订方案和计划，分发各部队、各军事学校遵照施行。要根据美国陆军典、范、令来制定中国陆军典、范、令，白崇禧上任后下过一番苦功夫，每天都亲自坐到会议桌边与军训部各单位主管人员共同逐条研讨，直至全部完成，大约花了一个多月的时间。

抗战期间，军训部各兵监编订有关各兵科军事教育的书很多，数量很大。军学编译处也大量地翻译了外国——特别是美国有关军事教育的参考书籍。所有编订和翻译的书籍，都随时印发各部队和各军事学校实施或参考。为了搞好发书工作，又特别由部内各单位派出重要人员共同组织了一个发书委员会。虽然如此，但当时国民党军队忽视军事教育，多数部队对军训部颁发的有关军事教育的计划、方案和书籍都不重视。

1938 年 12 月，南岳军事会议后，蒋介石任命白崇禧为桂林行营主任。白为便于兼军训部事务，将军训部迁到广西桂林北门外的虞山庙。蒋担心白氏将军训部变成独立王国，迭次电催迁移重庆，但白氏始终拖延不办，直到 1939 年 4 月才将军训部迁移到重庆国府路大溪别墅第 2 号和国府路第 282 号附 1 号。因为这两处距离国民党中央党部、国民政府以及蒋介石、孔祥熙等人的官邸都很近，是日寇空军轰炸的主要目标。为了躲避空袭，由军事委员会拨款在四川璧山县牛角湾建立了一批简易的办公房屋，将军训部所属的步兵、骑兵、炮兵、工兵、辎重兵、通信兵、机械兵各兵监和总务处迁移到此处办公，军学编译处设立在璧山县城，重庆方面保留国府路第 282 号附 1 号作为驻渝办事处，以便与其他各部会联系。

桂林行营撤销后，白崇禧于 1940 年 5 月从桂林来到重庆，由广西、安徽两省出资在李子坝为他建立了一座公馆。此后，白崇禧又在璧山县西温泉建筑了一座公馆。从此，白崇禧经常往来于璧山与重庆之间。

由于抗日战争初期国民党正面战场各大会战部队损耗巨大，中下级将领伤亡多，蒋介石为维持部队战斗力，适应各战区的补充，特与各战区长官商定，成立几个中央军事政治学校的分校。先后在第三战区成立第三分校，以吕济为主任，校址设在上饶；第七战区成立第四分校，以韩汉英为主任，校址设在韶关；昆明讲武堂改为第五分校，以唐继麟为主任；第一战区成立第七分校，以胡宗南兼主任，周嘉彬为副主任，校址设在宝鸡。之后又在第五战区设立第八分校，白崇禧推荐徐祖诒担任主任，校址设在湖北均县。1940 年的一天，在重庆军委会，参谋总长兼军政部长何应钦问蓝香山："徐祖诒同桂系关系如何？"蓝据实回答："虽是新结合，很靠拢李、白。"何应钦随即报告蒋介石，蒋氏很快下令将徐祖诒撤职，改以黄埔一期毕业的亲信将领沈发藻继任主任，李宗仁、白崇禧企图控制第八分校为桂系培养干部的计划又落空了。

甚至李、白的老本南宁军校在改为第六分校后，蒋介石委派他的亲信黄杰、黄维（均是黄埔一期毕业生）先后担任主任，虽然原桂系的教职员留用了很大部分，但教育的目的已经不再是为新桂系培养干部，而是为"蒋校长"培养干部。李、白多年的家私在军校统一的旗帜下被蒋介石拿了过去，让李、白有说不出的苦闷。

白崇禧毕竟是一个有野心的人，他以自己的回族身份可以拉拢西北五省的回教势力，特别是青海、甘肃、宁夏三省的马家军势力，为此，白崇禧呈请在甘肃临洮设立西北步兵分校，推荐陆军大学毕业的亲信刘任担任分校主任，一方面为马家军培养干部，同时以此作为与马家军头目沟通的一个桥梁。

1940 年秋，蒋介石下令成立校阅委员会，该机构直属于军事委员会，不归军训部管，但业务上基本由军训部主持，蒋介石命白崇禧兼主任委员，军训部常务副次长刘士毅兼副主任委员。全体委员会每三个月开一次，审查通过校阅计划、校阅成绩、校阅规章、预算决算。每次开会，仅由办公室主任准备好文件，宣读通过，各委员皆不发言，徒具形式。校委会设在重庆南岸黄山路口，重要事务由蓝腾蛟参加军训部每周两次汇报会，有情况面呈白崇禧处理。

每次应校阅的部队由白崇禧临时请示蒋介石指定，漫无计划。所谓的校阅，表面看起来做得很正儿八经，实际上也是黑幕重重，校阅的等级不以部队教育成绩的好坏、卫生及纪律的好坏、部队战斗力的强弱来定，所下的结论往往是有黑幕的官样文章。第二校阅组主任杨正治曾对人说："校阅成绩，不是以教育水平和经理、卫生、纪律的良莠及战斗力的强弱与爱国情绪的高低来衡量，而是以部队的招待是否丰盛定优劣。"国军之腐败，可见一斑。

白崇禧本人也常亲赴各地校阅部队，视察各军事学校的教育状况。据副参谋总长办公室秘书何作柏回忆，白崇禧每次出巡都带着两幅白布挂幕，一幅是军训部的组织系统表，一幅是军训部的职能表。每次部队讲话时悬挂讲台左右，执鞭逐一指点讲解，使听者一目了然。

在空军学校教育方面，白崇禧提出了一些有价值的建议。1939 年，白崇禧校阅成都空军部队之后颇有感想，便向军事委员会提出了三点建议：

第一，设立空军幼年学校。白崇禧建议成立空军幼年学校，招收高小毕业生，受训六年，除学习普通中学的课程外，还加强基本军事常识的学习，进行跳伞、滑翔等体育活动，旨在培养青少年"冒险犯难之精神"。这一建议当即为军委会采纳，并在四川灌县设立幼年空校，校长由陈嘉尚担任。该校相当一部分学员后来成为国民党空军的中坚分子。

第二，设立空军军士学校。白崇禧认为中国教育不如美国普及，如果以大学毕业生充任队员，则牺牲后来不及充实新的力量，因此建议成立空军军士学校。军委会接受该建议，成立了以刘炯光为校长的空军军士学校。

第三，成立空军通信兵学校。

这些建议最终都被采纳。

白崇禧在重庆副参谋总长兼军训部长任上，总的来看是很不如意的。首先是用人上没有自主权，至抗战末期才安插陆荫揖任军训部总务厅长，孙贵铨任校委会办公室副主任，并安排了几个孤立无助的杂牌人物如胡若愚、杨正治、董彦平、王和华等。军训部不管部队的经理和人事大权，各级部队主管对军训部不买账，白崇禧通过校阅委员会似乎掌握了部队主管的奖惩权，但也只能吓唬那些本来已经很可怜的杂牌部队，而蒋介石的嫡系因为可以直接通天，对于军训部满不在乎。1943年，校阅委员会改为校阅处，隶属于军训部，何应钦的人周学海任处长，校阅处的地位下降，职权大加削减，军训部更加无事可做，军训部各兵监精神涣散，无精打采，典型的尸位素餐。军训部常务次长刘士毅曾经发牢骚说："戴着新桂系鬼脸壳，成天坐冷板凳。"

研究"三战"，军事理论有建树

白崇禧不仅是一位有勇有谋、指挥有方的军事家，而且是民国时期屈指可数的几位军事理论家之一，在军事理论上也很有建树。在抗战时期，他对于抗日战争的理论探讨也下了一番功夫，在抗日战争的理论研究方面也可以说颇有造诣。他在各种场合不断鼓吹持久战、运动战、游击战、全面战等战略战术，也是切合我国抗日战争的实际情况的，这些

218

对于抗日战争取得胜利无疑也发挥了一定的作用。

第一，持久抗战理论。

白崇禧认为："这次对日抗战，我方军事上的最高战略是持久战。"为什么要采取持久战呢？白崇禧列举了以下五点理由：

一、是因为要针对敌人速战速决战略的关系。大家知道，日本是先天贫弱的国家，人口之少，土地之小，资源之不足，财富之困乏，一切政治经济的条件，都决定它在战略上不能持久，因此只有采取速战速决的战略。然而，我们却正与它相反，人多、地大、物博，所以，要粉碎敌人速战速决的美梦，必须采取持久战略。

二、是因为装备不同的关系。敌人是一个现代资本主义国家，工业及军备上的发展已有四五十年的历史，故中国的装备远不如敌，这是大家所知道的。因此，就不能在短期内和敌人决战，而不得不用持久战战略，使敌人在长期消耗之下，直到筋疲力竭的时候，再做总的反攻，这是采取持久战略的第二个理由。

三、是经济上的关系。中国是农业国家，百分之八十以上是农民，经济基础是建立在农业上的；而敌人是工业国家，经济的基础是建立在工商业上的。农业国的人民生活，所受战争影响较少，而工业国则不然，不但因为战争而减少其工业出品，且因战争而减少其对外贸易，尤其是对中国的贸易，损失更大，故敌人的经济，不能持久，这是采取持久战的第三个理由。

四、是人口与国土的关系。中国的人口是四亿五千万，而敌国本部不过七千万人。在第一期抗战中，中国死伤约一百万，敌人死伤至少在五十万以上，如以二比一计算，中国死伤一千万，敌须伤亡五百万；在中国死伤一千万不甚要紧，敌人最大限度，全国只能动员三百万壮丁，故如这样下去，他便无法支持了。所以在人口上说，彼此对等消耗，就是愈持久愈于我有利。再就国土来说，中国有"大的土地，敌人欲得一城一地，必须消耗相当兵力才能达到目的；占领以后，又须牵制相当兵力，才能保持；因此，占地愈广，则兵力愈分散，"点""线"而已，点、线以外的广大面积，敌人绝无此庞大的兵力完全占领。因此，我们只要持久战下去，终有转移攻势的时候，这是采取持久战略的第四个理由。

五、是外交上的关系。敌国对中国发动侵略战争，必然惹起国际间的许多矛盾，而战事愈延长，这种矛盾的冲突必愈白热化；国际形势亦于我更为有利，这是采取持久战的第五个理由。

白崇禧认为："十八个月以来的抗战已完全证实这一战略是绝对正确的。"

白崇禧认为，坚持持久抗战必须"要具有坚决抗战到底的决心，以'独立自主''独力作战'的精神做基础，不以国际变幻为依归。因为我们此次的抗战是民族革命的战争，其性质和帝国主义的战争不同，革命战争固然难免需要外援，但却不是没有外援就不革命"。

那么，怎样才能持久抗战下去呢？白崇禧认为：

一、首先在精神上要抱定最大牺牲的决心与持久抗战到底的精神，这是最主要的先决条件。

二、在物资上，我们承认在敌人军事的封锁之下，尤其是西南国际交通路线截断之后，抗战物资的来源不免要减少很多，但并不是完全陷于没有办法的绝境，而是只要我们肯做、敢做、努力做，还是有可能支持下去的。

三、在政治上，我们必须加强团结，严防敌人的分化，集中全民族的力量与意志，完全用在神圣的抗战上面，然后才能够长久支持。

四、在军事上，我们的战术思想必须彻底地改变，战术必须要与持久抗战的最高战略配合，要"积小胜为大胜"，就是以游击战、运动战为主，非不得已不与敌人做大规模的阵地战；其次是要"以空间换时间"，在非有利的态势下，不轻易与敌人做点、线之争夺。只有这样，才能达到持久战略的要求。

第二，全面战争与全面战术理论。

白崇禧认为，现代战争是一种全体性的全民战争。战争的胜败，不仅决定于军队的作战与武器的对比，而最主要决定于整个国力的竞赛。因此，对日抗战，不仅以军事抗战，而且要以政治抗战；不仅军队动员，而且要民众动员。我们对付敌人，亦必须以军事、政治诸力量配合起来，灵活运用，彻底实行全面战争。

白崇禧认为："全面战争的内容是要包含军事、政治、经济、文化各部门的。它在空间上，不分东西南北前后左右，都是全面战术的战场，全面战术的攻守，不在于一点一线的争持，而在是否能够控制全部战场的面积。这个道理是非常容易明白的。因为用我们劣势的装备与敌人优势的装备去战斗，我们只有几年的准备，与敌人几十年的准备来竞赛，胜败的结果，是任何人都可预料的。所以，我们在战略上，要采取持久战的策略，但是我们怎么样能够持久呢？我们用老方法来作战，当然是不能达到持久的目的的，因此，对于我们过去所运用的战术，就有加以改进的必要，这也就是说，全面战术在主观和客观的条件下，都必然要成为我们所采用的战术。"

　　白崇禧指出，所谓全面战术，顾名思义，就是为适应全面战争的一种革命战术，其学理与军事学校里所讲的正规战术迥然不同，因为在正规战术里，要根据敌我同等的装备、物资、兵种来做根据；全面战术的运用，则以不规律的游击战、运动战配合必要的阵地战交互为用，造成最有弹性的持久性的战法，其动向做曲线或螺旋式的，有时东而击西，有时转进敌人侧面或后背，前进后退，俱无一定之规律，而以神出鬼没的姿态，出现于敌人之四周。本来战术是随着兵器的进步而演变的，如由横队战术变为纵队战术、散开战术变为疏开战术、平面战术变为立体战术。中国军队装备不如敌人，自应采用"穷则变，变则通"的原则，把正规的战术变为全体性的全面战术。

　　第三，游击战与运动战理论。

　　在介绍白崇禧的游击战与运动战理论之前，这里还有一段特殊的国共合作的佳话，值得介绍一下。抗战初期，受中共派遣秘密打入桂系的谢和赓以机要秘书的名义在白崇禧身边工作。1937年10月，谢和赓执行中共交给他的任务，即"秘密地不露形迹地进行有利于发动全国人民抗日的宣传鼓动工作和抗日文化运动"，写下了标题为《全体性全民总动员纲领之一——全国游击战争之方案》的"万言书"（约一万两千字），其内容实际上是中共抗日民族统一战线具体实施办法。据说，白崇禧对这个万言书的内容十分欣赏，将其内容概括以"白副参谋总长办公室"的名义打印三百份，分寄各省主席、保安处长、各战区高级将领等参考。随后，这个"万言书"以白崇禧的名义交参谋总长何应钦呈最高统帅蒋介石核阅。蒋介石对此也表示欣赏，并采纳了该方案提出的在湖南衡山设立游击战讲习所的建议。

1938年11月9日，太原失守，第二战区有少数部队渡过黄河进入河南。白崇禧当即在武汉召开的统帅部检讨二战区军事会议上提议："第二战区全体官兵不得因太原失守而退过黄河或其他地区，否则以军法从事。"白崇禧还建议："对日抗战，我以劣势装备对优势装备之敌，应多采用'游击战与正规战配合，积小胜为大胜，以空间换时间'。"提议被蒋介石采纳。蒋电令阎锡山，第二战区"须分向晋东晋西北山地转移，以山地为根据，长期抗战"。

根据《冯玉祥日记》记载，1937年11月13日，冯玉祥派人给李宗仁、白崇禧送去一百册《游击战术基本原则》。

1938年1月8日，白崇禧在军委会会议上再次提议：在战略上，国民党军队应采取消耗持久战；在战术上，应采取游击战与正规战配合，加强敌后游击战，扩大面的占领，争取沦陷区民众，扰袭敌人，使敌局促于点线之占领。同时，打击伪组织，由军事战发展为政治战、经济战，再逐渐变为全面战、总体战，以收"积小胜为大胜，以空间换取时间"之效。蒋介石随即通令各战区加强游击战。这是国民党第一次把敌后游击战作为抗日战略提出来。

1938年11月25日至28日，在南岳衡山召开的军事会议上，制定《第二期作战指导方针》等文件，提出第二期抗战政治重于军事，游击战重于正规战，变敌后方为前方，用三分之一的力量于敌后的战略方针；同时，正面战场发动有限的攻势反击，以策应敌后之游击部队，加强敌后方之控制与扰袭。

为了培养游击战干部，军委会决定在衡山开办国共合作的游击干部训练班，并打电报给中共中央，要求派干部到游击干部训练班任教官。中共中央派叶剑英负责，带几个人去。之后，游击干部训练班改为军事委员会军训部游击干部训练班。参加军事委员会军训部游击干部训练班的中共人员包括教官、工作人员、武装警卫班共三十多人，对外称中国共产党代表团。

1939 年 2 月 24 日，在训练班开学典礼上，白崇禧做了题为《关于游击战的问题》的讲话，第一次系统地阐述了他对游击战争的理解和思考。

白崇禧首先回答了为何要开展敌后游击战问题。他指出：我们之所以要开展游击战，其理由除了这次战争的性质是革命战争而必然采用这种革命战术外，还有一个重要原因就是我们只有用游击战为主，配合机动的运动战与必要的阵地战，才是转败为胜、转守为攻的转机。

关于游击战的战术问题，他指出：游击战不能离开民众，游击战的基础是建立在广大民众身上的，其活动也就是以民众为主。游击战没有民众的支持，也就绝无存在与发展的希望。游击战不能离开政治，开展广大的游击战，首先要有普遍的政治意识，使每个人都知道游击战的神圣任务，是为了争取民族生存而抗战的；同时要巩固基层政治组织，加强战地政权机构，进而摧毁日伪的汉奸政权。游击战不能离开组织与训练，任何没有组织训练的民众运动，都不能发挥出它的力量，游击战也不例外。

关于游击战的战法问题，白崇禧把它分为三种：一是"袭击"，袭击战可以采用奇袭、急袭、掩袭三种手段，利用有利的天候、地形、时机，给日军以"突如其来"的打击，使敌仓皇错乱而陷于溃败；二是"埋伏"，日军在中国国内作战，对地形肯定不如中国军民熟悉，埋伏很容易实施。在预定作战地附近潜伏，策应正规军出击，或扰乱日军后方治安，或腰击日军于中途，或截击日军的后尾，使日军顾此失彼，慌乱无章而失败；三是"扰乱"，扰乱的时机是在游击队兵力很弱或是日军防御严密使我无机可乘，或是驻防某地训练或集结某地待机时。此时，游击队应采取神出鬼没的手段，将兵力分散到各方面，在夜间去威胁、扰乱、破坏日军的后方交通线，使日军精神上疲惫不堪，在与中国正规军作战时，失去战斗力。

关于游击战战略与战术运用的关系问题，白崇禧强调要学习八路军的战法：在战略上要以少胜多，而在战术上要以多胜少；在战略上虽是持久战、内线战及被动作战，但在战术上要运用歼灭战、外线战及主动的作战，才能完成任务并达到目的。

白崇禧在军训部长任上主持搜集资料，由军训部军学编译处编写成《游击战纲要》一书，于1939年冬问世。该书分发到各战区和各军校，成为研习游击战的教科书和实施游击战的依据。

　　根据学者的研究，到1938年底，国民党留置敌后的兵力达到六七十万人，远远超过了此时中共在敌后的武装力量。但国民党军队对于游击战并不习惯，很少有成功的例子，到1943年以后，河北、山东、察哈尔等敌后各省，几乎已没有国民党主力部队了。抗战时期，国民党推行游击战总体上是失败的。

　　国民党游击战失败的原因很多，但最基本的一点，国民党是一个士大夫的党，他的中上层高高在上，与广大下层劳动人民是格格不入的，国民党军队开赴敌后开展游击战，不可能与敌后老百姓打成一片，形成鱼水关系，也就不可能得到老百姓的支持和拥护，这是国民党敌后游击战失败的根本原因。只有中国共产党才有可能立足于敌后，这是历史已经证明了的。白崇禧鼓吹和宣传游击战，其初衷是好的，其效果未必见得好，这是由国民党政权和军队的阶级本性使然。

　　抗战时期，白崇禧以副参谋总长先后兼任军训部长，总结第二次世界大战的教训，搜集有关军事教育的材料，同时参照国民党军队的实际情况，并归纳他本人在抗战中视察校阅学校、部队所得的经验，写成《现代陆军军事教育之趋势》一书，在抗战胜利之初出版。

　　白崇禧认为，生产工具决定战斗工具，生产技术决定战斗技术。随着军事技术与一般科学之进展，战术科学亦在不断改变中，许多新兵器、新品种之不断加入军中，使原有之兵器、兵种或为之废弛，或为之减色。自第一次世界大战至本次世界大战，因技术之进步，而发生战术之变革，诚不胜枚举。例如：电学与光学之进步，蒸汽机与内燃机之使用，核子弹与火箭之发明，使时间与空间缩短几千几百万倍；兵器之威力与射程，使骑兵归于无用。筑城技术与火力之配合，使轻装之步兵难以奏效；战车使小口径之火器失效，空军重量炸弹、原子弹与降落伞部队，使要塞为之减色。在战术方面，拿破仑将以前之横队战术改变为纵队战术，后因机枪与自动武器之发明，又进而演变为疏开队形。再者，两次世界大战，由平面战术演变为立体战术，由立体战术演变为闪电战术，将来则可能演变为按钮战术。白崇禧认为，由于现代科学技术的进步，军事的进步也加速了，可以说是日新月异。

白崇禧虽然承认武器对于战争胜负所起的巨大作用，但他不赞成唯武器论的观点。他说，在此科学化、技术化时代，一般人对于军事演进的看法发生了误解。唯武器论者，以为武器可解决一切，因而专侧重武器之发明，过分重视武器之效果。白崇禧认为这是不对的。他说，无论武器如何进步，而其操作使用，仍须有人，人必须训练，始能善用武器，始能发挥武器之威力；若无精确严密之训练，则最好之武器，亦等于无用。固不能抹杀新技术之价值，但实不敢苟同一切唯武器论者。战争之关键，不全在武器，而仍在人之因素。人必须加以严格之训练，始可使用现代装备，发挥威力；若训练不精，装备等于零，讲战术亦有如纸上谈兵。

白崇禧指出，军事问题很复杂，但其解决则甚简单。军人贵乎有判断能力，应能将复杂情况敏捷判断，抓住问题核心，全力以赴，以击中敌人要害。

白崇禧认为，今日之战争，乃是全面战、总体战，因此军事必须与政治、经济、文化配合，才能获得胜利。同样，教育也必须具备政治、经济、文化方面的先决条件；若政治、经济、文化各先天条件不具备，或备而不实，则军事教育的前途黯淡。中国政治、经济、文化各种条件虽然还很差，但我们应当以人力弥补其不足，这是我们不厌其烦谈论军事教育之本意。我们应当研究各国军事教育之趋势，虚心求进，加倍努力，以补偿我国先天之缺陷。

白崇禧认为，现代军事教育的重点应当是：一、现代战争虽趋向机械化，但人仍占重要成分，仍须训练人以为使用。飞机、战车同增加各部队与兵士之战斗力，唯战斗之结局仍有赖基本武器之完成，故于步兵之教育、体格之锻炼、精神之陶冶、基本武器之使用等，仍应特别重视。二、战争机械化，运动速度增加，战场变化快，使指挥官之判断与决心不得不力求迅速，战时之行动，不得不力求敏捷。运动速度增加，战场变化快，使上级对下级之指挥，不能完全掌握，而有待于下级之独断专行，故每一官兵应培养此种能力，以适应瞬息万变之状况。职斯之故，每一官兵对于各种军事演习与战术研究，不能不特加注意，此为战斗教育之范围。三、由于兵器种类复杂，兵种数量增多，各种兵器与各种性能皆很专门，而于达成任务则同等重要，故协同教育为绝对必要的条件。四、现代战争离不开空军，无空防即无国防，无空军掩护，则陆海军之作战异常艰苦。20世纪为空权时代，空军性能之增强，使部队之运动、战斗多利用夜间或特种天候、地形行之。现代战争，战场遍及全球，任何部队均有被派至各种天候地形作战之可能，故夜间教育及特种教育之训练，至为重要。

白崇禧认为，军事"基本教育"的主要科目包括体格之锻炼、精神与军纪、基本武器之使用、武器之爱护与保管、常识之讲授等五个，这是应付战争需要之最低限度要求。在教育上必先打好基础，然后于战场上才可运用自如，才可以争取胜利。

"皖南事变"，白由"中间"趋"反共"

白崇禧调回重庆以后，为形势所逼，他不能再如在桂林当行营主任时那样，倚靠地方实力为后盾，保持其中间政治立场了。

1940年10月，国共两党关系严重恶化，核心问题是军事问题，例如：10月14日，江苏省主席韩德勤调遣数万大军，向苏北新四军陈毅部做武装进攻，陈部一再忍让，自动退出姜堰战略重镇，以求息争，一致对外。但韩部仍继续前进，陈毅遂被迫自卫，发生黄桥战斗。

蒋介石利用此一事件为突破口，派总参谋长何应钦、副总参谋长白崇禧和中共中央派在重庆的代表周恩来、叶剑英进行协商，要求江南新四军和华北八路军限期集中于黄河以北，几经会谈，未取得任何协议。

7月19日，何应钦、白崇禧以正副参谋总长名义发表了"皓"电，指责八路军新四军："一、不守战区范围，自由行动；二、不遵编制数量，自由扩充；三、不服从中央命令，破坏行政系统；四、不打敌人，专事吞并友军。"这些指责并不公允，8月下旬起，华北五省八路军发动了有名的"百团大战"，它打破了敌人的"囚笼政策"，怎么能说他们"不打敌人"呢？

何、白"皓"电根据《中央提示案》做硬性片面的规定，限一个月内把（八路军、新四军）部队撤到划定的作战地区内（即黄河以北）。到了这个时候，白崇禧已身不由己，成为蒋的政策工具了。

到 1941 年 1 月 13 日、14 日两日，就发生历史上有名的"皖南事变"。新四军一万余人在江南泾县、太平一带被顾祝同指挥上官云相所部突然围攻，几乎全部被消灭，项英战死，叶挺被俘。重庆军事委员会发表新四军"叛变"经过，明令撤销新四军番号，将叶挺交军法审判。

1 月 19 日，中共中央对"皖南事变"发表谈话，指出"皖南事变"仅为国民党反动派反共投降大阴谋中之一个步骤而已，全国人民应亟起制止。同时，向国民党政府提出惩办"皖南事变"祸首何应钦、顾祝同、上官云相。名单中没有提到白崇禧，这表明中共中央对白氏还留有余地。

第十三章　国防部长无实权

抗日战争击败了共同的外敌，国内各方的矛盾再次凸显，国共关系破裂，蒋与包括桂系在内的各派裂痕加大。白崇禧获任国民政府国防部长职位，看上去很美，但并无多少实权。

身为"异己"，反对整军与"行宪"

抗战期间，国民党军队得到很大扩充，到 1944 年，国民党军队有一百二十个军，共三百五十四个师，另有三十一个独立旅、一百一十二个独立团、十五个独立营，不仅番号庞杂，而且士气"更显得疲惫、老大"。身为副参谋总长兼军训部长的白崇禧从抗战中期起就力主"缩减番号，充实单位"。对此，蒋介石、陈诚也表示赞同。

1944 年 10 月，美国总统罗斯福派遣魏德迈将军来华接替史迪威，担任中国战区美军司令兼中国战区总司令蒋介石的参谋长。魏德迈来华后，不仅主张中国军队缩编，而且"硬要中国学美国编制"，将部队缩编到一百个师以内。从 1944 年底开始，由新任军政部长陈诚主持，开始了大刀阔斧的整军。到 1945 年底，部队裁减为八十九个步兵军、两个骑兵军，共二百五十三个步兵师。1946 年 1 月 16 日，国民政府军事委员会在重庆召开整军会议，决定在三年内分三期整军。第一期将陆军现有八十九个军缩编为八十九个师；第二期缩编为七十五个师；第三期缩编为六十个师。至 1946 年 3 月止，军队整编和军事机关调整后，总人数由五百九十万减少至四百九十余万，计减去一百万人。抗战胜利后收编的六十万伪军，仅保留不足二十四万，裁撤三十六万余人。截至1947年2月，将五十七个军整编为五十七个师，计裁撤一百四十五个团。同时，还撤销两个军、十二个师、二十六个团，合计共撤销一百七十一个团。

国民党这次力度空前的军队整编，是在美国军事顾问团的直接指导下，由蒋介石、陈诚主持进行的。具体主持人则是陈诚。陈诚为人严厉，做事雷厉风行，且以排除异己、狠于对杂牌军下手而著称。在这次整军中，陈诚故伎重演，对杂牌军部队进行了大刀阔斧的裁撤，并以"军队国家化"为名，将保留下来的杂牌部队的人事全部打乱，"把张三的军队交给李四带，李四的军队又交给赵五带"。如此一来，弄得杂牌军将领人人自危，对陈诚更是侧目而视。

在这次整军中，桂系部队也受到了很大削弱。桂系驻广西的第三十一军和第四十六军，合并编为第四十六军，并调防海南岛，第三十一军番号撤销。而抗战期间出省作战的第二十一集团军，其中第四十八军和八十四军被撤销番号，仅留下桂系起家的老本第七军，编为七个师，编余军官先收容于合肥的第十战区军官队，预备而后再集中于南京安置。桂系部队一下子被撤销三个军的番号，实力大为削弱。

对于蒋、陈以整军为名，排除异己的做法，白崇禧大为不满，但又无力纠正，内心极端苦闷。所以，当陈诚下令将各军炮兵部队集中使用时，白怒不可遏，当面质问蒋介石："还要不要戡乱？"迫使蒋介石下令取消了这一计划。

在南京召开的复员整军会议上，忍无可忍的白崇禧站出来公开唱反调。他在会上发言说："从古打仗的历史，战时扩大，并鼓励各级干部敢于牺牲，敢打。现在打共匪，不能裁，一起去打，鼓励人去打，要裁只有在剿匪之后，承平之后放马南山才没问题，宋太祖杯酒释兵权亦在承平之时。"

当时，国民党军方上层反对裁军的为数有不少，除白崇禧外，参谋总长何应钦、军令部长徐永昌等都坚决反对按照美国军队模式去整编军队。徐永昌认为，魏德迈的整军计划"真是坑害中国"，其结果将是"害死中国"。

229

对于白崇禧的反调，与会者"全体鼓掌"。对此，蒋介石大为不满，当场指责白崇禧说："这是国家既定的政策，你这样讲与政策违背。"白丝毫不示弱，当场顶撞说："我是国防部长，管政策的。我不同意这个政策。"

话虽如此说，但当时蒋介石威望正隆，国民党的军政大权掌握在国民党政府主席蒋介石和参谋总长陈诚手中，身为国防部长的白崇禧实际上是没有多大发言权的，白崇禧的话只不过是在激愤状态下的一种牛皮大话，其实他何能就国民党的国防政策当家？

在蒋、陈的主持下，整军政策被强行贯彻下去。但是，反共内战并不像蒋介石等人估计的那样乐观，内战一开始，国民党军就在各个战场吃败仗，有生力量被大量歼灭。国民党军队在各个战场都到了捉襟见肘的地步，蒋介石这才不得不于1947年3月5日明令国防部："在剿匪期间军队不再缩编。"

对于蒋介石、陈诚主导的整军，一直有不同的认识。例如，当年解放军的统帅毛泽东就认为："蒋军经过整编，其战斗力一般加强。我军对其作战时，必须取集中优势分割歼灭方针，其比例为三对一或四对一，否则不易解决战斗，欲速不达。"但是，在国民党败退台湾后，国民党的不少高级将领却把国民党在反共内战中的失败完全归咎于蒋介石、陈诚主导的整军，白崇禧就是其中之一。

白崇禧不仅反对整军，而且反对"行宪"，主张"先剿共后行宪"。

抗战胜利后，全国人民强烈要求结束国民党一党专政，实行民主政治，以还政于民。对于全国人民的民主要求，白崇禧视而不见，充耳不闻。他于1945年底从重庆上书蒋介石，声称"现各党各派中外舆论所讲的结束一党专政，适应民主潮流，完全是理论，不合国情"。白崇禧还说，按照孙中山的革命建国程序，分为三个阶段，即军政、训政、宪政三个时期。军政时期是以革命武力扫除障碍；训政时期在训导国民，使一般国民能行使政权，选举罢免；最后才是制定宪法实行民主宪政，进入宪政时期。白崇禧认为北伐后应该是结束军政时期进入训政时期的时机。但北伐结束后，紧接着的是内战和抗战，都是军政时期。因此，行宪前始终没有训政时期。白崇禧认为抗战胜利后立即行宪缺乏条件：

民众如何选举？解放区民众如何选举？选出的既不是自由投票所产生的，是命令式的、假的，又有什么价值？

白崇禧对中共领导的武装力量成长壮大极为敌视，主张"我们现在应先消灭共匪，才能谈及其他"。

白崇禧在授意自己的秘书给蒋介石写的信中，建议"应乘战胜余威，先将中共剿平，而后行宪"。

这些建议均未被蒋介石采纳。

白崇禧认为，"行宪"是国民党在大陆失败的"最大的因素"。他说："行宪是国内外舆论逼迫出来的，一面行宪，一面剿匪。选举时，共匪到处破坏铁路，到处造成意见上的争执，而自由地区因选举而分裂，不仅党与党之间有竞争，即国民党内亦因而有争执，军中亦办选举，政治亦因此到军中，凡此均使国家的精诚团结遭受破坏，所以行宪选举是一个灾害，一无所得，得的是虚名，是巨祸。我不是把在大陆失败完全归罪于行宪，而认为它是最大的因素，其他都是可以改善的。因行宪而使多年同患难共生死的党内同志分裂了！整个团体动摇了！影响太大了！这是我的感想。"

为蒋作伥，反共"内战"成中坚

抗战胜利后，中国共产党代表的中国人民大众与美国政府支持的以蒋介石集团为代表的大地主大资产阶级的矛盾上升为中国社会的主要矛盾，白崇禧在意识形态上既是一个有强烈反共色彩的国民党地方实力派首脑，又是封建残余的军阀势力的代表人物，他的阶级和集团的根本利益决定了他必然是强烈的反共分子。

日本刚刚宣布投降时，国内斗争的焦点是受降权问题。白崇禧鉴于国民党的主力部队还远在西南、华南以及滇西、缅北的崇山峻岭之中，而华北、华中广大地区处于中共领导的八路军、新四军控制之下。由于时空限制，国民党军队要开往华北、华东乃至东北去接收并非易事。

对此，白崇禧感到十分焦虑，亲笔给蒋介石写了一封信，提出延期接受日军投降的主张。白崇禧在信中大意说：当前政府的基本任务，在于迅速接收华北和东北，确实控制沦陷区。因此，应责成日军暂驻原防，确保交通，严防破坏。同时，应由接近华北的战区迅速派队收复华北各省，进而安定东北，待华北各省完全安定后，再接受日军投降。主持接受日军投降的蒋介石、何应钦不敢接受白之建议。何应钦对李宗仁说："如今抗战胜利，如不将敌人迅速集中缴械，将有损国家威信。"

蒋介石虽然没有全盘接受白崇禧的建议，但仍然采取了一系列变相措施，企图由国民党垄断受降权，剥夺中共领导的八路军、新四军接受日本军队投降的权利。8月10日，蒋介石获悉日本乞降的消息后，就急匆匆地对陆军总司令何应钦发出训令，要其"警告辖区敌军，不得向我已指定之军事长官以外任何人投降缴械"。

8月11日，蒋又连下三道命令：

第一道给国民党各战区司令长官，命令要求"我各战区前线将领及全体官兵，务当严密警戒防范，加倍奋斗，一切依照既定军事计划与命令执行，绝不可稍有松懈，致涉贻误"。

第二道命令给伪军，令其"应就现驻地点负责维持地方治安，保护人民，乘机赎罪，努力自新……不得受非本委员长许可之收编"。

第三道命令给中国共产党领导的第十八集团军。命令声称："本委员长经电令各部队一律听候本会命令，根据盟邦协议，执行受降之一切决定。所有该集团军所属部队，应就原地驻防待命，其在各战区作战地境内之部队，并应接受各该战区司令长官之管辖。……为维护国家命令之尊严，恪守盟邦共同协议之规定，各部队勿再擅自行动为要。除分令外，希即严饬所部一体遵照。"这道命令完全剥夺了中国共产党及其领导的武装力量接受日本侵略者投降的所有权力。

中国共产党领导的八路军、新四军及敌后战场的人民群众在抗日战争中付出了巨大牺牲，为抗日战争的胜利立下了汗马功劳，蒋介石却企图依据他的一纸电令剥夺他们受降的一切正当权利，理所当然要遭到中国共产党的坚决反对和针锋相对的斗争。

8月10日、11日，中国共产党以延安总部总司令朱德的名义，连续发出关于接受日本投降的第一至七号命令。其中第一号命令规定：

一、各解放区任何抗日武装部队均得依据《波茨坦宣言》规定，向其附近各城镇交通要道之敌人军队及其指挥机关送出通牒，限其于一定时间向我作战部队缴出全部武装。在缴械后，我军当依优待俘虏条例给以生命安全之保护。二、各解放区任何抗日武装部队均得向其附近之一切伪军、伪政权送出通牒，限其于敌寇投降签字前，率队反正，听候编遣。过期即须全部缴出武装。三、各解放区所有抗日武装部队，如遇敌伪武装部队拒绝投降缴械，即应予以坚决消灭。四、我军对任何敌伪所占城镇交通要道，都有全权派兵接受，进入占领，实行军事管制，维持秩序，并委任专员负责管理该地区之一切行政事宜。如有任何破坏或反抗事件发生，均须以汉奸论罪。

第二至第七号命令则对各部队接受日本投降的范围、步骤、方法等具体问题做了规定。

8月11日，中共中央发出《关于日本投降后我党任务的决定》，规定："目前阶段，应集中主要力量迫使敌伪向我投降，不投降者，按具体情况发动进攻，逐一消灭之，猛力扩大解放区，占领一切可能与必须占领的大小城市与交通要道，夺取武器与资源，并放手武装基本群众，不应稍有犹豫。"

对于蒋介石企图剥夺中共及其武装力量受降权利的命令，中共中央还公开进行了反驳。8月13日和16日，毛泽东起草了两份电报，以十八集团军总司令朱德的名义发给蒋介石。

8月13日的电报说："我们认为这个命令你是下错了，并且错得很厉害，使我们不得不向你表示：坚决地拒绝这个命令。因为你给我们的这个命令，不但不公道，而且违背中华民族的民族利益，仅仅有利于日本侵略者和背叛祖国的汉奸们。"

8月16日的电报则向蒋介石提出六项要求，不仅要求中共及其武装力量有权参加受降及受降后的工作，还要求国民党立即废止一党专政，召开各党派会议，成立联合政府等。

显然，蒋介石剥夺中共及其领导的武装力量接受日伪军投降权利的企图遭到了严厉驳斥和反抗，其企图是失败了。面对这种局面，白崇禧十分焦虑，他于8月24日再次上书蒋介石，就接受日伪军投降的整个战略态势做出判断。白崇禧指出：长江、珠江流域，国民党实力雄厚，党政力量亦能配合，问题尚不十分严重；唯黄河以北，国民党党政军力量均属微弱，东北问题尤为严重，要求蒋介石及时采取对策，挽救被动局面。

白崇禧信中用词十分谦卑，表明白、蒋在反共内战上找到了共同语言，这时他们之间的关系处于良好时期。

当时，中国共产党领导的热河、绥远、河北、山东、苏北等地的武装力量紧靠东北，国民党要阻止中共武装进入东北事实上是不可能的。

1946年3月，在国民党六届二中全会上，白崇禧再次就东北问题发言，他声称："如不迅速遏止共军在华北和东北地区的发展，就会形成南北朝的局面。"当会议讨论王世杰的外交报告时，白崇禧甚至主张对苏联"诉诸武力"，表现出了十分强硬的态度。

据刘仲容回忆，白崇禧还于此时向蒋介石递交了一封"万言书"，并拟订了一份详细的进攻解放区的军事计划，受到蒋介石的赞赏。

抗战胜利后的白崇禧，处处表现出十分强硬的反共立场。他无论是公开演讲还是私人谈话时，总是痛骂共产党，反对和谈，认为对中共问题，除武力外，别无解决的办法。白崇禧在立法院发表演说时，甚至狂叫"消灭中共，反对一切和谈"。

蒋介石虽然没有完全采纳白崇禧的建议，但对他的这种强烈的反共意志和决心还是很赞赏的。因此，在军事委员会改组为国防部后，蒋即让白崇禧担任了首任国防部长。

处处掣肘，国防部长无实权

抗日战争中后期，国民党政府接受美国军事顾问团建议，决定在抗战胜利后彻底改组最高军事指挥机构。对此，白崇禧是反对的。他认为，国共内战迫在眉睫，统帅部改组，费时误事，不能适应战机的紧迫需要。因此，白崇禧建议由何应钦任总令的陆军总司令部去指挥战争，以收驾轻就熟之效，但不为蒋所采纳。

1946 年 3 月 30 日，蒋介石在重庆林同官邸召集军事委员会各部总长、次长举行谈话会，宣布改组中央军事机构，并成立了以军政部部长陈诚为召集人、军令部次长刘斐为副召集人，有中、美双方相关人员参加的起草委员会，负责改组事宜。

5 月 31 日，南京国民政府发布命令称："为树立现代军制，并谋军事行动与行政密切联系起见，将原国民政府军事委员会及其所属各部会，以及行政院之军政部予以裁撤，改于行政院，设立国防部。"

关于首任国防部部长的人选，蒋介石颇费了一番苦心。论国民党军方上层资历，最有资格担任国防部长的当推何应钦。他在国民党黄埔系中资历仅次于蒋介石，而且为人温和，在黄埔系将领中有很高威望。但何应钦也有他的缺点：何氏因久历戎行，在抗战期间已显得暮气沉沉，军政部事务放纵部下为所欲为，他主持的军政部腐败不堪，不仅早已引起蒋介石的严重不满，而且美国人更是一直把他当成腐败、贪污的典型。抗战时期，军政部长何应钦、财政部长孔祥熙、教育部长陈立夫是美国人眼里形象最差的高层官员。蒋介石早想让何应钦辞去军政部长，交给作风泼辣、敢作敢为的陈诚，但何应钦与陈诚争风吃醋，势同水火，让蒋介石头痛不已。抗战中期，蒋示意何将军政部长职务让给风头正足的陈诚，遭到何的拒绝。何说："我宁愿把参谋总长让给辞修，绝不忍将我苦心经营十年的军政部中断其绪，而未能毕其报效委座的初衷。"就陈诚的资历来说，是不可能凌驾在军事委员会各部部长之上而出任参谋总长的。何的表示，让蒋碰了一个软钉子。直到 1944 年 11 月，蒋才以中国陆军总司令的名义，换取何的军政部长给陈诚担任。抗战胜利后，蒋介石已内定让陈诚任参谋总长，指挥反共内战。这样一来，由陈诚的冤家对头何应钦出任国防部长则显然不合适。蒋的一贯策略是当自己人争夺某一职位相持不下时，就推出幕外的第三张牌来搪塞，以做过渡。在何应钦、陈诚争风吃醋，极不相能的情况下，蒋便将白崇禧推了出来。蒋任命何应钦为联合国安全理事会军事参谋团中国代表团团长，实际上等于流放，免得何在国内妨碍陈诚的指挥权。

白崇禧出任国防部长，也有其有利条件：

第一，白崇禧反共意志坚决，是国民党内主战最力的高级将领，这一点，很符合蒋的需要。

第二，美国方面对何应钦的印象很坏，而对白崇禧的印象则不坏。抗战初期，白崇禧是走亲苏路线的。1941 年太平洋战争爆发后，中美成为反法西斯盟国，从此白崇禧改走美国路线，并做了不少的搭线工作。无论美方派来的外交人员、军事人员或者是新闻记者，白崇禧一般都给予热情的招待和往还。"宴客"经常成为他的一种搭线方式，隔不上三两天，就要举行一次。白崇禧还时常向美国客人赠送礼品和照片，有的还赠送他特制的手表和挂表。这些纪念表上面，装有他的半身照片，是向美国订制的，除大多数用于赠送当时中国回教方面的重要人员外，也赠送美、英记者作为纪念。这些美英记者也乐意给白崇禧捧场。有很多美国记者要求白崇禧写自传，以便在美国报刊上刊登，替他宣传和捧场。白让军训部主任秘书朱五建写了一篇《白崇禧自传》。因为文章的内容是替白崇禧宣传的，不宜用自传的形式，手下人就替他改为《白崇禧小传》，以军训部秘书室的名义编写。这些宣传工作，对于美国人加深对白崇禧的良好印象无疑具有一定作用。此外，白崇禧在结交美国来华的高级外交使节和将领方面也下了很大功夫，如陈纳德、史迪威、魏德迈、赫尔利、司徒雷登，甚至马歇尔、杜鲁门等人对白的印象也不坏。因此，由白崇禧担任国防部长，也容易得到美国方面的支持。

第三，白崇禧是地方实力派首领，不是蒋的嫡系，让白出任国防部长，也可借此显示一下蒋介石的"大公无私"。

为让白崇禧出任国防部长做准备，1945 年 10 月 3 日，蒋介石下令将白崇禧由陆军二级上将晋升为陆军一级上将。

其后，蒋又为国防部长问题，与白在感情上进行沟通。蒋与白乘坐汽艇在重庆附近的长江江面上游弋了半天，蒋对白说了许多往事，故意批评了自己的一些缺点，也指出了白一些缺点，并表示今后要以诚相见，劝善规过，共患难，同甘苦，希望白相助到底，将来展其所长，出任国防部长。蒋的这番推心置腹的举动，使白崇禧深为感动。白当即向蒋做了许多自我检讨，表示以后要尽忠尽责，以报知遇之恩。随后白又向蒋发出一封"效忠信"："委员长钧鉴：昨承宠召训诲，殷殷垂勉……忆昔追随北伐，谬蒙拔擢，宠信优渥。只缘年轻识浅，任重才疏，过失苦不自知，隔溺尤难振拔。其后戴罪桂省，闭心思过，痛疚前非！"

蒋收信后，也亲笔回了信。蒋在回信中写道："健生吾兄勋鉴：手书诵悉，欣慰无已。本来同志之间，患难与共，有过相规。手足之情，无以逾此……"对白表示了很高的信任。

1946 年 5 月 30 日，国民政府公布《国防部组织纲要》。

1946 年 5 月 31 日，南京国民政府宣布任命白崇禧为国防部部长，林蔚、秦德纯、刘士毅为国防部次长；任命陈诚为参谋总长，刘斐、郭忏、范汉杰为参谋次长；任命顾祝同为陆军总司令，陈诚兼海军总司令，周至柔为空军总司令，黄镇球为联合后方勤务总司令。

6 月 1 日，白崇禧和陈诚分别以国防部长和参谋总长的名义到部视事。在当天的成立大会上，白崇禧发表谈话称：撤销军事委员会，成立国防部，是为了"实现以政治军，及还军于国之革命目的"。接着，参谋总长陈诚发表谈话，他故意抬高国防部长的地位，以遮人耳目。他说："此次军事机构之调整，在树立一个百年制度"，"国防部长有权，参谋总长有能。如无国防部之动员及预算，参谋总长不能指挥一个兵、动用一文钱"。但在实际上，参谋总长总揽军政军令大权，国防部长不过是"虚负其名"而已。

后来的事实证明，蒋介石精心安排的白、陈搭档是一个很坏的选择。白崇禧与陈诚均是不甘寂寞、非常自负的人物。两人之间瑜亮情结极深，互不买账，长期以来暗中较劲，面和心不和。陈诚任参谋总长以后，大权独揽，愈加骄傲，目中无人，根本不把白崇禧放在眼里，甚至连表面上的敷衍都没有。白崇禧身为国防部长，不仅指挥作战无由置喙，甚至有些重要的公文，陈诚也不给白崇禧看。只有遇到不得不让国防部长知道且无关紧要的文件，陈诚才批示"着送交白部长核阅"，或"白部长阅"等字样。按正规的公文格式，这是上级对下级的语气，含有命令的意思。正确的写法，一个参谋总长对他的上级国防部长应该是"呈部长核示"或"呈部长白钧阅"。陈诚如此跋扈，不仅使白崇禧本人感到难堪，甚至连白的部下也看不顺眼。白除了在国防部举行的总理纪念周担任主席外，就无事可做。因此，白对于担任这么一个空头部长，"觉得这样一个有职无权的空头部长，很不是滋味"。白对陈诚表面上敷衍，背后却经常大发雷霆，攻击起陈诚来也总是毫不留情。

随着国民党在反共内战中的失利，桂系整编第四十六师在山东莱芜战役中全军覆灭，白对蒋介石、陈诚的不满情绪也更加强烈。

1947年莱芜战役不仅使桂系损失了整编第四十六师，而且白崇禧的外甥、整编第四十六师副师长海竞强也成了解放军的俘虏，让白崇禧这位国防部长感到大失面子。

整编第四十六师是桂系仅有的几支部队之一，对于它的覆灭，白崇禧及桂系上下深感痛心。他一再指责蒋介石和参谋总长陈诚指挥错误和无能，用人不当，导致了战争的失败。他虽然避免当面指责蒋介石，但私下里一直说蒋介石是"外行的战略家"，而他自己则是内行的。后来，白崇禧还对人说："蒋无论在政治、经济、人事、作战各方面，都极端自私、专横、无能，国家大事都坏在他手里。现在没有力量了，还打什么仗？只有和谈，大家才有前途。"因此，我们可以说，白崇禧对蒋产生离心倾向，后来又附和李宗仁、黄绍竑逼蒋下台，实种因于此。

从蒋介石一方的角度来说，白崇禧尽管只是一个空头国防部部长，但是国防部部长的大印是在他手上，参谋总长陈诚要对中央各部、地方各省行文非用部长大印不可。而陈诚所要干的事，有很多又不能让白崇禧知道。可是不让他知道，要盖部长的大印就成问题。例如1947年，陈诚为了扣留查办朱为珍，事先没有让白崇禧知道就盖了国防部长的大印，朱为珍打电报请求白崇禧救他，白崇禧查案后发觉用了国防部长的大印而没有让他知道，就大发脾气，斥责管印的人员，不许再有这类事情发生。因此，蒋介石、陈诚感到让白崇禧坐在国防部长的位子上总是个障碍。而且，白崇禧还利用国防部长身份拉拢与蒋介石、陈诚有矛盾的派系和人物，甚至于还企图和美、英等后台老板直接勾搭，这就让蒋介石更加不能容忍。

由于上述原因，1947年初蒋介石就考虑把白崇禧调到西北去当行辕主任。本来白崇禧在保定军校毕业的时候就自报志愿到新疆去，打算在边疆上"立功"的，多年来一直未放弃到西北去的念头。蒋介石就想利用他这一点把他从南京国防部踢出去。白崇禧本人也已经准备接受这个新的任命。但有一位桂系的高级参谋认为，这是蒋介石、陈诚调虎离山宰割桂系的圈套，就写了一个签呈给白崇禧，陈述到西北去对白崇禧和桂系都很不利的意见。白崇禧看了这个签呈，认为讲得很有道理，便立即打消了去西北当行辕主任的计划，并且计划于1947年多到各地去视察。

白崇禧也并非没有考虑缓和与蒋介石的关系的问题：白崇禧在南京当国防部长，可以利用他的地位，来支持桂系的军事和政治的势力，即支持李宗仁在华北的北平行辕主任的地位，支持广西、安徽两个省的桂系政权，支持桂系的武装力量。

国民党军方高层人士认为，如由何应钦出任国防部长，白任参谋总长，是一种比较妥当的人事安排，但蒋不以为然。直到1948年6月何应钦接任国防部长后，何推荐白崇禧为参谋总长，仍遭到蒋的否决。已经由军令部长转任陆军大学校长的徐永昌为此在日记中感叹道："至于军事，仅一白健生稍稍可以有为，而不能用之"，"置有用（之）白（崇禧）于无用，惜哉！"

由于蒋介石、陈诚独断专行，包揽作战指挥大权，不让白崇禧有参与的余地，这样，在国共两党进行生死决战的年代里，身为国民党政府国防部长的白崇禧，却有闲情逸致去打猎，并用所获猎物招待同僚，这也是一种无奈的选择。

督战四平，林白战场初交手

在抗日战争胜利后边谈判边战争的过程中，蒋介石也在密切关注解放军的战斗力。经过近一年的观察，蒋介石得出解放军战斗力并没有比红军时代提高多少的结论。

有了这样绝对的把握，蒋介石终于以进攻中共中原解放区为起点，挑起了全面内战。

宋希濂认为，白崇禧反对和谈，坚持内战，其企图就在于使蒋介石集团和共产党打起来，打得双方筋疲力竭、两败俱伤，桂系就可以渔人得利。宋希濂的这种说法，亦为臆测，未必准确。

从 1946 年 4 月起，国共两党军队在东北四平街地区展开激战。蒋介石见四平街久攻不下，非常着急。4 月 17 日，蒋派白崇禧飞沈阳督战。白到沈阳后，指挥作战的国民党东北保安司令长官杜聿明向白崇禧介绍了双方态势。白对杜说："只要将四平街打下，对中共和谈就有了面子。蒋介石指示不应再向长春前进，俾可缓和舆论和整训部队。待与中共和谈不成，再大举进攻。"

对此，杜聿明不以为然，坚持要一口气拿下长春。白见杜意志坚决，也不好强烈反对，便对杜说："我看只要能拿下长春，蒋先生也不会不高兴吧！咱们明天到前方看看再决定。"

18 日，白同杜一道到东北保安副司令长官郑洞国设在开原的前线指挥所，磋商下一步行动计划。他们一致认为打下四平街不成问题，但白崇禧对于下一步攻打长春、永吉的计划仍有些担忧。由于杜聿明力争一举攻下长春、永吉，郑洞国也同意杜聿明的意见，白崇禧听了杜、郑两人的陈述，也认为有道理。正在磋商中，传来了右翼兵团已迂回到赫尔苏附近，并未遇到解放军的有力抵抗，正在继续向公主岭前进的消息。白听到这个消息很高兴，他预感到中共军队可能不会固守长春，遂又拉着杜聿明一同到红庙前方视察。白崇禧在车中还一再问杜："有无把握攻下长春、永吉？"杜肯定地说："绝对有把握！"

白见杜如此有信心，也只好说："如确有把握的话，我也同意一举收复长春、永吉。那么，你照原计划打，我马上回去向委员长讲，收复长、永，再和共产党谈判下停战令。"

5 月 19 日，白崇禧从沈阳飞回南京，向蒋介石汇报。

四平保卫战是林彪指挥的东北民主联军根据中共中央的全国战略要求进行的第一个大规模城市防御战，从 1946 年 4 月中旬开始的一个多月中，东北民主联军根据中共中央的指示，"死守四平，寸土必争"。以八千名指战员的牺牲顶住了国民党优势兵力发起的强大进攻，毙伤国民党军一万余人，加上在此期间在长春地区歼灭近两万反动武装，有力地打击了国民党军队的嚣张气焰，使国民党军在占领长春、吉林后，无力继续进攻东北民主联军的后方基地哈尔滨，赢得了东北地区四个月的休整局面。5 月 18 日夜晚，林彪遵照中共中央的指示，主动放弃四平街，至天明，全部守城部队有次序地撤退到离四平二十余公里的地方，国民党进攻部队尚未发觉，仍然在盲目地向城内射击。

5 月 19 日下午 1 时，国民党才进入市区。

国民党在军事上得手，使白崇禧大为兴奋。他乘机向蒋介石提出："在东北军事方面应做犁庭扫穴的打算，否则后果不堪设想。"蒋听了"嗯嗯"连声。

23 日，白崇禧准备再飞沈阳，蒋对白说："我们一起走。"这样，白崇禧偕蒋介石于 23 日飞抵沈阳。刚走下飞机，即传来了国民党军攻下长春的消息。蒋听了很高兴，连忙对白崇禧说："吃了饭，我们到长春。"白崇禧乘机又向蒋提出："打下长春打哈尔滨，直取佳木斯，编练三百万民团，保卫地方。"并且向蒋毛遂自荐，表示自己"希望在东北负一些责任"。

但此时国民党军队已经无力发动新的进攻，而且美国总统特使乔治·马歇尔正在向蒋介石施加压力，要他宣布停战。6 月 24 日，乔治·马歇尔致函蒋介石，建议他命令国民党军队停止前进，不再攻击及追击中共军队。蒋慑于乔治·马歇尔的压力，对白崇禧说："6 月 1 日，国防部成立，你回去接事。你的意思，我交代杜聿明去做。"

白仍不甘心，对蒋说："你在此，我也在此！"蒋回答说："你在此，若马歇尔问你是否还要继续追击，你不好说话。你回去，我在这里，可以推到我身上，所以你还是回去。"由于蒋介石态度坚决，白崇禧只好怏怏不快地飞回南京就任国防部长。

白崇禧走后，蒋介石于 6 月 3 日飞往长春视察，并召见郑洞国、廖耀湘等前方高级将领，告诉他们准备近日内下达停战令。蒋介石再三向他们强调，在停战期间抓紧整训军队，调整部署。

在乔治·马歇尔的调停下，国共双方分别于 6 月 6 日下达自 6 月 7 日起在东北停战十五天的声明。6 月 20 日，蒋介石又下令将停战时间延长至 6 月 30 日。

白崇禧认为，这次停战，予东北民主联军以休整、补充及反攻机会，以此为转折点，东北军事形势逐渐不利于国民党。他认为"当时若

241

长驱北进，直下东北，消灭林彪，而后抽兵入关内，则对于整个大局或可改观"。

1947 年 10 月 22 日，白崇禧在国民党中央政治会议做报告时仍声称"去岁攻下长春，如依渠主张，不顾一切进追，当可攻达佳木斯一带。因受马歇尔压迫，未能如愿，至为惋惜"云云。

第十四章　大别山对垒刘邓

曾经的抗日盟友变成内战对手，国共两大"军神"在大别山展开较量。经历几番争斗，白崇禧败北。"军神"没有人民作为靠山，就不再是神。

刘邓奇兵，千里跃进大别山

1947年6月30日，刘伯承、邓小平率领的晋冀鲁豫野战军主力四个纵队十二万余人，在鲁西南张秋镇至临濮集一百五十公里的地段上，一举强渡黄河，挺进中原，执行中共中央关于《解放战争第二年的战略方针》规定的："举行全国性反攻，以主力打到外线去，将战争引向国民党区域，在外线大量歼敌，彻底破坏国民党将战争继续引向解放区，进一步破坏和消耗解放区人力物力，使我不能持久的反革命战略方针。"从此，揭开了人民解放军由战略防御转入战略进攻的序幕。

刘邓大军渡过黄河后，从7月1日至28日首先发起鲁西南战役，歼灭国民党军五万余人。中共中央为了确保与扩大开始取得的战略主动权，决定改变原未依托冀鲁豫地区逐步向豫皖苏边区和鄂皖边区挺进的部署。7月23日，中共中央军委致电刘伯承、邓小平等，要他们"下决心不要后方，以半个月行程，直出大别山，占领以大别山为中心的数十县，肃清民团，发动群众，建立根据地，吸引敌人向我进攻打运动战"。

刘邓根据中央的指示，从8月11日开始，率领大军向大别山挺进，于27日胜利渡过淮河，进入大别山北麓的潢川、固始地区，完成千里跃进大别山的战略任务。

为了在大别山站稳脚跟并最终控制中原，刘邓命令第三纵队的三个旅在皖西，第六纵队两个旅在鄂东迅速抢占中心地区数十县，肃清民团，发动群众，开创根据地。第一、第二纵队、中原独立旅和第六纵队一个旅，共九个旅的兵力，在大别山北麓的商城、罗山地区，一面牵制敌人，掩护展开，一面就地铺开摊子，展开地方工作。将全区划分为豫东南、鄂皖、皖西、鄂东四个工作地区，组成共产党的工作委员会，分别从各纵队抽调干部和部队，结合随军南下的干部，开展地方工作。

刘邓大军千里跃进大别山，对于国民党统治区，特别是它的首都南京和经济金融中心上海的震动是非常强烈的。正如《观察》杂志记者形容的："刘伯承以快速部队的姿态越过陇海线，以一夜二百里左右的速度，连下州县，直奔大别山区，并分部试渡长江，破坏津浦。鄂皖名城迭陷，京畿为之震动，浦口宣布戒严。这个时期京中空气之沉重，大约可以民（国）三十一（引者按：应为三十三）年日本陷桂林直趋贵阳时重庆所受的震动情形相同。"

白崇禧当了国防部长以后，蒋介石既不要他参加"官邸作战会报"，也不给他以指挥部队的权力。可是到了1947年11月10日，蒋介石却单独接见他，要他到九江去设立国防部长指挥所，这是什么原因呢？

1947年3月，蒋介石打下延安，甚为得意。可是中共方面的作战方针，并不重视一城一地的得失，而以歼灭敌军有生力量为基本任务。现在胡宗南所指挥的四十万大军局处西北一隅，撤不出来。趁中原战场告急，刘伯承、邓小平指挥的晋冀鲁豫野战军不失时机地自6月下旬起，发动了鲁西南战役，歼灭国民党军九个半旅，从而强渡汝河，跃进大别山。到10月下旬，刘邓大军沿长江北岸蕲春、宿松、广济一线展开，有直接威胁南京之势。这一下，蒋介石跳起来了。他急时抱佛脚，于是又找白崇禧帮忙。

刘邓大军占领了大别山，同陈毅的华东野战军和陈赓兵团互为犄角。此一形势迫使蒋介石请白崇禧出来指挥中原大军，以策南京安全。抗战后期，李品仙的第十战区有广西基本部队三个军，即第七军、第四十八军和第八十四军。抗战结束，改隶夏威的第八绥区，白崇禧有这些本钱，现在派到用场了。

11月14日，蒋介石召集国务会议，听取白崇禧的军事报告以及内政部长张厉生关于国民大会大选准备工作的报告。

白崇禧在报告中概括地总结了1947年国军与共军作战的情况。他说："1947年上半年，我军采取重点进攻，如：2月下旬，在山东的莱芜战役，我军深入敌后，结果损失了七个整编师，二绥区副司令官李仙洲被俘，广西的第四十六军军长韩练成只身归来，但所部三个旅长以及其他师旅长均被俘，损失之大，前所罕见。3月中旬，我胡宗南部十六个旅进攻陕北。19日，打下赤都延安，但只是一座空城。今春在东北，共军三下松花江南。5月，又开始夏季攻势。5月中，我整编七十四师进攻鲁中，师长张灵甫被俘殉职，所部伤亡殆尽。自7月起，敌由鲁豫前线渡过黄河。8月，进抵大别山。大别山在抗战后期原为第十战区司令长官部所在地，现在转入共军手中，直接威胁长江流域，从而改变了整个战争的形势。10月，我第三军肃清保定以南地区，在清风店陷入敌围，军长罗历戎被俘。"白崇禧在总结时指出："共军在下半年，全部由防守转入进攻。我对敌作战，似应放弃单纯防御，改取以攻为守的方针。"言外之意，颇有批评蒋介石"核心防御"的战略思想。蒋介石听时面容严肃，不吭一声。

白崇禧在张厉生所做关于大选准备工作的报告后提出了坚决反对行宪的意见，他说："当前是戡乱时期，政治得失，全由战场胜败来决定。可否把行宪日期压后，等到军事行动告一段落后再做决定？"但蒋介石说："鉴于当时内外形势，大选绝不再行延期。"会后白崇禧对人说，蒋介石之所以坚持行宪，目的在于粉饰民主，争取美援。

白崇禧的国防部长九江指挥所，于11月27日宣告成立。国军"战神"与共军"军神"逐鹿中原的战争开始了。

华中"演习"，被人牵着鼻子走

为了安定国统区的人心，消除对南京、上海的威胁，蒋介石扬言要"乘此次匪军在大别山区立足未稳之际，造成一次大规模的歼灭战"。

为完成此一任务，蒋介石除以整编第六十三、第六十九师等部五个旅担任长江江防阻止刘邓大军南渡长江外，另以整编第五军之整编第五、第七十、第七十五师在淮河以北地区钳制陈（毅）粟（裕）率领的华东野战军，以第五兵团在豫西钳制陈（赓）谢（富治）集团，作为战略上的配合。从豫皖苏和山东抽调整编第九、第十一、第二十、第二十五、第二十六、第二十八等六个整编师，加上原在大别山的整编第七、第十、第四十、第四十八、第五十二、第五十六、第五十八、第八十五、第八十八师，共十五个整编师以及青年军第二〇二、第二〇三师等的三个旅。除陆军外，还有驻武汉的国民党空军战斗机、轰炸机大队，长江上的海军舰艇部队等，统统交由白崇禧指挥，围攻大别山。

九江指挥部幕僚班子组成后，白崇禧在南京大悲巷 1 号官邸召开幕僚会议，做敌情判断和研究作战方针。首先是关于进入大别山的刘邓大军的人数和战斗力的判断，国防部第二厅判断是六至七个纵队，总兵力五至七万人。白崇禧对这个结论不满意，他说："他们（指蒋介石嫡系前线指挥官）常常乱报这里消灭了多少，那里消灭了多少，我照他们所报的数目计算，刘邓大军早就消灭光了，他们怎么还能够到大别山来把我们的部队一个整编师一个整编师地吃掉？"他叫幕僚重新估计，但他们也没有掌握确实的情报资料，只得像赌博一样地凭着"心灵"来加大估计的数字，最后估计刘邓大军总兵力为七万至十万人，并且全部都是轻装的，弹药带得不多。虽然刘邓进入大别山区后吃了国民党军队的几个部队，得到一些枪炮弹药器材补充，但打硬仗还是没有力量的。白崇禧的结论是："一个整编师他能吃得掉，两个整编师在一起他就吃不下去。"

其次，是对刘邓大军企图的判断，所得出的结论是：刘邓的主力部队是企图在大别山建立根据地，其一部有渡江南下进入江西的可能。白崇禧对上述判断，点头表示同意。根据上述判断，白崇禧确立的作战方针是：将大别山共产党军队由东南朝西北方向压迫于黄安、宣化店、白雀园、小界岭间地区，相机包围歼灭其主力或有力之一部，以解除南京、武汉所受的威胁，确保长江的交通运输并使共产党军队不能渡江。

白崇禧对大别山的围攻，采取军事围攻和政治欺骗利诱相结合、围攻和"清剿"相结合的总体战术。其办法是：一方面采取分进合击，以整编第八十五师自黄陂向北，整编第二十八、第九师自广济经浠水向北，整编第七师自太湖向罗田，整编第二十五师自潜山向岳西，从南向北对刘邓大军实行压缩；以整编第四十八、第五十八师进到商城地区，整编第十一师在光山，整编第十师及第五十六师一个旅在罗山，整编第二十、第五十二师各一个旅在信阳以南地区对刘邓大军实施堵击，待刘邓大军主力向北时，则全力围攻。另一方面，又利用当地地主恶霸特务，恢复和加强其乡保武装、保甲统治，发展谍报网，建立碉堡网等，以配合正规军进行"清剿"，企图彻底摧毁大别山根据地。

11月27日，白崇禧在安徽九江向各部下达了作战命令，扬言这次"要跟刘伯承算账"。

针对白崇禧以绝对优势的强大兵力围攻刘邓大军，中共中央极为重视，毛泽东指示刘邓："大别山根据地的确立和巩固，是中原根据地能否最后确立和巩固的关键，足以影响整个战局的发展。因此，南线三军必须内外线紧密配合。南大别山的刘邓野战军主力坚持现地斗争，由华东野战军和陈谢兵团向平汉、陇海线展开大规模的破击作战，寻机歼敌，调动和分散围攻大别山的敌人，直到彻底粉碎敌人的围攻为止。"

根据毛泽东的指示，晋冀鲁豫根据地及时增调了第十、第十二两个纵队到大别山来，还派第十一纵队和华东野战军第十纵队护送来一批新战士和伤病痊愈归队的指战员，带来了大批弹药、药品和银圆。晋冀鲁豫军区副司令员李先念率领第十二纵队、王宏坤率领第十纵队先后于11月27日、31日到达大别山。

根据敌情，刘邓决定采取内线和外线配合的作战方针，迅速实施战略再展开，在大别山立足生根。12月上旬，王宏坤和张才干分别率领第十、第十二纵队西越平汉路，分别向桐柏、江汉两地区展开。刘伯承和张际春率领野战军司令部后方指挥部、中原局和第一纵队北渡淮河，向淮西一线展开，12 月 10 日晚由礼山县东北向潢川西北转移；邓小平和李先念、李达率领野战军前方指挥部和第二、第三、第六纵队留在大别山坚持内线作战。

刘、邓分兵后，白崇禧一时摸不清虚实，连忙采取"追堵和围剿"并举的方针。一方面急调整编第十二、第十、第五十六、第五十二等四个整编师围追堵截王宏坤部；派整编第十一、第八十五等师向淮河追击刘伯承部；同时，指挥大军对大别山腹心地区进行"扫荡战"，企图一举消灭驻大别山的部队。

邓小平、李先念和李达带着几百人的前方指挥所留在大别山指挥三个纵队，采取避战方针，一切为了站稳脚跟。邓小平后来回忆说：大别山战略机动范围不大，容不下更多的部队，特别是我们习惯于在平原地区搞大开大合的作战，到这里感到很拘束。所以，把部队分开建立军区、军分区以后，主力就逐步向北面转移。中间还有些插曲，就是部队的同志着急，总想打个把歼灭战。我们开了个会，我讲的话，提出要避战。因为那时打不得败仗，一败就不可收拾。后来刘邓分开了。伯承率领一纵和野战军的司令部、直属队到淮河以北指挥全局。南下大别山的两个后续部队王宏坤、张才千的十纵和十二纵也不在大别山，向桐柏、江汉两区展开。就是我一个，先念一个，李达一个，带着几百人不到一千人的前方指挥所留在大别山，指挥其他几个纵队，方针就是避战，一切为了站稳脚。那时六纵担负的任务最多，在大别山那个丘陵地带来回穿梭，一会儿由西向东，一会儿由东向西，今天跑一趟，明天跑一趟，不知来回跑了多少趟，调动敌人，迷惑敌人。别的部队基本上不大动，适当分散，避免同敌人碰面。这样搞了两个月，我们向中央军委、毛主席报告，大别山站稳了，实现了战略任务。主力撤回北面，准备大的战斗，大的战斗还是到北面去打。大别山斗争的胜利，主要是对几个问题的判断比较准确，处置也比较正确，我们伤亡不算很大，费的劲也不算很大，但是完成了战略任务，种种艰难都克服了，站稳了脚，把战线从黄河延伸到长江。

当白崇禧指挥的大军合围时，邓小平等即指挥部队分数路做离心撤退。因为国民党军"不能夜间动作，以致整个夜间全为匪军活动的天下"。所以，白崇禧不得不承认："双方机动兵力对比，我质量上虽占优势，但地区广大，山地复杂，匪性狡狯，多方避战，每于我包围态势将形成之时，分股离心退却，并留置一部于山地内窜扰我军，欲于短少时间内聚而歼之，当不可能。故应乘其分散而追剿之，勿使重新合股，则匪愈分愈散，我再以多数突击部队进剿，而逐次消灭之，则成效可期也。"

为了配合刘邓大军坚持大别山根据地的斗争，华东野战军和晋冀鲁豫野战军陈（赓）谢（富治）集团发起平汉和陇海铁路破击作战，歼灭国民党军四万五千余人，解放城镇五十余处，使国民党军在中原地区的交通运输线遭到严重破坏，国民党统帅部不得不从围攻大别山的军队中先后调走十三旅，从而有力地支援了大别山区的反"围剿"斗争。

12月20日，中央军委又发出了华东野战军和晋冀鲁豫野战军陈（赓）谢（富治）集团"长期配合刘邓行动"的指示，要求两支部队"长期配合刘邓行动，直至粉碎敌人对大别山之进攻为止"。

1947年12月4日，白崇禧按照预先确立的抢占武汉这个大都会的计划，以战场重心西移，必须到武汉去指挥才能捕捉战机为由，带领他的副参谋长赵援、第三处代处长覃戈鸣、随从秘书杨爱琼、无线电报话班及几个警卫人员从九江进驻汉口三元里，设立国防部九江指挥部的前进指挥所。15日，九江指挥部大部分人员进驻汉口办公，九江指挥部则由徐祖贻参谋长坐镇指挥。

12月29日，蒋介石飞往汉口，召集白崇禧、程潜、陶峙岳、康泽、张轸、郭忏、何成濬及鄂湘赣三省主席万耀煌、王东原、王陵基等人开军事会议，检讨大别山第一期作战，决定第二期作战计划。

蒋在会上做了《清剿大别山区匪军之方针》的报告，并抛出了他的反共秘方："今后大别山区剿匪的计划，据我近来研究的结果，认为有一个方法绝对可以打破匪军占'面'的阴谋。这个方法就是古人所谓'筑寨并村'的方法。即就地理形势，选择重要地区，将其中已有的一个村落加以扩大，并构筑防御工事，然后将其附近十里或二十里的村落并入，形成中心寨，其他的村落并不必拆毁，而且匪军不来时，人民仍可在原有的村庄居住。不过要将粮食物资集中于中心寨，加以严格的管理。一旦匪军窜入，则附近村落的人民必须进入中心寨，共同防御。这就是'并村筑寨'的大意。不过现在有许多人反对中心寨的方法，以为物力人力集中之后，一旦被匪军攻破，则反以资敌，殊不知此种情形，在没有国军而被匪军流窜的地区，固将发生，但大别山区则到处皆有国军，任何一个村落遭受匪军攻击，只要能坚守一天或两天，则国军立即可往应援，而匪军就只有溃逃了。须知匪军占领的目的，即在于裹胁人民，抢掠粮食物资。我们现在要打破他这个阴谋，唯一办法，就是'并村筑寨'，将人力物力集中起来，加以守卫，同时配置适当数量的国军，随时兜剿。如此，匪军停留则遭国军的追击，流窜则无所劫掠，久而久之，就只有归于消灭。"

蒋介石声称，为了实行"并村筑寨"，必须注重培养地方自卫武力，并且地方武装要以正式国民党军队的面目出现。蒋介石还提出了围攻大别山区解放军的四点战术：

第一，伪装佯动。

第二，防间保密。

第三，"追剿"不如"堵剿"。他说："在匪军流窜之际，用追剿的方法不如堵剿。因为匪军轻装便捷，且能夜间行动，我们绝对追他不上，但我们高级指挥官如能注意战略指挥，在作战中能预料匪军逃窜的道路，而且用种种方法来诱致匪军，在其必经之道十里或二十里以外，预先埋伏，则匪军窜过时，一定会受到致命的打击。所以在目前匪军四处流窜的时期，伏兵战特别重要。只要大家布置得法，一定能得到很大的战果。"

第四，"积小胜为大胜"。他说："刚才第七师钟师长所讲'积小胜为大胜'的道理，在目前清剿区域仍不失为作战原则。现在匪军到处避战，我们一次捕捉匪军一个纵队以上的主力，而加以歼灭，乃是不可能的事。唯一的办法是吃匪军的小股，见一股吃一股。如此累积起来，也可以积少成多，消减匪军的力量。"

蒋介石的讲话虽然有吹嘘打气的成分，但他所提出的办法却毒辣无比。他的这一套办法用到实战上去，将使刘邓大军遭受更大的困难。

汉口军事会议后，白崇禧根据蒋介石提出的"反共秘方"，集中六个整编师的优势兵力继续"清剿"留在大别山区的刘邓大军三个纵队。

白崇禧的部署是：以整编第七师主力位于英山，以一部位于罗田。整编第二十八师位于麻城南，以一部向东协同整编第七师，一部继续"扫荡"麻城北。整编第四十八师集结麻阜、流坡疃线，以地方团队位于立煌。整编第五十八师位于商城。整编第四十六师位于六安附近。整编第二十五师位于舒桐地区，向西"扫荡"。整编第十一师一个旅，协同整编第十师北援，师部及一个旅位于潢川，另一个旅似在沙窝、商城地区。

鉴于白崇禧的这种部署，解放军一时尚难寻机打援，仍采取主动分遣、攻其弱点、打小歼灭仗、钻空子深入土改的方针。解放军的行动要旨是：一、敌向内，我向外；敌向外，我向外。主要应在外线拉敌。二、以小对大，以大对小。分派小部队游击疲敌，大部队远离敌主力。三、不打消耗仗。四、积极找敌弱点，在进退时都取进攻态势。五、应组织对敌有力的伏击。六、应酌情埋藏笨重东西，使运动轻便。七、极端注意休息及巩固部队，避免不应有的减员。八、有计划地协同地方工作。

安徽自1938年1月26日李宗仁出任省主席以来，就成为桂系军阀集团除广西外的第二个重要基地。这次刘邓进入大别山，进入了桂系势力范围，必然引起桂系的极端仇恨。这次，白崇禧九江指挥部指挥的整编第七、第四十六、第四十八师（每个整编师约两万三千人）约七万人的部队是桂系部队。桂系部队在"围剿"大别山时，比蒋系中央军表现得更加野蛮和残暴。白崇禧在进攻大别山区根据地时，采用了日寇冈村宁次惯用而为蒋介石的美军事顾问团所欣赏的"三网"（即谍报网、公路网、碉堡网）和"三光"（即杀光、烧光、抢光）政策，到处制造无人区，利用封建地主阶级武装猖狂破坏，到处抓丁、抢粮，捕杀我地方干部，企图彻底摧毁根据地生存的条件。

1948年1月间，国防部第三厅第一处（作战计划处）少将处长陈达，由南京携带参谋本部拟订的"清剿"大别山的计划来到汉口，要国防部汉口指挥所付诸实施。这个计划有两大部分：第一部分是"棋盘连环战法"；第二部分是"并村筑寨办法"。计划书交到白崇禧的三处代处长覃戈鸣的手上。陈达告诉覃戈鸣："这是委员长的方案，必须遵照实施。"覃戈鸣认为"棋盘连环战法"不符合战术原则，"并村筑寨办法"行不通。理由是：一、按照蒋介石的"棋盘连环战法"，是把大别山区划分为几个互相连环、部分重叠的"清剿"区，每区派定一个整编师负责"清剿"，各师作战地域连环交错，一个重要的地方由两三个师共同负责，责任不专，"两个和尚抬水吃，三个和尚没有水吃"，如果联络不好，还会自己打自己。二、"并村筑寨法"把许多小村的居民并到一个大村里去住，住的地方问题不大，吃的可就大成问题。农民居住的小村，村旁就是他们的田地，离开了田地，到大村大寨里去吃什么？把现有的粮食运到大村大寨去吃，坐吃山空，吃光了怎么办？而且，大村大寨如果没有国民党军队驻守，单靠地主武装据守，解放军围攻是守不住的，势必一个一个地被吃掉。大村大寨里的粮食、武器就会落入解放军之手。覃戈鸣不好当面说蒋的方案不行，只是委婉地答复陈达："那我报告部长（白崇禧）看怎样办吧。"白崇禧同意覃戈鸣的意见，说："只是一个计划吧！"言外之意就是"不要理睬它"，仍然照自己拟订的计划实施。

1948年1月以后，白崇禧指挥第三兵团司令部盘踞在鄂东宋埠，指挥整七师、整二十八师等部队采用"三网政策"和"三光政策"，对麻城、浠水、黄冈、黄陂、黄安地区实行盘踞堡垒据点的"驻剿"与机动"扫荡"相配合的战术，连续不断地"清剿""搜剿""追剿"。在这个过程中，恢复并依托其法西斯保甲统治之基础，强化谍报网（电台、电线）、公路网（快速部队）、碉堡网或游击网，利用伪装，夜间实行合击、追击、截击、堵击，破坏土改，重建地方武装。白崇禧还专门派出大批军队伪装成解放军的小股部队，专打解放军的埋伏。

在敌我对比悬殊的情况下，解放军部队进行了英勇的反"清剿"战斗，到处袭击和围攻国民党军向外扩张的小据点。但由于国民党军的据点有堡垒工事，解放军武装没有大炮（因为要轻装游击，山炮也埋藏了），短时间攻打不下，而国民党军的增援部队可以利用汽车转运，几小时就可以到达。解放军部队在国民党援军到达前必须撤围转移，国民党军利用预先布置的情报网，侦察出解放军部队转移的方向，即行昼夜穷追。在残酷的反"清剿"斗争中，刘邓部队风餐露宿，野战军常常数日不得一饱，半月不见油盐，而且得不到休息，部队减员严重。解放军指战员及乡村干部先后被俘、被捕的有四百多人，被押解到武昌"和平爱国团"接受毒化教育和迫害。

邓小平在1948年1月15日向中共中央的报告中说："我大别山全区，11月地方工作开展较快。12月完全处在反对敌进攻状况下，加以地主武装乘势活跃，有些地区受到摧毁，特别我新建的后方区域受害较大，桂系对我危害最深。"留在大别山区的几个纵队受到很大削弱。邓小平后来回忆说："经过大别山斗争，二野受到削弱。只有秦基伟的九纵，你们那一坨，保持兴盛的旺气。主体四个纵队就削弱了，更新也困难啊！有三个纵队每个纵队仅两个旅，只有一个纵队是三个旅，就这样迎接淮海战役。"

进入1948年1月后，大别山的斗争进入了极端艰难的阶段。正如1948年1月26日刘伯承、邓小平、李先念等联名给中央军委及华东野战军副司令员粟裕的电报中说的："我们目前情况是，部队极不充实，弹药亦渐感困难。今日按原战役计划，先以纵队为单位集结，敌即部署全力寻我作战，致又被迫分散。而在分散时，敌则以师为单位，寻我分散之旅作战，使我无法休息。两个月来，减员不少，长此下去，士气将受很大影响，战斗力更加削弱，极端被动。而我们不能集结作战，使三大野战军陷入跛足状态，尤属不利。"

严峻的形势，迫使刘伯承、邓小平等考虑将主力转出大别山，做宽大的机动作战。2月9日，邓小平电告中央军委："我野战部队在大别山内，一时很难打到好仗，辗转消耗亦不合算，集中做宽大机动，并利于粟（裕）的机动，实属必要。主力兵团不宜抽得过早，应对粟（裕）的机动予以配合，故须留在大别山再打一个月圈子。我们指挥所，则拟相机移驻与野后会合，部署作战。"

对于刘邓大军挺进大别山区的作战行动，毛泽东曾预先估计了三种前途：一是付了代价，到了长江以后，站不住脚；二是付了代价站不稳，在内围打转转；三是付了代价站稳了脚。刘邓大军在最困难的条件下，争取了最好的前途，在大别山区"站稳了脚，把战线从黄河延伸到长江"。

根据中共中央军委的指示，邓小平决定将晋冀鲁豫野战军主力调出大别山，进至淮北和豫西整训。1948 年 2 月 24 日，邓小平率领的晋冀鲁豫野战军前方指挥部北渡淮河，进到河南省临泉县韦寨，与刘伯承率领晋冀鲁豫野战军后方指挥部会合。刘邓会合后，邓小平关切地问起年长的刘伯承的健康状况，刘伯承幽默地说："没啥子事。这回大军出山，可要跟蒋介石、白崇禧好好周旋一番了。"

刘伯承指出："白崇禧集团是其战略守势的防线，此点突破，必全盘瓦解"，"在顾祝同集团、白崇禧集团、张治中集团联合防线上，汉水区是其最大弱点。此地既可渡江，亦可入川，且是敌之结合部，无法弥补"。刘伯承当即决定在白崇禧刚刚到任，一切来不及调整的时机，及时发动襄樊战役，夺取川陕鄂三省要冲襄阳、樊城，以切断白崇禧集团与西北张治中集团的联系。

当时驻守汉水流域中段襄阳、樊城、谷城、老河口等地区的，是第十五绥靖区司令官康泽及其指挥部队。

康泽出任第十五绥靖区司令官之初，蒋介石当面许诺给他调五个整编师交他指挥。所以，当时康泽的野心极大，等手里有了五个整编师以后，要找共产党有名的将领，先打罗厚福，再打李先念，肃清襄沙路，打通随枣，收复两郧，然后北出老河口，解决刘伯承，安定中原，并做了几首反动歌曲，还想活捉刘伯承司令员。这真是狂妄的幻想。康泽把他的企图对他的校长讲了，蒋介石表示嘉许。

但康泽到武汉后才发现，蒋介石当初的许诺成了画饼，驻在襄樊归康泽指挥的只有第一六四旅，该旅仅有四个破烂不堪的营。后来还是承武汉行辕主任程潜的照顾，给他设法调来了整编第八十五师第二十三旅以及驻老河口的新编第一〇四旅；另有几个保安团，总兵力两万余人，战斗力很差。康泽有了这点儿资本后，于 1948 年 1 月 31 日到襄阳走马上任，2 月 2 日成立司令部。

康泽到任后不久，白崇禧为了讨好何应钦系的整编第八十五师师长吴绍周，不顾康泽的一再请求，强行将战斗力较强的第二十三旅调离襄阳，归还整编第八十五师建制。这样，在解放军发起攻击之前，襄樊地区归康泽指挥的部队有第一〇四旅、第一六三旅，另有宪兵一个连、整编第八十五师教导队一队、工兵一个营、地方团队三千人，总兵力一万五千余人，有步枪五千零三十五支、轻机枪四百九十二挺、重机枪八十三挺、六厘米迫击炮三十一门、八二迫击炮五十七门、重迫击炮八门、冲锋枪一百七十支。

在襄樊战役之前，粟裕指挥的华东野战军发起豫东战役，白崇禧判断华东野战军和中原野战军两支大军要会合，向华中进攻，白匆匆将其机动兵力张淦兵团向北集中，结果使汉水流域的康泽陷入了孤立状态。

中原野战军司令员刘伯承抓住这一时机，立刻发起襄樊战役。7月2日，解放军参战部队从河南新野出发，一昼夜行军七十余公里，3日将从老河口、谷城逃跑的敌第一六三旅大部歼灭。当晚，是康泽的生日，第十五绥靖区司令部科长以上的官员数十人在康泽的官邸为他们的司令官祝寿。宴会结束后，举行舞会。正在大家兴高采烈之际，忽然传来解放军攻打老河口的消息，顿时所有人目瞪口呆，不知所措。最后，康泽决定派他的副司令官郭勋祺前往老河口指挥，但结果除郭勋祺自己所带的一个营二百人逃回襄阳城外，其余全部被歼灭于襄阳外围。

6日，解放军从三面包围樊城。7日，解放军开始攻击襄阳外围。7月8日，白崇禧令康泽将樊城兵力撤退至襄阳，增强襄阳的守备力量。

襄阳是一座历史名城，依山傍水，地形险要，北面与樊城隔汉水相望。山存则城存，山亡则城亡。白崇禧在国防部九江指挥部任上，就派整编第八十五师第二十三旅守备襄阳，在城南群山上修筑了大量堡垒据点式工事。康泽上任继续竭尽一切手段，强占人民土地，征发人民的砖石，郊区树木砍伐殆尽，破坏了无数坟墓。用半年多的时间，在高地一带构筑大小据点工事近百处、碉堡一百多个和无数的交通壕沟，每一据点和外壕，都敷设了鹿砦，以真武庙为中心的据点，做得特别坚实。所以，国民党官兵吹嘘是"铁打的襄阳，固若金汤"。康泽和派到那里督战的总统特派战地视察组中将组长周建陶也自我感觉很好，他们吹嘘说：襄阳"地势好，工事好，官兵战斗意志好，让敌人来送死吧"。

康泽将他所掌握的核心部队国防部后调旅（即第一〇四旅）的两个团三千余人部署在襄阳城南的高地上，依据坚固工事防守，稍后又将从老河口逃回襄阳城的一个营约三百人增援到两个团的结合部。

解放军中原野战军第六纵队第十七旅、陕南军区第十二旅及桐柏军区三分区部队在桐柏军区司令员王宏坤的统一指挥下，从7月8日起，对襄阳城南的各山头阵地发起进攻。虽然陆续攻占了琵琶山、真武山、凤凰山等阵地，但守军依托坚固工事并用猛烈炮火甚至毒气进行反击，使攻城部队付了重大伤亡，弹药消耗也很大。

解放军围攻襄阳城后，康泽一方面向他的上司华中"剿总"白崇禧求救，另一方面越级向他的校长、总统蒋介石求救。蒋介石鉴于襄阳战略地位十分重要，一方面打电报给康泽打气，电报说："当此艰危之际，正是磨炼胆识之时，将来事业亦以此为起点。"另一方面，严令白崇禧赶快派兵援救襄阳。当时白崇禧华中"剿总"指挥的第十三绥靖区王凌云所部整编第九师及整编第十五师驻南阳，离襄阳最近，只有一百二十五公里的距离，依照国民党的战术规定，每天行军二十四公里，约五天行程，若加速兼程急进，只要三天左右。而且第十三绥靖区所辖的整编第九、第十五两个师也有一定的战斗力。但白崇禧顾虑刘伯承"围点打援"的战术，不敢命令驻南阳的这两个师出援，决定舍近求远，命令驻信阳、确山地区的桂系整编第七师和驻上蔡的整编第二十师（川军部队）约五万人的部队前往援救。

至于救援路线，白崇禧的幕僚班子设想了以下三条路线：

第一，如果照蒋介石及国防部的要求，"救兵如救火"，取捷径，昼夜兼程，由确山经泌阳、唐河、新野直奔襄阳，行程二百五十公里，一般行军要十天，兼程急进也要七天，途中要渡过唐河、白河，可能受到的意外阻碍还未计算在内，不仅到达襄阳之日难确定，而且中途被解放军截击围歼的可能性很大。因为走直路去增援，解放军很容易看出来，解放军中原野战军的三个纵队可能跟着后背顺利地赶到汉水东岸，不渡汉水也救不了西岸的康泽，而敌前渡河是危险而少胜算的。

第二，从驻马店、确山、信阳等地用火车运到广水，步行经应山、随县向襄阳驰援。车运两天（包括准备、上车、下车在内），步行约二百二十五公里，一般行军要九天，兼程急进也要六天，先头的整编第七师最快八天可以到达汉水东岸。

走这一条路不比前一路慢，因为前一条路要渡过唐河、白河，不能预先架桥，这一条路途中虽然也要渡过堨水，但可以预先架桥。走这条路途中被截击的可能性很小。但是走这条路到达汉水东岸，仍然救不了康泽，敌前渡河的困难和危险仍然不能避免。

第三，从驻马店、确山、信阳火车运到孝感，步行经应城、京山、钟祥过汉水经宜城向襄阳驰援。车运两天，行军约三百公里，一般行军要十二天，兼程急进要八天，先头的整编第七师最快十天可以到达襄阳。这条路最迂远，但中途没有受阻碍和截击之虞，由钟祥渡汉水可以预先架桥，远敌渡河最为安全。

对于上述三条路线，白崇禧没有等待幕僚们展开辩论，就裁定采取第三条路线。他解释说：远敌渡河，"以迂为直"。襄阳的部队战斗力很脆弱，康泽能守几天没有把握，如果走前两条路，在援军未到之前襄阳守不住，解放军就可以向荆门、宜昌、沙市挺进，威胁长江交通，国民党军队更加被动，采取后一条道路则可以阻止解放军向南发展。但康泽能固守待援的希望也是有的。为此，白崇禧指示空军第三军区司令罗基指挥汉口空军基地的飞机昼夜不停地、尽全力地飞往襄阳支援康泽守城，汉口基地的飞机不够，再向南京请求加派飞机前来。

根据白崇禧的指示，华中"剿总"第四处把控制在汉口和信阳的火车全部用来运送整编第七师和整编第二十师的部队到湖北孝感。第三处指示整编第七师的工兵营先行运送到孝感，昼夜兼程前往钟祥架设浮桥。同时，指示湖北省驻钟祥的保安团就地强征民船木料，协助整编第七师的工兵营架浮桥。

救援部队用火车从河南驻马店、确山、信阳等地运到湖北孝感下车，再徒步行军经应城、京山、钟祥过汉水，由宜城向襄阳驰援。

白崇禧在考虑好救援方案和路线后，于7月9日上午8时30分电令康泽："一、匪众我寡，守备襄樊则更单薄，着即放弃樊城，秘密集中全力同守襄阳待援。二、已令7D（引者按：整编第七师）及9D（引者按：实际为整编第二十师）主力分道兼程来援，因抽调兵力须时，务

257

须能固守到7月养（引者按：22）日。三、需要弹药望即计划数量，布置投送场，以便立即投送，并盼注意：樊城应即放弃，恐紧急时撤退不易也。"

白崇禧要求康泽固守到7月22日，这对康泽来说是一个无法完成的任务。所以，康泽再打电报催促援军，与白崇禧讨价还价，说他的部队守不到22日。而幕僚认为援军7月22日赶到襄阳已经是极限了，不能再提前。白崇禧无可奈何，只有命令空军全力轰炸解放军的阵地，以延长康泽的守城时间。在战斗最紧张的那几天，白崇禧觉也睡不着，每每半夜爬起来打电话问情况。

白崇禧实在无法，答应援军提前五天到达。其实，这是无法兑现的承诺。

从7月13日起，解放军攻城部队在王宏坤的统一指挥下，决定调整部署，以中原野战军第六纵队担任主攻，桐柏军区第二十八旅和陕南军区第十二旅等担任助攻。

六纵司令员王近山是刘伯承、邓小平麾下的一员猛将，他受命后立即召集参与攻城的各旅旅长商讨攻城的新思路，认为跟敌人死打硬拼是不行的，要跟敌人斗智斗法。经过周密的分析研究，得出的结论是：如果与敌胶着于外围山地，过多消耗兵力，将会正中敌人"拖延时间，固守待援"的诡计。为了争取战役主动权，必须改换新的攻城途径。王近山提出：城南高地与汉水之间，有一条狭长的走廊直通两门，虎头山、羊祜山主峰守敌火力不能直接对它造成封锁。南于中隔琵琶山、真武山，守敌也不会倾巢下山反扑。若将攻城重点置于西门，利用已攻占的琵琶、真武二山，切断主峰守敌下山的通路，打通城西走廊，可一举直达襄阳两关。会议结束后，王近山将这个设想报告了中原野战军司令员刘伯承，得到他的赞同。

部队随即按照这个新思路进行攻城，13日晚，第六纵队一部首先攻到襄阳两关。与此同时，桐柏军区第二十八旅和陕南军区第十二旅也分别建立东南角和东北角的攻城阵地。三支攻城部队形成了马蹄形攻城态势。

解放军攻势凌厉，康泽急忙下令放弃樊城，将守樊城的第一六四旅调到襄阳城内，以全力确保襄阳。当襄阳城门告急的时候，康泽打电报给华中"剿总"，请求准予他放弃襄阳城外各山头上的阵地撤退到城里继续抵抗。他的理由是：城内的兵力不够，山地上已经顶不住，必须集中力量到城内来才能守下去。

白崇禧复电不准，指示他只要少数的兵力守住城内的核心据点，尽量抽出兵力增加到城外各山头阵地上去，康泽的指挥所也摆到山地上去，只要山头还能保得住，共产党军队进城也待不住，坚守到援军到达就可以取得胜利。康泽认为白崇禧不了解襄阳的情况，有意和他过不去，就直接打电报向他的校长蒋介石请求。蒋介石爱惜他的心腹干将，立即复电批准康泽的请求："共军必无远射炮与重武器，弃山守城，固守待援。"蒋介石的电报没有同时通报给白崇禧。康泽根据蒋介石的电报撤退下来之后，才把他撤退下来后的部署和蒋介石的电报一并报白崇禧备案。白崇禧的作战处处长看到后说："这样一来，襄阳城的守军在城西北郊各制高点瞰制之下，一定守不住，襄阳在援军到达以前弃守的可能性很大，我们很难负这种责任。"白崇禧表示同意这位处长的判断。汇报结束后，白崇禧的作战处处长打电话质问"国防部"第三厅第二处："从山上退到城里，事先也不和我们交换意见？"曹永湘答复说："这是侍从室办的，我们第三厅没有案。"

7月14日，康泽下令放弃襄阳西南的山头阵地，全部退缩到城里负隅顽抗。7月15日黄昏，解放军对襄阳城发起总攻，担任突击任务的第六纵队第十七旅第四十九团第一营，以猛虎下山之势，在强大火力支援下，勇猛通过襄阳西关大石桥，只用了五分钟就登上了襄阳城头，连续打退守敌的数次反扑，巩固了突破口，后续部队乘势向城内前进。西关首先被突破，使城内守敌顿时陷入一片混乱。在襄阳东关担任攻击的桐柏军区第二十八旅和陕南军区第十二旅也成功越过壕沟登上城头，投入巷战。几路部队协同作战，采取穿插分割、猛打猛冲的战术，很快就在康泽的司令部杨家祠堂胜利会师。这时，康泽和副司令官郭勋祺带领警卫部队和特务武装躲在大炮楼里继续顽抗，同时继续向白崇禧和蒋介石呼救。

这时，白崇禧派出的援军整编第七师距离襄阳城还有九十公里，远水解不了近渴。怎么办？白崇禧的幕僚建议除派空军以最大努力去轰炸外，还想了这么一个"妙计"：投一个通信袋，通信袋里装着白崇禧给康泽的手令："增援解围的部队一天的时间就能赶到，希凭借核心工事，鼓励士气，坚守待援。"让空军将这个通信袋故意投到解放军的阵地上去，以便吓退解放军。无计可施的白崇禧同意试一下。然而，"小诸葛"的这点儿雕虫小技蒙骗不了解放军指战员的火眼金睛。

解放军以更加猛烈的进攻来答复"小诸葛"的小计谋。一阵猛烈炮火过后，大炮楼里的工事和火力点大半被毁，解放军指战员乘势突进炮楼内，活捉了康泽和郭勋祺。康泽被活捉前，用死人的血和污泥涂抹自己的脸，然后装死躺在死人堆里，企图瞒过解放军的眼睛，等待白崇禧的援军一到，他就从死人堆里爬起来，到那时他宣布自己打到最后一个人还守住了襄阳城，那将是多大的荣耀？他的校长将会奖赏他多高规格的勋章？然而的狐狸伎俩没有达到目的，他被解放军指战员从死尸堆里翻了出来，乖乖当了俘虏。

可笑的是，康泽当了俘虏，而白崇禧仍然在源源不断给康泽发指示，声称援军马上就到，"务盼督率坚守，只最后要有数个据点在我手中，即襄阳并未失陷，兄等达成光荣任务矣"。

7月16日晚，白崇禧增援部队的先头部队整编第七师第一七二旅才到达钟祥及其以南一线，连夜搜集船只，准备当晚渡襄河。当增援抵达襄阳城下时，解放军部队早已经打扫战场完毕，于前一天已经全部转移了。白崇禧的增援部队大老远赶来，即使想"送行"也来不及了。

襄阳战役，国民党第十五绥靖区司令部、第一〇四和第一六四旅全部以及第一六三旅大部共两万一千余人被歼灭，其中毙伤三千七百余人，被俘一万七千余人（包括第十五绥靖区正、副司令官康泽、郭勋祺）。

襄樊一战，给了白崇禧一个下马威。白氏在国民党军中虽然号称"小诸葛"，可是在解放军最优秀的军事家刘伯承、邓小平面前，却显

260

得捉襟见肘，差得远了去了。

襄樊战役，第十五绥靖区被歼灭，身为华中"剿总"总司令的白崇禧不但不检讨自身的问题，反而公开攻击蒋介石不应该派一个搞特务的毫无军事常识的人去当绥靖区司令，更不应该在关键时刻放弃襄阳的屏障制高点不守，缩到襄阳城里，以致遭到如此惨败云云。这些话大大伤害了蒋介石的尊严体面，因为白崇禧所指责的问题都是他蒋某人做的。为了反击白崇禧，蒋介石将从襄阳逃出来的总统特派战地视察组第八组中将组长周建陶召到南京，当头就是一顿臭骂："你这无用的东西，怕死鬼，不好好协助康泽，一败涂地，还有脸来见我吗？共产党成功了，还有你的容身之地吗？"蒋介石骂完后，将周建陶带到他的作战会报室，指着一张十万分之一的地图说："你把襄阳制高点的作战情况说说。"这时，周建陶很快理解了校长的意图，讨好似的说："当敌人占领襄阳西郊真武庙制高点后，就可以毫无顾虑直迫西城，也可以直逼东南城，总统指示康泽放弃高地，集中兵力据守襄阳城是完全正确的，不这样，襄阳城不待 7 月 16 日，早两三天就丢了。"蒋见他开了窍，赞许地点了几点头。周建陶见话说对了，跟着补充说："襄阳的失败不是制高点保有不保有的问题，而是桂系的坐视不救。"说到这里，蒋介石后退一步，向周建陶全身上下打量了一下："嗯，好，我知道了，你明天到国防部去开会，好好地报告一下！"

1948 年 8 月 3 日至 6 日，国民党在南京国防部大礼堂召开在大陆的最后一次大型军事检讨会议。蒋介石在会议的最后一天，将周建陶带到了会场。

这天的会议由蒋介石亲自主持，他首先示意周建陶报告襄阳作战情况。通过前一天与蒋的会见，周建陶已经心中有数，在报告中首先替康泽吹嘘："他以两个不完整的旅五个团的兵力，守备襄樊两个城市，从兵力上说是薄弱的；当解放军以两万的兵力向襄樊展开攻势时，康泽以两个团守备樊城，两个团守备襄阳西南郊高地，一个团控制于襄阳城；当解放军早突破西郊高地阵地夺去了真武庙制高点，放弃樊城，以陆空联合向真武庙高地进行反攻，康泽的这些处置都是正确的。"说到这里，周建陶见主席台上的蒋介石点了点头，便知道报告对头，便接着说："只是由于敌人的兵力强大，战斗意志顽强，反攻才未能成功。"说到这里，蒋介石像针刺了他的屁股，端着凳子往后移动一下，才又坐下。周建陶也感到自己说敌人战斗意志顽强说错了，弄得蒋不高兴听，遂补充说："虽然反攻未成，敌人的伤亡是重大的。"蒋这才点了一下头，又在光头上摸了一下。

周建陶本来还想继续吹下去，不料代表白崇禧参加会议的华中"剿总"副参谋长赵援沉不住气了，他站起来就批驳说："放弃制高点，退守襄阳城，让敌人居高临下，我们白长官认为是铸成大错!"

蒋介石眉头一皱，两只眼睛盯着周建陶："周组长，你再说下去!"

周建陶见赵援提到白长官，心里有些激动，又见蒋介石要他继续说下去，遂决定利用这个机会对桂系放一炮。他说："襄阳战役，自7月1日老河口战斗开始，至16日战斗结束，为时半个月，我只见到白长官于7月12日派了一架飞机在襄阳上空散发一次传单，说他的大军快到了，要共产党军队'弃暗投明'，我不知道这究竟是玩的什么把戏？派李本一第七军驰援襄阳，到7月19日，还停滞在宜城附近不前，距襄阳一百余里，这是什么原因？"周建陶接着说："据我所了解，第七军自花园孝感出发，平均日行五六十里，中途休息一日，也应在7月16日前到达襄阳附近，我不知道白长官对此做何感想？我认为这就是襄阳失败的原因。"

说到这里，蒋介石向周建陶瞟了一眼，站起来点了几点头："嗯，好了，不必再说了。"

这时，赵援不服气了，他站起来手一举："报告总统，我还有话要说。"

这时，会场发生骚动，与会的以蒋系人马占绝大多数，他们对白崇禧的代表赵援抢白他们校长早已不乐意。蒋介石乘机加大嗓门："时间不多了，赵副参谋长，有机会我再找你谈谈，现在要进行授勋典礼。"

白崇禧在南京军事会议上没有讨到便宜，不甘心，于是利用华中"剿总"编战史的时机再做文章。华中"剿总"编的《襄郧会战史》将战败的责任全部推到康泽和蒋介石身上。

损兵折将，无奈"清剿"变对峙

南京军事会议结束后，白崇禧回到汉口。蒋介石指示白崇禧，他的主要任务是"对付刘伯承"。

白崇禧和他手下策划作战的幕僚都认为刘伯承所统率的中原野战军机动，"对付刘伯承要有两个大兵团，一个重装备兵团，一个轻装备兵团。重装备兵团好像海军的主力舰，力量大但行动慢，追不上刘伯承机动性这样大的部队，打不上；轻装备兵团像第三兵团那样，像海军的巡洋舰或驱逐舰，行动快，可以追得上，但仅一个第三兵团力量不够。如果一个重装备兵团和一个轻装备兵团紧密配合起来就好办。用轻装备兵团去追他，打上了，重装备兵团就赶上去参加，这样轻装备兵团就有保障，不至于吃亏。"

1948 年 9 月初，根据蒋介石、何应钦的命令，第十二兵团在河南驻马店编组成立，该兵团辖第十、第十四、第十八、第八十五军及一个快速纵队（其中第八十五军直到 11 月初参加淮海战役之前，才拨归第十二兵团），兵团司令官黄维，副司令官胡琏。

第十二兵团编组成立后，白崇禧手中就有了一个"强大的"重装备兵团（第十二兵团）和一个"剽悍的"轻装备兵团（即张淦任司令官的第三兵团），再加上归属华中"剿总"指挥的第十四兵团和第五绥靖区、第十三绥靖区、第十六绥靖区的部队以及归属徐州"剿总"指挥的第十六兵团（司令官孙元良，防守郑州），总兵力达二十五万以上，超过刘伯承的中原野战军一倍以上。

9 月 16 日至 24 日，华东野战军又起济南战役，经过近九天的激战，解放军全部歼灭济南守敌十万余人（其中吴化文率领所部两万余人战场起义），国民党山东省政府主席、第二绥靖区司令官王耀武以及副司令官牟中珩以下高级军政官员、将领二十三人被俘。徐州"剿总"打了大败仗，华中"剿总"总司令白崇禧因为手里抓到两个大兵团，幻想

263

打一个胜仗来策应华东方面，振一振已颓丧的士气，抬高自己的地位。白崇禧说："我们有了两个大兵团，就可以采取机动灵活的战术，找到刘伯承的主力来打，我们要采取攻势。"

当华东野战军进攻济南时，白崇禧决定以驻郑州的孙元良第十六兵团与驻平汉线南段之张轸集团南北对进，寻找中原野战军主力作战，并企图破坏中原野战军豫西后方。为了打破白崇禧的这一企图并配合华东野战军济南战役，中原军区和中原野战军部队于 9 月 16 日在宛（南阳）、确（山）地区对张轸集团发起进攻，歼灭张轸集团一千余人。

随后，白崇禧又策划了一次更大规模的军事行动。他们判断中原野战军主力六个纵队十二万人在河南唐河、新野一带休整。想乘中原野战军与华东野战军东西分离之机，华中"剿总"集中绝对优势兵力，先发制人，迅速捕捉中原野战军的主力，包围于唐白河附近地区，一举而歼灭之，以收复黄泛区、大别山区等地，保卫长江中下游和武汉的安全。

作战部署是：一、黄维率第十二兵团第十、第十四、第十八军及快速纵队，由现在集结地区驻马店、遂平、漯河等地，经泌阳向唐河地区的解放军进攻；二、张淦率第三兵团第七、第四十八军，由现在集结地区花园、广水一带，经随县、枣阳，守备广水、随县，主力进出于枣阳附近，策应第三兵团之作战；三、杨干才的第二十军由现在集结地区宜城、襄阳、樊城附近，经吕堰驿、黄集，协力第三兵团向新野附近的解放军攻击；四、王凌云的第十三绥靖区第二、第十五军及豫西三个保安旅编成的第十四、第十五、第十六纵队，以一部守备南阳，主力随各攻击军进到赊旗镇、唐河县以东大河屯、平氏、杨家墙、程家河、黄渠铺之线后，左与孙元良的第十六兵团取得密切联系，即向新野的解放军攻击；五、要求孙元良的第十六兵团第四十一、第九十九、第四十七军，由郑州经新郑、禹城、襄城、方城，协力第十二兵团向唐河的解放军攻击，右与第十三绥靖区、左与第十二兵团密切联系；六、攻击重点，保持于第十二兵团方面；七、各兵团行动统制线，第一为南阳、赊旗镇、大河屯、程家河、黄渠铺之线。

为了实施这个战役计划，白崇禧特派他的副参谋长赵援携带他的作

264

战计划于 9 月 20 日赶到郑州，游说第十六兵团司令官孙元良。因为赵援是四川人，黄埔军官学校四期学生，陆军大学特别班第五期毕业，军事研究院毕业，曾任陆军大学战术教官，而第十六兵团是四川子弟兵，孙元良及所部高级将领大多是四川人，在蒋系中央军将领眼里是一支杂牌军，赵援与他们大多数都有同乡、同学或师生关系，是做这一工作的最合适人选。赵援到郑州后，一方面以华中"剿总"副参谋长身份与各方面周旋，另一方面又以四川同乡、陆军大学同学的身份与第十六兵团的将领背后活动，表达白崇禧对这支四川部队关怀的情感，再三表示白崇禧与孙震关系的日益亲密，在大西南主义的圈子里，能同甘苦，共呼吸。万一将来局势不好，移到西南或转移到广西也能同甘共苦、生死相依，共同做一番事业。这与第十六兵团绝大多数官兵的思想不谋而合，白和华东野战军分离之际，集中华中"剿总"的主力，抓住中原野战军部队歼灭后，再回师东向，会合徐州"剿总"全力消灭华东野战军，才能更有把握。他们称这个计划为优秀的战略杰作，是一个积极而又稳妥的计划。既可以保卫华中，又可以保卫徐州；既可以巩固江淮河汉，又可以进攻华北和东北，挽回颓势，整个战争的胜负，都有赖于这一战役的胜利。他们表示愿意配合华中"剿总"的部队，出去打几个机动战，不愿意待在郑州，坐以待毙。

9 月 24 日，孙元良下达了第十六兵团向豫西进军的命令，但天不遂人愿，从 25 日开始突然下起了倾盆大雨，风雨交加，雷电大作，连续不断整整下了七天七夜。暴雨狂风，引起了山洪暴发，道路被淹没，桥梁被冲毁，中原大地，一片汪洋。千里平原，顿成无边无际的泽国。整装待发的第十六兵团官兵都挤在屋里天天盼望雨停，烦闷焦躁的情绪简直无以形容，雨越下人越愁，人越愁雨越下。有人说：这真是天意不顺逆风起，兵家举事不相宜。好不容易熬到 10 月 3 日，雨停了，天空开始放晴，烈日当空，按说正好行军。但由于地面长期浸泡在雨水中，道路泥泞，不仅配属快速纵队的战车、装甲车、运输汽车、炮车、辎重车根本无法上路行驶，就是人员、马匹，行走起来也相当困难。当地农民说，像这样的大雨，天晴以后，起码要四五天，甚至要一个星期，等水退后，道路干燥，车马才能行动。驻第十六兵团联络的华中"剿总"

副参谋长赵援，对于这场罕见的大雨早已等得不耐烦，溜回武汉去了。这时，济南早已解放，新上任的徐州"剿总"总司令刘峙也想先发制人，趁华东解放军尚未行动之先，发动对山东的攻势，夺回泰安、济南，以振奋士气，并决心放弃郑州。10月5日，徐州"剿总"副参谋长舒适存来到郑州与孙元良会晤，转达刘峙放弃郑州的意见，并说明第十六兵团是属于徐州"剿总"序列的部队，应服从徐州方面的作战任务。支援华中方面，应有统帅部的指示才好。徐州"剿总"已决定第十六兵团放弃郑州，东向民权、柳河地区集结。

10月4日，孙元良以郑州指挥部代主任名义命令李振清的第四十军接替郑州防务，第十六兵团从10月6日起分三路纵队开赴民权、柳河地区集结。第十六兵团配合华中"剿总"进攻中原野战军的计划破产。

第十六兵团东开后，白崇禧仍计划以华中"剿总"所属的张淦第三兵团、黄维第十二兵团约二十万人向宛东进攻中原野战军。

10月初，白崇禧带领副参谋长赵援、第三处处长覃戈鸣、办公室副主任杨爱琼以及译电人员、警卫人员等由汉口飞抵河南信阳，在张轸的第五绥靖区司令部设立前线指挥所。10月8日，白崇禧在河南驻马店以南约一公里的天主教堂召开军事会议。白崇禧指示：进攻伏牛山、宝丰、鲁山的方针，是以机动攻势为手段，先集结优势兵力于战略待机位置，在判明中原野战军主力所在后，断然发起攻势，一举围歼，以消灭有生力量夺取武器为主要目的。他着重强调两个兵团紧密联系互相呼应的必要性。白崇禧还说明，他已经在湖北广水与河南信阳之间的平汉铁路线上控制了十几列火车，一有情况，南北兵力可以很快转用。

然而，天公好像有意与这位"小诸葛"为难，就在白崇禧召开驻马店会议策划进攻中原野战军的时候，天公又连日下起了豪雨，驻马店附近地区一片泥泞，第十二兵团的战车、装甲车、汽车、炮车都陷在泥泞里成了开不动的铁疙瘩。

尽管第十二兵团征工征料来修路，害得当地的老百姓苦累不堪，但这个重装备兵团还是不能前进。这让人不禁想起兵法上"不知天时，不识地理，不可以行军"的话。这时负责草拟作战计划的第三处处长打开地图，发现这一带原本就有不少沼泽地的符号，说明这一带曾经是沼泽地。沼泽地下了豪雨之后，更是寸步难行。有人感叹："好大一个秋季攻势计划，全陷在烂泥地了。"

针对白崇禧的意图，中原野战军司令员刘伯承自有应对之策，他决定采取南北分兵、拖散敌人、寻机歼敌的方针。以第二纵队和江汉、桐柏军区主力将张淦的第三兵团拉入大洪山区，以第六纵队、陕南军区第十二旅抑留黄维的第十二兵团于桐柏山区，使两敌不能东调，以策应华东野战军攻打济南的作战；以第一、第三、第四、第九纵队北进禹县、襄城、叶县地区，待机歼敌。

尽管国民党军配备了包括空军侦察机在内的多种侦察部队，但白崇禧始终未能弄清楚中原野战军的主力之所在，所以他的军事始终是一种盲目的行动。

10月中旬，华中"剿总"各部队开始行动。黄维的第十二兵团以胡琏指挥第十八军为先锋，由遂平、驻马店出发，沿沙河店、牛蹄街公路两侧，数纵队并进，向西猛侵。再折向西南直趋泌阳、唐河，和驻南阳的王凌云部取得联络。

第十二兵团到达唐河后，派部队四处堵截，但始终没有发现中原野战军主力的影子。

10月20日左右，白崇禧的信阳前线指挥所判断中原野战军主力经桐柏山地区向豫西宛南地区集结，其作战处长建议："采取外线作战态势向新野、邓县地区进攻，寻求刘伯承所部主力包围歼灭之。"

随即调整兵力部署："一、第十二兵团南从驻马店、沙河店、象河关、春水地区，分数路齐头并进，向唐河、新野、邓县地区前进，索共军刘伯承所部主力猛攻；二、第三兵团继续向新野、邓县地区前进，索共军刘伯承所部主力猛攻；三、第二十军由襄樊附近地区相机由西向东策应第十二兵团和第三兵团消灭刘伯承所部主力于南阳、新野、邓县中间地区。"

10月下旬，第十二兵团进到赊旗镇南方附近地区时，第二十军的一个团在薛集（樊城东北）受到由桐柏山方面北上的中原野战军的攻击，发生激战，中原野战军对薛集的守军进行打击后即向北撤退。第二十军军长杨干才派师长李介立率领两个团前往增援薛集。由于第十二兵团迟迟不前进，华中"剿总"信阳指挥所害怕李介立的部队孤立会被中原野战军主力吃掉，命令杨干才增援掩护李介立的部队撤退。李介立从解放军俘虏口中得知，中原野战军两个纵队准备吃掉李介立的两个团（不知道李介立有三个团）。李介立指挥三个团凭坚固围墙顽抗。华中"剿总"信阳指挥所得到薛集发生激战的报告后，判断中原野战军主力尚在新野、邓县附近地区，电令黄维十二兵团向新野、邓县方向猛进，但是黄维复电拒绝执行白崇禧的命令，他所持的理由是："据报，南召附近地区有兵力强大的共军南下威胁兵团的右翼，如果向新野、邓县前进，兵团的右侧背有危险。"华中"剿总"信阳指挥所综合各方情报判断，中原野战军的主力是在新野、邓县以南地区向北撤退，南召方面只是一部。白崇禧同意这个判断，再次给黄维发出电令："该兵团主力务须迅速向新野、邓县方向前进，索刘伯承所部主力而猛攻之。"可是黄维仍然抗命不从。这时，杨干才报告进攻薛集的解放军在当天半夜后已经向北撤退。

同时，第十二兵团的第十一师在赊旗镇南方地区又与北撤的解放军的小部队接触。华中"剿总"作战处长判断，这就是中原野战军主力北撤所派出的掩护其右侧的警戒搜索部队。他认为中原野战军由桐柏山方面北撤的正面有一百多华里，他的左翼在薛集，右翼伸到赊旗镇附近，这说明中原野战军主力就在这里。这位作战处长在作战会报中着重说明黄维拒绝执行命令，贻误战机，应该受到严厉申斥。会后，这位作战处长立即草拟了申斥黄维的电令，经白崇禧签字后发出。

白崇禧调动主力兵团捕风捉影，往返千里，徒劳无功。白崇禧精心策划的所谓秋季攻势作战处处扑空，围歼中原野战军的企图完全落了空。华中"剿总"第二处经常把解放军的记录新闻抄录下来后经过复写分送给策划作战的主要幕僚参考。他们看到解放军广播对白崇禧精心策划的所谓秋季攻势作战行动的评论中有这样几句话："华中举行秋季大演习，刘伯承将军担任总裁，白崇禧被牵着鼻子走！"白崇禧的这些高参们看了，又羞又恼，想不承认又无法不承认，只好苦笑了。往日人们说他是"小诸葛"的白崇禧，今天变成了被牵着鼻子走的笨牛了！

白崇禧看到争夺大别山的战斗形势非常复杂，只能采取积极防御的战术，以免孤军深入，陷入线线被切断、点点被包围的态势。这样，刘伯承的中原大军终于在大别山站稳了脚，与白崇禧形成了对峙的态势。

第十五章　助李竞选三逼宫

中国有句古话叫"事不过三"，而这一次李宗仁、白崇禧真的上演了第三次逼宫的大戏，并且还取得了"成功"。

宗仁当选，国防部长遭外放

抗战胜利后，李宗仁于 1945 年 9 月 1 日出任国民政府军事委员会委员长北平行营主任（1946 年 10 月 1 日改称国民政府主席北平行辕主任），管辖两个战区（第十一、第十二战区）和五省（河北、山东、察哈尔、绥远、热河）、三特别市（北平、天津、青岛），在名义上，辖区内一切党、政、军机关均由行营（辕）主任指挥，是华北军政最高长官。但实际上，由于蒋介石玩了釜底抽薪的把戏，李宗仁没有军政实权，位高而权轻。李宗仁形容自己："任行营（行辕）主任三年，实在是吊在空中，上不沾天，下不着地呢！"

李宗仁是一个不甘寂寞的人，他静极思动。鉴于蒋介石不让他指挥军事，便干脆报以消极，军事上不多过问，而另谋在政治上有所发展。北平是中国古都，人文荟萃。李宗仁在北平与文化、教育界名流揖让往还，礼贤下士，相处甚为融洽。李宗仁还利用行营（辕）主任的权力，采取了一些象征性的开明措施，因而益发赢得了北平各界的好评。因此，李宗仁虽然脱离了军政实权，政治声望却骤然上升。

当时的舆论普遍称赞李宗仁"老成持重"，是"深谋远虑之文武全才"，并由此赢得了"民主将军"的美誉。

与李宗仁相反，蒋介石由于发动反共内战屡遭失败，越来越不得人心。美国驻华大使司徒雷登在给美国国务院的一份特别报告中指出："在学生中间，作为国民党统治象征的蒋介石，已经大大地丧失了他的地位。大多数的学生，甚至毫不客气地认为他是完蛋了"，而"李宗仁上将日益获得了公众的信赖。似乎没有理由相信说他不忠于国民政府的谣言"。

按照预定计划，南京政府将于1948年春召开所谓的"行宪"国民大会，选举总统、副总统。在司徒雷登"弃蒋扶李"的允诺下，李宗仁决定参加副总统竞选。

1947年10月12日，李宗仁将程思远召到北平，将几封亲笔信交程带往南京：一封交蒋介石，表示他有意参加副总统竞选；一封交吴忠信，请吴在蒋面前为他善为疏通；另有一封用火漆密封的英文信，交司徒雷登的私人秘书傅泾波。然后，李宗仁打电报给在南京的白崇禧，告以竞选打算，要白转告蒋介石，并"探其口气"。当白崇禧向蒋介石报告时，蒋当即指示两点：北平行辕任务重要，不可轻离；我为军人，李某也为军人，两位军人参加竞选不妥。蒋要白崇禧将此意转告李宗仁。

白崇禧考虑的是，李宗仁竞选会影响到蒋、桂关系，所以反对他参选，白崇禧随即派程思远、韦永成等人先后飞往北平，劝李打消竞选副总统的意图，转而竞选监察院长，但不为李宗仁所接受。

李宗仁决心已定，也就不管他的桂系搭档们同意不同意，就在1948年1月8日晚在北平宴请外国记者，公开了他要参与副总统竞选的意愿。李宗仁在宴会席上对记者说："蒋先生要好太切，脾气太躁，不免欲速则不达，我愿意为他帮忙。我相信蒋主席定为总统，所以决定选副总统。"

李宗仁要竞选副总统的消息传开，引起很好的反响。北京大学校长胡适是李宗仁在北平行辕主任任上刻意拉拢和笼络的知识分子领袖，他听到消息后，于1月11日致函李宗仁表示鼓励。

得到这位国统区声望最高的知识分子领袖的鼓励，李宗仁很感动，他立即回了一封信，李宗仁在信中除表示感谢外，还反过来劝胡适参与竞选总统。

也许是鉴于白崇禧等人的反对，李宗仁派他的机要处处长李扬将他写的一封密信送往南京黄绍竑的手中。李宗仁在这封密信中阐述了他竞选副总统的理由。当黄绍竑看完信，李扬还对他说："李主任再过几天就回来。请季公多多考虑，当面再商量。"不久，李宗仁从北平南下述职，先到上海就竞选问题与黄绍竑进行当面沟通。黄绍竑向李宗仁分析了副总统竞选面临的形势，说："这回副总统的竞选，老蒋以全力支持孙科，加上孙太子的招牌，当选的可能性不亚于你。你说你有把握，那就请你谈谈你的把握在哪里？"

李宗仁说："广西、安徽是我们自己的基本力量，就不必说了。华北方面，阎百川不参加，而且答应尽力帮忙。这样，晋绥两省就有把握了。北平是文化中心，教育界对我的印象还不坏，而且胡适也答应帮忙，则教育界方面也有若干把握。上海银行界有陈光甫、张公权、奚伦、傅汝霖。傅是东北人，可在东北拉票。帮会方面有杨虎带头。律师界有石超庸（广西人）和周一志等，这些人都肯帮忙。其他各大省，如四川当局同学最多，那里总可以拉上一些关系；尤其是范绍增，帮会势力不小，已肯帮忙。湖北方面，胡宗铎、陶钧尚有一些潜势力，旧属当专员、县长的还有不少人，可以利用。广东方面，张发奎系统如薛岳、黄镇球、李汉魂等，过去也有关系，请他们帮帮忙，他们也不好完全拒绝。此外，健生现在是国防部部长，与各省军人都有联系。尤其他是回教协会会长，与宁夏的马鸿逵、青海的马步芳关系更深。如果再加上你近几年来在蒋方的关系，拉一些票，胜利就有把握了。因此我请你来主持竞选，计划一切。这是我们一着大棋，不可错过了。要用钱，黄旭初、李鹤龄在广西、安徽两省内早有准备。"

黄绍竑对李宗仁说："人家答应的话，只可信一半，取得胜利还要靠自己努力。要知道，老蒋既然支持孙科，难道他的力量不比你的强吗？我对你这回的事有两句评语：要么成功，也就是失败；要么失败，也就是成功。"李宗仁听了这两句令人费解的话很惊讶，连忙问怎么解。

黄绍竑说："若竞选成功，老蒋的江山稳固，你岂不是跟老蒋当六年的大副官吗？这岂不是成功的失败吗？第二句话说的是要么失败也就是成功，就是说你如果竞选失败，不但要离开北平，而且还要离开南京，回到广西或到香港去，仍然树起反蒋的旗帜。这样，你就是国民党内最大的反对派，你今后在政治上的作用不比做一个副总统强吗?"

李宗仁听了黄绍竑一番解释，充满自信地说："老蒋是一定要失败的。我做了副总统，绝不是他的大副官，我有我的做法。"

至此，黄绍竑也不再说什么，便答应替李宗仁主持竞选，但同时声明："用钱的事我不管，只管计划的问题。"李宗仁也很干脆地说："那些事有人管，不用你费心。"

说服了黄绍竑，李宗仁前往南京，就住在白崇禧家，全力说服白支持其竞选。白崇禧基于历史渊源及维系桂系团体团结的考虑，别无选择，只有支持李宗仁竞选。

李宗仁率先宣布参选的意愿后，即在北平着手建立助选班子，并派遣高级幕僚携带重礼前往南京、上海、西安、太原、成都、沈阳等地，争取支持。

3 月 20 日，李的助选班子在上海召开拥护蒋主席竞选总统、李宗仁竞选副总统大会，上海各界名流如颜惠庆、陈光甫、杜月笙、杨虎等到场。

3 月 22 日，李宗仁乘军用飞机从北平飞抵上海，进行竞选活动。

23 日，李宗仁来到南京。几天前，桂系助选班子已经选定南京太平路安乐酒家作为李宗仁竞选的大本营。安乐酒家的老板是马晓军，是黄绍竑、白崇禧、黄旭初等新桂系头目早期的上司，算是桂系中人。

早在李宗仁到达前几日，桂系全班助选人马已在位于太平路的重庆安乐酒家安下了竞选大本营。大本营下设总务、财务、交际、宣传、情报各部。桂系要员统统出动，邱昌渭、黄雪邨、刘士毅、程思远、张岳灵、韦贽唐、李扬等少壮派名角分别担任各部负责人，黄绍竑为助选班子"总参谋长"，黄旭初、李品仙、夏威环集左右。决策机关另设于大悲巷（梅园新村北侧）的白崇禧公馆，规定每晚 8 时，助选各部负责人都到大本营报告情况，商定次日行动方针，而后分头进行。

继李宗仁之后，又有五人陆续宣布竞选副总统，他们是：

程潜（1882 年—1968 年），湖南醴陵人。国民党军界元老。担任过参谋总长、第一战区司令长官、天水行营主任等高级军政职务，此时的职务是武汉行辕主任。

于右任（1879年—1964年），陕西三原人。国民党元老，著名书法家。自1930年11月起担任国民政府监察院院长。

孙科（1891年—1973年），广东香山（今中山市）人。孙中山之子，是国民党的第一代太子。因为有"国父"孙中山的光环笼罩，他官运亨通，担任过财政部长、铁道部长、行政院长等多项高级党政职务，自1933年起，一直担任国民政府立法院院长，1947年4月起任国民政府副主席兼立法院院长。在名分上，他是国民党政府中仅次于蒋介石的第二号人物。

莫德惠（1883年—1968年），双城（今属黑龙江省）人。东北系元老，是无党无派的社会贤达。

徐傅霖（1879年—1958年），广东和平人。是在野小党派中国民主社会党（简称民社党）的中央常务委员、国民政府委员。

上述六位候选人，前四位是国民党的党政军要员。后两位是非国民党人士，他们两人的参选在某种意义上具有陪选的性质，竞选实际上是李宗仁、孙科、程潜、于右任等四个国民党要员之间综合实力的较量。

四人中，于右任的实力最弱，他是光杆元老，"完全以地位和声望做资本"。他人财两乏，只好发挥书法特长，埋头写对子送代表拉票。家里买了几千张宣纸，彻夜挥毫。

程潜"有军界及两湖（湖南、湖北）人士的支持"，有学者说他千方百计筹措到了一万亿元法币的竞选经费，但他只有湖南一省的基本地盘，实力明显不如李宗仁、孙科。所以，李宗仁的真正对手是孙科。

孙科长期担任有实权的立法院院长，他本来很满足，对于没有任何实权的副总统，他起初并没有看在眼里。但因为蒋介石与他的盟弟李宗仁有说不清道不尽的是非恩怨，根本不想让这位盟弟当选，蒋介石需要找出一个能够打败李宗仁的人来。而环顾国民党内，真正能够对李宗仁构成威胁的也只有孙科了。为阻止李宗仁当选，蒋介石夫妇亲自出面做孙科的工作。1948年3月6日，蒋亲自召见孙科，让他做副总统候选人，并保证从财力、人力上给予全力支持，孙科这才同意出来参加竞选。

蒋拉孙科出来竞选，引起白崇禧等人的重视。他对程思远说："蒋要孙哲生（孙科）出来竞选，德公当非他的敌手。因为孙有三个有利条件：第一，他是孙总理的儿子；第二，他是现任国府副主席；第三，他是文人，与蒋搭档最为合适。在这种情况下，我们对德公只能力尽人事罢了。"

孙科方面见桂系的竞选活动搞得有声有色、声势逼人，也同样担心不是李宗仁的对手。于是孙科和奉蒋介石之命全力支持他的国民党中央组织部长陈立夫商量后，提议副总统候选人采取政党提名的方式决定，并要求蒋介石召开国民党临时中央全会讨论党内提名问题，企图以此封杀李宗仁等人参与竞选的机会。这一动议立即引起李、于、程三人的强烈反对。于右任本来没有当选的希望，但他也坚决反对政党提名，他说："这孩子（指孙科）连我的老账也不买，要用政党提名来压倒我吗？我本来争不过你，不过你不能把我竞选的机会也拿去。"

4月3日晚，蒋介石在南京黄埔路主席官邸分别召见国民党的四位参选人。当李宗仁应约来到蒋的官邸，蒋即开门见山告诉李："希望未来的副总统最好是一个文人，候选人已内定孙哲生，希望你顾全大局退出竞选。"李宗仁不买账，与蒋介石当场顶起牛来，最后弄得脸红脖子粗，不欢而散。

见李宗仁死活不就范，蒋介石只好另打主意，决定以党中央的决议来约束他。4月4日，国民党中央执行委员会召开临时全会，讨论总统、副总统候选人提名问题，会议由蒋介石亲自主持，并于会上会下对李宗仁施加压力，阻止其参选。李却毫不含糊地坚决表示反对，说："选举正副总统既是实施宪政的开端，则任何国民都可按法定程序参加竞选，如果仍由党来包办，则我们的党将何以向人民交代？……现在既已行完，本人主张应遵循宪法常规办理，任何其他办法，本人将反对到底。"李宗仁说完后，程潜表示完全支持李宗仁的意见。

为做到万无一失，李宗仁与于右任、程潜三人订立了"攻守同盟"，扬言如由党提名，则"一致以脱党相要挟"。桂系还放出话来，如由党提名，广西和安徽两省的国大代表就要退出选举。

在国民党政权已经处于风雨飘摇的时刻，蒋介石经不起国民党的公开分裂，在无可奈何之际，不得不放弃政党提名的意图。蒋介石授意国民党中央组织部长、CC系头子陈立夫运用组织力量，全力支持孙科打败李宗仁。蒋介石同时还召集黄埔系国大代表进行秘密动员，声称："李宗仁竞选副总统，无异将一把利刃插入我的心胸，你们如果是我的学生，是我的忠贞干部，就应该替我把这柄利刃拔出来。"由此可见火药味之浓烈。

3月29日，第一届国民大会在南京开幕。4月19日，会议议程进入总统选举。选举的结果毫无悬念，蒋介石以两千四百三十票当选为总统。

同总统选举的平淡如水相反，一个原本无关紧要、无足轻重的副总统选举却只能用格外惨烈来形容。几位副总统候选人及其助选班子铆足了劲拉选票，花样百出。助选班子请客吃饭，候选人向国大代表赠送相片、（宣示政见或学术成就的）小册子，甚至花大价钱拉选票，足足折腾了近两个月。南京市面上的几大酒店几乎全部为各竞选集团（主要是李宗仁、孙科、程潜等几位有雄厚实力的竞选人）包定，不分日夜，大开流水席免费招待国大代表。各候选人为赢得选票，不仅大破钱财，而且本人及其夫人们也不惜折节屈尊交欢各国大代表，搞得神形俱瘁。越到临近投票的最后关头，谁也不敢松懈，免致功亏一篑。而三千多名国大代表也因天天赴免费的豪华宴席，吃得脑满肠肥之余，也想寻寻刺激，还还人情。被称为"无冕大王"的新闻记者们更是急于捕捉"头条新闻"，以便把报纸的发行量提升上去。因此，方方面面的人都把神经绷得很紧。

4月23日，国民大会进行副总统选举第一轮投票。从一开始就异常紧张，当国大代表们来到大会堂时，发现每个座位上都放有一张当天的《救国日报》。该报第一版上刊登有一篇题为《敝眷蓝妮》的文章，引起大家的特别注意。

李宗仁竞选班子为什么要急于在这个时候散发这篇有特殊含义的文章呢？原来，李宗仁竞选班子认为，孙科是孙中山的嫡系传人，现任国民政府副主席、立法院院长，并且得到蒋介石及国民党中央党部的全力支持，是李宗仁最大的对手。只有把孙科搞臭，李宗仁才有可能当选。

276

孙科这个人因为是国民党第一代太子，他身上有许多的缺点和毛病，他不仅好发脾气，而且出了名的好色，绯闻不断，有"桃色太子"之称。桂系为击败孙科，决定抓住孙科与蓝妮的风流韵事做文章。于是，由桂系竞选班子总负责人黄绍竑亲自捉笔，以《敝眷蓝妮》为题，重提孙科与蓝妮的风流韵事，以加深国大代表的负面印象。桂系此举，犹如一发重磅炸弹，对孙科无疑有很大杀伤力。

当天的投票，李宗仁旗开得胜，得票七百五十四张；孙科其次，得票五百五十九张；程潜第三，得票五百二十二张；于右任第四，得票四百九十三张；莫德惠第五，得票二百一十八张；徐傅霖第六，得票二百一十四张。第一轮投票，于右任、莫德惠、徐傅霖等三名候选人首先被淘汰出局。

4月24日，举行第二轮投票。孙科为了争取中央组织部长陈立夫的全力支持，决定背水一战。23日晚，孙科助选委员会将孙科放弃立法委员资格的声明印成传单，于24日在大会堂散发。孙科"此举显然是争取陈立夫的信心"。"原来19日的中央社电文：'据确息，孙科院长已致函立法院，声明放弃立委当选资格。'这不是孙氏的正式声明，而且由中央党部送到总统之前，中间可能还有变化。因而陈（立夫）氏信心不够充分。第一日选举，陈氏控制的票是分散的，未集中于任何人。而以于（右任）名下较多。"

事情明摆着，陈立夫觊觎立法院长的宝座已经很久，如果孙科不明确宣布放弃立法院长的宝座，陈立夫事实上是不会全力支持孙科的。因此，为了争取到陈立夫的全力支持，孙科不得不忍痛割肉，以满足陈立夫的期望。同时，蒋介石亲自召见黄埔系的干将贺衷寒、袁守谦等，面嘱他们立即为程潜助选，并专门拨了一笔相当可观的竞选费交他们支配，利用程潜来分散李宗仁的选票，以破坏李宗仁竞选班子在第二轮投票中胜出的企图。

24日的投票，李宗仁得一千一百六十三票，增加四百零九票；孙科得九百四十五票，增加三百八十六票；程潜得六百一十六票，增加九十四票。仍然没有任何人获得当选所需要的国大代表过半数票。这个结果显示政治和组织的关系开始占上风。程潜增加的票主要由于右任的票中转来；孙科增加的票为民社党、青年党支持徐傅霖票的大部分，加上于右任名下由陈立夫控制的一小部分（据说仅四五十票）和于右任名下一部分国民党老同志的票。莫德惠的票和于右任名下北方代表的票，都转到了李宗仁名下。

眼看李宗仁获胜已成定局，蒋介石非常焦虑。24 日下午，蒋亲自召见程潜，直截了当地要程潜在下轮投票中将他的选票转投给孙科，并表示将起用程潜的助选人，并负责补偿程潜的全部竞选费用。程潜是国民党军界元老，历来不买蒋的账，对蒋此举更加反感。他当面拒绝了蒋的要求。当晚，程潜将投票支持他的六百多名国大代表召集到中央饭店，向他们宣布："本人已受命放弃竞选。"听到这个消息，拥护程潜的国大代表大哗，声称宁可不投票，也不拥护孙科。

蒋再次失算，极为恼火，指使陈立夫采取非常手段对付李宗仁。陈立夫指使党部工作人员于 24 日开始在大会堂大量散发匿名传单攻击李宗仁。

传单之一标题为"反对威胁政府的跋扈军人李宗仁当选副总统"，内中罗列李宗仁若干罪状。

另一张传单引题为"加官以后就要上演逼宫"，主题为"李宗仁竞选内幕"，子题为"请不要吃狗肉，请不要吃糖衣毒素"，传单声称李宗仁一旦"当选副总统就要逼宫，或三个月后就要逼迫领袖出国"。

某中央社刊物也载文说："李某竞选成功则逼宫，不成功则叛乱，以勾结李任潮合流共党。"

陈立夫"还准备对李宗仁进行人身攻击和迫害。尤其要把李宗仁老婆郭德洁作为攻击中心，说她在北平贪污要钱。还要以戡乱不力或通共的大帽子，套在李宗仁的头上"。

面对蒋系的全力反攻，李宗仁竞选班子负责人黄绍竑深感忧虑，他对韦永成说："照此情形硬拼下去，不但副总统弄不到手，还要弄得一身脏。我主持竞选的时候，就总结了两句话：要么成功地失败，要么失败地成功。照现在情形看起来，最后是要失败的。但切不可等最后失败才收场。好在四个回合的战斗我们已胜三回合（引者按：实际上是两回合），就此退出战场，我们岂不是仍然是胜利者吗？何必再打没有胜利

278

希望的回合呢？如果我们中途罢选，国大又怎样收场呢？文章就好做了。"

韦永成同意黄绍竑的意见，便一道前往白崇禧公馆邀请李宗仁来商量。黄绍竑对李宗仁、白崇禧说明他的"以退为进"策略，要李宗仁以"幕后压力太大"为由宣布退出竞选。

白崇禧起初也不同意罢选，在李、黄往来辩论时，他一直在旁边摸着下巴，一面听一面思考，听完后也感到黄的主意不失为一办法，他说："这倒是一个好办法。好似下棋一样，将他们几军，缓和一个局势，虽然将不死，打乱他们的阵脚，办法就好想了。我同意宣布退出选举。"

桂系的决策历来是李、黄、白三巨头会议决定的。黄、白同意了，李没有不同意的。但这次却例外，因为事关重大，李宗仁一时之间怎么也想不通。他说："煮熟快到口的饭不吃，还要等什么？你们要知道那些轿夫佬（指所有帮李宗仁竞选的人）是等着要吃饭的呀！"

黄绍竑见一时半会儿说服不了李宗仁，竟以退出相威胁，白崇禧也附和黄绍竑，与会的新桂系头目也都赞成黄绍竑的主张，李宗仁至此也无可奈何，只好同意退出。

4月25日凌晨3时，李宗仁助选委员会将李宗仁放弃竞选的启事送交各报登载。声明说："最近有人散发传单，公开攻击李宗仁先生，谓李先生当选副总统就要逼宫，或三个月就要逼迫领袖出国。……李先生为表明其光明磊落之态度，已向国大主席团正式声明，放弃副总统竞选。"

4月25日上午，李宗仁以副总统候选人名义致函国民大会主席团，正式宣布退出竞选，该函称："唯迩来忽发觉有人以党之名义压迫统制，使各代表无法行使其自由投票之职权，以此情形竞选，已失去其意义。用特函达，正式声明放弃竞选。"李宗仁退出的消息于25日晨以特大新闻刊于首都各报。

孙科在无对手的情况下，也只好宣布退出竞选。他对记者解释退出原因是"缺乏竞选对象"，"他感到没有对手来做竞选是不民主的"。

三位候选人全部退出竞选，"其结果像火药桶爆炸"。

原定25日上午9时举行第三轮投票，因为三位竞选人均宣布弃选，形成无人可选的局面，国大代表们入场后情绪激动异常，秩序大乱。他们纷纷责问李宗仁、程潜为何弃选？有人高呼"打倒CC"的口号，全场附和。原定当天担任大会主席团主席主持大会的于右任入席后，国大代表向于喊话，大喊"要于老担任副总统"。见此情景，于右任难过得老泪纵横。许多人"以国家将分裂而痛哭"。最后通过临时散会动议而休会一天，副总统选举遂告流产。

桂系以守为攻的这一记撒手锏，打得蒋介石措手不及，使他非常难堪，收不了场。25日下午，蒋介石主持召开国民党中央常务委员会临时会议，讨论副总统选举问题。有人报告：三人弃选，国民大会主席团无权接受，必须要大会表决，希望三人不要放弃。蒋称自己决不参加意见。中常会随即决定派中常委白崇禧、王宠惠、张群等六人分三组去向三位竞选人解释误会，劝说他们停止互相攻击之宣传，继续参加竞选。与此同时，国民大会主席团也推举非国民党的著名人士胡适、于斌、曾宝荪等分别拜访孙科、李宗仁、程潜，敦劝他们继续参加副总统之竞选。

4月26日上午，蒋介石又亲自召见白崇禧，对他表示："党内同志参加副总统竞选，绝对可以自由竞选，外传的约束投票说，完全无稽。"蒋并嘱白转达国大代表及三位副总统候选人之助选团，对于副总统选举："各代表应凭其自由之意志投票，更不得从事恶意宣传，影响大局。"

4月27日，白崇禧以传达蒋介石"意旨"的形式向国大代表宣示："李主任宗仁对于放弃竞选，本甚坚决，本定今晨飞平，唯昨晚奉蒋主席召见，恳切劝慰，仍望其继续参加副总统竞选。对于恶意宣传，主席已甚明了；对造谣生事，尤为震怒。至于代表投票，主席并郑重声明绝对自由。故李主任已表示仍继续参加竞选。本人奉蒋主席命，转达各位代表，敬希共体时艰，在举行下次大会时，完成此次国大之神圣任务。"

接着，白崇禧又赴中央饭店等处，通知各助选团，并分赴各国大代表招待所，转达蒋介石旨意。白崇禧并针对社会上关于李宗仁愿出任行政院长的谣传解释说："李氏竞选副总统，完全是想倡导民主作风，外传他想做行政院长，绝无其事。"

这样一来，等于蒋介石自己打了自己的嘴巴，从而极大地加强了李宗仁的地位。甚至有些本来是蒋系的国大代表，也对陈立夫以势压人的幕后愚蠢动作大为反感。他们在"党要支持，我偏不选他""我们支持党所不支持的人"的愤激情绪下，决定将选票转投李宗仁。

27日，李宗仁、孙科、程潜先后宣布继续参加副总统竞选。28日，国民大会举行第三轮投票。李宗仁、孙科、程潜三人分别得一千一百五十六票、一千零四十票、五百一十五票，仍然没有人过半数。按照选举法的有关规定，第四轮投票由李宗仁、孙科进行一对一的决选，副总统竞选进入白热化阶段。

第三轮投票结束后，李宗仁再次发表竞选演说，主张政治革新，清算豪门官僚，树立独立自主的外交，等等，将政见宣传推向新高潮。

李宗仁和孙科两个竞选阵营最后重点争夺程潜的选票。李宗仁先声夺人，在当晚宴请国大代表时，公开宣布了他和程潜之间的攻守同盟："上月我与程潜先生同一天到达南京，当天我就去拜访程先生。我们两人对于政治改革的主张是一致的，我们都赞成改革应从人事着手，应该起用新人。我们两人曾早就约定，在这一次竞选中，谁的票数较少，就把谁的基本票让给对方。明天是最后一场的竞赛，中国的前途似乎都要在明天这最后几秒钟决定。"

蒋方也同样高度重视。黄埔路蒋介石官邸灯火通明，通宵部署选战。在南京中央饭店，蒋经国亲自出面为孙科部署一切。孙科及其夫人陈淑英也被迫放下素来高傲的身段，四处拉票。孙科助选班子将拥护程潜的部分国大代表拉到龙门饭店后，孙科直接找到程潜，要求颂公（程潜字颂云）帮忙，两人会商时间过久，让已经达到龙门饭店的国大代表们感到受了孙科的怠慢，哄散了许多。

4月29日，国民大会举行第四轮投票。唱票开始，李宗仁、孙科的竞选班子人员分别在各自的大本营坐在收音机旁焦急地等待选举结果。蒋介石也在官邸内一边听收音机，一边随时听取情况汇报。开始，孙科得票领先，让蒋方人员觉得大有希望，但很快李宗仁就追了上来，并且超过了孙科。投票最后结果，李宗仁以一千四百三十八票对孙科的一千二百九十五票，击败孙科当选。

李宗仁如愿以偿，桂系上上下下及其支持者欣喜若狂，他们将李宗仁、郭德洁夫妇高高地举起，欢呼胜利；而落选的孙科及其支持者则是一脸的落寞和懊恼，在官邸内等候选举结果的蒋介石更是怒气冲天，抬起一脚踢飞了一旁的美国造收音机。

当选的李宗仁立即发表书面谈话，声称："本人膺选后，自当本平昔一贯主张，辅佐元首，革新庶政，完成戡乱建国之使命。"

当天晚上，李宗仁在中央饭店举行茶会，招待中外新闻记者。李宗仁在致辞中"对新闻界予其道义上之协助，表示衷心感激"。接着，竞选功臣白崇禧也在招待会上致辞，他故意说："李副总统之当选，首应感谓于蒋大总统之劝勉。盖26日晚间若非蒋总统对李氏之劝勉，李氏已于该晚乘机北返，同时亦已放弃竞选。"白崇禧声称："李主任之胜利，乃民主之胜利，今后同人应发挥更大民主力量，群策戡乱。"

李宗仁之所以能够打败蒋介石全力支持的孙科，当选副总统，原因可能有很多，以下两点尤其不可忽视：

第一，李宗仁本人的平民作风具有很强的亲和力。

第二，李宗仁助选班子得力。

桂系圈内人士认为，在李宗仁助选班子中，又以白崇禧"居功最大"。白崇禧自1938年以来一直担任中国回教协会理事长，与西北陕西、甘肃、宁夏、青海、新疆等省的马鸿逵、马步芳、马步青等回教实力人物建立了深厚感情，尤其是宁夏、青海、新疆三省国大代表成了李宗仁的基本票源，再加上桂系本身控制的广西、安徽两省，使李宗仁拥有了五省的基本票，这是其他对手所没有的。同时，白崇禧又是现任国防部长，与各省军人及民社党均有良好关系，也为李宗仁拉得不少选票。故桂系圈内人士说："李宗仁的命运几乎是和白崇禧有着不可分离的关系。像这一次副总统的竞选，如拉拢民社党，吸收西北及回教代表的选票，联络军界的国大代表，白崇禧实在尽了很大的力。……这次李宗仁竞选副总统，倘没有白崇禧在幕后做积极的活动，联络各方做有力的支持，也许会少了几票给孙科压倒呢。"白崇禧本人却说："一般人以为李之获胜，我居功最大，我本人却不做此想。其后因政治之纠纷，终于被卷入旋涡，此实为始料所不及。白夫人一向公私分明，从不干涉政治，此次独不赞成我助李竞选，她力劝我仍回前方剿共，不可介入政治旋涡。我考虑再三，以决心不够，仍为情感所动，未采纳白夫人远大之建议，至今思之，内心极感痛悔。"

李宗仁严重违背蒋介石的意愿当选为副总统，表明在内战失利的形势下，一方面国民党中央对地方派系势力已无约束力了，另一方面也包含了国民党内人心思变的因素。司徒雷登也认为，"这对于公开决意支持孙科的蒋介石是一个严重的挫折"，这是"国民党内反对分子，对以CC派和黄埔派为中心的政党机器的独裁进行挑战的胜利"。

对于国民党来说，这场副总统的争夺战无疑是一场两败俱伤的政治游戏，是国民党内部分崩离析的前奏。正如时事观察者所指出的："在现在的世界上，有这么一个政党，全党的人不做他图，专门找自己的麻烦，无缘无故制造一些不可解决的纠纷，企图毁灭自己。真是不暇自哀而后人哀之。"蒋介石则哀叹说："李宗仁竞选成功如一把刀插入胸中。"

在5月20日举行的总统、副总统就职仪式上，蒋介石为发泄自己的不满，刻意当众羞辱李宗仁一番。原来，在就职典礼之前，李宗仁向蒋介石请示就职典礼的服装问题，蒋答复说应穿西式大礼服。李宗仁对此虽然有点儿怀疑，因为蒋平时只穿军装和中式长袍马褂，从不穿燕尾服之类的西式大礼服，为何总统就职典礼反而要穿此类服装？但怀疑归怀疑，李宗仁还是按照蒋的要求，请上海著名的西服店紧急赶制了一套高冠硬领的燕尾服。可是到举行典礼的当天，李宗仁却接到通知说蒋介石要穿将军常服，李宗仁又只好照办，将备好的燕尾服弃而不用。但到了就职典礼会场，李宗仁才发现蒋介石身穿的根本不是军常服，而是中国传统的长袍马褂、黄绒军便裤、黑皮鞋，不文不武，半中半西，飘飘然，那种吊儿郎当的态度和满脸不屑的神气，使中外宾客为之愕然。

仪式开始后，总统、副总统步入主席台，蒋介石神气十足地走在前面，而李宗仁身穿上将军常服，佩挂勋章，跟在蒋的侧后，活像是蒋的侍从大副官，形象十分难看。李宗仁受此羞辱，对蒋的恶感更深，对立情绪无疑又增加了几分。

以李宗仁竞选副总统成功为转折点，白崇禧也不自觉地再次被李宗仁拖上了与蒋介石公开对抗的道路。白崇禧事后承认："此次选举副总统，影响我政治生命很大。"

蒋介石是个报复心很强的人，李宗仁严重违背他的意愿当选为副总统后，蒋介石立即采取了一系列措施报复和惩处以李宗仁为首的桂系，白崇禧企求李、蒋和平共处的愿望成为泡影。

首先是对李宗仁这个副总统进行冷藏处理。李宗仁当选副总统后，向蒋辞去北平行辕主任。所谓北平行辕本来就是一个因人而设的空头机关，李宗仁辞职后，蒋索性连这个机关也裁撤了。李宗仁从此辞别故都北平，作为"储君"长住首都南京。到了南京，有关军国大事的重要会议，他无权参加；招待国际友人的重要宴会，蒋也不邀请他陪客；只有几次招待国内元老的餐会，蒋偶尔邀请他出席作陪。除此以外，李宗仁这个二把手就别无他事可干了。

8月17日，李宗仁夫妇从北平返回南京，向记者发表谈话，声称"北方大局相当安定"。9月间，又偕夫人郭德洁前往上海、杭州等地游山玩水，农历中秋节到海宁观看了著名的钱江潮，然后到杭州西子湖泛舟，形同闲云野鹤。

但让李宗仁伤心的是，他的大哥李德明在桂林去世，向蒋介石请假要求亲自去桂林为大哥料理丧事，蒋因担心李宗仁乘机与两广人士联络，竟然不近人情，一口回绝了，致使身为副总统的李宗仁奔丧无门，又给他很大刺激。

蒋介石的第二招就是指使陈立夫等发动"倒李（品仙）运动"。

李品仙是桂系大将之一，他在抗日战争期间历任第二十一集团军总司令、第五战区副司令长官、第十战区司令长官，自1939年11月起，继廖磊兼任安徽省政府主席。抗战胜利后，第十战区裁撤，李品仙专任安徽省政府主席。李宗仁竞选副总统，其竞选费用大部分出自安徽，李品仙对李宗仁的当选是出了大力的。蒋系看在眼里，恨在心里。况且李品仙坐镇安徽，虎视眈眈地靠近首都南京，也让蒋系很不放心。而恰巧李品仙为官并不清廉，贪污的名声很大。在抗战胜利后的接收过程中有中饱私囊的行为，声名不佳。这样的人，一旦时机成熟，就必然成为政敌攻击的活靶子。早在副总统选举前，国民党中央就组织学生游行示威，要李品仙下台。李宗仁当选后不久，《观察》记者就预测："众口不理的李品仙的安徽政权，不久必将瓦解，而代以较可信任的军人，预防隐患。"

　　果如其言，李品仙主政安徽近八年来的种种"劣迹"被编成《李品仙主皖劣迹录》在南京广为散发，蒋系中央报刊集中火力攻击李品仙贪污舞弊、盗挖安徽寿县楚王古墓、强买民间古画等。官方组织的南京学生上街游行，向中央党部请援，而CC头子陈立夫、张道藩等则装出不知情的样子接见请愿学生，答应将他们的要求转达给党中央。监察院则提出弹劾动议。起初，李品仙还想反击，他以盛宴款待记者，即席发表演说为自己辩护，并向记者分发《主皖政清录》一册。但终因李品仙的小辫子太多，桂系首脑们也觉得难以为他漂清，不得不暂时牺牲一下李品仙，以平息蒋方的攻击。李品仙见桂系首脑不再保他，随即没有了底气，便称病躲进上海静观事态发展。

　　一天，白崇禧来到上海，约黄绍竑谈话，白告诉黄："鹤龄（李品仙号）在安徽弄得很糟，再难做下去了。老蒋有意请你去接任安徽省政府主席，把李调任广西省主席，把黄旭初调中央（不指定什么职务）。德公（李宗仁）要我同你商量一下，听听你的意见。"

　　黄绍竑立即意识到这是蒋介石的连环计，便对白崇禧说："这是老蒋的毒计呀！我们千万不要上当。"

　　白说："不见得吧！"

　　黄说："你读过二桃杀三士的故事吗？虽然实际情况不同，但也颇相似。桂系统治下的两个省——安徽、广西，李品仙在安徽弄得很坏，现在把他调回广西，岂不也要把广西弄成安徽那样吗？黄旭初虽然没有什么才干，但守成是有余的。我是广西人，我反对把李品仙调回广西。这回蒋恨我到了极点，他要我去安徽是好意吗？无非是要我到戡乱前线上去试试，再来整我，这个当我坚决不上。我提醒你也不要上当。李品仙做不下去，另换一个广西佬好了，或另换一个接近我们的外江佬也好。"白崇禧听了，只得扫兴而去。

　　蒋还指使CC骨干分子胡健中去见黄绍竑，劝黄绍竑前去就职。黄绍竑一概加以谢绝，蒋的妙计乃不得售。最后，蒋桂妥协，以桂系另一大将夏威接替李品仙，蒋系的反攻只达到了部分目的。

285

蒋介石的第三步是将白崇禧外调。

为防止李宗仁、白崇禧同在中央，利用此机会合谋，蒋介石于1948年5月31日宣布免去白崇禧的国防部长职务，将其外调，由何应钦接任国防部长。

白崇禧被免去国防部长，被认为是一大损失。《中国新闻》杂志刊登专文分析说："由于李德邻之竞选副座，白健生曾出面拉西北同胞之票，并公开发表过多次拥李谈话，若干人看起来，似乎广西色彩太浓，这对于现在当权的立法院正副院长孙科和陈立夫派系的人颇有反感，乃不得不做一缓和气氛打算。……据权威方面确悉，当局只希望李、白两人有一个放在中央，故李来白去也是政治上的习惯。"

蒋介石在免去白崇禧的国防部长后，内定由蒋鼎文去徐州任津浦路一带总司令，张发奎去武汉任平汉路南段一带总司令，令白崇禧设总部于安徽蚌埠，统一指挥蒋鼎文、张发奎。

冷眼旁观，拒绝指挥两"剿总"

1948年10月以后，淮海上空战云密布，徐州四周大军云集，中国有史以来规模最大的一场军事决战即将在此拉开帷幕。

10月11日，毛泽东做出了发动淮海战役的战略决策。为阻止国民党两大军事集团——刘峙集团与白崇禧集团协同作战，刘伯承命令中原野战军第二纵队、第六纵队、陕南军区第十二旅和桐柏、江汉两军区部队大造声势，伪装主力迷惑白崇禧。要求第二纵队等部"拉住张淦兵团向西"，要求第六纵队等部"将黄维兵团引向西去"。刘伯承的声东击西、调虎进山之计果然奏效。

"小诸葛"白崇禧又一次上当了，白氏误以为刘伯承犯了分兵之忌，给了他以重兵围歼之机。因此，严令张淦兵团和黄维兵团"穷追到底"。张淦和黄维不敢抗命，一个向南深入大洪山，一个向西深入伏牛山，艰苦跋涉于崇山峻岭之间，离交通线越来越远。这就迟滞了白崇禧部队东援刘峙集团的可能性，有力地配合了华东野战军淮海战役第一阶段的战斗。

1948年10月22日，何应钦召集顾祝同、萧毅肃、刘斐、郭汝瑰等人开会，讨论中原战场作战计划。会议估计中原会战将在徐州方面举行，并且判断人民解放军中原野战军有协同华东野战军打大战的可能，而国民党军分属徐州、华中两个"剿总"指挥，且徐州"剿总"总司令刘峙又是一名"既无办法又无决心"的"福将"，不堪担此重任，因而主张由白崇禧统一指挥徐州、华中两个集团，并要求黄维兵团东开阜阳、太和、上蔡地区，以配合徐州方向的作战。何应钦、顾祝同随即批示国防部第二厅连夜拟订方案，由郭汝瑰带到北平向蒋介石请示。临行前，顾祝同再三叮咛郭汝瑰："要报告总统，白健生统一指挥是暂时的，会战结束后，华中剿总和徐州剿总仍分区负责。"

10月23日，郭汝瑰赶到北平向蒋介石出计划。蒋表示：同意白崇禧统一指挥华中、徐州两"剿总"的部队。在蒋指示完毕后，郭汝瑰按照顾祝同的叮咛，向蒋说明，叫白崇禧统一指挥，只是暂时的措施。不料，蒋为表示对白崇禧的信任，以坚定的口气说："不要暂时指挥，就叫他统一指挥下去好了。"

10月24日，何应钦电告武汉的白崇禧，由他统一指挥两个"剿总"部队。当天，国防部将此项作战命令下达。

10月29日，蒋介石与何应钦又联名发来电报，命令白崇禧统一指挥徐州"剿总"和华中"剿总"，到安徽蚌埠设立指挥机构。

10月30日，蒋介石由北平返回南京，嘱何应钦用长途电话召白崇禧立即飞往南京，就中原统一指挥问题做进一步的洽商。当天下午，白崇禧从河南信阳前线飞抵南京，赴国防部参加何应钦主持的会议。会上，白崇禧满口答应统一指挥，并对华中"剿总"所属部队做了一些更动部署的建议。

会议结束后，白崇禧前往傅厚岗看望李宗仁，就时局交换意见。

10月31日上午，国防部继续开会，不料当郭汝瑰报告完徐州"剿总"兵力部署情况后，白崇禧却幡然变卦，坚决不肯统一指挥，并且说："你们要我统一指挥，无非是为了调动第十二兵团嘛！你们把第十二兵团调去就是。"

白崇禧一夜之间改变主张，当时颇令人费解。本来统一指挥是白崇禧以前所极力主张的，而这次又是出于何应钦的提议。何虽然是蒋介石的嫡系，但何、白因共同对付陈诚，关系相当接近，而且两人在历史上还有过同舟共济、共渡难关的经历。按常理，白崇禧不应该辜负何应钦的推荐。当时国防部的人推测：白的临时变卦，不是白故意叫蒋介石出娄子，就是白怕蒋介石做成圈套，准备在会战失败时诿过于他。

那么，白崇禧突然变卦的原因何在？从现有的资料看，可能有以下两个方面的原因：

第一，可能是接受了幕僚的建议。根据白崇禧的作战处处长覃戈鸣回忆，当白崇禧去参加何应钦召集的军事会议时，覃戈鸣本人去了国防部第三厅第二处了解华东方面的情况，他看到徐州"剿总"的十字架阵（国民党军主力摆在以徐州为中心的津浦铁路和陇海铁路形成"死十字"），而解放军华东野战军已经以优势的兵力在优越的态势之下先集中好了，随时可以发动强大的攻势，形势非常紧张。何应钦要把华中"剿总"的第十二兵团、第三兵团和凌云的两个军都抽调到华东去参加"徐蚌会战"。覃戈鸣计算两地的行程后认为，华中"剿总"的这些兵团根本赶不上去，硬要赶上去的话，在途中被解放军各个击破的危险非常大。而且这些兵团调走后，武汉、宜昌就守不住了。因此，覃戈鸣向白崇禧建议，拒绝到蚌埠去统一指挥，飞回武汉再想办法。白崇禧可能是接受了这一建议。

第二，可能与美国支持李宗仁取代蒋介石的外交政策有关。原来，在蒋介石发动的反共内战陷入绝境的时候，国民党内部及国统区各在野小党派、各阶层人民要求停止反共内战、呼吁和平的呼声迅速高涨，当选后一直坐冷板凳的副总统李宗仁受此鼓舞，萌生了取蒋而代之，上台一试身手的想法。他频繁与美国驻华大使进行接触，以争取他的支持。司徒雷登在1948年11月15日致美国国务院的报告中说："李宗仁上星期给我打了一个电话，在长谈中的主要意思是，委员长继续留在这里，有悖国家的利益和人民的愿望。美国的态度对他有巨大的影响，他应该被告知，美国政府认为，如果他在军事上彻底失败之前，马上离职，并在国家和政府中让位给新的非共产领导人，那将是对人民最好的服务，

288

而这些新领导人需要美国明确的支持，这将使人们能从华南和西南取得真正的支持，以便把共产党阻止在长江以北。14日，副总统派了一个密使到我这里，重申他的看法，并确切地阐述了采取行动的紧迫性。如果任随目前的形势发展下去，他指出，他将失去现在所拥有的，或者在委员长自动离开后可能获得的任何政治影响力，那么，他除了回广西老家之外，别无选择了。"

1948年10月23日，司徒雷登已向国务卿提出了"换帅"的话题，即"我们可以劝告蒋委员长退休，让位给李宗仁或者国民党内的其他较有前途的政治领袖，以便组成一个没有共产党参加的共和政府，并且更有效地进行反共战争"。

根据美国国务院的指示精神，司徒雷登大使对即将上台组阁的孙科委婉表示："彼以美国大使之地位，虽不便发表意见，但以私人而言，确实赞助和议运动。"但在此之前，司徒雷登已派遣他的私人秘书傅泾波明确告诉孙科两点：一、美国政府希望蒋介石下野；二、希望孙科的新内阁主和。

李宗仁与司徒雷登的私人秘书傅泾波保持密切联系，他不会不知道司徒雷登及美国"换马"的这一意向。因此，当10月30日晚上白崇禧去看望李宗仁时，李很有可能向白透露了美国"弃蒋扶李"的计划。因此，李、白打定主意要坐山观虎斗，使蒋介石的嫡系部队早日被歼灭，以便李宗仁早日上台。事后，白还以一种说风凉话的口吻说："五个月前，我要求统一指挥中原大军，那时候老蒋为什么不答应呢？现在想重新部署兵力，已经来不及了！"

白崇禧"存心要拆蒋介石的台"，使蒋勃然大怒，恶向胆边生，准备暗杀李宗仁及其他桂系首脑。蒋面嘱国防部保密局局长毛人凤电召云南站站长、著名杀手沈醉兼程赶回南京。沈到南京后，蒋亲自接见，布置任务，并鼓励他一定要完成任务。蒋介石咬牙切齿地对沈醉说："共产党迟早总可以打败，而内部的捣乱比共产党更难对付，所以只有采取这个办法，好使内部统一起来一致对外。"蒋还说："共产党只有一个敌人，所以能打胜仗，我们却有两个、三个敌人，几方面要对付，困难多得多。"蒋还一再说，这次行动是关系到党国安危的大事，叫沈绝对不能泄露消息，一定要从速布置，只等他做最后决定，便要绝对完成使命。沈醉受命后，制定了多种可以立即置李宗仁于死地的办法。

只要蒋介石一示意，李宗仁就会死于非命。要不是蒋介石嫡系部队在淮海战役中全军覆灭，白崇禧、李宗仁恐怕就有性命之虞了。

1948 年 11 月 6 日，中国人民解放军华东、中原野战军按照预定计划发起淮海战役。蒋介石清楚，这是他政治生命中的最后一次赌博。因此，蒋介石在淮海战场上集中了近八十万部队，其中大多数是蒋介石的嫡系精锐部队。

淮海会战一开始，国民党军就被解放军分割包围，准备各个歼灭。白崇禧返回武汉后，先是令黄维的第十二兵团回师确山，后又让他参加南阳作战。蒋介石怒不可遏，索性直接电令黄维按原计划行动。黄维兵团东开后，被中原野战军包围在以双堆集为中心的东西长十公里、南北宽 7.5 公里的狭小地区内，形成一个严密的包围圈。为解黄维之围，蒋介石急忙电令白崇禧将张淦的第三兵团经潢川驰援。

对于白崇禧在淮海会战中的表演，蒋介石的嫡系将领们指责他是"黄鹤楼上看翻船"，幸灾乐祸。

事隔多年后，陈立夫在回忆起这段往事时还是余怒未消："在这个时候，敌人已从济南打下来，那时候李宗仁桂系的军队在河南，假定他的军队能往东方（山东）推进，就正好扑向敌军之背，他们就不敢南下，这在中国历史上时常可见的局势。敌军自山东济南进攻，而李宗仁桂系的军队却按兵不动。

"除了按兵不动外，还对蒋公不客气，白崇禧打电报来违抗命令，他们的目的是希望蒋公直属部队被打垮，剩下的就是他们的部队了，所以他们的居心实在可恨。"

在蒋介石的嫡系们看来，白崇禧及其桂系的居心确实"可恨"。但话说回来，即使白崇禧不抗命，将宋希濂的第十四兵团乃至张淦的第三兵团全部调上去，也未必能够挽回国民党军在淮海战场失败的命运，只是失败的时间和形式不同罢了。

落井下石，联合五省三逼宫

　　蒋介石在军事上的惨败，使精明的美国人终于做出了抛弃"盟友"的决定。1948 年 12 月 1 日，蒋介石派夫人宋美龄飞赴华盛顿，向山姆大叔做"秦廷之哭"，要求美国援助三十亿美元，以三年为期。但宋美龄的眼泪没有能够打动山姆大叔的恻隐之心。美国政府在评估局势后得出的结论是："除非美国军队实际参加作战，任何数量的军事援助，都不能挽救目前更趋恶化的形势，大家对不可能使用美国军队来作战这一点表示同意之后，一致获得结论：中国或美国没有充分的时间来采取挽救这个军事形势的军事步骤。"因此，美国政府拒绝继续援助蒋介石。

　　与此同时，美国驻华大使司徒雷登个人更是直截了当地建议蒋介石交出军政大权，成立陆海空军总司令部，以何应钦任总司令，负责军事；李宗仁代理总统，负责政治。

　　蒋接受司徒雷登的建议，命参谋长林蔚拟定陆海空军总司令部组织条例。对于蒋的这种安排，何应钦鉴于蒋历来"处处掌握不放"的习惯，即使做了陆海空军总司令，也是"徒拥虚名"，所以坚决拒绝受此项职务。12 月 26 日，何辞去国防部长职务后，即躲到上海江湾军医院治病去了。由于何应钦坚决拒绝担任拟议中的陆海空军总司令，蒋介石不得不考虑其他办法。

　　为了给蒋介石施加压力，白崇禧准备要宋希濂、陈明仁、李默庵、霍揆彰等黄埔系将领联名出面要求蒋介石下台。

　　蒋介石在内外交困的局面下，也知道自己干不下去了，不得不考虑再来一个"以退为进"，"给广西派一个自己试验的机会"。

　　在孙科组阁前后，蒋介石即对孙科表示："内阁组成之后，由你们去研究，如果大家认为一定要和平的话，我也是可以考虑的。"

　　12 月 4 日，蒋召见他的拜把兄弟吴忠信，要他准备接替吴鼎昌当总统府秘书长，为李宗仁代理总统牵线搭桥。蒋对吴说："观察最近内外情形，我干不下去了。我走开后，势必由李德邻来过渡，你的任务是拉德邻上轿。等到任务完成，去留由你决定。"

　　几天后，蒋介石派张群、张治中、吴忠信三人前往李宗仁官邸，就蒋的下野问题与李宗仁做初步商洽。经过两次会谈，双方达成四点非正式的协议：一、蒋总统为便于政局的转变，主动下野；二、李副总统依法代行总统职权，宣布和平主张；三、和谈由行政院主持；四、和谈的准备：（甲）组织举国一致的内阁，其人选另行研究；（乙）运用外交，特别加强对美、英、苏的关系，以期有利于和平的实现；（丙）主动争取不满政府与主张和平的政治团体及民主人士，共同为致力和平而努力。以上几项协议由吴忠信带回给蒋核阅，蒋看后怫然作色曰："去便去耳，我一走开就算了，为什么要有协议，提出如许多的条件呢？"加之此时杜聿明集团被解放军围困于徐州地区，正在请求援救，蒋也不忍心于此时撒手而去，于是下野之议无形中暂时停顿了下来。

　　自吴忠信等人带去协议后，李宗仁急欲上台的心情已是按捺不住。然而，等了半个月，蒋之"引退"尚无确切消息，李宗仁总是牢骚满腹。白崇禧终于沉不住气了，他谴责说："国民党北伐以来的家业，都给蒋介石一人快败光了，难道他真要搞到家光业尽才放手吗？现在还保有半壁山河，真能与民更始，还有可为。"白还扬言："如果局面还是这样不死不活，我要将军队拉回广西再说。"

　　为给蒋施加压力，白崇禧决定利用华中地区的"民意"。白崇禧派李品仙找到一贯反蒋的辛亥革命老人李书城，诚恳地邀请他出来领导华中地区的反蒋和平运动。李书城随即与湖北参议会主张和平的参议员周杰等商量，白崇禧的要求与湖北人民谋求避免战祸延及湖北的主张一拍即合，于是他们决定推湖北另一位德高望重的辛亥革命老人张难先出来，发起和平运动。李书城又应白崇禧的要求，亲自前往湖南长沙与程潜联络，共同发起和平运动，联合倒蒋。"湖北人民和平促进会"首先在武汉成立，随后华中地区各省也先后成立了此类组织。

　　在华中地区的和平运动有点儿眉目后，白崇禧派邓汉翔作为他的代表前往南京见张群、吴忠信，希望张、吴劝蒋速速下台。蒋于22日对张、吴表示三点意见：一、如果要他辞职，必须先有安国保民及不受中共欺诈的办法；二、继任者必须有切实准备，并须正式交替；三、对前方被围之部队，必须救援出险。果能如此，他愿意辞职。

12月24日，白崇禧通过湖北省主席张笃伦邀请湖北省参议会代议长艾毓英与李书城谈话，白氏首先分析了国内局势，然后对艾、李说："战争已不能再打，国共双方如不讲和，国家即无办法。"白还对艾毓英说："我同你分工负责，你用议会发表通电，呼吁和平，表示人民意愿；我用军事力量严密戒备，以保证绝对安全。"白并授意广西参议会议长蒋继伊同湖南、湖北、河南、江西等省议会联系，共同发动"和平运动"。

与此同时，白崇禧在招抚蒋介石嫡系宋希濂等人失败后，转而策动国民党元老、长沙绥靖公署主任兼湖南省政府主席程潜及华中"剿总"副司令兼河南省政府主席张轸，得到他们的响应。

12月24日，白崇禧领衔发表逼蒋下台的"亥敬电"。

在白崇禧的带领下，武昌辛亥首义同志会于12月27日率先通电全国，称："兵连祸结，生灵涂炭，武汉为革命发祥地，故敢做第三次首义之举。"并提出：一、双方停战，国事留待国人公决；二、华中方面拥护白总司令，并首先罢兵，另循政治途径解决。

12月29日，湖北省参议会召开大会，通过呼吁和平通电，一致蒋介石，一致毛泽东，交由湖北省主席张笃伦转交白崇禧代为发出。白为了加重语气，还在致蒋的电报原稿上亲手加上了"国将不国，民亦不民"两句，此电于1949年1月3日见报。

接着华中其他省份也先后发出了响应湖北参议会的通电。30日，湖南省主席程潜、河南省主席张轸通电响应湖北省参议会的"艳电"。张轸在电报中要求蒋介石"迅即下野，以利国共和谈的进行"。

白崇禧的"亥敬电"是发给蒋介石的亲信张群、张治中转交的，二张收到后立即约吴忠信一起研究，他们三人一致认为，不论白崇禧的意图如何，在军事大败、外交失策、内部分裂、财政崩溃的情况下，蒋确非下野不可，便拿了电报去和蒋谈。一连谈了十天，每天有谈一次或二三次的，最后蒋同意下野，由李宗仁继任。

蒋介石也确实做好了下野的准备，他于12月26日、27日、28日一连打了三个电报给在美国寻求援助的宋美龄，告以因为桂系的逼迫，他准备于月底下野回老家，催促夫人立即回国，以便与他一道回奉化老家。

另据档案资料显示，1948年12月28日，桂系谋士黄绍竑提出了一个关于蒋介石下野与和谈的方案，该方案经蒋介石过目，由张群、张治中、吴忠信代表蒋介石与李宗仁、黄绍竑讨论后，对这个方案进行了修改，于12月30日形成了修正案，其内容如下：

一、蒋先生为便于政策之转变，主动下野。

二、李先生依法代行总统职权，宣布和平主张。

三、和谈由内阁主持。

四、和谈事前准备：（甲）组织举国一致之内阁，其人选另行研究；（乙）运用外交，特别加强对美苏英之合作关系，以期对中国和平之实现获得赞助；（丙）主动争取过去不满政府主张和平之政治团体及人士。

五、为保证和平谈判之顺利，军事应有严密之部署，尤须巩固军心，团结一致。

在李宗仁、黄绍竑与蒋介石的代表就蒋主动下野问题进行谈判的时候，白崇禧不知出于何故，不知是为了给蒋介石施加更大压力，还是不知道李宗仁、黄绍竑与蒋介石的代表谈判的事实，白崇禧于12月30日又发出了"亥全电"，催促蒋介石当机立断："当今局势，战既不易，和亦因难。……顾念时间迫促，恳请乘早英断，职意似应迅将谋和诚意告之友邦，公之国人，使外力支持和平，民众拥护和平。对方如果接受，借开困难之机；如黩武穷兵，残民以逞，则国人不直所为，友邦亦将不扶助，所以怒我而惰寇也。总之，我方无论和战，必须整个团结，方有生机，万不可被敌分化，以蹈各个击破之惨境。"

12月31日，河南省参议会议长刘积学领衔在信阳发表痛斥蒋介石的公开通电（即"亥世电"），通电声称："今大势已去，犹恋恋不舍，血气之伦，皆欲起而诛此独夫，请即日引退以谢国人。"这个通电措辞之严厉，前所未有，让蒋再次受到强烈刺激。

这时，坐镇南京的李宗仁也授意他的亲信谋士甘介侯公开向新闻界亮出了他的"和平主张"："一、蒋总统下野；二、释放政治犯；三、言论集会自由；四、两军各自撤退三十里；五、划上海为自由市，政府撤退驻军。并任命各党派人士组织上海市联合政府，政府与共党代表在上海举行和谈。"甘介侯等人还提出："总统下野后，由李副总统继承大任。"李宗仁则请张群、张治中、吴忠信出面，要他们"劝蒋先生下野"，并且威胁说："且须从速，即于年前有所表示，否则恐不及矣。"

李、白公然逼宫，使个性刚愎倔强的蒋介石恼羞成怒。自称"平生不向任何压力低头"的蒋介石决定打消本月底前回乡的念头，打算继续硬撑下去。

1949年1月1日，蒋介石发表元旦文告。在这个文告中，蒋氏对自己的反共内战政策和独裁统治没有丝毫的反省，把自己打扮成"爱好和平的天使"，并倒打一耙，把内战的全部责任归咎于中共，声称："只要共党一有和平的诚意，能做确切的表示，政府必开诚相见，愿与商讨停止战争恢复和平的具体办法；只要和议无害于国家的独立完整，而有助于人民的休养生息；只要神圣的宪法不由我而违反，民主宪政不因此而破坏，中华民国的国体能够确保，中华民国的法统不致中断；军队有确实的保障，人民能够维持其自由的生活方式，与目前最低生活水准，则我个人更无复他求。中正毕生革命，早置生死于度外，只望和平果能实现，则个人的进退出处绝不萦怀，而一唯国民的公意是从。如果共党始终坚持武装叛乱到底，并无和平诚意，则政府亦唯有尽其卫国救民的职责，自不能不与共党周旋到底。"

这样的文告与其说是求和，不如说是主战。美国驻华大使司徒雷登评论说："它是一篇外表冠冕堂皇的富于修辞的文章。其中含有一位权威的统治者对付麻烦的叛乱分子，予以那种宽宏的口吻。这里面却没有提到许多不愉快的事实：军事力量的实际崩溃、最近的货币改革措施的失败、几乎是普遍的对和平的愿望，以及只要他在位一天，和平没有可能，等等。"对于这样一篇文告，中共方面理所当然地给予了严厉的批驳。

1月2日，蒋介石分别复电白崇禧与张轸，对他们的逼宫电表明态度，并对他们提出警告。蒋氏给白崇禧的电报说："亥敬、亥全两电均悉。中正元旦文告，谅荷阅及，披肝沥胆而出，自问耿耿此心，可质天日。今日吾人既已倾吐精诚，重启和平之门，假令共党确能幡然悔祸，保全国家之命脉，顾念生民之涂炭，对当前国是，能共商合理合法之解

295

决，则中正决无他求，即个人之进退出处，均唯全国人民与全体袍泽之公意是从。唯言和之难，卓见已详。如何乃可化除共党赤祸全国之野心，以达成保国保民之利？如何乃可防止共党翻云覆雨之阴谋，以免战祸再起之害？想兄熟虑深筹，必已有所策划，甚冀惠示其详，俾资借镜。今大计虽已昭明，而前途演变尚极微妙，望兄激励华中军民，持以宁静，借期齐一步骤，巩固基础，然后可战可和，乃可运用自如，而不为共匪所算，则幸矣。"

蒋介石的复电不仅对中共进行了恶意的攻击谩骂，而且对白崇禧也是一副教训的口气，表明他已经没有及时下野的打算。白崇禧收到这样的答复，其气愤可以想见。白崇禧不容许蒋介石继续这样拖下去。白不但没有如蒋所希望的那样持以"宁静"，而且态度更加"嚣张"，华中地区对蒋的攻击进一步升级。

1月3日，湖北省参议会通过三项决议：一、通电拥护总统文告，并致电毛泽东呼吁和平。二、通电各省，建议组织全国性之和平机构，督促政府与中共谈判和平。三、4日上午召集鄂省各机关法团首长及社会贤达举行座谈会，借以号召一致响应和平运动。

白氏亲信，华中"剿总"政务处长田良骥及政委罗戡氛等在武汉发表谈话，宣示白崇禧的政见："一、总统元旦文告，已重开和谈之门，唯须总统下野，始能获致和平，否则联合政府之计划难以实现。二、总统（不）下野，不能泯除美国对华之成见，即美国对华之经济援助，亦难扩大；且国民政府之政权，可能全部丧失，更失去于第三次世界大战中，配合美国与共产主义国家作战之依据。三、总统不下野，则国民党内部始终不能革新，豪门巨室亦无法清除，将永远不能与共产党做政治竞争。"这时武汉市面上已经有这样的传言："蒋氏如再坚持不下野，白崇禧的部队将退出武汉地区，让开长江一线给中共"，"如以政治方法不能成功，即以军事行动达其目的"。华中相呼应，社会上"非蒋总统下野，美援不来""非蒋总统下野，则和谈不能进行""蒋总统下野愈快愈好"的呼声也日益高涨。

1月8日中午，张群与桂系的黄绍竑从南京飞抵汉口王家墩机场，白崇禧、张笃伦、张轸、徐祖诒等在机场迎接，张群、黄绍竑等下机后即坐白崇禧的座车前往白氏官邸晤谈并共进午餐，下午继续商谈。

1月11日，张群回到南京，向蒋呈交白崇禧的亲笔信。蒋看完后随即复电白崇禧，蒋介石的电报只字不提他下野的事，通篇都是不得要领的大话和牛皮话。蒋与李、白进行虚伪的周旋，玩的是拖延术，以此掩护他秘密迅速集中转移国统区的黄金白银运往台湾作为重建小朝廷的资本。

至于白崇禧是否已经知道蒋介石的用意，现在还不清楚。不过，白崇禧既然已经与蒋介石闹翻，要转圜已经不可能了。而且白崇禧已通过张轸与中共接上了头，中共方面要白崇禧早日明确表示态度。白崇禧认为"若待（中共）兵临长江，威胁首都，则必失去对等资格"。在与留汉口黄绍竑商谈后，白崇禧决定在武汉另起炉灶，他计划将李济深与李宗仁接到汉口，撇开蒋介石，由李济深主党，李宗仁主政，白崇禧本人主军，以湘、鄂、赣、豫、桂、皖等省为依托，单独与中共议和。白崇禧对桂系干部说："李任公（济深）一向反蒋，他团结有一些民主力量，与共产党也有交情，不如请他到武汉来主持政治，我们就专管军事，这样就不怕了。"

白随即花重金租了一架专机送黄绍竑去香港迎接李济深到武汉"主持大计"。想利用李济深的中国国民党革命委员会的旗号，推翻蒋介石，然后与中共议和，"划江而治"。但不巧的是，当黄绍竑抵达香港时，李济深早已动身北上去了解放区，准备参加中共召开的新政治协商会议，黄绍竑扑了一个空。但黄绍竑通过民革留守香港的负责人黄琪翔见到了中共的潘汉年，向他谈了白崇禧的意图。

对于白崇禧的另起炉灶的计划，美国方面也表赞同。

应白崇禧的邀请，湘、赣、鄂、豫、桂五省主席或其代表以及参议会议员齐集武汉，共商反蒋办法。起初计划由程潜、白崇禧领衔，以五省军政长官的名义通电讨蒋，公开打倒蒋介石。经与各代表研究后，认为这种做法不妥。因蒋仍有相当实力，如采用讨蒋的办法势必造成分裂，致使力量削弱，与共产党对抗的本钱就更小了，也不能代表整个国民党与共产党分庭抗礼。因此，仍决定以不破裂、能维持表面团结为原则，以促成蒋介石下野、李宗仁上台为目的。因此，各省代表同意此项主张，决定用五省参议会名义通电促蒋下野。

蒋介石之所以迟迟不下野，明显带有赌气的成分，他不能接受李、白的公然逼宫。所以，虽然面临内外交困的形势，但困兽犹斗的蒋介石甚至曾经一度恶向胆边生，一不做，二不休，让早已做好了暗杀准备的军统特务杀手把李宗仁干掉，然后利用长江天险继续顽抗下去。

蒋介石权衡利害后，最终选择了暂时下野的办法，并抓紧进行人事调整，以便自己继续在幕后操纵政局。继 1948 年 12 月 30 日任陈诚为台湾省政府主席后，他又任蒋经国为台湾省党部主任委员；1949 年 1 月 18 日又任命汤恩伯为京沪杭警备总司令，朱绍良为福州绥靖公署主任，张群为重庆绥靖公署主任，余汉谋为广东绥靖公署主任，陈诚兼台湾警备总司令部总司令；1949 年 1 月 21 日，蒋任命薛岳为广东省主席，朱绍良兼福建省主席。蒋将自己的亲信和心腹大员安置在关键职务上，以牵制即将上台的李宗仁。

1 月 20 日晚，正当白崇禧等桂系干部们在汉口商谈时，白崇禧接到张治中从南京打来的长途电话，张告诉白："蒋介石决定明天下野。"接着，李宗仁也给白崇禧打来长途电话，证实蒋介石决定下野的消息。白在电话中一再叮咛李宗仁："在蒋介石发表的下野文告中，应当援用宪法第四十九条上半节的条文，对这一点不能有丝毫马虎。"这就是说，蒋的"引退"，应当作为辞职，李宗仁上台是继任总统，而不是代理。

由于形势急转直下，于是桂系干部会议的内容也就随之改变为"德公上台以后，应当怎么干"。

白崇禧在做会议总结时提出三点建议：一、李应当坚持援用"宪法"第四十九条上半段条文的规定，继任总统，而不是代理总统。二、必须改组行政院，准予孙科辞去行政院长，另推张治中组织一个和谈内阁。三、请何应钦出来帮忙，任陆海空军总司令，由他指挥黄埔学生与桂系合作，共撑艰局。白崇禧并指定程思远、邱昌渭于次日飞往南京向李宗仁汇报。

果不出白崇禧所料，蒋介石在 1 月 21 日发表的"引退声明"玩了些小花样，该声明援引《中华民国宪法》第四十九条下半段"总统因故不能视事时，由副总统代行其职权"的规定，由"李副总统代行总统职权"，并没有白崇禧所预期的蒋介石辞职，李宗仁继任总统的字样。

在汉口的白崇禧从广播中听到后，勃然大怒，打电话给李宗仁，要求设法补救。白并援引汉代开国皇帝刘邦对韩信说的那句老话说："要做就做真皇帝，切不要做假皇帝！"事实上，李宗仁为此问题与蒋介石的亲信吴忠信、张治中等进行了严正交涉，但都被蒋介石以权谋手段破坏了，已经有点儿心灰意冷。白崇禧对此不知情，在打给李宗仁的电话中还滔滔不绝，李宗仁不乐意听，两个人就在电话中争吵起来。最后，李宗仁不客气地说："算了吧，你这一套我已经听够了，我不要听了。"说完就把电话挂断。自负的白崇禧受到这一顿抢白，面子上很难堪。白、李感情的破裂，实以此为开端。

不久，美国大使司徒雷登的私人秘书傅泾波也匆匆赶来，以严肃的语气转达司徒大使的话："蒋介石下野文告中，原有'引退'字句，后来在下午的一个茶会中，由于两个 CC 分子的反对，忽然被删去了。这样一来，势必使李先生在将来执行职权时遇到不可克服的困难。对此，他深愿以私人资格提请李先生特别注意。"

至此，李宗仁始感到"名不正，言不顺"的严重性，为自己上当受骗而恼火。于是再次召来蒋的亲信张群、吴忠信和张治中，要他们立即与蒋联系，对"文告"进行修正。在李宗仁的坚持下，张群拿起电话与到了杭州的蒋介石通话。在张群转达了李宗仁的要求后，蒋很痛快地答复："遵照李副总统的意思修改文告，直至李副总统满意为止。"李宗仁等满以为大功告成。不料，次日早晨，各大报刊登的蒋介石的引退文告和李宗仁的文告都还是修改前的旧稿。李宗仁这才感到他又被蒋介石狠狠地玩弄了一把。

李宗仁、白崇禧以武力逼宫，投井下石，"对蒋感情上刺激甚大"。蒋在下野前夕，曾在日记中写下了"寒天饮冰水，点滴在心里""冬天饮寒水，雪夜渡断桥"等句子，由此不难看出蒋介石所受刺激之深。

1949 年 1 月 24 日，李宗仁宣誓就任代总统，从蒋介石手中接收了已经破碎的半壁河山。

第十六章　林白决战湘粤桂

国民党的危局不是换了人就能解决的，李宗仁、白崇禧有心无力，国军在各个战场节节败退。最终，他们输掉了一切，包括自己苦心经营起来的桂系。

苦撑危局，犹自幻想南北朝

再次逼蒋下台的桂系首脑们，可谓得意扬扬，雄心勃勃。白崇禧早就毫不掩饰地对部下说过他的战略意图："老蒋的老本丢得差不多，再搞不下去了。我们要老蒋下野，德公上台，和共产党谈和，以长江为界。长江以北让共产党去搞，长江以南由我们来搞。"

李宗仁也对人说过他应付时局的腹案："我想做到划江而治，共产党总满意了吧？只要东南半壁得以保全，我们就有办法了。"

桂系大将夏威则更狂妄，扬言要"以黄河为界，双方做政治比赛"。

由此可见，桂系首脑们逼蒋下台是有明确目的和战略、政略意图的。他们企图通过和谈，与中共"划江分治"，梦想搞一个南北朝的局面，江南半壁江山由桂系来掌握。

对于桂系来说，要实现上述目的，最紧迫的莫过于与中共协商，先停战，然后进行和谈。1月27日，李宗仁以代总统身份致电中共中央主席毛泽东，表示对于毛泽东1月14日关于时局的声明中提出的八项条件，"政府方面已承认可以此作为基础，进行和谈，各项问题，自均可在谈判中商讨决定"，"务望先生号召贵党同志，共同迅速促成和谈，即日派遣代表，商定地点，开始谈判"。

在此之前，白崇禧已于1月21日决定派遣黄启汉作为他的私人代表飞往北平，先和中国共产党中央取得联系，及早开始和谈。白要黄启汉到北平后设法找到李济深，邀请他到武汉来主持大计。李宗仁也给李济深写了一封信托黄转交，"希望李济深从旁协助"。23日下午，黄启汉与李宗仁的私人代表刘仲华北上，27日晚在北平见到中共负责人叶剑英，黄、刘两人向叶剑英转达了白崇禧和李宗仁的秘密口信，表示愿意以中共的八项条件作为双方进一步谈判的基础。

28日，白崇禧再派李书城前往郑州，与中共联系。

对于李宗仁、白崇禧主导的"和谈"攻势，中共起初并不抱什么希望。早在1月14日，中共中央主席毛泽东针对蒋介石提出的五条和平条件，提出了异常严厉的八项条件。1月15日，中共中央在向党内解释毛泽东的八条时指出："我方提出之八个和平条件是针对蒋方五个条件的。蒋方有宪法、法统、军队三条，我方亦有此三条。蒋提保持国家独立，我提废除卖国条约；蒋提保持自由生活方式及维持最低生活为一条，我则分别提没收官僚资本、改革土地制度两条。此外，我方的第一条（惩办战犯）及第八条（政协、联府、接收）是严正战争责任与不承认南京政权继续存在，双方的条件都是对方不能接受的，战争必须打到底。故与新年献词毫无矛盾，而给人民解放军及国民党区域被压迫人民一个打击国民党的武器，揭露国民党所提和平建议的虚伪性及反动性，望向党内干部及民主人士妥为解释。"

2月间，以邱致中为首的"南京人民和平代表团"和由颜惠庆、章士钊、江庸三位德高望重的社会名流组成（邵力子以私人身份同行）的"上海人民和平代表团"先后访问北平，中共对"联桂反蒋"寄予了一定希望。因此极力催促李宗仁、白崇禧的代表刘仲容尽快从上海经武汉前线来北方，与中共中央负责人见面。

3月初，刘仲容从汉口北上时，白崇禧对刘仲容说：希望早日举行和平谈判，中共军队不要渡江。白崇禧还强调说：国民党主力虽然已经被歼灭，但是还有强大的空军和数十艘军舰，如果中共硬要渡江，他们是会吃亏的。共产党既然表示愿意和谈，如果他们过了江，打乱了摊子，那就不好谈了。白要刘仲容转告："见到毛先生时，你务必向他们陈明利害，把我这层意思同他们讲清楚。"白同时还给毛泽东和周恩来各写了一封信，托刘仲容转交。

3月下旬，刘仲容到达北平，毛泽东在香山别墅接见了他。当谈到白崇禧极力希望解放军不要过江时，毛泽东严正指出："白先生要我们不要过江，这是办不到的。"

白崇禧在派代表与中共接洽和谈的同时，还几次三番打电报给中共中央，要求"先行停止军事行动"，"以昭大信于天下"。

白崇禧一面向中共呼吁"和平"，一面加紧备战。1949年2月4日，白崇禧托刘士毅给国防部长徐永昌带去一封信。信中说："看中共举措，决无和意，须速整备作战。"

3月21日，白崇禧在武汉发表讲话，称"政府此刻正积极谋取和平。唯仍必须有相等的力量，始能求得合理的、公平的、全面的和平。是以备战求和成为政府之决策"。

白崇禧在私下与李汉魂谈话时，更直截了当地指出："谋和更在加紧备战。"由此不难看出，白崇禧所鼓吹的"和平"的真正用意了。

关于防守长江的战略，白崇禧和李宗仁的计划是以南京为中心，以重兵向上下游延伸，阻止解放军渡江。万一守江失败，则放弃上海和南京，将大兵团沿浙赣路配合，与华中区大军成掎角，做有计划的西撤，退保西南五省以待变。

但是，蒋介石也有他的一套战略计划。早在1月25日，已经"引退"的蒋介石在溪口老家召见何应钦、顾祝同、汤恩伯等嫡系高级将领，策划长江布防问题。蒋介石决定把长江防线划分为两个战区：从湖北宜昌至江西湖口以西，由白崇禧指挥的十五个军约二十五万人防守；以汤恩伯指挥的二十五个军约四十五万人，守备从湖口以东至芜湖、南京、镇江、上海长达一千二百公里的江防。同时，以海军一百二十余艘军舰和空军的六十架飞机，配属白、汤两集团，封锁长江江面，构成陆海空三军立体防线。在防守重点上，汤恩伯秉承蒋的旨意，采取以长江防线为外围，以京沪杭三角地区为重点，以淞沪为核心，依靠台湾空军支持，坚守淞沪，以待国际事变（国民党上上下下一直幻想立即爆发第三次世界大战，以挽救他们失败的命运）的持久防御方针，因而把江防部队的主力集中于镇江以东。而湖口至马鞍山的千里江防仅六个军二十一个师防守，防御力量十分薄弱。这一方针的实施，造成了东重西轻、纵深空虚、机动兵力缺乏的致命弱点。蒋介石没有让白崇禧参加此次会议，只是叫顾祝同会后转告白崇禧照办。

蒋、桂在守江战略上的矛盾，在国防部召开的江防会议上公开爆发。国防部主管作战计划的第四厅厅长蔡文治按照李宗仁意图提出的江防计划，遭到汤恩伯的坚决反对。汤恩伯按照蒋介石的旨意，主张守上海而不守长江。蔡文治当即指出这是自杀政策，在战略及战术上均属下策。为此，蔡、汤当场发生争执。汤恩伯勃然大怒，扬言要枪毙蔡文治。李宗仁见汤恩伯有恃无恐，指挥不动，便向何应钦提出：免去顾祝同的参谋总长职务，由白崇禧接任参谋总长。何不敢自作主张，便向溪口的蒋介石请示。蒋回电："参谋总长不能动，白崇禧千万不可用。"结果，李宗仁亦无可奈何。

白崇禧备战，需要钱和枪械。但这两样东西均控制在蒋介石、顾祝同手中，蒋不点头，白崇禧一分钱、一支枪也得不到。说起钱，蒋介石在下野前就已命令中央银行总裁俞鸿钧将国库里价值3.7亿多美元的黄金、白银和外汇移存台湾；将中央、中国银行存在美国的外汇化整为零，存入私人户头。蒋仅给汤恩伯留下两千万元充作军费。李宗仁上台后，"手头一文不名"。为维持军饷，安定民心，李宗仁命"行政院"饬"财政部"将运台的国库银圆金钞运回一部分备用，但在台湾负责保管的陈诚，对此充耳不闻，做无言的抗命。4月9日，李宗仁请阎锡山携带自己的信函去溪口见蒋介石，要蒋先拿出1.5亿美元。蒋对阎锡山说："所有三亿美金，须留于作战时用。"

不仅如此，蒋介石还命令俞鸿钧将存在武汉的最后三百万元现大洋也一并偷偷运走。

李宗仁从蒋介石那里要不到一分钱，无可奈何之际，只好乞求美国援助，并把它当作南京政府起死回生的最后一剂灵丹妙药。但美国人早已认定南京政府无可救药，不愿把钱投入这个无底洞。李宗仁多次要钱，均无结果，白崇禧为此恼火不已。

白崇禧要扩军，需要武器，但蒋介石下野后，为防白崇禧势力过大，授意参谋总长顾祝同拒绝发给白崇禧武器。白崇禧一再催促，但始终无结果。

由于蒋介石在幕后控制一切，使白崇禧的如意计划一一落空，白崇禧为此愤怒不已。在李宗仁召开的和谈话会上，白崇禧声色俱厉地指责蒋介石："要干就出来干，不要尽管天天说五年不出来，而天天在问事。"

鉴于蒋介石以国民党总裁名义在溪口幕后操纵一切，使代总统李宗仁、行政院长何应钦等前台官员形同木偶，李宗仁、何应钦、白崇禧等不约而同产生了让蒋介石出国的念头。根据美国驻华大使司徒雷登的日记记载，最早提出请蒋出国的竟然是何应钦，之后是白崇禧。经多方努力，最终蒋表示绝对不会出国，桂系的企图也是无法实现的。

对于南京政府以"和谈"为幌子，加紧备战的企图，中共领袖们洞若观火。

为不使桂系假和谈的把戏长久演下去。中共代表团于 4 月 12 日晚将中共起草的《国内和平协定》（草案）正式提交给南京政府和谈代表团，限定 4 月 20 日前由南京代表团签字。

4 月 16 日晨，黄绍竑偕南京和谈代表团携带《国内和平协定》最后修正案返回南京，向南京政府报告。周恩来特地赶到机场嘱咐黄、屈，请他们明确告诉李、白：中共希望他俩在修正案签字问题上自拿主张，不要请示蒋介石。

黄、屈回到南京后，李宗仁即于当天下午召集白崇禧、何应钦、黄旭初等开了一个小型会议，由黄、屈做报告。黄绍竑简单地报告和谈经过后，即将协定交给大家传阅。众人看完后，面面相觑，无人发言，情绪极为低落。最后，白崇禧打破沉寂："这样苛刻的条件能接受吗？"何应钦接腔说："问题重大，行政院要进行研究。"

18 日晚，李宗仁又召集白崇禧、黄绍竑、黄旭初、李品仙、夏威、程思远、邱昌渭、韦永成等桂系干部开会，商讨和议问题。黄绍竑在会上强调桂系绝不能同蒋介石共呼吸、同命运，蒋介石还可以退守台湾，苟延残喘；而桂系形格势禁，没有别的道路可走，只有和局才可以自保。黄绍竑还指出：李宗仁如果在协定上签字，则将来可选为联合政府的副主席，广西部队也可以得到保全。这些条件对桂系十分有利，应该接受。

李宗仁插话说："我对个人问题无所谓，而唯有为绝大多数人的利益着想，我是为和平而上台的，如果求和不成，那就应该去职，以谢国人。所以我们现在要谈的应以大局为重，以国家前途为重。"

白崇禧仍顽固坚持他的"划江分治"的立场，因此，他在做会议总结时，说："和谈代表团北上时，政府是有'腹案'的，代表团没有坚持我们的基本立场，实有负付托之重。至于所谓广西在近期内不至于有大变动，那也不过是时间迟早问题。这种和局，好像吃鸡一样，好的部分先吃，其后鸡头鸡脚也要吃光。"黄绍竑还想引用一些在北平的国民党起义将领对国家前途的看法的话来加强他的观点，白崇禧听得不耐烦，起身就离开了会场。

当时，南京处在蒋介石的心腹干将、京沪杭警备总司令汤恩伯的控制下。汤也是一个强硬的反共分子，他早就扬言："李代总统如要向共党投降，我们不能负他的安全责任。"

由于白崇禧、汤恩伯等统兵将领的强烈反对，李宗仁虽然心有所动，但迫于形势，也不敢贸然在协定上签字。4月20日，国民党中央常务委员会在广州召开第一百八十五次会议，通过拒绝和平协定的决议案，国共和谈宣告破裂。

鉴于和平希望已经破灭，4月20日晚间，人民解放军即遵照中共中央军委命令，于20日夜按预定部署发起渡江作战。白崇禧等人的"南北朝"终成幻想。南京政府和谈代表团首席代表张治中后来说："南京政府所以拒绝八条二十四款，蒋固然是主要阻力，而白（崇禧）的一贯主张和态度也起了很大的作用，桂系垮了，他自己也就完了！"蒋介石完全断了李宗仁寻求和平的念头，将其牢牢地绑在了"反共戡乱"的战车上。那些顽固坚持反共立场的人都感到松了一口气。

一退再退，湘赣会战幸逃脱

渡江战役解放了南京，推翻了统治中国二十二年的蒋介石集团，但是长江中上游沿线，及中南大部地区，仍为国民党华中长官公署白崇禧集团所控制。白崇禧对防守武汉及西南半壁江山甚具信心。他认为只要"把汤恩伯的主力移至浙赣线和南得线，与华中部队约四十万人为犄角"，就可以"固守湘赣，防御敌军侵入西南"。

李宗仁还确定了新的"一字长蛇形"的防御军事计划：以保卫广州为首要任务；白崇禧的华中战区则为"全盘战事的心脏"。然而，还未等计划实施，被视为"心脏"的华中战区之长江中上游防线，便顷刻间土崩瓦解了。5月14日，解放军四野第十二兵团在汉口以东的团风至武穴间，强渡长江，解放九江，突破了白部防线，并西向粤汉铁路线上的贺胜桥挺进。15日，守备汉口以西至嘉鱼间防线的华中长官公署副长官、第十九兵团司令张轸，在金口率部起义，并与解放军合围堵截白部于贺胜桥。

15日下午，白崇禧于汉口乘机仓皇出逃。将华中军政长官公署撤往湖南衡阳，另在长沙设立指挥所，白崇禧亲自坐镇长沙指挥。所部十九个军、四十八个师，共二十一万人，白崇禧决心利用湘鄂赣地区的山川湖沼及长江天堑迟滞解放军南进，同时集中桂系主力于浙赣路西段及其以北地区，将解放军诱至湘赣山区各个击破。

鉴于白崇禧集团迅速收拢部队并已做好部署，解放军四野司令部于5月24日指示位于赣西北的先遣第四十三军停止南进，以便四野主力到达及桂系主力深入后再实行同歼。

5月25日，中共中央军委根据第四野战军司令部的意见，为求得在湘赣地区歼灭桂系主力做出如下部署：一、请刘（伯承）、张（际春）、李（达）迅即电知陈赓兵团暂时不渡赣江，在丰城、临江（镇）、新干、峡江之线收集船只，完成渡江准备，待桂军七师（引者按：整编第七师此时已改番号为第七军）深入宜春一带后，突然向敌后方挺进，断敌退路，与四野部队配合歼敌或抓住敌人。二、二野应准备以四个军或三个军由陈赓统率，归林（彪）、罗（荣桓）指挥，第一步在宜春一带配合四野歼灭桂系主力，第二步待命入湘抄击白崇禧后路，尔后即待命入川。

6月上旬，第四野战军数十万大军陆续抵达长江沿岸。林彪、白崇禧两位军神，再次获得PK舞台。

6月18日，第四野战军前委进驻武汉市。6月下旬，四野前委决定，南第十三兵团（司令员程子华，政治委员萧华，辖第三十八、第四十七、第四十九军）全部及第三十九、第四十六、第四十一军等部发起宜沙战役，求歼川湘鄂边区绥靖公署主任宋希濂指挥的十四万敌军主力于宜沙地区。宋希濂发现解放军主力向其包抄的意图后，于7月10日下令全线收缩，南渡长江，向鄂西地区撤退。宜沙战役历时二十八天，毙俘宋希濂部一万五千余人，解放湖北、湖南两省十七个县市，将宋希濂部赶到了鄂西山区。宋希濂退往鄂西后，白崇禧集团的"湘西门户洞开"，白崇禧集团与宋希濂集团的联系被切断。

与此同时，四野前委根据中央军委的电令，决定由四野第十二兵团（萧劲光任司令员兼政治委员，辖第四十、第四十五、第四十六军）、第十五兵团（司令员邓华，政治委员赖传珠，辖第四十三、第四十四、第四十八军）和二野第四兵团（司令员兼政治委员陈赓，辖第十三、第十四、第十五军），加上临时划归第四兵团指挥的第十八军，共十个军，约四十三万人，发起湘赣战役，准备围歼白崇禧所部精锐主力张淦的第三兵团于江西万载、宜春地区。

具体部署是，首先以邓华的第十五兵团从正面抓住白崇禧部第三兵团第四十八军一个师围而不攻，吸引敌主力增援或使其不敢断然撤退，然后以萧劲光指挥的第十二兵团沿粤汉铁路及其以东南下，陈赓的第四兵团渡过赣江西进，断其退路，以求造成大歼灭战。

7月8日，第十五兵团第四十三军（军长李作鹏）长途奔袭，准备包围奉新、高安，白崇禧察觉解放军意图，见势不利，即令奉新、高安之第一七六师于9日拂晓后撤退至上高，致使第四十三军奔袭扑空，未能实现首先抓住一部"以引敌主力增援"的预定计划。据此情况，林

307

彪等果断决定：陈赓的第四兵团迅速渡过赣江西进；萧劲光的第十二兵团以第四十军（军长罗舜初）取捷径直插浏阳、醴陵，第四十五军（军长陈伯钧兼）经铜鼓插至萍乡；第十五兵团第四十三军分两路进行超越追击，一路以第一二八、第一二九师向万载以南前进，一路以第一二七师向宜丰、万载前进，兵团主力则在第四十三军之后跟进，力求截歼第一七六师。7月10日，四野前委获悉：白崇禧所部第四十八军第一七五、第一七六师约五个团兵力尚扼守上高、宜丰一线阻止解放军前进，第四十六军第二三六师在上高西南支援第四十八军作战，并调安福、永新之第四十八军第一三八师向分宜机动。据此，四野前委立即调整部署：令第四十三军停止追击，集结于宜丰东北之赏浦及其附近地区，以麻痹白崇禧部，待左右两翼之第四、第十二兵团完成战役包围后，再进行出击；令第四、第十二兵团分别向莲花、萍乡及浏阳、醴陵方向急进，迂回包围上高、宜丰。13日又令第四十四军（军长方强）由高安及其以西地区插向上高以南；令第四十三军由棠浦插至徐家渡以南之麻塘、官山脑、王家铺一带，监视徐家渡，并策应第四十四军作战。

湘赣会战期间，暴雨成灾，赣江水位猛涨，赣江堤岸多处出现险情。白崇禧脑海里出现了一个罪恶的念头，即让空军飞机炸毁赣江堤岸，以洪水来淹解放军。但这个计划过于恶毒，遭到部下的反对，没有付诸实施。

白崇禧发现解放军向其侧后迂回之第四兵团第十三军（军长周希汉）已占领新余，第十四军（军长李成芳）已占领峡江，第十五军（军长秦基伟）已占领吉安，第十二兵团第四十军已占领平江以东之长寿街，知道解放军来者不善，便立即命令所属各部向攸县、茶陵山区全线撤退。位于上高之第四十八军主力于13日23时经万载南撤，位于分宜、宜春之第四十六军于14日向茶陵方向撤退，位于萍乡、醴陵之第七军亦向攸县、茶陵以南撤退。待解放军第十五兵团于15日拂晓进抵上高时，守军已全部逃跑。第十二兵团在向浏阳前进中，第四十军于18日在浏阳东北地区歼灭白部第一二六军第三〇四师一部；同日，第四十六军（军长詹才芳）亦追歼灭白部第五十八军后尾掩护部队一部。

19 日，第四十军占领浏阳。

由于白崇禧部已全部退却，不可能将其截住，加之正值三伏酷暑季节，气候炎热，部队在追击作战中病员日益增多。据此，四野前委当即决定各部队不再猛烈追击白崇禧部，第十五兵团到达分宜、宜春之线待机；第十二兵团向醴陵、株洲、长沙地区前进；第四兵团进至安福、永新、泰和地区。

7 月 19 日，湘赣会战结束。白崇禧由于迅速脱逃，仅被歼灭四千六百余人，部队没有受到大的损失。

小题大做，从此再无青树坪

8 月 4 日，程潜、陈明仁率领第一兵团起义，解放军兵不血刃进入长沙，不仅打乱了白崇禧的阵脚，也严重震撼了国民党残余势力。

慌乱之中，白崇禧及广州国民党残余政府采取了以下四项应变措施：第一，于 8 月 5 日、6 日两天连续派空军战斗机前往长沙、湘潭、株洲、邵阳等地上空对起义部队进行追踪轰炸扫射，散发传单，进行策反宣传。第二，通过广州国民党残余政府宣布任命黄杰取代陈明仁为湖南省政府主席兼第一兵团司令，令其前往前线收容第一兵团的反水官兵，重新组建第一兵团。同时，以代总统李宗仁的名义下令通缉程潜、陈明仁。第三，命令第三兵团副司令官王景宋指挥第二三六、第一七六师，由衡阳紧急开往邵阳及其东北地区，以挽救湘西危局。第四，为了防止其他部队效仿，白崇禧还在衡阳对记者发表谈话，声称："陈明仁率一部投向共军后，已被全部缴械，程潜、陈明仁均已被扣留，押送武汉去了。"白崇禧的欺骗宣传，当时居然发生了立竿见影的作用。

程潜、陈明仁起义是在秘密中进行的，但陈明仁在起义之前也对所部将领进行过一些工作。陈明仁通过对各军、师长个别谈话之后，多少摸到部队的脉搏和各军、师长对待战与和的态度，并密切了他和下级的关系。但这种起义动员和思想准备工作毕竟是很不够的。直至起义前，陈明仁始终是以主战派的姿态出现的。陈明仁突然宣布起义，部队官兵大都缺乏必要的思想准备和心理准备。起义部队外有白崇禧的欺骗宣传和利诱，内有国民党特务的煽动和鼓噪，种种因素，使起义部队顿时陷入一片混乱的局面。

另外一个不可忽视的因素是，陈明仁的第一兵团各军情况十分复杂，除第七十一军是陈的基本力量外（但因为远离身边，也未能确实掌握），其余部队都是临时拼凑而成，各军军长各有后台，他们思想反动，对兵团起义抱有严重的抗拒情绪。第一兵团司令部的几位副司令官刘进、熊新民、彭壁生、张际鹏等与陈明仁也是貌合神离。陈明仁宣布起义后，刘进、熊新民、彭壁生、张际鹏四名副司令官叛逃，并以威胁利诱等各种手段先后拉走了第一兵团的不少部队。

面对这样严重的局面，第四野战军领导人林彪、邓子恢、萧克、赵尔陆立即调整部署，一方面设法稳定巩固陈明仁兵团，并掩护起义部队东撤休整；另一方面，命令第四野战军第四十九、第四十六、第四十军和第二野战军第五兵团第十八军（军长张国华），乘势争取和追歼叛军。其部署是：以位于益阳、桃花江（今桃江）、安化一线的第四十九军全力南进，其中第一四六师向宁乡前进，第一四五师向湘乡方向前进，第一四七师向宝庆方向前进；第四十六军除留守长沙、株洲的部队外，其余向衡阳前进；第四十军除酌留部队维持醴陵秩序外，主力向攸县前进；以位于江西永新地区的第十八军先遣师向湖南茶陵前进。并要求以上各部在发现叛变部队后，须先完成迂回包围，断其退路，然后实行政治争取；如叛变部队继续逃跑则追歼之。

以上各部队，于8月8日起分头向反水的叛军展开猛烈追击：第四十六军14日占领攸县，18日占领安仁；第四十军18日进到安仁以北渌田，与第一三六师会合；第十八军第五十四师15日进占茶陵，18日与第一三六师会师于安仁以东地区；第四十九军第一四五师于8月8日21时占领宁乡，11日进至湘乡，12日，第一四七师占领新化，第一四五、第一四六师奉命向永丰（双峰）、界岭及其以西之宝庆地区追击前进。

这时，白崇禧已命令桂系主力第七军、第四十六军、第四十八军等部秘密进驻衡宝一线，其中第七军布防于界岭、青树坪一带，准备伏击解放军四野追击部队。

8月13日，林彪得到白崇禧主力进驻衡宝一线企图反击四野追击部队的情报，立即命令第四十六军停止前进，令第四十九军迅速查明情况，不得盲目前进。

但第四十九军第一四六师于8月14日在永丰歼灭敌军一个连一百余名官兵后，产生了轻敌情绪，乘胜由永丰向界岭前进，第四十九军首长知道后，命令该军第一四五师迅速跟进。15日下午4时，第一四六师进抵青树坪单家井时，遭到桂系第七军的伏击，双方随即展开激战。17日晨，白崇禧集中第七军第一七一师、第一七二师以及第二三六师，凭借有利地形和预先设立的工事，在大炮和飞机的支援下，分数路向四野第四十九军阵地发起猛烈攻击。在战斗中，桂系第三兵团司令张淦命令一个重迫击炮营到前方对解放军部队施放化学弹。解放军第四十九军发现处于不利态势，被迫撤出战斗。

这场战斗，从白崇禧一方来说是事先安排好的伏击战，而对于解放军四野部队来说则是一场没有准备的不期而遇的遭遇战。在三天的激烈战斗中，四野第四十九军遭受了相当大的损失，其中第一四六师损失八百余人，第一四五师伤亡四百七十余人。桂系第七军伤亡六百八十四人，被俘六十九人。

青树坪战斗，规模并不算很大，桂系军队也只是赢得了小胜，但对于处处吃败仗的国民党军来说，这一个小小的胜仗无疑是一针很强的兴奋剂。白崇禧及其国民党残余政府出于分化瓦解起义部队、稳定残余官兵的需要，借此大肆吹嘘和夸大虚假的宣传，他们声称"已全歼匪军一四六师"，"无一人漏网"。国民党的广播电台和报纸吹嘘说，"我三兵团主力大败林彪的一个军及一个师于青树坪"，是"自徐蚌会战以来国军取得的最伟大的胜利"，"从而打破了林彪不可战胜的论调"等。这些宣传一时蒙蔽了不少不明真相的人，甚至连美国老板也被这种夸大宣传迷惑了。李宗仁对人说："湘西的战事很好，美国人认为健生在军事上有办法，愿意援助我们。"李宗仁晚年在回忆录中还说："入侵共军竟坠入白氏预设的包围圈中，被国军包围于宝庆以北的青树坪，血战两日，共军终被击败。为徐蚌会战以来，国军所打的唯一胜仗。"国民党的广播电台和报纸还大造谣言，说林彪在作战中被炸断了一条胳膊。

随后，逃到广州的国民党残余政府宣布将扣压起义的第七十一军第八十八师师长刘浩勋的二六四团团长倪中纯提升为第八十八师师长，奖励二六四团官兵一万银圆；授权华中军政长官白崇禧对青树坪战役中的"有功将士"，如第七军军长李本一、参谋长郑宏昌等授予勋章并给予奖励。在衡阳、广州、桂林等地接连召开祝捷授勋大会，白崇禧还派人将在战斗中缴获的解放军武器搬到衡阳，让中外记者拍照，以期争取更多的美援。白崇禧本人煞有介事地向中外记者夸下海口："还有大的胜仗在后头哩！"然而，当时他并未想到，蒋介石集团和他的末日已经快到了。

退无可退，全军覆灭桂粤边

青树坪一战之后，四野司令部决定——各部就地进行为期一个月的休整。

9月10日，各部结束休整，中旬按既定部署兵分三路对中南地区国民党军发起强大攻势。东路军由江西直指南粤，西路军由湘西南进，切断白崇禧退往贵州的道路。10月2日，中路军又分三路向衡（阳）宝（庆）地区白崇禧部展开攻击。当日，四十五军一三五师的先遣支队已经急行军插到永丰、青树坪之间，俘虏敌军二百人，缴获汽车五辆。这正是五十天前四十九军遭白崇禧伏击的地方。

白崇禧原来是准备撤回广西的。但是，他盯住了孤军深入的一三五师。他火速调集七军、四十六军、九十七军等部共十三个师于衡宝一线，准备再来一个"青树坪战斗"，抓一把，然后再撤。林彪获悉后于10月5日致电各部，"目前敌之企图不是撤退，而是与我决战"，"在此情况下，我军应集结兵力进行充分的准备，然后待命攻击"，"目前已突过衡宝公路之我军，则应在水东江、宋家塘以南地区集结，在公路以北者暂勿南进"。

用兵一贯谨慎的林彪此时过高估计了白崇禧。如果所有部队都按照原计划继续前进，白崇禧的部队可能迅速被围歼。

312

幸而一三五师没有接到这个命令。他们连续行军八十公里，突破衡宝公路后，于5日14时到达灵宫殿地区。这时，他们架设起电台，才知道友邻部队都停留在衡宝公路以北，他们已经孤悬敌后了。

林彪立即对这个师投以极大的关注。此时的形势同五十天前已经完全不同了。如今，部队兵强马壮，正准备对白崇禧集团采取行动。一三五师便成为深入敌后的楔子。于是，林彪便越过兵团直接给一三五师师长丁盛、政委韦祖珍发电报："你们暂时归我们直接指挥，望告电台，特别注意联络我们。"

与此同时，林彪命令西路军按计划推进，与中路军对白崇禧部形成夹击之势。

10月6日，林彪等致电丁盛、韦祖珍："盼你们以少数部队迟滞水东江方向之敌，主力即向湘桂路前进，必须不顾一切艰苦和危险，坚决迅速破坏湘桂路，炸毁桥梁，使敌不能下决心南退。只要敌人不退，则能全歼桂军，使战争提前结束。"

林彪这一计划十分美妙。如果把湘桂铁路炸掉一段，在衡阳的白崇禧和他的指挥部就回不了广西了。但是，一三五师一时到不了湘桂铁路。因为白崇禧也盯上了这个师，并以主力四个师合围过来，发起攻击。一三五师深入敌后同白崇禧集团的战斗，为大部队合围白崇禧集团赢得了宝贵的时间。

一三五师发现当面之敌是第七军时，立即向总部报告。林彪等随即复电："你师已被敌四个师包围，你们立即占领有利地形，构筑工事，安下钉子，进行环形防御，振作士气，下定决心，准备抗击绝对优势敌人的围攻，将敌吸引住，以便我各路主力围歼敌人。"

白崇禧本来是打算要吃掉一三五师的，但是当他发现解放军已经压过来后，立即决定撤退。7日，他给第七军参谋长邓达之打电话说："长官部和第三兵团部决定今日晚撤出衡阳，回广西去。第七军为后卫，原地掩护长官部和第三兵团部撤退。"

第七军是白崇禧的命根子，此前他是轻易不使用的，而今竟然用它来断后，并准备将其像壁虎断尾一样甩掉，这说明这一次他因为贪图吃掉一三五师，耽误了时间，要撤已经很困难了。

此刻，曾经被白崇禧当作一块肉的一三五师已经变成了一个硬钉子。第七军为了突围，发了疯似的向一三五师阵地左冲右突。一三五师英勇抗击，同敌人纠缠了两昼夜，终于为主力合围敌人赢得了时间。

至 11 日上午，白崇禧集团四个师，除一三八师师部率一个团逃跑外，其余 4.7 万人悉数被歼。桂系军阀赖以看家的精锐之师，第七军第一七一、一七二师和第四十八军一七六师全部，及一三八师一个团被歼灭，共约两万九千八百九十人，除军长李本一逃遁外，副军长凌云上、参谋长邓达之及三个师长均被俘。素称剽悍的"钢七军"已名存实亡。

衡宝战役后，白崇禧率领所部五个兵团十二个军退至湘桂边界，连同由广东撤至粤桂边境及湛江地区的广州绥靖公署主任余汉谋部共约二十万人，以桂林为中心，沿湘桂路及其两侧组织防御，企图阻止解放军入桂。

但是，白崇禧的溃败终不可逆。毛泽东"宜将剩勇追穷寇"，指挥若定，林彪遵照中国共产党中央革命军事委员会制定的大迂回大包围的作战方针，指挥第四野战军主力及第二野战军第四兵团共九个军四十余万人，分三路向广西进军。经过三十余天的战斗，歼敌十七万余人，最终消灭了统治广西二十五年、在中国政坛上风云一时、坚决反共的国民党新桂系，解放了广西。

第十七章　孤岛失意度余年

丢掉了桂系全部家底，白崇禧选择了台湾。在那个孤岛上，这个曾经的"军神"没有了自己的舞台，很孤独，很落寞。除了众说纷纭的死因，白崇禧不再有引起人们兴趣的消息。

李、白分道，寄人篱下成"按钮"

桂系几近覆没，李宗仁决心出国，把烂摊子扔给蒋介石去处理。李宗仁在出国前，应白崇禧之请，于11月14日从南宁飞往海口，准备去会晤海南行政长官陈济棠以及余汉谋、薛岳等人，为桂系部队最后撤往海南做安排。因天气不佳，李的座机被迫中途折返南宁。当晚，白崇禧从桂林打电话给李宗仁，说蒋介石已于当日下午3时到了重庆。李宗仁说："这样很好，否则我在重庆危急时才离去，心里总不好过。"15日，李宗仁再飞海口，16日从海口返回南宁。

蒋介石于14日下午抵达重庆时，鉴于当时蒋即将复任总统之传闻甚嚣尘上，为了麻痹和引诱李宗仁前往重庆，蒋介石特令中央党部秘书长郑彦棻在机场发表谈话称："总裁上次巡视西南，为促进西南各省同胞及本党同志精诚团结，抗俄剿共到底而努力。此次总裁重莅战时首都，仍本此旨，协助李代总统暨阎院长，共挽危局。"

蒋介石在林园行邸落脚后，立即召见"总统府秘书长"邱昌渭、"参军长"刘士毅，要他们电请李宗仁回重庆，蒋本人也分别打电报催促李宗仁和白崇禧。蒋致李宗仁的电报，要他明日即行返渝，"商谈一切"。蒋致白崇禧的电报则以"白部长"相称，电文说："昨闻贵阳垂危，川贵吃紧，故于本日飞渝，甚望李代总统即日回渝，策划全局，奠定西南。请兄力催命驾为盼。"

李宗仁 16 日从海口回到南宁，见到蒋介石的电报，随即复电，除报告海南之行与陈济棠等见面经过外，还转达他们"要求派遣海军赴琼以固海防"的意思；至于自己的行止，电报则说："仁回邕（南宁）后，原拟即日返渝，因旬日来旅途劳顿，饮食失调致胃病复发，十二指肠有流血征象，拟即在邕休养数日。"

收到李宗仁明显是敷衍的电报后，蒋介石于 18 日再次致电李宗仁，请他迅速返回重庆，"驻渝调养"。同日，蒋又打电报给白崇禧，要他即日飞往南宁劝驾。

白崇禧为蒋介石的"诚意"所感动，他觉得李宗仁如此离去实有不妥。遵照蒋介石的吩咐，白崇禧于 19 日从桂林飞往南宁，劝李宗仁暂时不要走，如非治疗不可的话，可到香港去治；非到美国不可的话，可先辞去"代总统"职务。对此，李宗仁没有同意，只是托白崇禧分别带信给蒋介石和"行政院长"阎锡山，对他的暂时离去有所交代。并且李宗仁已经决定派"广西绥靖公署"主任李品仙飞往重庆，持李宗仁的亲笔信向蒋介石汇报。

12 月 20 日上午，李宗仁离开南宁飞往香港。到港后即发表事先拟定的书面谈话一篇，在解释他必须出国治疗的理由后，说："余决以最经济之时间，完成恢复身体健康之工作，俾能以健全之身体、全部之精力，与我国军民共同从事反共戡乱之奋斗。在治疗期间内之中枢军政事宜，已电阎锡山院长负责照常进行。总统府日常公务则令由邱昌渭秘书长及刘士毅参军长分别代行处理。"

李不辞而去，对蒋来说，无疑"是一着辣棋"。

20 日下午，白崇禧从南宁飞重庆见蒋，报告李宗仁出走的消息，并呈交了李宗仁的书信。蒋听后"不胜骇异"。但对白并未责难，反而抚慰有加，连声对白说："德邻走了不要紧，只要与我合作，一切都不成问题。"蒋还说要请白氏担任"行政院长"兼"国防部长"，总领师干。蒋还说，如白肯出任艰巨，他必以全力支持，所有大陆部队均交白氏指挥。蒋还告诉白，他已经决定将胡宗南所部由汉中调守川北，川东则交宋希濂防守，希望白氏把黄杰兵团调援黔东，支持宋希濂部作战。对此，白崇禧完全表示同意，两人取得一致。

当晚，白崇禧在重庆发表广播谈话："本人于前（18日）奉总裁电命飞南宁，慰问李代总统病况，并促驾返渝，共商国是。奉电后，遵于昨（19日）自桂林飞抵南宁，晋谒李代总统，面报总裁意旨，代总统对总裁之慰勉，及各方人士之电促，至表感谢。唯突因胃溃疡宿疾日渐加剧，十二指肠仍不时出血，体力难支，原拟定派李主任品仙飞渝晋谒总裁，面陈一切。适本人抵邕后，李主任品仙始中止此行，由本人来渝复命。……代总统已于今（20日）晨飞港就医，临行面嘱本人代陈总裁，谓当兹艰危时令，以抱病之身，未克返渝与总裁及政府同仁、全体军民共挽当前危局，殊感歉疚。"

22日，蒋又约白崇禧谈话，表示："本身决不复行视事，仍盼李克日返渝，面定一切大计，然后可以出国；但仍须交由行政院长代行总统职务，俾符宪法规定。"

白崇禧也感到，李宗仁这样出国，在手续上很成问题。因此，也"不赞成其径行赴美"，白再次派他的亲信副官杨爱琼去香港，劝李不要再走，就留在香港治病。但李宗仁决心已定，不再受白崇禧的摆布，反过来叫杨爱琼转告白崇禧："叫他不要倒向那边（指蒋介石），不要劝进。"

20日下午，蒋介石遂召见了居正、朱家骅、洪兰友、郑彦棻等人，要他们去香港，一则问李宗仁之病，二则敦请李宗仁早日返回"行都"重庆。蒋还给李宗仁写了一封很长的回信，托居正等转交。

22日，居正、朱家骅、洪兰友、郑彦棻等四人奉蒋之命从重庆飞香港，到港后立即前往泰和医院见李宗仁，转交蒋介石的信件。李宗仁仍然坚决表示要去美国，不允回重庆。

11月27日，国民党中央常务委员会召开临时会议，听取居正等人的报告，会议做出决议："以当前国家局势之严重，西南战况之艰危，中枢不可一日无人主持。兹经郑重商讨，仍切望李代总统宗仁同志迅返中枢，力疾视事。万一为病势所不许，再请总裁复行总统职权。为此特推朱委员家骅、洪秘书长兰友二同志前往香港，代表本会转达，并致慰问之意，请李委员重加考虑，并将考虑结果函告。"

国民党中常会临时会议举行前，居正等曾电请白崇禧前往重庆出席会议。白没有去重庆，但他随即致电蒋介石，声称李宗仁已经"同意"辞去"代总统"，并表明白氏本人继续追随蒋反共到底的政治态度。

11月27日晚，朱家骅、洪兰友携带国民党中央常务委员会致李宗仁的慰问敦促函再次飞香港，与李宗仁数度会见。朱家骅等以中枢政务不可久悬为由，坚请李宗仁先返回成都（在蒋介石的指挥下，国民党残余政权已经于10月30日由重庆迁至成都），将政务略予安排后再赴美。李宗仁知道自己一旦去成都，落入蒋介石手中绝没有好下场，所以不管蒋的使者如何甘言卑辞诱惑，李宗仁抱定主意不再上当（在对蒋介石的认识上，李宗仁比白崇禧要清醒得多），他坚持要以"代总统"的身份从香港直接飞往美国。

12月3日，国民党中央常务委员会再次召开临时会议，听取朱家骅、洪兰友的报告，会议做出决议："经郑重讨论，金以时周艰危，中枢不可一日无人主持，决定依照本会11月27日临时会议之决议，接受李宗仁同志11月24日对朱家骅、洪兰友两同志之表示，恳请总裁复行总统职权，李同志以副总统地位出国就医，并致力于外援之争取。"

12月5日上午8时许，李宗仁偕夫人郭德洁、长子李幼邻、次子李志圣，以及前任内政部长李汉魂、私人医生孙晓山、秘书黄雪邮、英文秘书黄颖娴等，从香港启德机场起飞赴美。到机场送行的有童冠贤、叶公超、程思远等人。

李宗仁打定主意不就范，让蒋介石感到十分恼火。他在日记中咬牙切齿地写道："德邻出国，既不辞职，亦不表示退意，仍以代总统而向美求援。如求援不遂，即留居国外不返，而置党国存亡于不顾。此纯为其个人利害，其所作所为，实卑劣无耻极矣！"

12月上旬，桂系部队在广西境内被全部歼灭，白崇禧赖以活动的老本输了个干干净净。

因此，白崇禧本人也面临着何去何从的选择。由于他已屡次拒绝中共的争取，留在大陆的路已被他完全堵死。摆在白崇禧面前的只有两种

318

选择：第一是去台湾"归队"；第二是走李宗仁的后路，前往海外做寓公。

白崇禧最终选择了去台湾"归队"，这是有他的思想基础的。

早在1949年5月间，当程思远问白崇禧与解放军对抗下去有何把握时，白氏即坦率地回答说："有什么把握，这不过是要对历史有一条交代罢了！"

同年6月，徐永昌在台湾高雄见蒋介石，在谈话中，蒋曾问徐："李（宗仁）、白（崇禧）能否再来合作？"徐答以："李不能，白能。"

12月17日，徐永昌到台北草山见蒋介石，再次谈起李、白能否来台湾的话题，徐永昌判断："李代座不可能来台合作，但白可以，建议总裁即往海南岛做最后之努力，抚慰留居海南之桂系，尤其是健生。"徐永昌还说：白崇禧"轻听不甚识人，好冲动，是其所短；而勤奋勇敢，热心爱国，是其所长，人才难得，望留意之"。徐永昌口中的所谓"国"，当然指的是行将崩溃的国民党政权。

这一年秋，白崇禧的至交、"立法委员"何遂再次向白氏进言："上将回台，将必难免一死，应乘机起义，响应共军。"白氏回答："我自追随蒋公北伐以来，殆逾二十载，既处遇顺境，亦处遇逆境，一生一世，历史第一，我必对历史有所交代，生死利害，在所不计，君勿为此喋喋也。"

由此可见，当时白崇禧脑海中占主要地位的意识是要对历史有所交代，对赴台的危险性他也是很清楚的。但他认为，为人不能专事"趋利避害"。由此不难看出，白崇禧是抱着一种为国民党政权殉葬的心态选择赴台"归队"的。

蒋介石在李宗仁跑到美国去逃脱他的手掌以后，即决计不能让白崇禧再跑了。

蒋介石根据白崇禧耳根子软、好戴高帽子的特点，不断派人游说白崇禧，好话说尽，无论如何也要争取他赴台"归队"，并允诺去台后"自有重用"，还派专人送金砖到海口，说是要发清白崇禧华中部队的军费，以示恩惠。

12月10日，"陆军副总司令"罗奇和前"上海市长"陈良奉蒋介

319

石之命从台北来到海口，邀请白去台北与蒋共商大计，并说蒋准备在复职后提名白氏担任"行政院长"要职。白氏虽然知道蒋的本意是要他去劝进，至于"行政院长"的许诺，白氏未必真的相信。但他还是决定派人去台北摸底后再决定行止。

12月15日，白崇禧与李品仙、夏威、黄旭初从海口电告在美国的李宗仁："蒋曾劝禧往晤，意在劝进。仙不日赴台谒蒋，劝蒋稍待公治病结果，对自身问题有所表示后，再谈复位问题。"

12月17日，李宗仁复电白崇禧等，声明："（甲）请总裁考虑复职事不必提出，因复职无法律依据。理由是：（子）总裁既已引退，即为平民，绝不能恢复已放弃之职位；（丑）仁之代理，非代理总裁个人，乃代理总统之职位；（寅）依照宪法，缺位为死亡，总裁非死亡，亦非因故不能行使职权，第四十九条全不适用，故用代理字样；（卯）代总统引退，则由行政院长代理，三个月后另选，不能由前任总统复职；（乙）总裁派俞大维来美，要求动用经援余款九千万美元，甘介侯已函杜鲁门、艾奇逊，请将该款分用于海南、台湾两地，因该款明年2月不用即作废，故不反对。"

当时，桂系内部反对白崇禧赴台的也有不少，除李宗仁外，夏威、程思远都是反对白崇禧赴台的。夏威建议白崇禧先去香港，观察一段时间再定行止。程思远也对白崇禧说："去台湾必须慎重考虑。这一次入台与1937年8月4日去南京，情况根本两样。抗战爆发时，蒋介石要广西编组几个军北上参战，所以健公一入京就任副参谋总长并代参谋总长职务；而今你手上的本钱已经剩下无几了，他还要你出来组阁吗？如果蒋果有此心，为什么9月间一再反对你出来当国防部长？为什么11月初你提出的蒋、李妥协方案他不接受？"白听后沉吟不语，实际上是听不进去。

12月24日，白崇禧派李品仙先行赴台见蒋，名为办理"华中军政长官公署"和桂林"绥靖公署"结束事宜，实际是赴台打听政治行情。白崇禧还给国民党元老居正写了一封信，托李品仙带到台北转交，信笺全文如下："觉生先生道席：共匪祸国，日益猖獗，救亡图存，唯遵中枢国策反共到底。夙仰先生党国元勋，群流共仰，匡济艰危，端赖硕

320

筹。兹派李副长官鹤龄来太趋谒，代候兴居。尚乞赐予指示，俾资遵循为祷。敬请道安。白崇禧谨启。12月7日。"居正早年是西山会议派的要角，后投靠蒋成为元老，他一生敌视中共，白崇禧向他请教的结果，自然是要他去台湾。

李品仙赴台后，即被蒋介石拉了过去，完全站到了蒋一边，他根据蒋的意思致电白崇禧，称蒋介石、陈诚都希望白去台湾，共荷"戡乱救国"之责，并说蒋邀请他组阁是出于至诚云云，这终于促使白崇禧下了赴台的决心。

12月26日，白崇禧又由海口致电李宗仁："鹤龄、燕谋屯：在台与各方谈话结论，蒋复职事，与德公今后做法有关：（甲）德公病愈不返而辞代总统，则介公复职；（乙）病愈即回国，愿效林子超（林森号），介公或不复职；病愈不辞又不返，德公最为不利。"

12月30日，白崇禧从海口乘专机飞台，从此落入蒋介石手掌之中再也出不来了。

白崇禧赴台之初，因蒋尚要利用白崇禧牵制在美国的李宗仁，只能暂时放白崇禧一马。

蒋介石之所以千方百计要白崇禧去台湾，主要是利用他来牵制在美国的李宗仁。对此，程思远评论说："以后，他就变成了蒋介石的电钮，凡是李宗仁在美国发出对蒋介石不利的言论，蒋只须把这电钮一按，他就做出永不失误的反应。等到李宗仁于1965年7月从海外回到祖国怀抱，白就于次年12月2日无疾而终。因为蒋再不需要他了。"这是深知内情的一针见血之论。

1950年3月间，白又将家眷二十多人从香港接到台湾，在台南盖了两栋房子，安置大哥、九哥、六弟、二妹等亲属，白氏一家则住在台北松江路127号一幢旧式平房中。

当时美国后台对于国民党残余政权采取了让他自生自灭不加理睬的政策，台湾政局正处于风雨飘摇之中，人心惶惶，不可终日。白氏将家眷接往台湾，有些朋友感到难以理解，就问白："你怎么全家都搬来了？某人到美国去，某人到日本去，某人到泰国去，某人在香港，某人出境证都预备好了，你还搬到这里来？"白却回答说："我们大陆丢了，我们是现役军人，负很大罪过，中央不处罚我，自己良心自责。台湾是复兴基地，祖国领土就只剩这一点点。希望在这生根发展回去，除此之外，现役军人死无葬身之处，跑到哪里去？"

不过，话虽这么说，白崇禧心中也是茫然得很。有一天，白崇禧与何应钦一同去打猎，途中谈起时局，两人都认为希望渺茫，感到很绝望。白崇禧说："我是信仰宗教的人，对世界局势、人类的前途，真主会有一个安排，我们打猎吧！"看来，白崇禧也只有把希望寄托在真主身上了。

蒋介石自 1949 年 12 月 10 日携蒋经国、毛人凤从成都离开大陆飞往台湾后，即紧锣密鼓地为复任总统做准备。他一方面发动国民党"中央非常委员会""监察院""立法院""国民大会主席团"等党政及民意机关不断地给李宗仁打电报，给他施加压力，另一方面，指使舆论工具制造非蒋介石出山不可的舆论氛围，让李宗仁无法招架。

蒋私下里还派吴忠信找到白崇禧等原桂系军政人员，要他们写信或打电报规劝李宗仁。白崇禧等接受这个建议，与李品仙等不断打电报或写信，要李宗仁妥善处理他的"代总统"问题。

白崇禧首先与吴忠信联名发了一个电报给李宗仁，说明海内外要求总统复职，实在有此需要，希望李宗仁答应以"副总统兼特使"名义在美国养病，争取美援，内外相维系，共维国势。

1950 年 1 月 16 日，白又与赴台的桂系干部李品仙、雷殷、刘士毅、邱昌渭联名给李宗仁发了电报，提出六点意见，最后建议：如须继续在美休养，深恐久旷国务，应请致电中央，自动解除"代总统"职务。

李宗仁早已决定要以"代总统"的名义与蒋介石对抗到底，再者，李宗仁既已与白崇禧等人分道扬镳，各奔前程，当然也就不会再理睬白崇禧等人的意见。所以，1 月 18 日，李宗仁让黄雪邨出面给白崇禧等人复电。答复如下："一、德公割治经过良好，但身体尚未复原，故一时不能返国。二、职位问题，德公固愿引退，唯一再考虑，认为现在既无法召开国民大会，则行政院长代理过三月即违宪，而德公并非代理介公，而系代理总统职位，因此，介公复职亦违宪，如同志不谅德公苦衷，宁愿受责难，不愿使本党毁法。三、德公在美，非不能行使职权，如阎院长辞职，即可提组阁人选。四、美不援台，实由杜（鲁门）、艾（奇逊）对介公之成见，对德公则无此种情形。"

2月21日，李宗仁又亲自致电台湾"总统府"秘书长邱昌渭，表明他的立场。电报称："迩来，健生、鹤龄、煦苍、旭初、任夫诸兄对仁行止屡电申述，仁以病尚未瘥，医嘱不能长途旅行，个人地位无所留恋，必须采取合理合法途径，方免违宪之咎，过失至此，安可再生枝节，自暴弱点，以快敌人？仁已于巧日托孔庸之兄将此意转达台方，希兄与各方接洽，从速寻求于宪法上说得过去之方法，仁自可采纳。若图利用宣传肆意攻击，则仁当依据宪法公告中外，于国家于私谊，将两蒙其害。宗仁。"

总之，李宗仁的态度是以"宪法"作为自己的护身符，既不返台，也不辞职。

邱昌渭将此电转给蒋介石，蒋见李死活不就范，也就不再与李打文墨官司了。

1950年2月21日，国民党中央委员谈话会做出"请总裁即日复行总统职权，以维大局"的决定。3月1日，蒋介石在台北发表文告，宣布"于3月1日复行视事，继续行使总统职权"。

在蒋介石复职前，白崇禧特致电李宗仁"望保持缄默，勿表反对"。

3月1日晚，蒋打电报给李宗仁，说由于环境的需要，他已经于3月1日复任"总统"，希望李宗仁以"副总统"的身份做他的特使，在友邦争取外援云云。

李宗仁对此一概不理，决定与蒋强硬对抗下去。在蒋介石宣布"复职"的当天下午，李宗仁在纽约召开记者招待会，抨击蒋介石的"复职"是违反"宪法"的，是"篡僭"。

为此，白崇禧又奉蒋之命写了一封信给李宗仁，责备他不该唱反调。这封信，对李宗仁来说当然不起什么作用，不过借以表明白崇禧的态度罢了。

那么，李宗仁为何拒绝去台湾呢？其原因正如他自己所说："台湾是蒋先生清一色的天下，他掌握了生杀予夺的绝对权力。……在这种局面下，我如贸然回台，则无异自投罗网，任其摆布……我将来的命运如何，就很难预料了。以蒋先生过去对我衔恨之深，我一旦失去自由，恐欲求为张汉卿（学良）第二也不可得了。个人牺牲不足惜，然对国脉民命究有何补？"看来，李宗仁的认识还是很清醒的。

从此以后，白崇禧不再与李宗仁通音讯。新桂系两巨头李、白几十年结下的友情至此基本上完结。从此，两人天各一方，在迥然不同的环境里度过余生。

难获谅解，死因不明成疑案

蒋介石复职后，掌握了台湾的党政军大权，便开始清算大陆失败的责任。有的被枪毙，如陈仪、吴石等；有的被判重刑，如李玉堂等。在蒋介石看来，桂系的李宗仁和白崇禧无疑是导致国民党江山垮掉的最大"罪人"。对于避走美国的李宗仁，蒋介石曾一度想将其遣返回台湾加以处治。但终因顾虑美国政府方面不会答应，落个自讨没趣，只得作罢。于是，送上门来的白崇禧就成为蒋介石整肃的重点对象。

不过，由于李宗仁还在美国，蒋还要利用白崇禧来牵制李宗仁，故蒋虽然对白崇禧乘危逼宫非常记恨，但并没有立即公开对他进行处治。只是将白列为头号政治敏感人物，并给他取了个"老妹子"的代号，"保密局"在白崇禧公馆对面设了个派出所，对白崇禧一举一动进行严密的监视。

有一次，白在轿车开出去后，即发现后面跟着一辆吉普车，走了不多久，后面的吉普车抛了锚，白崇禧知道那是一辆盯梢的车，连忙命自己的司机停车，并派侍从人员去告诉那辆车上的人不要着急，慢慢修车，白崇禧自觉停车等他们。奉命监视的特工人员没料到被白崇禧看出了行藏，感到相当尴尬。

1965 年 7 月 17 日，李宗仁回到大陆，受到中共党政军领导人和各界人士的热烈欢迎和很高的礼遇，成为当年轰动一时的重大国际新闻。

李宗仁的回国，对于身处蒋介石严密控制下的白崇禧来说，却是致命的一击。李宗仁一回大陆，蒋介石利用白崇禧牵制李宗仁的作用就消失了，白崇禧也就自身难保了。据说，白崇禧本人也明白其中的利害关系，曾很痛苦地对身旁的人说："德邻投匪，我今后在台湾，更没有脸见人了。"

果真如此，李宗仁回大陆后，蒋介石迁怒于白崇禧，命令毛人凤对白氏直接采取制裁行动。毛人凤仍将这一任务交给谷正文办理。

谷正文奉命后，即积极策划暗杀行动，并确定行动的最高原则是：绝不留下半点儿痕迹，以免外界怀疑是一起政治谋杀案。谷正文用钱收买了一位姓杨的副官。不久，这位杨副官报告："先生（白崇禧）要去花莲县寿丰半山腰去打猎。"这样，谷正文即决定在白崇禧这次出外打猎时，于山野深处杀死他。

谷正文密令"侦防组"：暗杀不准用枪，用枪用刀最笨，"要把一切制造意外死亡的条件搜集起来"。经过勘查，发现狩猎区有小型山间铁轨，可使用人力轨道台车登山。白崇禧当时已年逾七十，不会徒步上山，一定会乘轨道车。

这样，"侦防组"派人到现场实地勘查后，决定等白崇禧上山时，把握时间破坏途中一木制小桥，等白下山行经桥面时，便会连同轨道车一起坠入五十米深的峡谷中。经过实地演练，他们还找到了螺丝松脱法，能丝毫不留痕迹地使轨道台车"发生意外"。

事发当天，白崇禧等一行人兴致很高地去打猎。上午 10 点 37 分，白崇禧一行人通过预定的谋杀地点后，"侦防组"的行动人员迅速爬到桥下，将支撑桥面木墩的螺丝钉一一松开，然后躲入不远处的树丛里，静候白崇禧等人下山。下午 3 时许，寂静的山中传来轨道台车的呼声，两辆车从高山北面滑出，相距约三十米。前面一辆车上坐着林意双乡长父子与一名助理；白崇禧与两名副官坐在后面一辆车上。当第一辆车滑到已经去掉螺丝钉的桥面时，突然连人带车一起坠入深谷中，说时迟，那时快，就在千钧一发之际，白崇禧一名副官用力将白崇禧推出车外，自己则随车坠入深谷。

白崇禧从地上爬起，拍去尘土，他望着谷底下的几具血肉模糊的尸体，再望望四周的山野，似乎明白了什么。

事后，谷正文和毛人凤前往蒋介石官邸汇报行动结果，蒋并未苛责，只是不无遗憾地对他们说："再从长计议吧！"

白崇禧经历这次险情后，行动更加谨慎，这使谷正文的暗杀行动很难下手。

白崇禧晚年异常苦闷。在白夫人去世后，为解除烦闷，居然与身边的护士张小姐热恋起来。"侦防组"了解到这一情况后，决定买通医生下重药，置白崇禧于死地。

一天，谷正文打电话给台北中医协会理事长赖少魂："听说白将军经常来你这里开药?"

"是的！正文兄。不过，白将军不是病，他想补……"

"不管他是买什么，你要发挥自己的专长，蒋总统要你多'照顾'将军，须以猛药起沉疴，重病得下猛药。"谷正文暗示赖少魂在药的剂量上动手脚，使衰老的白崇禧不胜药力，让他一"补"不起。

赖少魂奉命后，即给白崇禧开了一帖药力极强的药方。

白崇禧拿着药方到天生堂中药店买了两大包药回家泡酒喝。往后数月，白崇禧似乎从药酒中得力，与热恋的张小姐频繁往来。

1966年12月1日晚，白崇禧在其寓所突然去世。按照谷正文的说法，白氏之死与天生堂中药店老板做了手脚的补药有关。

但是，白崇禧之子白先勇认为，谷正文的说法是无根据的谣言。白先勇向外界透露，医生曾告诉他，他父亲的心脏一直不大好，他的去世不排除是心脏病突然发作的可能。

以上两说孰是孰非现无法考证，也无从判断其真伪。

白崇禧死后，蒋介石没有忘记做表面文章。白氏死讯一传出，"副总统"兼"行政院长"严家淦与"国防部部长"蒋经国立即派遣"国防部副部长"马纪壮前往白府吊唁，并宣布由"国防部"负责操办，用回教仪式治丧。

接着，由何应钦、孙科、陈立夫、顾祝同等二百余人组成了高规格的治丧委员会，协助办理丧事。

12月9日上午，在台北市殡仪馆景行厅举行公祭，蒋介石亲自颁发了"轸念勋猷"挽额以及"旌忠状"。上午7时50分，蒋介石还亲

326

临景行厅向昔日的部下兼政敌——白崇禧遗体三鞠躬，并献花致祭。

12 时 20 分抵达台北市近郊的六张犁回教公墓，按照回教仪式与夫人马佩璋同穴安葬，并由回教长率领教友三百余人为白崇禧灵魂祈祷。

白崇禧夫妇的墓在整个回教公墓的最高处，墓园上刻有白崇禧生前题写的"白榕荫堂墓园"，白氏七子三女为父亲立的墓碑上刻有"先考陆军一级上将白公讳崇禧府君之墓"。也许是因为白崇禧地位特殊，在回教公墓中还为白氏夫妇分别建造了牌坊，白崇禧的牌坊正面刻有蒋介石题的"轸念勋猷"及"健生同志千古"。白夫人的牌坊正面刻有蒋介石题的"淑行留馨"，背面刻有于右任题写的"母德扬芬"。

在墓地右下方，还建有一座伊斯兰教礼拜的邦克楼模型，里面有白崇禧为夫人立的一块碑，碑文记述了对夫人的款款深情。石基上刻有白氏 1947 年吊唁台南"延平郡王"郑成功祠的题联："孤臣秉孤忠，五马奔江，留取汗青垂宇宙；正人扶正义，七鲲拓土，莫将成败论英雄。"这副对联被一些人认为是白崇禧的夫子自道，或者说是自我评价。

当然，自我评价并不等同于历史的公论。作为一代叱咤风云的历史人物，他一生难获蒋之谅解，死因不明成疑案。

参考文献

1. 程思远：《白崇禧传》，北方文艺出版社 2011 年。

2. 张学继、徐凯峰：《白崇禧大传》，浙江大学出版社 2012 年。

3. 贾廷诗、陈三井：《白崇禧口述自传》，中国大百科全书出版社 2009 年。

4. 胡益安：《天下桂系——李宗仁、白崇禧成败录》，东方出版社 2010 年。

5. 李永铭：《桂系三雄：李宗仁、黄绍竑与白崇禧》，崇文书局 2007 年。

6. 白先勇：《白崇禧将军身影集》，广西师范大学出版社 2012 年。

7. 张国平：《白崇禧将军传》，新中国出版社 1938 年。

8. 苏志荣等：《白崇禧回忆录》，解放军出版社 1987 年。

9. 萧志华、商若冰：《"小诸葛"白崇禧外传》，河南人民出版社 1989 年。

10. 谭肇毅：《"三自政策"与新桂系的军阀政治》，《史学集刊》 2008 年第一期。

图书在版编目（CIP）数据

白崇禧传／李智勇，张亚，王学标著. — 北京：
中国文史出版社，2019.3
ISBN 978-7-5034-9732-2

Ⅰ．①白… Ⅱ．①李… ②张… ③王… Ⅲ．①白崇禧
（1893-1966）-传记 Ⅳ．①K827＝7

中国版本图书馆 CIP 数据核字（2017）第 269284 号

选题企划：箫　笛　段　冉
责任编辑：卢祥秋

出版发行：**中国文史出版社**

社　　址：北京市海淀区西八里庄路 69 号院　邮编：100142
电　　话：010-81136606　81136602　81136603（发行部）
传　　真：010-81136655
印　　装：北京新华印刷有限公司
经　　销：全国新华书店
开　　本：720×1020　1/16
印　　张：21　　　　字数：252 千字
版　　次：2019 年 3 月第 1 版
印　　次：2023 年 9 月第 2 次印刷
定　　价：69.80 元